《史记》选本丛书　　主编　丁德科　凌朝栋

分段详注评点史记菁华录

（汉）司马迁　著
王有宗　注释
高军强
凌朝栋　整理

2018年·北京

图书在版编目(CIP)数据

分段详注评点史记菁华录 / (汉)司马迁著；王有宗注释；高军强，凌朝栋整理. —北京：商务印书馆，2014（2018.10重印）
(《史记》选本丛书)
ISBN 978-7-100-10036-6

Ⅰ.①分… Ⅱ.①司… ②王… ③高… ④凌… Ⅲ.①中国历史－古代史－纪传体②《史记》－研究③《史记菁华录》－注释 Ⅳ.①K204.2

中国版本图书馆CIP数据核字(2013)第132619号

权利保留，侵权必究。

分段详注评点史记菁华录

(汉)司马迁 著

王有宗 注释

高军强

凌朝栋 整理

商 务 印 书 馆 出 版
(北京王府井大街36号 邮政编码 100710)
商 务 印 书 馆 发 行
三河市尚艺印装有限公司印刷
ISBN 978-7-100-10036-6

2014年3月第1版　　　开本 640×960　1/16
2018年10月第2次印刷　印张 29 3/4
定价：88.00元

中央财政支持地方高校建设资金项目
陕西省重点扶持学科渭南师范学院中国古代文学学科建设项目
陕西省哲学社会科学研究基地——秦东历史文化研究中心项目

《史记》选本丛书

顾　问：张大可　张新科
主　编：丁德科　凌朝栋
编委会：（按姓氏笔画排序）　丁德科　马雅琴
　　　　韦爱萍　王麦巧　王晓红　王炳社
　　　　王双喜　高军强　党大恩　党旺旺
　　　　凌朝栋　梁建邦　蔡静波

"《史记》选本丛书"序言
张岂之

西汉史学家、文学家、思想家司马迁（前145或前135—前87?）所撰纪传体作品《史记》被誉为"史家之绝唱，无韵之离骚"，揭示了《史记》的历史学和文学价值，实际上，《史记》也具有重要的思想文化价值。多元性是《史记》这部经典文献的根本属性，这促使人们可以从多个角度对《史记》及《史记》学史展开广泛而深入的研究。

中国史记研究会和陕西省司马迁研究会等研究团体及学人对《史记》进行了多方面的研究，成果丰硕；《史记》及其传播影响，也引起海外学者的重视，产生了一系列的作品。这些都是中华文明传承和弘扬中可喜可贺的现象。

在历史上，《史记》产生后，历朝历代对《史记》多有注疏、索隐、编选的工作，这些工作进一步增进了《史记》作为文化典籍的影响力。特别是《史记》选文，虽然大多从文学作品角度着手，但因为选本背后隐藏着一定的历史、文学、审美及思想文化观念，某种意义上选本不仅具有文学审美的功能，也具有思想文化的功能，更可以作为把握选文者思想观念的史料之一。《史记》及《史记》选本在历史编纂学、散文史以及思想文化史上都占有重要的地位。

司马迁故里云集着一批从事《史记》及《史记》学研究的学者和研究团队。渭南师范学院《史记》研究团队就承担着国家社科基金研究项目，成员多年来一直从事《史记》选本的调研与整理工作，并在此基础上尝试探讨《史记》一百三十篇中被广泛认可的文学精华、编选原则与学术价值。

近年来，《史记》选本有的已被整理，如南宋吕祖谦撰《史记详节》（完颜绍元整理，上海古籍出版社2007年版）、清人姚苎田编选

II 分段详注评点史记菁华录

《史记菁华录》(王兴康整理,上海古籍出版社2007年版),但还有相当一部分没有被整理,也不方便读者检索阅览。

渭南师范学院《史记》研究者们尝试编选"《史记》选本丛书",用以弥补这个不足,努力为《史记》研究做些扎实细致的基础工作。他们近多年兢兢业业,四处奔波,搜集和校点整理《史记》选本文献,为推动《史记》研究的深化和细化作出了贡献。

这套"《史记》选本丛书"主要包括:明代凌稚隆《史记纂》(马雅琴教授整理)、茅坤《史记抄》(王晓红副教授整理),清代王又朴《史记七篇读法》(凌朝栋教授整理)、汤谐《史记半解》(韦爱萍教授整理)、储欣《史记选》(凌朝栋教授整理),民国时期王有宗《分段详注评点史记菁华录》(高军强讲师与凌朝栋教授整理)、中华书局1933年版《史记精华》(王麦巧副教授整理)、周宇澄《广注史记精华》(梁建邦教授、张晶讲师整理)。

凌稚隆《史记纂》,编刻于明万历年间。全书分为二十四卷,从《史记》中选文一百零二篇,附《报任少卿书》一篇。此书最大的特色是:采用节选加评点的形式,掇取《史记》精华;所选篇章节奏鲜明,条理清晰,内容集中,首尾照应,与天头批注、正文批点的形式相辅相成;编选者学习、研究《史记》,知人论世,折射出不凡的见解;全书兼容并包,博览众采,资料丰富。整理底本为凌稚隆《史记纂》二十四卷,明万历己卯本。

茅坤《史记抄》共九十二卷,明万历三年自刻。编选者从《史记》中选文九十八篇进行评点。此书最大的特点是:每篇作品皆施圈点和批评;用心独到,评论扼要,且多发明。编选者的评论,代表了明代学者评价《史记》的总倾向,诸如赞赏、推崇《史记》文章的审美价值,高度评价《史记》写人的艺术价值,肯定《史记》以风神取胜的艺术风格等。整理底本为茅坤《史记抄》九十一卷,明万历乙亥本,参校北图《史记抄》九十一卷、首一卷,《四库存目丛书》影印明万历三年自刻本。

王又朴《史记七篇读法》共二卷，从《史记》中选录《项羽本纪》、《外戚世家》、《萧相国世家》、《曹相国世家》、《淮阴侯列传》、《李将军列传》、《魏其武安候列传》等七篇。此书最大的特色在于：编选者既有对阅读方法的提示，又有对所选篇目艺术风格的鉴赏；提出了"一气读"、"分段细读"的阅读技巧；深入分析了司马迁写人的高超技艺及所蕴含的深刻用意。整理底本为王又朴选评《史记读法》（又名《史记七篇读法》）诗礼堂藏版，1754年刊本，湖南大学图书馆藏书。

汤谐《史记半解》，对《史记》中的六十八篇文章进行了注解。编选者深谙太史公用意，主要从叙事、人物形象刻画、细节、段落、语言等方面探讨《史记》文法笔力，为后人做了很好的导读；评析言论精辟老到，妙趣横生，引人深思，注重文脉，语言简洁明了，充满诗情画意，给读者留下深刻的印象。整理底本为汤谐《史记半解》（不分卷），清康熙慎余堂1713年刻本。

储欣《史记选》，从《史记》中选录作品五十五篇。此选本最大的特色是：所选篇目以记载秦以后历史人物为主；重视选取《史记》中的书表；编选者对于精彩部分用不同的符号加以圈点，并有大量的精彩评点。用语长短不一，恰到好处，或指出词句作用，或评点章法布局，或揭示史公深意，或探讨前后关联等；所选篇章末多有评语，盛赞史公文章精彩处，与文中评语形成照应。整理底本为储欣《史记选》六卷，乾隆癸巳（1773年）同文堂梓行刻本，每页十行，每行十五字，有原版书。

王有宗《分段详注评点史记菁华录》，完成于1924年。此版本优胜之处在于：大部分选文前均加"解题"部分，有助于读者对正文的理解；对所选篇章进行分段，便于读者较清楚地了解选文的层次；通过注释，疏通了文字注音、词义等障碍，以方便阅读。整理底本为

Ⅳ 分段详注评点史记菁华录

王有宗《分段详注评点史记菁华录》六册，浙江达文印书馆1924版，有原书。

《史记精华》是中华书局1914年辑校的《史记》选本。全书共选录《史记》一百零二篇。这些篇目的取舍原则为历史性、思想性、文学性。此书收录了多家评点，侧重对人物、历史事件、文章艺术手法、思想倾向等进行详尽的评论和说明；对同一人物、历史事件的点评，则以文采、语言、思想为主要内容，尽可能为读者提供精华性的评语。中华书局《史记精华》，1914年第一版，本次整理依据1937年版，西北大学图书馆藏书影印版，参校1933年版。

周宇澄《广注史记精华》，是民国时期出版的《史记》读本中重要的一部。全书共选录《史记》本纪、表、世家、列传中三十二篇文章，分为三十四个题目。此选本最大的特点是：选取《史记》中文学色彩浓烈、偏重于人物、事件和描写精彩的篇章；对所选文章进行"划分段落，将难字注以音义，其有典故疑义者，一律注释，使读者一目了然"；注释详尽，有很强的可读性；编选者根据自己的理解进行了明晰的段落划分和断句，体现了编选者对《史记》的理解和思想观点。整理底本选用周宇澄《广注史记精华》，世界书局1943年版。

这些选本，均是影响较大、流传较广的《史记》选本，内容丰富，各具特色，具有较高的学术研究和参考价值。

在整理过程中，整理者尽可能搜集多种版本，认真选择工作底本，并主要参考中华书局1982年版点校本《史记》进行整理，包括段落划分与标点，文字出入较大者则予以注释。忠实原作、方便当代读者阅读是整理者坚持的主要原则，比如改竖排版为横排版，繁体字为简化字，便考虑到读者的阅读习惯与需要。选本评点中的总评、评注、行批、夹批等，则尽量标注在原作相应的位置，以尽可能反映底本的原貌。底本中明显的错字，则采用加"按"的形式标明。难能可贵的是，整理者在点校整理的同时，还对《史记》选本所折射的思想文化精神进行了研读，并在简介中作了扼要论述。

当然，古籍的点校整理是一项科学严谨、费时费力的工作，而且往往难以避免讹误乖错，在这方面，欢迎读者朋友在阅读中对该丛书的版本甄别以及具体点校整理工作，提出积极的合理化建议，以不断推陈出新，力臻完善。

该研究团队原本设想还要进一步选编和整理日本、韩国、美国等学者的《史记》选本，我们愿意乐观其成。希望"《史记》选本丛书"的编校整理工作为进一步系统研究司马迁的思想学术、《史记》及《史记》学作出积极贡献，为推介和弘扬中华优秀传统文化增砖添瓦。

是为序。

2013 年 3 月于
西北大学中国思想文化研究所

前　言

司马迁（约公元前145年—约前86年）用毕生精力所撰《史记》不仅是我国历代正史的鼻祖，而且更是一部文学巨著。鲁迅先生赞誉其为"史家之绝唱，无韵之离骚"，前一句高度评价了《史记》的史学价值，后一句则高度评价了《史记》的文学价值。然而因其篇幅较长，内容广泛，一般读者往往会望而生畏，未能卒读。因此，早在汉代就有针对不同的读者对象推荐阅读相关篇目的做法，甚至还出现了诸如《史要》等选本。唐宋尤其是明清以后，《史记》选本数量越来越多。

清人姚苎田从《史记》中精心剪裁、节选了十余万字，分为六卷，包括本纪、表、书各三篇，世家九篇，列传三十三篇，并予以评点，使《史记》的天工人巧和司马迁的苦心孤诣呈现于读者面前，称之为《史记菁华录》（有的为《史记精华录》）。节选了传统名篇《项羽本纪》、《留侯世家》、《商君列传》等的精彩部分，也全文选录了《萧相国世家》、《伯夷列传》、《李将军列传》等《史记》精华内容。

该书在节选方面最为明显的特点是能够摄其精华，略其敷衍，发明古人作文的苦心。善于把握《史记》各篇要旨，洞彻其章法布局，刀尺所至，恰到好处。既保持了《史记》固有风格，又删繁就简，从而使情节更集中，主线更清晰，人物性格更鲜明。删节后的文字没有支离之感，依旧脉络贯通，首尾完整、圆融。《史记菁华录》被冯亦代先生赞誉为："文章所用的语言，则可以说言简意赅，节省到不能再节省了，达到了多一字则繁，少一字则缺的境界。"另一方面的特点在于其精彩独到的评论与注释方面。然而注释方面也有许多不足之处。有鉴于此，晚清杭州学者王有宗对姚氏《史记菁华录》分段、详注、评点之后形成了新的成果，即《分段详注评点史记菁华录》。

王有宗，古杭州人氏，生卒年代不详。根据其在《分段详注评点

VIII　分段详注评点史记菁华录

《史记菁华录》序中所自署时间"岁在甲子春三月"、又为曾国藩所编成于1867年而由李鸿章审订的《十八家诗钞》作过音注,吴宓先生的女儿吴学昭曾经在《吴宓日记续编》前言中提到王有宗,据此,他应该生活在晚清到民国初年。因而《分段详注评点史记菁华录》应该完成于1924年这个"甲子春三月"。此前,他曾经于1915年编辑出版过《偏关志》二卷(〔明〕卢承业等原本,〔清〕马振文增纂修,王有宗校订,清道光间刊,民国四年排印本)、《图画四书白话解》十四册线装书。曾有《今字解剖》列入《民国时期语言文字学丛书》第七十五册。

虽然《史记菁华录》流行的版本很多,颇受读者欢迎,并且此前上海古籍出版社、中华书局、汕头大学出版社等分别出版了《史记菁华录》不尽相同的整理本,但我们还是认为应该将王有宗的《分段详注评点史记菁华录》整理出来。这次有意整理出版该书,主要缘于这个版本与其他版本的《史记菁华录》相比有多方面的优胜之处:一是大部分选篇前均加了解题部分,对读者理解正文颇有帮助。二是所有的选篇有分段,能够帮助我们更为清楚地了解选文部分的层次。三是有注释,疏通了文字注音,词义等障碍,便于阅读。这一点正如王有宗在其《详注序》对姚苎田《史记菁华录》评价所云:"书中注释者什一,而不注者且什九。"注释方面是有所欠缺的,于是,他就"斟酌今古,参以愚管"。王氏对自己注释的成果甚为自信:"书成敢于告于众曰:凡学为古文者,必读龙门《史记》,读龙门《史记》者,必自读《史记菁华录》始,《菁华录》者,读龙门《史记》之津梁,而学为古文者之钤键也,钤键得而古文之扃破矣。"四是随着时代的变迁,一些标点、注释用语、注音等或有差错,有必要按照新的标准予以纠正。因此,我们参校已有的成果,对其进行了整理出版,以便读者广泛阅读。该书既可作为初学《史记》者的入门之书,又可作为《史记》研究者的参考之书,还是一般古典文学爱好者的首选读本。不妥之处,还请批评指正、谅解。

史记菁华录评点详注序

　　昔韩昌黎评论古文，谓《易》奇而法，《诗》正而葩，《春秋》谨严，《左氏》浮夸。余谓得其神髓而集大成者，厥惟龙门《史记》。此所以独有千古，不许后来并驾而出其前也。然其为文纵横出没，不可思议；选辞造句，迥出寻常；绳墨之外，令读者惝恍迷离，至有不可句读者。清康熙间，芑田氏著《史记菁华录》一书，取龙门之尤奇而法，正而葩，谨严而浮夸者，得若干篇，逐段评点，逐句钩沉，如瞽者复明，漆室放光，岂非一大快事！顾犹有憾者，书中注释者什一，而不注者且什九，虽裴氏、小司马诸《集解》、《正义》俱在，然翻检为劳，且疏略殊甚。又其书转相传抄，脱误在所不免。校勘补注，亦后学之责也。爰为斟酌今古，参以愚管，不敢谓有合于训诂之林，而于初学不无小裨云尔。书成，敢于告于众曰：凡学为古文者，必读龙门《史记》，读龙门《史记》者，必自读《史记菁华录》始。《菁华录》者，读龙门《史记》之津梁，而学为古文者之钤键也。钤键得，而古文之扃破矣。岁在甲子春三月，古杭州王有宗题。

史记菁华录题辞

　　余少好龙门《史记》，循环咀讽，炙輠而味益深长。顾其伙颐奥衍，既不能束之巾笥，又往哲评林迄无定本。尝欲抽挹菁华，批导窾隙，使其天工人巧，刻削呈露，俾士之欲漱芳润而倾沥液者澜翻胸次，而龙门之精神眉宇亦且郁勃翔舞于尺寸之际，良为快事矣！

　　客有诮于余者曰："《史记》者，龙门一家言也。而擘摘剌取之，能无剽揃之訾乎？"余曰："客盖未达乎文章之原者也。古者左史记事，右史记言。言为《尚书》，事为《春秋》，此《史记》之名所由昉也。自左氏因《春秋》之文作内、外传，于是言与事始并著于一篇之中。宋真德秀论次文章正宗，特分议论、叙事为两途，实原本《尚书》、《春秋》之遗意而判厥町畦。故其录《左》、《国》、《史》、《汉》之书，一篇之文有割其事于此而缀其言于彼者。盖《文选》以下，别无荟萃古文，有之，自德秀始，而其法已然。且《左氏》用编年之法，每自为一篇，以尽一事之本末。至杜元凯始分，经之年与传之年相符，后世记诵之学亦各取其一节之精妙而命之曰篇，其来久矣。顾独于《史记》而疑之乎？盖古人之读书也，既知夫三仓五车之才，选于千万人而不能以一二遇也。吾生也有涯，而知也无涯，以有涯随无涯，不亦殆乎？又以为古人比事属辞，事奇则文亦奇，事或纷糅，则文不能无冗蔓，故有精华结聚之处，即不能无随事敷衍之处；掇其菁华而略其敷衍，而后知古人之作文甚苦，而我之读之者乃甚甘也。今夫龙门之文，得于善游，夫人而能言之矣。则当其浮长淮，溯大江，极览夫惊沙逆澜，长风怒号，崩击而横飞者，吾于其书而掇取之；望云梦之泱漭，睹九嶷之芊绵，苍梧之野，巫山之阳，朝云夕烟，靡曼绰约，吾于其书而掇取之；临广武之墟，历鸿门之坂，访潜龙之巷陌，思霸主之雄图，鹰扬豹变，慷慨悲怀，吾于其文而掇取之；奉使巴、岷，吊蚕丛鱼凫之疆，扪石栈天梯之险，萦纡晦窅，巉峭幽深，吾于其文而掇取之；适鲁登夫子之堂，抚琴书，亲杖履，雍容鱼雅，穆如清风，吾于其文而掇取之。若夫后胜未来，前奇已过，于其中间历荒堤而经破驿，顽山钝水，非其兴会之所属，斯逸而勿登焉。读其文而可以知其游之道如彼，则文之道诚不得不如此也。吾见今之耳佣而目僦者，日置全史于几案之旁，自成童以迄皓首，固有一卷之文偶值夫钩章棘句，即掩卷不遑卒读者，徒琅琅于管、婴、夷、屈数传，又不得其窾隙之所存，犹且号于人曰'剽揃之不古也'，其为自欺以欺人，岂不足胡卢一笑哉！"客无以难，遂书其语于简端。

凡《史记》旧文几五十万言，今掇其五之一，评注皆断以鄙意，视他本为最详，约亦数万言。龙门善游，此亦如米海岳七十二芙蓉研山，几案间卧游之逸品也。因目之曰《史记菁华录》云。

清康熙辛丑七夕后三日，芑田氏题。

目 录

分段详注评点史记菁华录 卷一

秦始皇本纪 3
项羽本纪 10
高祖本纪 37
高祖功臣年表 42
秦楚之际月表 45
六国表 48
封禅书 53

分段详注评点史记菁华录 卷二

河渠书 87
平准书 94
越世家 110
陈涉世家 116
外戚世家 122
齐王世家 127
萧相国世家 130
曹相国世家 138
留侯世家 143
陈丞相世家 151

分段详注评点史记菁华录 卷三

绛侯周勃世家	157
伯夷列传	164
老庄申韩列传	169
司马穰苴列传	173
商君列传	178
张仪列传	182
孟子荀卿列传	186
孟尝君列传	195
平原君列传	198
信陵君列传	202
范雎蔡泽列传	214

分段详注评点史记菁华录 卷四

廉颇蔺相如列传	225
屈原贾生列传	234
刺客列传	241
张耳陈馀列传	245
淮阴侯列传	253
韩王信卢绾列传	266
郦生陆贾列传	270
刘敬叔孙通列传	279
季布栾布列传	283

分段详注评点史记菁华录 卷五

张释之冯唐列传·················· 295
扁鹊仓公列传··················· 308
魏其武安侯列传················· 319
李将军列传···················· 341
匈奴列传····················· 356
卫霍列传····················· 361
司马相如列传··················· 368
淮南列传····················· 372

分段详注评点史记菁华录 卷六

汲郑列传····················· 379
酷吏列传····················· 392
游侠列传····················· 422
货殖列传····················· 432
滑稽列传····················· 440
太史公自序···················· 448

分段详注评点史记菁华录 卷一

秦始皇本纪

　　【解题】始皇名政，秦襄昭王子。并吞六国，统一天下，以世数计，自为始皇帝，故称始皇。司马贞索隐云：纪者，记也。本其事而记之，故曰本纪。按：史书记载天子之事，犹木之有本，故曰本纪。

　　【眉批】先儒谓：秦时诏令，杂以吏牍，自是一种文字。然《谟》、《诰》之下，汉诏之前，实另具一段精严伟丽光景，此其第一令也。绝大不群。

　　【眉批】先自定议，复称制可之也。

　　【眉批】称制。可奏始于此，实为娟峭。

　　【眉批】只三十余字，有援引，有跌宕，有断制。

　　秦初并天下，令丞相、御史曰："寡人以眇眇之身，兴兵诛暴乱，（以谦吻作夸诩，辞气峻厉。）赖宗庙之灵，六王咸伏其辜，（总前六国罪案，简而伟。）天下大定。今名号不更，无以称成功，传后世。其议帝号。"（言下已前无古人矣。诸臣只阐明此意耳。）丞相绾、御史大夫劫、廷尉斯等（秦初三公之职如此。）皆曰："昔者五帝地方千里，其外侯服夷服，诸侯或朝或否，天子不能制。（看其即将前令敷衍，不更益一语。）今陛下兴义兵，诛残贼，平定天下，海内为郡县，法令由一统，自上古以来未尝有，五帝所不及。（秦人万古罪案，即万古功案。）臣等谨与博士议曰：（有致。）'古有天皇，有地皇，有泰皇，泰皇最贵。'（古拙可爱。此即《封禅书》悠谬之说也。）臣等昧死上尊号，王为'泰皇'。命为'制'，令为'诏'，天子自称曰'朕'。"王曰："去'泰'，著'皇'，（古劲之极。）采上古'帝'位号，号曰'皇帝'。他如议。"制曰："可。"追尊庄襄王为太上皇，（又了一事。）制曰："朕闻太古有号毋谥，（首援太古为说，波澜甚壮。）中古有号，死而以行为谥。如此，则子议父，臣议君也，甚无谓，朕弗取焉。（断得妙。）自今已来，除谥法。朕为始皇帝。后世以计数，二世、三世至于万世，传之无穷。"（意极愚而词极婉。)

【注释】丞相、御史：并官名。

寡人：古者天子诸侯自称谦词，犹言寡德之人也。

眇：音秒，小也。

六王：赵、韩、魏、齐、楚、燕六国之王。

辜：音姑，罪也。

更：平声，改也。

绾、劫：并人名，绾姓冯，劫姓王。

廷尉：官名，即今法官。

斯：李斯，时为廷尉。

五帝：黄帝、颛顼、帝喾、尧、舜。

侯服：离王畿五百里至一千里之地。

夷服：在侯服之外。

陛下：天子之称。陛音婢。

残贼：害仁义者。

博士：官名，掌通今古。

昧死：犹言冒死。

毋：同"无"。

谥：音字，死后易名也。

谥法：周公所作。

【眉批】为秦计诚非。然千古不能易者，积重之势使然也。

丞相绾等言："诸侯初破，燕、齐、荆地远，不为置王，毋以填之。（"填"、"镇"古字通用，亦有竟作填义者，更古。）请立诸子，唯上幸许。"始皇下其议于群臣，（下其议亦始此。）群臣皆以为便。廷尉李斯议曰："周文、武所封子弟同姓甚众，然后属疏远，（凡人臣引议，不援目前所至切者为言，则其义难申。斯得其旨矣。）相攻击如仇雠，诸侯更相诛伐，周天子弗能禁止。（总只申初令之旨，细味自知。）今海内赖陛下神灵一统，皆为郡县，诸子功臣以公赋税重赏赐之，甚足易制。天下无异意，则安宁之术也。置诸侯不便。"（数言利害，皆尽。）始皇曰："天下共苦战斗不休，以有侯王。赖宗庙，天下初定，又复立国，是树兵也，而求其宁息，岂不难哉！廷尉议是。"（始皇语语有盖世之气。）

【眉批】篆法最古健，绝去一切枝叶。

分天下以为三十六郡，郡置守、尉、监。（官三等。）更名民曰"黔首"。大酺。（以"大酺"收分郡案，下又逐件起。）收天下兵，聚之咸阳，销以为钟镰，金人十二，重各千石，置宫廷中。（一销兵。）一法度衡石丈尺。车同轨。书同文字。（二同律。）地东至海暨朝鲜，西至临洮、羌中，南至北向户，北据河为塞，并阴山至辽东。（三奥地。）徙天下豪富于咸阳十二万户。诸庙及章台、上林皆在渭南。（四建京。）

【注释】燕、齐、荆：并国名。燕，平声。荆，即楚国。

置：设立也。

填：同镇，压服也。

上：皇上。

属：音足，连及也。

公赋税：公家之财物。

易：去声。

树：立也。

宁息：安定也。

更：平声，改也。

黔：音虔，黑也。

酺：音蒲，又去声。国有欢乐之事，赐臣民大饮酒也。

兵：兵器，戈矛之属，古者以铜为兵。

咸阳：秦都城，在今陕西长安县东。

镰：音巨，乐器。

石：百二十斤为石。

衡石：所以权轻重。

丈尺：所以度长短。

轨：音鬼，车辙所经之途也。

书：字也。古曰书，今曰字。

暨：音既，及也。

朝鲜：即高丽。朝，音昭。

临洮：县名，秦置在今甘肃岷县。洮音叨。

羌中：在临洮西，古诸羌地。羌，欺央切。

北向户：自北向南，犹言南极也。

河：黄河。

塞：音晒，边界也。

阴山：在今绥远特别区域。

辽东：郡名，秦置，在今奉天东南。

徙：音细，迁也。

章台：宫名。

上林：苑名。

渭南：在今陕西关中道。

【眉批】始皇初令群臣既以为"上古所未有，五帝所不及"，故凡进谏者皆以谤古为本。淳于生独以殷、周为言，宜其如水投石也。全段总，以古今为眼目。

三十四年，始皇置酒咸阳宫，博士七十人前为寿。仆射周青臣进颂曰："他时秦地不过千里，赖陛下神灵明圣，平定海内，放逐蛮夷，日月所照，莫不宾服。(亦即"初并天下"之令衍出来。)以诸侯为郡县，人人自安乐，无战争之患，传之万世。自上古不及陛下威德。"始皇悦。博士齐人淳于越进曰："臣闻殷、周之王千余岁，封子弟功臣，自为枝辅。今陛下有海内，而子弟为匹夫，卒有田常、六卿之臣，无辅拂，何以相救哉？(始皇喜操切，此言非所乐闻。)事不师古而能长久者，非所闻也。(痛切而疏宕。)今青臣又面谀以重陛下之过，("重"字妙，有激射。)非忠臣。"

【眉批】前段专驳淳于,故文势作顿。

【眉批】后段归狱《诗》、《书》,特更端另起。

【眉批】妙在写得纷纷杂杂,便见《诗》、《书》煞甚坏事。

【眉批】拟令要一字无虚设,光奉文不可及如此。

始皇下其议。(越言亦戆矣。始皇犹知下其议,可不谓犹有君人之度乎?)丞相李斯曰:"五帝不相复,三代不相袭,各以治,非其相反,时变异也。(引古曲说。)今陛下创大业,建万世之功,固非愚儒所知。且越言乃三代之事,何足法也?(此段为焚书案,然屡提儒生过失,实为坑儒伏脉。)异时诸侯并争,厚招游学。今天下已定,法令出一,百姓当家则力农工,士则学习法令辟禁。今诸生不师今而学古,以非当世,惑乱黔首。(诸生罪案已定。其语甚辣,妙在遮住。)丞相臣斯昧死言:古者天下散乱,莫之能一,(亦从平定一统冒入,有把握。)是以诸侯并作,语皆道古以害今,饰虚言以乱实,人善其所私学,以非上之所建立。(人各以其所学者为善也。长句曲而劲。)今皇帝并有天下,别黑白而定一尊。私学而相与非法教,(二句皆指"是古非今"者言之。)人闻令下,则各以其学议之,入则心非,出则巷议,夸主以为名,异取以为高,率群下以造谤。(秦时奏议,凡欲重其罪者,多叠杂而出之,如《逐客》、《督责》诸书皆然。)如此弗禁,则主势降乎上,党与成乎下。(钻入操切人心孔。)禁之便。臣请史官非秦记皆烧之。非博士官所职,天下敢有藏《诗》、《书》、百家语者,悉诣守、尉杂烧之。(左史记事,右史记言,古制也。两层上指记事之书,下指记言之书,甚明划。)有敢偶语《诗》、《书》弃市。以古非今者族。吏知见不举者与同罪。令下三十日不烧,黥为城旦。(前布其令,此详其罪。)所不去者,医药、卜筮、种树之书。若欲有学法令,以吏为师。"(律外余文,甚周匝,此实后世造律之祖。)制曰:"可。"

【注释】置酒:设酒食也。

寿：以酒为祝曰寿。

仆射：官名。射音亦。

宾服：臣服也。

乐：音洛。

枝辅：犹枝辅干也。

匹夫：小民也。

田常：即陈恒，为齐相，弑简公，谋夺齐国。

六卿：天官冢宰，地官司徒，春官宗伯，夏官司马，秋官司寇，冬官司空。

拂：读为弼，言不封子弟，将来有如田常一般。为大臣者出，苟无子弟辅佐，何以相救哉？

谀：音鱼，谄媚也。

下其议：谓将此发下群臣，使再议也。

三代：夏、商、周也。

袭：音夕，因也。

越言：越职言事也。不当言而言，曰越言。

异时：前日也。

当家：主家事也。

力：尽力也。

辟：法也。

非当世：毁谤当今执政之人也。

夸：同诩，大也。诩主，谓自诩大于人主之前也。

异取：与人所取不同也。

博士官：犹言博士衙门。

职：掌也。

守尉：官名，郡有守有尉，见前文。

偶语：相对语也。

弃市：斩首也。古者刑人于市，故曰弃市。

族：罪及父母妻子曰族。

黥：音芹，即墨刑，俗谓之刺字。

城旦：秦时徒刑，罚作苦工也。日间伺寇，夜间筑城，故谓之城旦。

项羽本纪

【解题】羽虽未称帝，然嬴氏既亡之后，炎汉未兴之前，有称帝之资格者惟羽，故亦附于本纪。

【眉批】"本纪"无称字之例。此独称字者，所以别于真帝也。史迁深惜项羽之无成，故特创此格。

【眉批】提出项燕、王翦，以著秦、项世仇。提出"世为楚将"，以著霸楚缘起。

项籍者，下相人也，字羽。初起时，年二十四。（诸"纪"、"传"无特著初起之年，此独大书之，所以为三年灭秦、五年亡国作张本，正是痛惜之意。）其季父项梁，梁父即楚将项燕，为秦将王翦所戮者也。项氏世世为楚将，封于项，故姓项氏。

项籍少时，学书不成，去；学剑，又不成。（特写两"不成"，一"不肯竟学"。羽之结局，已大概可见。）项梁怒之。籍曰："书足以记名姓而已。剑一人敌，不足学，学万人敌。"（语倔强。而说书、剑处又有层折，见剑虽差胜于书，而意犹未厌也。如闻其声。）于是项梁乃教籍兵法，籍大喜，略知其意，又不肯竟学。（真英雄气概，在此句。）

【眉批】"每吴中云云"数句，正注明"皆出项梁下"一句也，看"以是知其能"五字自明。古文针路皆如此。

【眉批】当教以兵法时，固已知其可用，此处"奇"字直有可使南面之想矣。细思自辨。

项梁杀人，与籍避仇于吴中。吴中贤士大夫皆出项梁下。（妙用《孟子》"北方之学者未能或之先"句法。）每吴中有大繇役及丧，项梁常为主办，（名甚雅。）阴以兵法部勒宾客及子弟，（有心人见奇处。）以是知其能。秦始皇帝游会稽，渡浙江，梁与籍俱观。籍曰："彼可取而代也。"（蛮得妙。与高祖语互看，两人大局已定于此。）梁掩其口，曰："毋妄言，族矣！"梁以此奇籍。（"以此"与前"以是"句应。）籍长八尺余，力能扛鼎，才气过人，（史公一生得意此四字，其列籍"本纪"亦坐此。）虽吴中子弟皆已惮籍矣。（顾吴中子弟紧密。）

【眉批】守既知项梁能，即委之可耳，何为又扯一亡去之桓楚？如其言，事何时就乎？跋前疐后，如此所以卒贸其首也。

【眉批】夹叙二项，各各须眉欲活，写生妙手。

【眉批】不特回顾"主办"一段也。古文摹写人处，往往大处不写，写一二小事，转觉神情欲活，此頬上三毫法也，不必谓实有是事。

秦二世元年七月，陈涉等起大泽中。其九月，会稽守通（"通"字疑守之名，诸解未确。）谓梁曰："江西皆反，此亦天亡秦之时也。吾闻先即制人，后则为人所制。吾欲发兵，使公及桓楚将。"（守所见亦是，而卒见杀。观其辞气需缓，正与羽之才气相射也。）是时桓楚亡在泽中。（夹入一句叙事，好笔法。）梁曰："桓楚亡，人莫知其处，独籍知之耳。"（趁风起帆，机警之极，势如脱兔。）梁乃出，诫籍持剑居外待。梁复入，（叙项梁，如生龙活虎。）与守坐，曰："请召籍，使受命召桓楚。"守曰："诺。"梁召籍入。须臾，（迅捷。）梁眴（字法。）籍曰："可行矣！"于是籍遂拔剑斩守头。（如此起局，自然只成群雄事业。）项梁持守头，佩其印绶。门下大惊，扰乱，籍所击杀数十百人。一府中皆慴伏，莫敢起。（以上皆以梁为主，籍为从，故只如此写。）梁乃召故所知豪吏，谕以所为起大事，（隐括得好。）遂举吴中兵。使人收下县，得精兵八千人。（二句夹叙法，合所举、所收共八千人也。）梁部署吴中豪杰为校尉、候、司马。（校尉，将兵者；候，军候，主侦敌；司马，主军政赏罚。）有一人不得用，自言于梁，梁曰："前时某丧，使公主某事，不能办，以此不任用公。"众乃皆伏。（闲处著笔，最妙。）于是梁为会稽守，籍为裨将，徇下县。（先作一结，下文另起一案。）

广陵人召平于是为陈王徇广陵，未能下。闻陈王败走，秦兵又且至，乃渡江矫陈王命，拜梁为楚王上柱国。曰："江东已定，急引兵西击秦。"(夹叙一事,非传中正文也,看其简处则极简,两行中写许多情事。如此作文,方无喧客夺主之患。)项梁乃以八千人渡江而西。(如橡之笔,与传末作章法。)

【注释】下相：县名,秦置,在今江苏宿迁县西。

季父：叔父也。

项：古国名,即今河南项城县。

书：字也。

竟：终也。

吴中：今江苏吴县。

繇：音遥,同徭。古力役之征曰繇役。

主办：犹言总料理。

部勒：部署约束也。

会稽：山名,在今浙江绍县。会音贵。

族：解见前。

惮：音但,畏也。

二世：始皇子,名胡亥。

大泽中：在今江苏沛县。

会稽守通：会稽郡守殷通也。

桓楚：人姓名。

亡：逃也。

诫：音戒,告诫也。

诺：音纳,应辞也。

须臾：不多时也。

眴：音舜,目使人也。

绶：印组也。

慴：音失,与慑同,畏惧也。

裨：音皮。裨将,偏将也。

徇：音尽，巡行其地而誓令之也。

下县：属县也。

广陵：县名，秦置，今江苏江都县。

陈王：陈涉也。

且：将也。

矫：诈称曰矫。

上柱国：上卿官，即今宰相。

【眉批】起"范增"三句，字字无浪下。"年七十"与"羽年二十四"自相照应。

【眉批】亚父首计，原欲借虚名以立基业耳。东坡谓弑义帝为疑增之本，似太认真。

【眉批】谬以其祖之谥即为其孙之号，非偶然惑众之计而何？

居鄛人范增年七十，素居家，好奇计，往说项梁曰："陈胜败固当。（借陈胜引入，有把握。）夫秦灭六国，楚最无罪。自怀王入秦不反，楚人怜之至今，（倒"至今怜之"，句法妙。）故楚南公曰'楚虽三户，亡秦必楚'也。（谶纬之说。）今陈胜首事，（遥接"败固当"句。）不立楚后而自立，其势不长。今君起江东，楚蠭起之将皆争附君者，以君世世楚将，（应起句，有情。）为能复立楚之后也。"于是项梁然其言，乃求楚怀王孙心民间，为人牧羊，（写脚色有关系。）立以为楚怀王，从民所望也。（点破，妙。）

【注释】鄛：本作巢，县名，在庐江郡，今属安徽安庆道。

好：去声。

当：应当也。

南士：道士识兴亡之数者。

蠭：同蜂。蠭起，言其多也。

心：怀王孙名。

【眉批】此段特为怀王用宋义张本，非《项氏传》中正文，而其结构圆密，似《国语》文字。

项梁起东阿，西，北至定陶，再破秦军，项羽等又斩李由，（李斯子。）益轻秦，有骄色。（为梁死案。）宋义乃谏项梁曰："战胜而将骄卒惰者败。（宋义语只是寻常见识耳。幸而中，亦不幸而中。卒以此杀其身也。）今卒少惰矣，秦兵日益，臣为君畏之。"项梁弗听。乃使宋义使于齐。（时田假立为齐王。）道遇齐使者高陵君显，曰："公将见武信君乎？"（即项梁。）曰："然。"曰："臣论武信君军必败。公徐行（语生色。）即免死，疾行则及祸。"秦果悉起兵益章邯，击楚军，大破之定陶，（点明定陶，自作章法。）项梁死。

【注释】东阿：地名，在今山东阳谷县。

定陶：曹州城也，今为县，属山东济宁道。

宋义：项梁将。

显：高陵君名。

章邯：秦将。邯音寒。

【眉批】公、卿二字，古人相尊之通称。卿子，犹公子也；冠，元也；军，戎也；犹元戎之称而名特新美。

初，宋义所遇齐使者高陵君显在楚军，（装头长句法。）见楚王曰："宋义论武信君之军必败，居数日，军果败。兵未战而先见败征，此可谓知兵矣。"（语甚撇轻，正妙在说得无甚深要。）王召宋义与计事而大悦之，（怀王殊非娓娓下人者，然此真孟浪之举。）因置以为上将军；项羽为鲁公，（特插此三字，为后案。）为次将；范增为末将。救赵。（点出一段大关目。）诸别将皆属宋义，号为"卿子冠军"。（如后世特置之衔，欲以尊异之。）

【眉批】出兵以救赵，而乃以赵委之，以试其锋，岂理也哉！谬甚。

【眉批】宋义庸妄，不难一见而决。然是时好奇计之范增为末将，岂有不置一策之理？且项羽历数宋义之失，言言中窾，非羽所及，而其后增又即委贽于羽，故吾尝谓自此以下，皆增之计画也。盖立怀王之意，原欲借以就项氏之业，今乃任其用宋义以偾绩,岂所甘哉？苏子谓杀宋义乃疑增之本，未必然也。

行至安阳，留四十六日不进。项羽曰："吾闻秦军围赵王钜鹿。疾引兵渡河，楚击其外，赵应其内，破秦军必矣。"宋义曰："不然。夫搏牛之虻，不可以破虮虱。（二语于情事不切，而必引之，活画出宋义头巾气。）今秦攻赵，战胜则兵罢，我承其敝；不胜，则我引兵鼓行而西，必举秦矣。故不如先斗秦、赵。（此留而不行之故。）夫被坚执锐，义不如公；坐而运策，公不如义。"（前引后收，迤迤如见。此辈甚多，胡可胜道！）因下令军中曰："猛如虎，狠如羊，贪如狼，（军令亦新甚，韵甚。）强不可使者，皆斩之。"（暗指项羽，欲以此折其气。）乃遣其子宋襄相齐，身送之（一发迁缓。）至无盐，饮酒高会。天寒大雨，（渲染法。）士卒冻饥。项羽曰："将戮力而攻秦，（总提句。）久留不行。今岁饥民贫，（此就利害上言之。）士卒食芋菽，军无见粮，乃饮酒高会，不引兵渡河因赵食，与赵并力攻秦，（此就义理上言之。）乃曰'承其敝'。夫以秦之强，攻新造之赵，其势必举赵。（于义既不当，于势又无益。）赵举而秦强，何敝之承！（透健有声。）且国兵新破，王坐不安席，（又假大义以责之，羽安能及此？）扫境内而专属于将军，（写出隐恨来。）国家安危，在此一举。今不恤士卒（先指饥冻。）而徇其私，（又带定送子，周匝之至。）非社稷之臣。"项羽晨朝上将军宋义，即其帐中斩宋义头，出令军中曰："宋义与齐谋反楚，（若无送子相齐一著，何以蒙恶声哉？）楚王阴令羽诛之。"当是时，诸将皆慴服，莫敢枝梧。皆曰："首立楚者，将军家也。（妙，妙！提出项氏隐衷，偏不附会"楚王阴令"之说，而词又未毕，真画亦画不到。）今将军诛乱。"乃相与共立羽为假上将军。使人追宋义子，及之齐，杀之。使桓楚报命于怀王。（了宋义事。）怀王因使项羽为上将军，（写出太阿倒持来。）当阳君、蒲将军皆属项羽。（以上一大段，总写羽为上将军之案。）

【眉批】钜鹿之战，羽所以成伯业也。故史公用全力为他写得精神百倍，万世如睹。

【眉批】"当是时"三字重提起,笔力奇恣;"冠诸侯"略作一锁,下再展开:皆故作奇恣之笔,以出色描画也。

项羽已杀卿子冠军,(又提。)威震楚国,名闻诸侯。乃遣当阳君、蒲将军将卒二万渡河,救钜鹿。(先捆一笔。)战少利,陈馀(馀为赵将。)复请兵。项羽乃悉引兵渡河,皆沉船,破釜甑,烧庐舍,持三日粮,以示士卒必死,无一还心。(写羽才气过人。)于是至则围王离,与秦军遇,九战,绝其甬道,大破之,(自与后"已破"句应。先写一遍,完事迹。)杀苏角,虏王离。涉间不降楚,自烧杀。当是时,楚兵冠诸侯。诸侯军救钜鹿下者十余壁,(又重写一遍,专描战功。)莫敢纵兵。及楚击秦,诸将皆从壁上观。楚战士无不一以当十,楚兵呼声动天,诸侯军无不人人惴恐。(本助诸侯击秦也,反写诸侯惴恐,加倍写法。)于是已破秦军,项羽召见诸侯将,入辕门,无不膝行而前,莫敢仰视。(登高而呼,余响犹震。)项羽由是始为诸侯上将军,诸侯皆属焉。

【注释】安阳:地名,在河南,或云在山东。

钜鹿:县名,秦置,在今直隶平乡县。

搏:音卜,拍也。

虻:音忙,牛虻,虫名,似蝇而大。

虮虱:音几失,寄生人体及乳哺动物。

罢:同疲,力竭也。

敝:音被,坏也。

鼓行:作气前行也。

举:攻下也。

被:音披,着也。

坚:甲胄也。

锐:戈矛也。

遣:使也。

相：辅也。

无盐：地名，今山东东平县。

高会：大会也。

戮力：尽力也。

芋：音于，蹲鸱也。

菽：音叔，豆也。

见：俗作现，现在也。

徇：音尽，图谋也。

朝：音潮，见也。

枝梧：抵抗也。

假：摄也。

之：到也。

甑：音枕，瓦釜。

甬道：运粮之道，恐敌劫之，故筑墙垣如街巷。甬音勇。

涉间：秦将。

降：平声，投降也。

壁：音必，军垒也。

慴：音醉，惧也。

辕门：古者军行以车为陈，仰车以辕相向为门，故曰辕门。

【眉批】羽之大怒，但为其已破咸阳及尽有珍宝。范增之忌，自为其志不在小，此其相去固已远矣。叙得极明划。

【眉批】特下"旦日"二字，为下二"夜"字、二"旦日"字、一"即日"字作引子。古文伏脉之法都如此。

楚军夜击阬秦卒二十余万人新安城南。行略定秦地。函谷关有兵守关，不得入。又闻沛公已破咸阳，项羽大怒，（两"大怒"，有次序。）使当阳君等击关。项羽遂入，至于戏西。沛公军霸上，未得与项羽相见。沛公左司马曹无伤使人言于项羽曰：（小人多事，不知彼与刘、项有何恩怨。)"沛公欲王关中,使子婴为相,珍宝尽有之。"(语陋得妙。)项羽大怒,曰:"旦日飨士卒,为击破沛公军!"(语直捷有势,正与后"许诺"及"默然不应"对锁作章法。)当是时,项羽兵四十万,在新丰鸿门,沛公兵十万,在霸上。(提清全局,与后对看,他人不解用此笔。)范增说项羽曰:"沛公居山东时,贪于财货,好美姬。今入关,财物无所取,妇女无所幸,(特特与曹无伤"珍宝尽有"之言不相仇,所以表出范增。)此其志不在小。吾令人望其气,皆为龙虎,成五采,此天子气也。急击勿失。"(还其"旦日"、"击破"之言而趣之。)

【眉批】张良开口提韩王,所谓"不义",自指韩也。

【眉批】以一笔夹写两人,一则窘迫绝人,一则从容自如,性情须眉,跃跃纸上。史公独绝之文,《左》《国》中无有此文字。

【眉批】"反"字下得妙。明明以君待羽,以臣自待,其忌不烦解而自释矣。

楚左尹项伯者,项羽季父也,素善留侯张良。张良是时从沛公,项伯乃夜驰之沛公军,私见张良,具告以事,欲呼张良与俱去。曰:"毋从俱死也!"(十余字耳,叙得情事俱尽,性情态色俱现,千古奇笔。)张良曰:"臣为韩王送沛公,沛公今事有急,亡去不义,不可不语。"良乃入,具告沛公。沛公大惊,曰:"为之奈何?"张良曰:"谁为大王为此计者?"(从容得妙。)曰:"鲰生说我曰:(急中骂语,皆极传神。)'距关,毋纳诸侯,秦地可尽王也。'故听之。"良曰:"料大王士卒足以当项王乎?"(偏从容。)沛公默然,曰:"固不如也,且为之奈何?"(又倔强,又急遽,传神之笔。)张良曰:"请往谓项伯,言沛公不敢背项王也。"(到底从容,音节琅琅可听,只如此妙。)沛公曰:"君安与项伯有故?"(自出机警。)张良曰:"秦时与臣游,项伯杀人,臣活之。今事有急,故幸来告良。"沛公曰"孰与君少长?"(机警。)良曰:"长于臣。"沛公曰"君为我呼入,吾得兄事之。"(机警绝人。)张良出,邀项伯。项伯即入见沛公。(此等处皆特写项伯,所谓传外有传也。)沛公奉卮酒为寿,约为婚姻,曰:"吾入关,秋毫不敢有所近,籍吏民,封府库，而待将军。所以遣将守关者，备他盗之出入与非常也。（自解语，与曹无伤语对针。若范增之言，本非羽心，且亦无可置辩也。）日夜望将军至，岂敢反乎！愿伯具言臣之不敢倍德也。"（语气详慎卑抑之至，大英雄能屈处。凡此文皆特特与项羽对看。）项伯许诺。谓沛公曰："旦日不可不蚤自来谢项王。"（娓娓如闻其声。）沛公曰："诺。"于是项伯复夜去，（线索清出。）至军中，具以沛公言报项王，因言曰："沛公不先破关中，公岂敢入乎？今人有大功而击之，不义也。不如因善遇之。"（兄弟之益如此，所以谓沛公之机警，并非子房所及。）项王许诺（直性）。

【眉批】此下一段，千古处危难现成榜样，未可以文字视之。

【眉批】无端将坐次描出，次用"亚父"二字，一唤摇摆出"范增也"三字来，便将当日沛公、张良之刺心刺目神情一齐托出纸上。史公冥心独造之文也。

【眉批】高祖定天下，诛丁公而侯项伯，此中实有不可一例论者。先辈或以此为比例，非也。

【眉批】樊哙谏还军霸上，及定天下后排闼问疾数语，俱有大臣作用。此段忠诚勇决，亦岂等闲可同？论世者宜分别观之。

【眉批】汲长孺"大将军有揖客"之语，直中带婉；舞阳侯鸿门诮项王之言，激中有巧：俱千古词令绝品，非苟然者。

沛公旦日从百余骑来见项王，至鸿门，谢曰："臣与将军戮力而攻秦，（一合说来，化异为同，妙著。）将军战河北，臣战河南，然不自意能先入关破秦，得复见将军于此。（语意蔼然，真辞令妙品。）今者有小人之言，（轻带，浑得好。）令将军与臣有卻。"项王曰："此沛公左司马曹无伤言之。（脱口便尽画出直爽来。）不然，籍何以至此。"项王即日因留沛公与饮。项王、项伯东向坐，亚父南向坐。亚父者，范增也。（当日，沛公独惧此耳。）沛公北向坐，张良西向侍。范增数目项王，举所佩玉玦（玦、决同，欲其早决断也。）以示之者三，项王默然不应。范增起，出召项庄，谓曰："君王为人不忍，（亦至言。）若入前为寿，（写定计明划。）寿毕，请以剑舞，因击沛公于坐，杀之。不者，若属皆且为所虏。"（是激庄语，非正意。）庄则入为寿，（"则"字娟峭。）寿毕，曰："君王与沛公饮，军中无以为乐，请以剑舞。"项王曰："诺。"项庄拔剑起舞，项伯亦拔剑起舞，（疾甚。沛公何以得此，岂非天乎？）常以身翼蔽沛公，庄不得击。于是张良至军门，见樊哙。（接过，如鹰隼之削。）樊哙曰："今日之事何如？"良曰："甚急。今者项庄拔剑舞，其意常在沛公也。"（急语能缓，愈见其妙。）哙曰："此迫矣，臣请入，与之同命。"（若无此念，如何敢入。）哙即带剑拥盾入军门。交戟之卫士欲止不内，樊哙侧其盾以撞，卫士仆地，哙遂入，披帷西向立，（合前坐次看，便如画。）瞋目视项王，头发上指，目眦尽裂。（出色细写。）项王按剑而跽，曰："客何为者？"张良曰："沛公之参乘樊哙者也。"（一问一答，如布定著数，缺一不可，乱一不得。）项王曰："壮士，（品目，妙。）赐之卮酒。"则与斗卮酒。（处分，妙。）哙拜谢，起，立而饮之。项王曰："赐之彘肩。"则与一生彘肩。樊哙覆其盾于地，加彘肩上，拔剑切而啖之。（此等琐细处，愈见哙之气雄万夫，若一直粗豪，则了无生趣矣。）项王曰："壮士，（又赞，妙。）能复饮乎？"樊哙曰："臣死且不避，卮酒安足辞！（借势递入，捷而雄。）夫秦王有虎狼之心，（借秦王骂项羽，巧甚。）杀人如不能举，刑人如恐不胜，天下皆叛之。（以叛胁之。）怀王与诸将约，曰：'先破秦入咸阳者，王之'。（当时羽深讳此约，偏要提出，妙矣。尤妙在下文回护得好。）今沛公先破秦入咸阳，毫毛不敢有所近，封闭宫室，还军霸上，以待大王来。（"还军霸上"本哙之策，故此语前所无，此独宣之。）故遣将守关者，备他盗出入与非常也。劳苦而功高如此，未有封侯之赏，（先入秦应王矣，却又以封侯之赏推尊项王，明明以霸王归之，所谓回互法也。）而听细说，欲诛有功之人。此亡秦之续耳，（"亡秦"语应起句。）窃为大王不取也。"项王未有以应，曰："坐。"樊哙从良坐。（写此时情事险甚。）坐须臾，沛公起如厕，因招樊哙出。（细婉之笔。）

【眉批】哙实有学问。狗屠中有此人，虽欲不取封侯之贵，得乎？

【眉批】"会其怒"一语,倒映出方才席间气色来,遂令斗酒、彘肩一着,分外出色。此杜句所谓"返照入江翻石壁"之妙也。

【眉批】亚夫之愤,固不必言。然碎玉斗一事徒见其粗,何益于事?增以七十之叟,既知将为之虏,犹恋恋于羽,何耶?

沛公已出,项王使都尉陈平召沛公。沛公曰:"今者出,未辞也,为之奈何?"樊哙曰:"大行不顾细谨,大礼不辞小让。(樊将军快绝。)如今人方为刀俎,我为鱼肉,何辞为。"(奇绝语,看熟不觉耳。)于是遂去。乃令张良留谢。(张良留谢,自作一段读。)良问曰:"大王来何操?"曰:"我持白璧一双,欲献项王;玉斗一双,欲与亚父。会其怒,不敢献。公为我献之"张良曰:"谨诺。"当是时,项王军在鸿门下,沛公军在霸上,相去四十里。(重提一笔,以醒大关目。真是千古妙手。)沛公则置车骑,脱身独骑,与樊哙、夏侯婴、靳疆、纪信等四人持剑盾步走,从郦山下,道芷阳间行。(先将行色路径细细点出,方逆接"谓张良"一语,良工心苦,于此可见。若先语张良,下重叙行色,如何再接入鸿门留谢事乎?)沛公谓张良曰:"从此道至吾军,不过二十里耳。度我至军中,公乃入。"沛公已去,间至军中,(八字是子房意中语,非叙事也。)张良入谢,曰:"沛公不胜杯杓,不能辞。(以醉为托。)谨使臣良奉白璧一双,再拜献大王足下;玉斗一双,再拜献大将军足下。"(数语耳,亦有体有韵。)项王曰:"沛公安在?"良曰:"闻大王有意督过之,脱身独去,已至军中矣。"(直说妙,词又逊婉,非子房不办此。)项王则受璧,置之坐上。(反衬下文。)亚父受玉斗,置之地,拔剑撞而破之,曰:"唉!竖子不足与谋。(愤极,骂不得项羽,只骂项庄。妙。)夺项王天下者,必沛公也,吾属今为之虏矣。"(亦遥与谓项庄语应。)沛公至军,立诛杀曹无伤。(了案。)

【注释】阬:音坑,活埋也。

新安:在今河南渑池县。

函谷关:在今河南灵宝县南关,城在谷中,深险如函,故名函谷。

沛公：即汉高祖。高祖起兵于沛，众共立为沛公，故称曰沛公。

戏西：戏水之西，在今陕西临潼县。

霸上：霸水之上，亦在陕西临潼县。霸，亦作灞。

关中：即今陕西省。

子婴：即公子婴，二世兄子。

旦日：明日也。

新丰鸿门：并在今陕西临潼县。

山东：太行山之东。

好：去声。

左尹：官名，盖即左师。

驰之：驰马往见之。

亡去：逃去也。

语：去声，告也。

鲰生：小人无知之称。鲰音走。

距：到也。

故：旧也。

长：上声。下同。

籍：登记也。

倍：与背同。

蚤：同早。

意：料也。

郤：与隙同，怨恨也。

亚父：犹言仲父，尊之也。

侍：立也。

数：音朔，屡次也。数目项王，谓屡次目视项王也。

玦：音决，玉佩半圆者曰玦。举玦，示必杀之也。

项庄：羽从弟。

若：汝也。

不：同否。

若属：犹言汝等。

且：将也。

虏：音鲁，捕获也。生得曰虏，斩首曰获。

乐：音洛。

翼蔽：掩护也。

樊哙：沛公将。哙，音快。

同命：同死也。

盾：音钝，干也，俗谓盾牌。

交戟：两戟相交叉也。

纳：同纳。不纳，不许入也。

撞：音床，击也。

仆：音赴，倒也。

瞋：音真。瞋目，怒目也。

眦：音姊，目眶也。

按：手据也。

跽：音忌。古者席地跌坐，有所敬则伸足而起，谓之长跽。

参乘：坐车右护主将者曰参乘。乘音阵。

彘：音治，猪也。

啗：音淡，食也。

举：敬也。

细说：小人之言也。

厕：音赐，便所也。如，往也。

都尉：官名，盖侍从官。

行：去声。

会：逢也。

为：去声。

骑：去声，马匹也。下同。

郦山：在陕西临潼县。郦，音离，字亦作骊。

道：路过也。

芷阳：地名，后为霸陵县，在今陕西长安县东。

间：音谏。间行，从小道行也。

度：入声，料也。

间至军中：少间，至军中也。少间，俗言停一会儿。间，去声。

栖杓：音悲勺，酒器。

足下：自卑而尊称人曰足下，今为书信之通称。

督过：犹言督责。

唉：音哀，叹恨声。

竖子：犹言孩子。竖音树。

【眉批】项羽、沛公、范增，皆义帝所遣之将。

【眉批】此段乃刘、项成败大机关，草蛇灰线，皆伏于此。

项王欲自王，先王诸将相。（提一句，方有架落。）谓曰："天下初发难时，假立诸侯后以伐秦。（明谓义帝也，心事毕露。）然身被坚执锐首事，暴露于野三年，灭秦定天下者，（只叙战功，便令诸公皆出己下，）皆将相诸君与籍之力也。（归重有法。）义帝虽无功，故当分其地而王之。"（语牵强得妙，弑端兆矣。）诸将皆曰："善。"乃分天下，立诸将为侯王。（节去诸王封号。）项王、范增疑沛公之有天下，（此段写羽、增心事如镜。）业已讲解，（指鸿门事。）又恶负约，恐诸侯畔之，（指义帝"先入关者王之"之约。）乃阴谋曰："巴、蜀道险，秦之迁人皆居蜀。"乃曰："巴、蜀亦关中地也。"（"乃阴谋曰"，"乃曰"，一阴一阳，连缀而下，真绘水绘声手。）故立沛公为汉王，王巴、蜀、汉中，都南郑。而三分关中，王秦降将以距塞汉王。（羽以鲁公终，义帝命也。刘以汉为有天下之号,羽所置也。岂非天乎?)

【眉批】汉兵五十六万,羽以三万人大破之。此段极写项王善战,为传末"天亡我"数语伏案。看其笔墨抑扬之妙,而知史公之惋惜者深矣。

【眉批】五十六万人来,数十骑而去,而中间以天幸描之。汉之幸,项之惜也。

春,汉王部五诸侯兵,凡五十六万人,东伐楚。(故作整笔,提出数目,下乃离披如见,最是要句。)项王闻之,即令诸将击齐,而自以精兵三万人(时齐王田荣反楚,羽方自将击之。)南从鲁出胡陵。四月,汉皆已入彭城,收其货宝美人,日置酒高会。(如此写汉,不满甚矣。与宋义何异?)项王乃西从萧,晨击汉军而东,至彭城,日中,大破汉军。(一路战来,自晨至日中,写得有破竹之势。)汉军皆走,相随("相随"字妙,便如土崩不可收拾。)入谷、泗水,杀汉卒十余万人。汉卒皆南走山,(半入水,半欲据山自固。)楚又追击至灵壁东睢水上。(逼之舍山,仍赶入水,写得如看戏剧。)汉军却,为楚所挤,多杀,汉卒十余万人皆入睢水,睢水为之不流。(上又加"多"字,下着"水不流"字,可见十余万不止,已将五六十万人开除殆尽矣。)围汉王三匝。于是大风从西北而起,折木发屋,扬沙石,窈冥昼晦,逢迎楚军。("逢迎"字妙,非设身处地写不出,真乃神笔。)楚军大乱,坏散,而汉王乃得与数十骑遁去。欲过沛收家室而西;(应"东伐楚"句。)楚亦使人追之沛,取汉王家;(此先声也。在汉王未至沛之前。)家皆亡,不与汉王相见。汉王道逢得孝惠、鲁元,(求室家另是一段小文字。看其笔之碎而成章。)乃载行。楚骑追汉王,汉王急,推堕孝惠、鲁元车下,(忍心。可与"项王为人不忍"对看。)滕公常下收载之。如是者三。曰:"虽急不可以驱,奈何弃之?"(得滕公语,汉王之忍愈见。)于是遂得脱。求太公、吕后不相遇。审食其从太公、吕后间行,求汉王,反遇楚军。楚军遂与归,报项王,项王常置军中。(伏平国君案。)

【注释】难:去声。初发难,初与秦为难也。

假立：犹言暂立。

首事：为首起义之人。

暴：音薄。

业：既也。

讲解：和解也。

恶：去声。

畔：同叛，反背也。

巴蜀：今四川省。

汉中：郡名，秦置，统有前陕西汉中兴安及湖北郧阳诸府地。

南郑：今陕西汉中道治。

距塞：犹言抵制。塞音失。

部：率领也。

胡陵：在今山东鱼台县。

彭城：今江苏铜山县。

萧：今江苏萧县。

谷泗水：二水，皆在彭城。

灵璧：在彭城南，今县名，属安徽淮泗道。

睢水：出彭城入泗，睢音虽。

挤：音济，排挤也。

窈：音杳。窈冥，深黑也。

逢迎：谓风沙向楚军扑来也。

沛：即今江苏徐海道沛县。

孝惠、鲁元：并高祖子女。

堕：音杜，落也。

太公：高祖之父。

吕后：高祖之妻。

审食其：人姓名。食其，音异基。

间行：从小道行也。

【眉批】前段出色，写项羽之善战；此段出色，写汉王之善忍。

汉王之出荥阳，（项王围汉荥阳，以纪信伪降得出。）南走宛、叶。得九江王布，行收兵，复入保成皋。汉之四年，项王进兵围成皋。汉王逃，独与滕公出成皋北门，渡河走修武，（能忍一。）从张耳、韩信军。诸将稍稍得出成皋，从汉王。楚遂拔成皋，欲西。汉使兵距之巩，令其不得西。

【眉批】汉兵在巩，不足距项王也，全亏彭越，牵缀得妙。

是时，彭越渡河击楚东阿，杀楚将军薛公。项王乃自东击彭越。汉王得淮阴侯兵，（遥接"走修武"句。）欲渡河南。郑忠说汉王，乃止壁河内。（能忍二。）使刘贾将兵佐彭越，烧楚积聚。项王东击破之，走彭越。汉王则引兵渡河，复取成皋，军广武，就敖仓食。（楚之败也，以乏食。看其隐隐隆隆，由渐写来。此烧积聚，彼食敖仓，成败之机已伏于此。）项王已定东海来，西，与汉俱临广武而军，相守数月。

【眉批】先儒多谓"分羹"之语为英雄作略，太公全亏此语，因得不烹。吾谓父子之亲，分虽殊而理则一。当其推堕子女时，忍心固已毕现，岂得谓孝惠、鲁元亦亏其推堕因得不死耶？此只是隆准翁顽钝处，不必曲为之说。

当此时，（另从"数月"内重写。）彭越数反梁地，绝楚粮食，项王患之。为高俎，置太公其上，（项策已竭，乃出此下着。）告汉王曰："今不急下，吾烹太公。"汉王曰："吾与项羽俱北面受命怀王，曰'约为兄弟'。（可谓迂矣，只是顽钝得妙。）吾翁即若翁，必欲烹而翁，则幸分我一杯羹。"（能忍三。）项王怒，欲杀之。项伯曰："天下事未可知，（终亏鸿门旧救星耳。）且为天下者不顾家，（谏得亦妙。）虽杀之无益，祇益祸耳。"项王从之。

楚汉久相持未决，丁壮苦军旅，老弱罢转漕，（忽作断案语渡下。文情骀宕多姿。）项王谓汉王曰："天下匈匈数岁者，徒以吾两人耳，愿与汉王挑战决雌雄，毋徒苦天下之民父子为也。"（语有君人之度，惜其欲挑战以决之,仍是武夫习气耳。)汉王笑谢曰:"吾宁斗智,不能斗力。"(能忍四。)项王令壮士出挑战,(独骑相持,不用兵卒者,谓之"挑战"。)汉有善骑射者楼烦,楚挑战三合,楼烦辄射杀之。项王大怒,乃自被甲持戟挑战。楼烦欲射之,项王瞋目叱之,楼烦目不敢视,手不敢发,遂走还入壁,不敢复出。(连用三"不敢"字,极意形容。)汉王使人间问之,乃项王也。汉王大惊。(此等皆极写项王。)于是项王乃即汉王相与临广武间而语。(径造汉垒。)汉王数之,(历数项王十罪。)项王怒,欲一战。(不济事。)汉王不听,(能忍五。)项王伏弩射中汉王。汉王伤,走入成皋。(能忍六。)

【注释】荥阳:今为县,属河南开封道。

宛、叶:并地名,今属河南省。叶音失。

成皋:又名虎牢,在今河南汜水县。

修武:地名,在今河南获嘉县。

拔:攻下也。

巩:音拱,今县,属河南河洛道。

淮阴侯:即韩信。

河内:大河以北,总谓之河内。

广武:山名,在河南河阴县北,东连荥泽,西接汜水。

东海:郡名,今山东旧兖州府,东南至江苏邳县、以东至海皆是。

俎:古荐牲之器。

若:汝也。

而:亦汝也。

罢:同疲。

转漕:运米也。

匈匈:音胸,扰乱也。

被:平声。

叱：音尺，大诃也。

间问：乘隙私问也。

弩：音努，弓之有臂者。

中：去声。

【眉批】侯公往，直请太公耳，乃反先写"中分天下"而后许归太公。又其约出自项王，可知以"兵罢食尽"之势，情见势屈，太公去而事愈不可为矣。

是时，汉兵盛食多，项王兵罢食绝。（成败大关目提出，大有笔力。）汉遣陆贾说项王，请太公，项王弗听。（如太公在楚，汉亦未敢逼也。特先补此一事在前，固是要着。）汉王复使侯公往说项王，项王乃与汉约，中分天下，割鸿沟以西者为汉，鸿沟而东者为楚。（至是项王欲休而汉欲不肯休矣。范增若在，必不离披至此。）项王许之，（此"许之"专指归太公，遥接"侯公往说"句。）即归汉王父母、妻子。军中皆呼万岁。汉王乃封侯公为平国君。匿弗肯复见。（千古高见，真有英雄作略。）曰："此天下辩士，所居倾国，故号为平国君。"（反言以为厌胜。）项王已约，乃引兵解而东归。

【眉批】汉所欲破者一羽耳。今独力既不能，而必资信、越，子房乃劝以与之共分天下，是灭一羽复生二羽矣。且信、越之雄，又非羽所可同年而论也。然而当日子房劝之，高祖亦力从之，而楚遂以灭。夫人用乌喙、长葛以已疾，疾之既已，其去乌喙、长葛而惟恐不速也，必至之势矣。而惜乎信、越之不能见及此也。

汉欲西归，（故作抑扬，当时必无"欲西归"之事。）张良、陈平说曰："汉有天下大半，而诸侯皆附之。（反挑动信、越。）楚兵罢食尽，（再言之。）此天亡楚之时也，不如因其饥而遂取之。（狠辣。视约誓如儿戏，千古此类至多。）今释勿击，此所谓'养虎自遗患'也。"汉王听之。汉五年，汉王乃追项王至阳夏南，止军，与淮阴侯韩信、建成侯彭越期会而击楚军。至固陵，而信、越之兵不会。楚击汉军，大破之。汉王复入壁，深堑而自守。（临灭复作一振，极写楚之善战。）谓张子房曰："诸侯不从约，为之奈何？"对曰："楚兵且破，信、越未有分地，其不至固宜。君王能与共分天下，今可立致也。（此两人非俯首以求封侯之赏者明甚。）即不能，事未可知也。（反笔甚危悚。）君王能自陈以东傅海，尽与韩信；（可谓惊人之论，非子房不能道。〇傅、附同，犹云依海以东也。）睢阳以北至谷城，以与彭越：使各自为战，则楚易败也。"（说得透，真兵法奥旨。）汉王曰："善。"（快甚。正与刻印刓忍弗与者对看。）于是乃发使者告韩信、彭越曰："并力击楚。楚破，自陈以东傅海与齐王，睢阳以北至谷城与彭相国。"使者至，韩信、彭越皆报曰："请今进兵。"（信、越浅甚，祸端伏于此矣。）韩信乃从齐往，刘贾军从寿春并行，屠城父，至垓下。（信、越置两头，中间刘、周，叙四路兵，错综得妙，真奇文。）大司马周殷叛楚，以舒屠六，举九江兵，（六亦地名。周殷，楚之大司马也。以舒之兵屠剪六地，并举九江兵来会也。）随刘贾、彭越皆会垓下，诣项王。

【眉批】"兵罢食尽"之语，凡三提之，正与项王"天亡我"之言呼应。史公力为项王占地步，其不肯以成败论英雄如此。皆所谓一篇之中，三致意焉者也。

项王军壁垓下，兵少食尽，（三言之。）汉军及诸侯兵围之数重。夜闻汉军四面皆楚歌，（乱其军心。）项王乃大惊曰："汉皆已得楚乎？是何楚人之多也！"（思乱而语奇。）项王则夜起，饮帐中，（史公每着"则"字处，俱极有致。）有美人名虞，常幸从；骏马名骓，常骑之。（二句如《诗》之"小序"。）于是项王乃悲歌慷慨，（四字有声有态。）自为诗曰："力拔山兮气盖世，（结煞"才气过人"语。）时不利兮骓不逝。骓不逝兮可奈何，虞兮虞兮奈若何！"（英雄气短，儿女情深，千古有心人莫不下涕。）歌数阕，美人和之。项王泣数行下，左右皆泣，莫能仰视。

【眉批】以下皆子长极意摹神之笔，非他传可比。

【眉批】从来取天下而不以其道者，亦必兼用诈力、兵威。若纯任一战斗之雄而欲以立事，古未有也。羽临死而哓哓自鸣，专以表其善战，可谓愚矣。史公曲为写生，亦无一字过溢。而赞中"岂不谬哉"一句，直与痛砭，所以为良忠才也。

　　于是项王乃上马骑，麾下壮士骑从者八百余人，（此句起案，看其针路。）直夜溃围南出，驰走。平明，汉军乃觉之，（出数重之围如儿戏，极写羽能。）令骑将灌婴以五千骑追之。项王渡淮，骑能属者百余人耳。（随途瓦解。）项王至阴陵，迷失道，问一田父，（兵不厌诈。一田父，一亭长，为汉所遣置可知。）田父绐曰"左"。左，乃陷大泽中。以故汉追及之。项王乃复引兵而东，至东城，乃有二十八骑。汉骑追者数千人。项王自度不得脱，谓其骑曰："吾起兵至今八岁矣。身七十余战，（句句从"战"上夸张，在羽固为实录。）所当者破，所击者服，未尝败北，遂霸有天下。（钜鹿之战，霸业已成，原无他藉。）然今卒困于此。此天之亡我，非战之罪也。今日固决死，愿为诸君决战，必三胜之，为诸君溃围，斩将，刈旗，（雄甚，亦陋甚。）令诸君知天亡我，非战之罪也。"乃分其骑以为四队，四向。汉军围之数重。项王谓其骑曰："吾为公取彼一将。"（写得声、势俱有。）令四面骑驰下，期山东为三处。（欲以误汉兵而得脱也。）于是项王大呼驰下，汉军皆披靡，遂斩汉一将。（应"为公取彼一将"。）是时，赤泉侯为骑将，追项王，项王瞋目叱之，赤泉侯人马俱惊，辟易数里。（于斩将之后又加一叱退之将，所谓余勇可贾也。皆加倍写法。）与其骑会为三处。汉军不知项王所在，乃分军为三，复围之。（三处各置一围，则兵减。）项王乃驰，复斩汉一都尉，（因遂杀出矣。）杀数十百人，复聚其骑，亡其两骑耳。（既出围，则复聚为一。）乃谓其骑曰："何如？"（情景宛然。）骑皆伏曰："如大王言。"

　　【眉批】项王之意，必不欲以七尺驱堕他手坑堑。观其溃围奔逐，岂不欲脱？追闻亭长言而又不肯上其一叶之舟，既又赐以爱马而慰遣之，粗糙爽直，良可爱也。

【眉批】项王语本一片，中间别描吕马童数笔，此夹叙法。

于是项王乃欲东渡乌江。（始欲渡。）乌江亭长舣船待，（先辈指为顽民，吾以为汉所置诇。）谓项王曰："江东虽小，地方千里，众数十万人，亦足王也。愿大王急渡。今独臣有船。汉军至，无以渡。"项王笑曰：（一"笑"字，疑亭长绐之耳。）"天之亡我，我何渡为？（又不欲渡。）且籍与江东子弟八千人渡江而西，今无一人还，纵江东父兄怜而王我，我何面目见之？（其言最长厚，又复负气。）纵彼不言，籍独不愧于心乎？"乃谓亭长曰："吾知公长者。（不欲知其疑，盖知其疑而不敢乘我之舟，斯不武矣。）吾骑此马五岁，所当无敌，尝一日行千里，不忍杀之，以赐公。"（以马与长者，好处分。）乃令骑皆下马步行，持短兵接战。独籍所杀汉军数百人。项王身亦被十余创。顾见汉骑司马吕马童，曰："若非吾故人乎？"（寻一自到好题目。）马童面之，指王翳曰："此项王也。"（回面向王翳也。）项王乃曰："吾闻汉购我头千金，邑万户，吾为若德。"乃自刭而死。（以身与故人，又好处分。）

【眉批】传末赘鲁公案，袅袅有余韵。

项王已死，楚地皆降汉，独鲁不下。汉乃引天下兵欲屠之，为其守礼义为主死节，乃持项王头视鲁，鲁父兄乃降。始，楚怀王初封项籍为鲁公，（绝好结构。）及其死，鲁最后下，故以鲁公礼葬项王谷城。汉王为发哀，泣之而去。（于情于理，固应乃尔。）诸项氏枝属，汉王皆不诛。乃封项伯为射阳侯。（合叙中见轻重法。）桃侯、平皋侯、玄武侯，皆项氏，赐姓刘氏。

【注释】罢：同疲。

请太公：请释太公也。

鸿沟：汴水分流之处。

匿：音业，藏也。

见：去声。

倾：坏也。

阳夏：今河南太康县。

固陵：在今河南淮阳县西北。

堑：音暂，濠也。

张子房：良字。

陈：今河南旧开封府以东皆其地也。

傅：同附。

睢阳：在今河南商丘县南。

谷城：在今山东东阿县东北。

易：去声。

寿春：今安徽寿县。

屠：杀尽也。

城父：今安徽亳县。父音甫。

垓下：在今安徽灵璧县东南。垓音该。

以舒屠六：以舒之众，屠破六县。舒，即舒城，在今安徽安庆道。六城，在寿县南。

九江：在今江西省。

诣：音艺，到也。

重：平声。

骓：音追，苍白，杂色马也。

慷慨：意气激昂也。

逝：往也。

阕：音缺，歌曲一首曰一阕。

和：去声。

行：音杭。

麾下：犹言部下。

直：会逢也。

溃围：突围也。溃音会。

淮：水名，在安徽。

阴陵：在今安徽和县。

绐：音殆，欺诳也。

东城：在今安徽定远县东南。

度：入声，料也。

刈：音艺，斩也。

披靡：散乱也。

辟易：退避也。

乌江：在安徽和县东北四十里。

亭长：古者十里一亭，亭有长。长，上声。

舣：音义，泊也。

纵：虽也。

长者：忠厚之称。长，上声。

创：伤也。

骑司马：官名。骑，去声。

故人：旧相识也。

翳：音意，华盖也，犹雉尾扇之类。

购：买也。

若：汝也。

德：恩也。为若德，言将己头报汝恩也。

刎：音忿，以刀自杀也。

为：去声。

射：音谢。

【眉批】"暴"字不必作暴戾解，只是"骤"字义，言苟非神明之后，何得而致此骤兴也？

【眉批】由"难矣"至"过矣"，终以"岂不谬哉"，三层贬法，虽列三段，然只是三段之后作一反掉，以总结其一生之事皆足以致亡，而纯靠用兵，必不足以立大业也。

太史公曰：吾闻之周生曰"舜目盖重瞳子"，又闻项羽亦重瞳子。羽岂其苗裔耶？何兴之暴也？夫秦失其政，陈涉首难，豪杰蜂起，相与并争，不可胜数。（三句见胜之实难。）然羽非有尺寸，乘势起陇亩之中，三年遂将五诸侯灭秦，（正所谓暴兴。）分裂天下，而封王侯，政由羽出，（此列于"本纪"之旨。）号为"霸王"，位虽不终，近古以来未尝有也。及羽背关怀楚，（指传中"不归故乡，如衣锦夜行"之语，其意已满矣。）放逐义帝而自立，怨王侯叛己，难矣。自矜功伐，奋其私智而不师古，谓霸王之业，欲以力征（起兵三年，有国五年，暴得者亦暴失也。一传中呼应处。）经营天下，五年卒亡其国，身死东城，尚不觉寤而不自责，过矣。乃引"天亡我，非用兵之罪也"，岂不谬哉！（总承上二段，非又别作一贬。）

【注释】太史公：即司马迁。迁为汉太史，故自称太史公。此乃公评赞项羽之文。

周生：汉时儒者。

重瞳：目中有二瞳子也。重，平声。

苗裔：后嗣也。裔音倚。

暴：骤也。

首难：为首发难也。难，去声。

蠢：同蜂。

胜：平声。

尺寸：指土地言。

陇亩：田间也。

五诸侯：赵、韩、魏、齐、燕。

背关怀楚：谓背弃关中，思量故乡。

义帝：楚怀王孙心。项梁立以为楚怀王；项羽尊之为义帝，后徙之长沙，阴令人击杀之江中。

伐：劳也。

力征：以兵力伐人也。

过：误也。

谬：差也。

高祖本纪

【眉批】汉室定鼎，诛伐大事皆详于诸功臣"世家"、"列传"中。及《高祖本纪》，则多载其细微时事，及他神异符验。所以其文繁而不杀，灵而不滞。叹后世撰实录者不敢复用此格，而因以竟无可传之文也。

高祖为人，隆准而龙颜，美须髯。左股有七十二黑子。仁而爱人，喜施，意豁如也。常有大度，（一篇提纲语。其文活而不板，故妙。）不事家人生产作业。及壮，试为吏，为泗上亭长。廷中吏无所不狎侮。（亦从"豁如"中来，若龌龊迂谨人，安能有此？）好酒及色，常从王媪、武负贳酒，醉卧，武负、王媪见其上常有龙，怪之。（此段只摹其好酒，故知上"及色"二句捎带，有趣。）高祖每酤留饮，酒雠数倍。（始则索钱，数倍常价，以其不琐琐较量也。）及见怪，岁竟，此两家常折券弃责。（岁终不责所负。）

高祖常繇咸阳，纵观，（天子出，禁人观。此时偶值纵观，故高祖得观之。）观秦皇帝，喟然太息曰："嗟乎，大丈夫当如此也！"（与项羽语参看。）

【眉批】高祖豁达大度，乃数数萦情于相人之术。迨后光武迭兴，又酷信谶纬家言。是以汉家一代之间不出术数图纬，是岂非有天下者万世之龟鉴哉？

单父人吕公善沛令，避仇从之客，因家沛焉。沛中豪杰吏闻令有重客，皆往贺。萧何为主吏，主进，（凡以财物输人，皆曰进。）令诸大夫曰："进不满千钱，坐之堂下。"（此语若逆为高祖设。）高祖为亭长，素易诸吏，乃绐为谒（书字于刺曰"谒"，即"贺钱万"三字也。）曰"贺钱万"，实不持一钱。谒入，吕公大惊，起，迎之门。吕公者，好相人，（史公每用夹注法，最奇妙。）见高祖状貌，因重敬之，引入坐。（接上"迎之门"句。）萧何曰："刘季固多大言，少成事。"（吕公、萧何二段并一时事，分叙各妙。）高祖因狎侮诸客，遂坐上坐，无所诎。酒阑，吕公因目固留高祖。(酒阑、后罢二段，则是吕公正文。)高祖竟酒，后。吕公曰："臣少好相人。相人多矣，无如季相，愿季自爱。臣有息女，愿为季箕帚妾。"酒罢，吕媪怒吕公曰："公始常欲奇此女，与贵人。沛令善公，求之不与，何自妄许与刘季？"(顺手补出两事，文味秾至而口吻又宛然，神笔也。)吕公曰："此非儿女子所知也。"卒与刘季。吕公女，乃吕后也，(点睛法。)生孝惠帝、鲁元公主。

高祖为亭长时，(重提。)常告归之田。吕后与两子居田中耨。有一老父过，请饮，吕后因餔之。(看他连叙两个相人，无一笔犯复。古人不可及，在此。)老父相吕后曰："夫人天下贵人。"令相两子，见孝惠，曰："夫人所以贵者，乃此男也"。相鲁元，亦皆贵。(相人凡换四样笔，乃至一字不相袭，与城北徐公语又大不同。)老父已去，高祖适从旁舍来，吕后具言客有过，相我子母皆大贵。高祖问，曰："未远。"乃追及，问老父。老父曰："向者夫人婴儿皆似君，(《汉书》"似"作"以"，颇优。)君相贵不可言。"高祖乃谢曰："诚如父言，不敢忘德。"及高祖贵，遂不知老父处。(收得高。)

【眉批】项羽方撄得关中，即云"富贵不归故乡，如衣绣夜行"，及垓下之败，忼慨歌诗，英雄气尽。此纪一段，正语语与彼对照，群雄之与真主，气象——如绘。史公之惠后学，千古无穷也。

【眉批】凡叙事酝酿之法，须先分节次，逐段加餂，则其味愈浓。不解此，即如嚼蜡也。

十二年，十月，高祖已击布军(对黥布反。)会甄，(收兵会于甄地。)布走，令别将追之。高祖还归，过沛，留。(一"留"字，与下二"留"字呼应。)置酒沛宫，悉召故人父老子弟纵酒。(亦应传首"好酒"案。)发沛中儿得百二十人，教之歌。酒酣，高祖击筑，(摹情写景，一步酣畅一步。)自为歌诗，曰："大风起兮云飞扬，(首言遭乱起义。)威加海内兮(次言定鼎。)归故乡，(次言归至沛。)安得猛士兮守四方！(终因布反而思守成之难。)"令儿皆和习之。高祖乃起舞，(先歌后舞，节次宛然。)

慷慨伤怀，泣数行下。谓沛父兄曰："游子悲故乡。（自注出诗题。）吾虽都关中，万岁后吾魂魄犹乐思沛。（生而悲，死而乐，其理一也。）且朕自沛公以诛暴逆，遂有天下，其以沛为朕汤沐邑，（亦如以鲁公礼葬项羽之意。）复其民，世世无有所与。"沛父兄诸母故人（又窜入诸母，文愈酣恣。）日乐饮极驩，道旧故为笑乐。（前悲此乐，其情文一也。）十余日，高祖欲去，沛父兄固请留高祖。（一留。）高祖曰："吾人众多，父兄不能给。"乃去。沛中空县皆之邑西献。（送之而仍献食，如祖饯然。）高祖复留（再留。）止，张饮三日。沛父兄皆顿首，曰："沛幸得复，丰未复。（此段只为丰邑请复事，乃前段之余文。）唯陛下哀怜之。"高祖曰："丰吾所生长，极不忘耳，吾特为其以雍齿故反我为魏。"沛父兄固请，乃并复丰，比沛。

【注释】高祖：姓刘名邦，字季，沛人。

隆准：鼻高也。

股：腿也。

施：去声，布施也。

豁：达也。

事：勤也。

吏：郡县小吏。

泗上：在今安徽沛县之东。

廷：办公处。

好：去声。

媪：音奥，老妇之称。

负：亦老妇之称。

贳：音世，赊也。

酤：音姑，买酒也。

雠：偿还物价也。

岁竟：岁终也。

折券：毁券也。
责：与债同。弃债，不复索偿也。
繇咸阳：至咸阳作工役也。繇同徭。
喟：音悔，喟然叹貌。
太息：大声叹也。
嗟：音赍，叹词。
单父：音善甫，县名，秦置，在今山东单县。
善：相识也。
令：县令，即县知事。
主吏：功曹也。郡属吏，掌选署功劳。
进：收入也。
易：去声，轻慢也。
绐：音怠，欺诳也。
诎：与黜同。无所诎，不肯让人也。
阑：饮酒将罢也。
目：目视高祖而留之。
固：再三也。
竟：终也。
息女：息，生也。谓所生之女也。
箕帚妾：以女许人自谦之词，犹言供箕帚之仆妾也。
吕媪：吕公之妻。
耨：音馁，耘田也。
餔：音布，以食饲人也。
甄：音遂，地名，在蕲西。
悉：尽也。
酣：音䖠，饱也。
筑：音竹，古乐器，形如瑟，项细肩圆，有十三弦，鼓法以左手扼之，右手以竹尺击之。

和：去声。

行：音杭。

乐：音洛。

朕：音剩，天子自称曰朕。

汤沐邑：古者天子于诸侯赐以汤沐之邑，以邑之所入为汤沐之资。

复：除也，谓免其徭役。

与：去声，及也。

驩：同欢。

丰：丰邑。高祖本沛之丰邑人。

长：上声。

雍齿：与高祖同邑，从高祖起义后，魏人周市招之，即反，为魏守丰。

比沛：与沛同，免徭役也。

【眉批】赞又极庄重，极雅驯。

太史公曰：夏之政忠。（字法、句法俱精。）忠之敝，小人以野，（只言小人，妙。野，乔野也。）故殷人承之以敬。敬之敝，小人以鬼，（古云殷人尚鬼，盖敬而流于媚。）故周人承之以文。文之敝，小人以僿，故救僿莫若以忠。三王之道若循环，终而复始。周、秦之间，可谓文敝矣。秦政不改，反酷刑法，岂不缪乎？（明明不许秦入承统。）故汉兴，承敝易变，使人不倦，（用《系辞》文，妙。）得天统矣。

【注释】僿：音笥，细碎无悃诚也。

酷：音哭，惨也。

缪：音昧，差也。

易：去声。

天统：天之统纪，言由文敝而复反于忠，得天之统纪也。

高祖功臣年表

【解题】以年纪事曰年表。表，明也，谓表明其事也。

【眉批】从古功臣封誓引入。一腔忠厚之意，盎然言下，正与汉之少恩作激射，可谓工于立言。

太史公曰：古者人臣功有五品，（首提人臣之功说入，见所以尊宠者本非幸得。）以德立宗庙定社稷曰勋，以言曰劳，用力曰功，明其等曰伐，积日曰阅。（此二句总上三句。勋、劳与功，皆有明等、积日之用。）封爵之誓曰："使长河如带，泰山如砺。（接手便援封誓，妙在说得不甚分明。）国以永宁，爰及苗裔。"始未尝不欲固其根本，而枝叶稍陵夷衰微也。（臣之罪庚，上之网密，俱有在内。）

【眉批】《史记》凡用数叠文法，最显笔力。后人为之，非排即弱。

【眉批】此段专以骄淫定臣子之罪案，然表中以此失侯殊少，故妙。

【眉批】《索隐》谓：五侯为平阳侯曹宗，曲周侯郦终根，阳阿侯齐仁，戴侯秘蒙，谷陵侯冯偃。余别有考。

余读高祖侯功臣，察其首封，（伏下案。）所以失之者，曰：异哉所闻！（此句直贯到"何必旧闻"句。）《书》曰"协和万国"，迁于夏商，或数千岁。盖周封八百，幽、厉之后，见于《春秋》。（六七百年矣。）《尚书》有唐、虞之侯伯，历三代千有余载，（如虞思、陈满、柏翳、申、吕之属。）自全以蕃卫天子，岂非笃于仁义，奉上法哉？（此句专责臣子，文章得体。）汉兴，功臣受封者百有余人。（高祖功臣，同、异姓共一百四十三人。）天下初定，故大城名都散亡，户口可得而数者十二三，（原其始封之安，实田地瘠而贫。）是以大侯不过万家，小者五六百户。后数世，民咸归乡里，户益息。（原其所以失之者，实由富厚而溢。）萧、曹、绛、灌之属，或至四万，小侯自倍，富厚如之。（自倍其封，以户口日增也。）子孙骄溢，忘其先，淫嬖。（九字总胪罪案。）至太初，（武、景帝朝。）百年之间，见侯五，余皆坐法陨命亡国，耗矣。（由始封至此才百年，而亡者百三十八侯，与前"协和万国"作对。）罔亦少密焉，然皆身无兢兢于当世之禁云。（只"罔亦少密"句千回百折而后下之，又急收转。）

【眉批】"绲"与"混"同，古字通用。帝王各殊礼而异务，则侯之存亡难以古为例矣。

居今之世，志古之道，所以自镜也，未必尽同。（"居今"句，正明其"罔密"也。"古之道"与"当世之禁"对看，既未必同，则虽"志古之道"而亦难免于"今之世"矣。言外感慨良深。）帝王者，各殊礼而异务，要以成功为统纪，岂可绲乎？观其所以得尊宠及所以废辱，亦当世得失之林也，何必旧闻？（当时"得失之林"只是今时禁网耳，岂"五品"之功、"永宁"之誓所可概乎！）于是谨其终始，表见其文，颇有所不尽本末；著其明，疑者阙之。（阙疑之意。）后有君子，欲推而列之，得以览焉。

【注释】伐：同阀，积功曰伐。

阅：经历也。

誓：音逝，盟誓也。

砺：音利，磨刀石也。

宁：安也。

爰：于是也。

苗裔：子孙也。

陵夷：伤残也。

书：《尚书·尧典》。

迁：传及也。

幽、厉：周幽王、厉王。

蕃卫：蕃，同藩。屏藩，拱卫也。

笃：厚也。

有：同又。

息：繁多也。

萧、曹、绛、灌：萧何、曹参、绛侯周勃、灌婴四人。

如：同也。

先：祖宗也。

僻：同僻，不德也。

见：同现。

陨命：死也。陨音允。

耗：消灭殆尽也。

罔：同网，禁也。

兢兢：小心貌，音竟。

绲：音魂，缝合也。

林：类也。

总评：孝、武殚括利源，尊显卜式，而功臣列侯莫肯输财助边。于是元鼎（武帝年号。）五年，坐酎金夺爵者百余人，而高祖功臣尽矣。亡非其罪，所谓"网亦少密"也。知此，则是篇宛转叹息之意雪亮。

秦楚之际月表

【解题】时天下未定，扰攘僭篡，运数又促，故以月纪事而名月表。

【眉批】西汉文字雅，不用排比，故连叙三四事必句句变调，非有意作奇，其笔性自高也。故学文自秦、汉入者，必不堕六朝俳体。至史公则又字字称量铢黍而后出之。

太史公读秦楚之际，曰：（所读盖亦《秦纪》也。）初作难，（三字是陈涉定案。）发于陈涉；虐戾灭秦，（四字是项羽身分。）自项氏；拨乱诛暴，平定海内，卒践帝祚，（十二字是高祖结果。）成于汉家。五年之间，号令三嬗。（陈、项、刘也。）自生民以来，未始有受命若斯之亟也。（此"受命"，实兼说三家，所以《史记》于陈涉称"世家"，于羽称"本纪"，惟其五年之间而有三朝受命，所以为"亟"。俗解专指高祖，文理便碍。）

昔虞、夏之兴，积德累功数十年，德洽百姓，摄行政事，考之于天，然后在位。汤、武之王，乃由契、后稷修仁行义十余世，不期而会孟津八百诸侯，（上总言汤、武。此句专指武王，古文如此甚多，正以疏而得妙。）犹以为未可，其后乃放弑。秦起襄公，章于文、穆、献、孝之后，稍以蚕食六国，百有余载，至始皇乃能并冠带之伦。以德若彼，用力如此，盖一统若斯之难也。（逆捆一笔，正见受命之亟为前古所未有。）

【眉批】后半只作一气贯注之笔，赶出两个"天"字、两个"大圣"来，错互迷离。数十字中恰有万仞陡注之势，其得力只在中间一句宕开，一笔兜转，有千钧力。

秦既称帝，患兵革不休，以有诸侯也，于是无尺土之封，（以下方专为本朝占身分。）堕坏名城，销锋镝，鉏豪杰，维万世之安。然王迹之兴，起于闾巷，合从讨伐，轶于三代，（总摄得势，文笔峻挺，绝无厄词。）乡秦之禁，（着此句，便疏宕有奇气。）适足以资贤者为驱除难耳。

故发愤其所为天下雄,安在无土不王。(四字盖古语也,笔致劲疾之至。)此乃传之所谓大圣乎?岂非天哉!岂非天哉!(作想像不尽之笔,煞出受命之正,独尊本朝。)非大圣孰能当此受命而帝者乎?

【注释】秦:指二世。

楚:指陈涉、项羽等。

际:上下交会之间也。

作难:起兵与秦为难也。难,去声。

拨:音钵,转移也。

阼:同阼,音坐,位也。

嬗:同禅,音膳。三嬗,三易也。

亟:音急,速也。

累:上声,增也。

洽:音狭,和也。

摄:音失,代理也。

考:试探也。

契:殷始祖。

后稷:周始祖。

孟津:在河南,今为县,属河洛道。

弑:音试,下杀上曰弑。

章:显大也。

蚕食:如蚕之食叶也。

冠带之伦:谓同等之诸侯。

堕:音厌,毁坏也。

镝:音的,箭镞也。

鉏:音锄,杀也。

从:音宗。合从,合并直前也。

轶:音亦,超过也。

乡：同向，前日也。

难：如字，言向日秦之厉禁恰好资助贤者，扫除一切困难耳。

传：去声，谓古书。

总评：题曰"秦楚之际"，试问二世既亡，汉国未建，此时号令所出，非项羽而谁？又当山东蜂起，六国复立，武信（项梁号武信君）初兴，沛公未兆，此时号令所出，非陈胜而谁？故不可言秦，不可言楚。谓"之际"者，凡以陈、项两雄也。表为两雄而作，却以记本朝创业之由，故首以三家并起，而言下轩轾（高低也。轾音至。）自明。次引古反击一段，然后收归本朝，作赞叹不尽之语以结之。布局之工，未易测也。

六国表

【解题】六国者，魏，韩，赵，楚，燕，齐。并秦，亦号七雄。

【眉批】秦之兴，僭乱何可胜纪？此特拈"西畤用事上帝"起，所以暗伏中间"若有天助"一段也。次拈"逾陇营歧"之事，所以伏中间"收功实者尝于西北"一段也。文章脉络，摘出朗若列眉矣。

【眉批】叙秦，用三段文字，其气一段紧一段。叙六国，亦用三段文字，其气亦一段紧一段。史公文极雄放，然细寻其脉，却复极谨严也。

太史公读《秦记》，（起、结以《秦纪》为关目。）至犬戎败幽王，周东徙洛邑，秦襄公始封为诸侯，作西畤（畤者，郊祀之名。秦有五畤，各以其地系之。）用事上帝，僭端见矣。《礼》曰："天子祭天地，诸侯祭其域内名山大川。"今秦杂戎翟之俗，先暴戾，后仁义，位在藩臣（文法古雅绝伦。）而胪于郊祀，君子惧焉。（伏天助。）及文公逾陇，攘夷狄，尊陈宝，（陈宝，亦神祠。）营歧、雍之间，（伏地利。）而穆公修政，东竟（竟、境通用。）至河，则与齐桓、晋文中国侯伯侔矣。（此是穆公始伯。○三段逐步紧来。）是后陪臣执政，（以上言秦，以下言六国。）大夫世禄，六卿擅晋权，征伐会盟，威重于诸侯。及田常杀简公而相齐国，（独拈此事，有识。可见孔子沐浴请讨是春秋战国一大关头。）诸侯晏然弗讨，海内争于战攻矣。三国终之卒分晋，田和亦灭齐而有之，六国之盛自此始。（点题。）务在强兵并敌，谋诈用而纵衡短长之说起。矫称蠭出，誓盟不信，虽置质剖符犹不能约束也。（此段骤括《六国表》中所载机权杀伐之事。其文繁而不杀，笔力雄大，非他手可办。○灭六国者，秦也。故先叙秦，后叙六国。既叙六国，则仍叙秦。）秦始小国僻远，诸侯宾之，（即摈之也。）比于戎翟，至献公之后常雄诸侯。论秦之德义不如鲁卫之暴戾者，（本云论秦之暴戾不如鲁、卫之德义，却用错互文法，与下句作罗纹，古峭特甚。）量秦之兵不如三晋之强也，然卒并天下，非必险固便形势利也，盖若天所助焉。（先抑地利以明天助。）

【眉批】一猜"天助"，再猜"地利"，然前则云"盖若"，后则冠以"或曰"，其意直谓秦无可兴之理，所以深恶而痛斥之也。贵得其运笔之法。

或曰"东方万物所始生，西方物之成孰"。夫作事者必于东南，收功实者常于西北。（又归重地利，皆作惝恍不定之笔。）故禹兴于西羌，汤起于亳，周之王也以丰镐伐殷，秦之帝用雍州兴，汉之兴自蜀汉。（五句每句调必小变，汉文之异乎后人者，往往如此。）

【眉批】此段是正叙，采《秦纪》以著《六国年表》本意。然《秦纪》卑陋，为世儒弗道。下段故特举耳食之弊，以见《秦纪》之不可尽废也。文义始终照应，一丝不走。

秦既得意，烧天下《诗》、《书》，（陡接《秦纪》之笔，仍转到《秦纪》上去，法脉井然。）诸侯史记尤甚，为其有所刺讥也。《诗》、《书》所以复见者，多藏人家，（说史记，偏用《诗》、《书》陪看，其卸去又不难。）而史记独藏周室，以故灭，惜哉！惜哉！（先宕开一笔，然后接出《秦纪》，见其不得已而用之之意。）独有《秦记》，又不载日月，其文略不具。然战国之权变亦有可颇采者，何必上古。（《六国表》盖采《秦纪》为之，故有年无月日。）秦取天下多暴，然世异变，成功大。（如变封建为郡县之类，后世亦蒙其利。当时诸侯放恣，非秦之力不能驱除之也。《秦纪》之不可废者如此。）传曰"法后王"，何也？以其近己而俗变相类，议卑而易行也。学者牵于所闻，见秦在帝位日浅，不察其终始，因举而笑之，不敢道，此与以耳食无异。悲夫！（学者动称"法上古"而不知"法后王"，故笑《秦纪》为不足道，正犹食不以口而以耳，徒听他人之毁誉以为弃取，而不自知其味之果何在也。）

余于是因《秦记》，踵《春秋》之后，起周元王，表六国时事，讫二世，凡二百七十年，著诸所闻兴坏之端。后有君子，以览观焉。（以《年表》二百七十年之事，上绍《春秋》二百四十二年之统。史公心事如此。）

【注释】秦记：秦国之史记。

犬戎：西戎种名。

徙：音细，迁也。

洛邑：今河南洛阳县治。

西畤：秦襄公居西陲，自以为主少皞之神，作西畤，其牲黄牛、羝羊各一。畤音止。

僭：音荐，在下者假借比拟其上曰僭。

域内：国内也。

翟：同狄，北狄也。

胪：音旅，祭名。

陇：音垄，地名，在今陕西陇县。逾陇，跨有陇地也。

攘：音让，击也。

陈宝：秦文公获若石于陈仓北阪城，祠之，其神来，常以夜，光若流星，从东方来集于祠城，若雄雉，其声殷殷，以一牢祠之，名曰陈宝。

岐雍：地名，岐山、雍州，均在陕西省。

齐桓晋文：春秋两霸主。

侔：音谋，同也。

陪臣：诸侯之臣曰陪臣。

世禄：大夫之子孙世世为大夫，曰世禄。

晏：安也。

三国：赵、韩、魏。

田和：即田太公，逐齐康公于海上而自立。

纵横短长：游说也。

矫称：伪造邪说也。

螽：同蜂。

质：音至，以物相抵曰质，以人相抵亦曰质。

符：音扶，以竹为之，书文字其上，剖而为二，各存其一，合之以为征信者也。

宾：同摈，弃也。

雄：为诸侯冠也。

量：平声，度也。

三晋：赵、韩、魏三分晋国，故称三晋。

孰：古熟字。

羌：欺央切，西戎也。

亳：音薄，地名，在河南。

王：去声。

丰镐：地名，在陕西省。丰，亦作酆。镐音浩。

传：去声，谓古书。

易：去声。

踵：音肿，接也。

讫：音乞，止也。

总评：子长（司马迁字。）因《秦纪》创立《年表》，上绍《春秋》之书法，下开《纲目》（宋朱子作。）之源流，是一部《史记》大主脑。但《春秋》以鲁为主，《纲目》以正统之君为主，《六国年表》则分界层格，各国自为其主。以其时势均力敌，地丑（同也。）德齐，无可统摄之义也。然六国之兴灭，惟一秦始终之。秦虽不可以统六国，而未始不可以贯六国。况上世之文，列邦之史，已为秦人收付一炬，则临文考事，舍《秦纪》更无可凭。所以入手先叙秦之渐强，次即夹叙六国之寖（音浸，渐也。）盛，此即《六国表》前半公案也。次叙秦之并天下，而《六国表》后半公案已渐灭其中。然其言外，却复老大悲慨，老大不平，因起手得天之意，挽住西畤郊天作一疑；又因起手逾陇营岐之事，串出西北收功作一信，此是题外原题之法也。然后转出焚书之后，他无可据，故不得不援《秦纪》以存二百七十年崖略（大概也。）。而世儒动欲远法上古，殊不知近已而俗变相类，议卑而易行。传所谓"法后王"者，其理不可易也。末乃明点出踵《春秋》之后，著兴坏之端，则又藉《秦纪》而不为《秦纪》用者矣。

封禅书

【解题】泰山上筑土为坛以祭天,曰封;泰山下小山上除地以祭山川,曰禅。古者易姓而王,致太平,必封泰山,禅梁父。

【眉批】加土于山之上,而藏玉检之书,以纪受命之符,曰封;除地于山之阴而祭,曰禅。史公因武帝求神仙、致方士等事而附会之,杂撰其事,曰《封禅书》。其文颇曼衍补苴,故先以"其详不可得闻"提纲也。

自古受命帝王,曷尝不封禅?(起得惝恍不定。)盖有无其应而用事者矣,(妙。插此句,一篇气息皆透。)未有睹符瑞见而不臻乎泰山者也。虽受命而功不至,(一句句绾定全书脉络。)至梁父矣而德不洽,洽矣而日有不暇给,是以即事用希。(然则武帝于此将何居?)《传》曰:"三年不为礼,礼必废;三年不为乐,乐必坏。"(以封禅为礼乐,直指其仪言之耳。断章取义法。)每世之隆,则封禅答焉,(先嵌一句,为本朝占地步。)及衰而息。厥旷远者千有余载,近者数百载,故其仪阙然堙灭,其详不可得而记闻云。

【注释】睹:音妒,见也。

见:同现。

臻:音晶,至也。

泰山:东岳也,五岳之一,在山东泰安县北。

梁父:泰山之支埠,在山东新泰县西。父,同甫。

洽:音狭,和也。

即:就也。

希:少也。

传:去声,谓古书。

答:报也。

堙:音因,没也,通作湮。

【眉批】此段专言秦时祠祭之事，汉承秦弊者也。故多作迂怪之语，以先发其端。

【眉批】秦之文、襄皆非受命之君，而自作矫诬如此；乃汉武本已受命，而反效其矫诬之为，何也？此史公正意。

周克殷后十四世，世益衰，礼乐废，（从首段入脉。）诸侯恣行，而幽王为犬戎所害，周东徙洛邑。秦襄公攻戎救周，（《封禅书》夹叙击匈奴事，此语亦非无故而下。）始列为诸侯。（以上叙秦来历，作受命案。）秦襄公既侯，居西垂，自以为主少皞之神，（阴觑受命一。）作西畤，祠白帝，（已为封禅之滥觞。）其牲用骝驹、黄牛、羝羊各一云。（秦人杜撰之仪也。跟前"仪"字。）其后十六年，秦文公东猎于汧渭之间，卜居之而吉。文公梦黄蛇自天下属地，其口止于鄜衍。（阴觑受命二。）文公问史敦，敦曰："此上帝之征，君其祠之。"（无稽而妙。）于是作鄜畤，用三牲郊祭白帝焉。（始曰祠，既曰郊，以渐而起。）

【眉批】忽于作鄜畤后旁插吴阳武畤及好畤之废迹，而以传闻"不经"之语束之，则所谓"无其应而用事者"已略见于此矣。凡此皆为后文伏脉也。其笔力之雄浑，千古无匹。

自未作鄜畤也，（忽转入前而去。）而雍旁故有吴阳武畤，雍东有好畤，（皆即地以名之。）皆废无祠。（则不知何神矣。）或曰："自古以雍州积高，（荒唐得妙。）神明之隩，故立畤郊上帝，诸神祠皆聚云。盖黄帝时尝用事，虽晚周亦郊焉。"其语不经见，缙绅者不道。

作鄜畤后九年，文公获若石云，于陈仓北阪城祠之。其神或岁不至，或数岁来，来也常以夜，光辉若流星，从东南来集于祠城，则若雄鸡，其声殷云，野鸡夜雊。以一牢祠，命曰陈宝。

【注释】克：胜也。

西垂：西边境也，通作陲。

少皞：少皞金天氏，古帝名。皞音豪。

骝：音留，赤马黑鬣也。马之少壮者曰驹。

羝：音低，壮羊也。

汧渭：二水名，在今陕西省。汧音牵。

虵：同蛇。

下属地：下垂及地也。属音烛。

鄜衍：鄜音孚，今为县，属陕西榆林道。下平曰衍。

隩：音奥，又音育，四方土可居者。

缙绅：士大夫也。

若石：此石也。

陈仓：故城，在今陕西宝鸡县东，秦文公筑。

阪：音反，山坡也。

殷：大也。

野鸡：雉也。

雊：音构，雉鸣也。

牢：牲也。三牲，牛、羊、豕具为一牢。

【眉批】首段实砌封禅掌故，所谓"受命"与"无其应而用事"、"睹符瑞而臻泰山"者，大略具见。是为全书背面铺粉之笔也。

【眉批】桓公自侈其功，只是一匡、九合耳，必从东南西北、遐征远涉说入，何也？盖武帝封禅求仙之举，实在北征匈奴、东诛闽粤、朝冉从骁、定筰存笮之后，其侈心正复相类。特借此对照，乃微词也。凡读《史记》景、武间文字，皆当识其用意所在，则无一字浪下。

【眉批】管仲之意，只是知桓公非受命之君耳，故借无其应而不可用事穷之。

【眉批】即以夷吾之言而折衷于孔子，言下含宕往之致，绝不说煞，故妙。

齐桓公既霸，会诸侯于葵丘，而欲封禅。（即此自以为受命，何其满也！）管仲曰："古者封泰山禅梁父者七十二家，而夷吾所记者十有二焉。（总言封泰山，禅梁父，而下所列十二家，皆非禅梁父者。盖云云、亭亭，诸皆梁父之阜也。）昔无怀氏封泰山，禅云云；虙羲封泰山，禅云云；神农封泰山，禅云云；炎帝封泰山，禅云云；黄帝封泰山，禅亭亭；颛顼封泰山，禅云云；帝喾封泰山，禅云云；尧封泰山，禅云云；舜封泰山，禅云云；禹封泰山，禅会稽；汤封泰山，禅云云；周成王封泰山，禅社首；（历历指数，不知何据。大约欲以伏羲、神农诸首出之君，压倒桓公而抑其侈耳。观下"穷以辞"三字，其意灼然可见，读者切莫认真。）皆受命然后得封禅。"（归重此一句，盖其难、其慎之辞。）桓公曰："寡人北伐山戎，过孤竹；西伐大夏，涉流沙，束马悬车，上卑耳之山；（甚言穷极幽险，其辞新异。）南伐至召陵，登熊耳山以望江汉。兵车之会三，而乘车之会六，九合诸侯，一匡天下，诸侯莫违我。昔三代受命，亦何以异乎？"（管仲举十二君，而桓公独举三代，亦见卑之，无甚高论也。）于是管仲睹桓公不可穷以辞，因设之以事，（节奏妙。）曰："古之封禅，鄗上之黍，北里之禾，（文字钜丽，与前段对。）所以为盛；（粢盛也。）江淮之间，一茅三脊，所以为藉也。（古者荐神之玉，藉用白茅。）东海致比目之鱼，西海致比翼之鸟，（所以为羞，其说益荒诞得妙。）然后物有不召而自至者十有五焉。（又虚一笔，若平平开去，岂非印板文字耶？）今凤凰、麒麟不来，嘉谷不生，而蓬蒿藜莠茂，鸱枭数至，而欲封禅，毋乃不可乎？"（反笔。又不必屑屑对针上文，疏宕入妙。）于是桓公乃止。是岁，秦缪公内晋君夷吾。其后三置晋国之君，平其乱。缪公立三十九年而卒。（插此段何意？妙在"是岁"二字也。齐桓方侗然自谓受命，而置君平乱、存亡继绝之义，顾出于秦，正所以明桓公之不得为受命也。）其后百有余年，而孔子论述六艺传略，言易姓而王，封泰山禅乎梁父者七十余王矣，（管仲之言，或邻于诞，故略以孔子之言实之。）其俎豆之礼不章，盖难言之。（仍归到仪制上，应首段。）

【注释】葵丘：地名，在今山东临淄县西。

管仲：桓公相。

夷吾：管仲字。

有：同又。

无怀氏：上古帝王之号。

虙羲：太皞虙羲氏，亦作伏犧。

云云：山名，泰山之支阜。

神农：与下炎帝当是二人，古代质朴，不嫌同号。

亭亭：山名，泰山之支阜。

颛顼：音专旭。

俈：同喾，音哭。

会稽：山名，在浙江。

社首：山名，在山东泰安县西南。

山戎：亦曰北戎，居今直隶迁安县地方。

孤竹：古国名，神农之后，今直隶卢龙至朝阳一带之地。

大夏：西戎国名。

流沙：西域沙漠之地。

卑耳：在河东。

召陵：地名，在今河南郾县东。

熊耳山：在今河南卢氏县南。

匡：正也。

鄗：音壑。鄗上，地名，今直隶柏乡县。

北里：地名。

盛：音成，饭也。

藉：音借，所以承玉。

比目鱼：各有一目，不比不行。

比翼鸟：各有一翼，不比不飞。

藜：音黎，茎高五六尺，叶心色赤，卵形，有锯齿，茎老可为杖。

莠：音酉，俗称狗尾草。

鸱枭：音雌嚣，恶鸟。

数：音速，频也。

缪：同穆。

内：同纳。

夷吾：晋惠公名。

三置晋君：谓惠公、怀公、文公。

易：入声。

俎豆：礼器。

章：明也。

【眉批】《封禅》一书，于其礼仪盖三致意焉。此一段言秦事而刺其仪之不古也。

秦始皇既并天下而帝，（此段属意礼仪，而先从符瑞引入。）或曰："黄帝得土德，黄龙地螾见。（似龙无角。）夏得木德，青龙止于郊，草木畅茂。（语语有迁就，见其说之不根。）殷得金德，银自山溢。周得火德，有赤乌之符。今秦变周，水德之时。（先言时当水德，而后乃援远事以实之。诞甚。）昔秦文公出猎，获黑龙，此其水德之瑞。"（猎而得龙，怪诞极矣。妙在凿凿，而传中迂怪之征率可想见。）于是秦更命河曰"德水"，以冬十月为年首，色上黑，度以六为名，（以"地六成水"也。）音上大吕，事统上法。（水德主杀，故事以法律为尚。）

【眉批】齐、鲁诸生所言封禅之仪，或出于古，未可知。然约而易行，必竟有原本，不知后世封禅只是一方侈大之心耳。玉检、金绳，唯恐不盛，此其仪之所以绌而不行也。

即帝位三年，东巡郡县，祠驺峄山，颂秦功业。（先为封禅作以引子。）于是征从齐、鲁之儒生博士七十人，至乎泰山下。（大议封禅之仪，是全书第一笔。）诸生或议曰："古者封禅为蒲车，（以蒲裹车轮。）恶伤山之土石草木；扫地而祭，（不筑坛。）席用葅稭，（蒲干也，皆俭约之意。）言其易遵也。"始皇闻此议各乖异，难施用，由此绌儒生。（七十人之言，想复人人殊，上特著其大略耳。）而遂除车道，上自泰山阳（自行其意，亦见雄略。）至巅，立石颂秦始皇帝德，明其得封也。（揣注一句，妙。）从阴道下，禅于梁父。其礼颇采太祝之祀雍上帝所用，（只是与前作西畤、鄜畤等事一副主意耳。可见前详叙之妙。）而封藏皆秘之，世不得而记也。

始皇之上泰山，中阪遇暴风雨，休于大树下。诸儒生既绌，不得与用于封事之礼，闻始皇遇风雨，则讥之。（其意以为伤山之土石草木，而山灵不享也。书生之见殊陋，著此亦以丑之。）于是始皇遂东游海上，行礼祠名山大川及八神，求仙人羡门之属。（一线飘去，转入求仙，亦有烟云变换之奇。）

【注释】螾：音引，字亦作蚓。黄帝土位，故地现其神蚓，大五六围，长十余丈。

赤乌：武王伐殷渡河，有火自上复下，至于王屋，流为乌，其色赤，其声魄。

秦变周水德：言秦改变周德，自为水德也。

更：平声，改也。

上：同尚，下同。

驺峄山：驺县之峄山。驺峄亦作邹绎，在今山东邹县东南。

恶：去声。

菹秸：音蛆，皆草荐也。

易遵：易行也。易，去声。

绌：音卒，罢斥也。

除：埽除也。

巅：音颠，山顶也。

太祝：官名。

与：去声，干涉也。

封事：即封禅事。

讥：音鸡，诮也。

八神：一曰天，二曰地，三曰兵，四曰阳，五曰阴，六曰月，七曰日，八曰四时。

羡门：古之仙人。

【眉批】此段尽搜方士根柢，为文成、五利辈脑后下针，无一语不为武帝唤醒。其文洸洋恣肆，尽五花八门之巧，细按则愈见其妙。

自齐威、宣之时，驺子之徒（语见《衍列传》中。）论著终始五德之运，及秦帝而齐人奏之，故始皇采用之。（其言以秦为水德，当克火，故始皇以其言验而神之也。岂知一变而遂为方士之祖，学术之不可不慎，于此可见。）而宋毋忌、正伯侨、充尚、羡门子高最后皆燕人，为方仙道，形解销化，依于鬼神之事。（方士皆燕、齐人，此处特用齐人、燕人起线。）驺衍以阴阳主运显于诸侯，（重提以总断之。○即上"五德之运"之说。）而燕齐海上之方士传其术不能通，然则怪迂阿谀苟合之徒自此兴，不可胜数也。（由怪迂而阿谀，由阿谀而苟合，愈变而愈下也。）

【眉批】描写三神山，一句一境，使人即之不得，离之不能，诡幻缠绵，其文笔之妙，即是风云溟渤矣。千古绝笔。

【眉批】详写始皇求仙之勤，乃以为武帝前车之鉴耳。其三游海上，亦是三叠之法，写来转觉苍劲，绝无排比之迹。

自威、宣、燕昭使人入海求蓬莱、方丈、瀛洲。（三君求仙不见他书，而此亦搜以起脉，要亦假借之辞。）此三神山者，其傅（音附。）在渤海中，去人不远；（妙在此句。）患且至，则船风引而去。（先推远之。）盖尝有至者，（又引而近之。）诸仙人及不死之药皆在焉。（主脑在此。）其物禽兽尽白，而黄金银为宫阙。（加一层点缀。）未至，望之如云；（此句明明空境。）及到，三神山反居水下。（幻极。可知如云之中全无所有也。）临之，风辄引去，终莫能至云。世主莫不甘心焉。（死心蹋地求之，庶几一遇也。）及至秦始皇并天下，（遥接威、宣、燕昭。）至海上，则方士言之不可胜数。（与前"不可胜数"应。）始皇自以为至海上而恐不及矣，（描出一片痴肠。）使人乃赍童男女入海求之。船交海中，皆以风为解，（交接驿络也。)曰未能至,望见之焉。(字字有照应。)其明年,始皇复游海上,至琅邪,过恒山,从上党归。后三年,游碣石,考入海方士,(稽核考察之也。比前段加一句。)从上郡归。后五年,始皇南至湘山,遂登会稽,并海上,冀遇海中三神山之奇药。(总结三段主意于此。)不得,还至沙丘崩。(收得怆然。)

【眉批】始皇立石已刻铭矣。今二世巡游所至,复刻书其旁以追颂之,不复自立石也。

二世元年,东巡碣石,并海南,历泰山,至会稽,皆礼祠之,而刻勒始皇所立石书旁,以章始皇之功德。(忽挽入封禅本义,求仙之后,缀以此二行,亦如文章之过渡相似。可见古人文字处处谨严。)其秋,诸侯畔秦。三年而二世弑死。

始皇封禅之后十二岁,秦亡。(应笔如橡。)诸儒生疾秦焚《诗》、《书》,诛僇文学,百姓怨其法,天下畔之,(遥接"闻遇风雨则讥之"一段,而文更浓至。)皆讥(音讪。)曰:"始皇上泰山,为暴风雨所击,不得封禅。"(针线极密而文不印板。妙,妙!)此岂所谓无其德而用事者耶?(点逗首段一笔。)

【眉批】从来礼祥之说,历代所不能废,然其流而日甚者,未有不本于祖宗之作法者也。孝、武于祠求神仙不遗余力,实高祖有以启之。高祖即位,反秦弊政殆尽,而祠祭荒谬之举独多因之。此段特著两个"如故"字,意微而显。

汉兴,高祖之微时,尝杀大蛇。有物曰:"蛇,白帝子也,而杀者赤帝子。"(即《本纪》中语,易数字而别具峭韵,此可为删润文字之法。)高祖初起,祷丰枌榆社。(起脉。)徇沛,为沛公,则祠蚩尤,衅鼓旗。(此篇所重者祠祭,其他法制则客意也。叙来轻重详略,天然适宜。)遂以十月至霸上,与诸侯平咸阳,立为汉王。因以十月为年首,(以上为一节。)而色尚赤。(应赤帝子语。)

二年,东击项籍而还入关,问:"故秦时上帝祠何帝也?"对曰:"四帝,有白、青、黄、赤帝之祠。"高祖曰:"吾闻天有五帝,而有四，何也？"（秦时四帝之祠，各以其时，创立原属不经，高祖以意断之，谓之雄略则可，谓之典礼则不可。）莫知其说。于是高祖曰："吾知之矣，乃待我而具五也。"乃立黑帝祠，命曰北畤。（高祖于柏人则曰"柏人者，迫于人也"，于娄敬则云："娄者，乃刘也。"于此云"乃待我而具五也。"皆是凭臆造古。粗爽可爱，具见英风。）有司进祠，上不亲往。悉召故秦祝官，复置太祝、太宰，如其故仪礼。（承秦之陋可知。）因令县为公社。（即枌榆社之类。）下诏曰："吾甚重祠而敬祭。（作法如此，子孙安得不有加无已乎？）今上帝之祭及山川诸神当祠者，各以其时礼祠之如故。"（又下"如故"字，妙。）

【注释】威宣：威王、宣王。

驺子：名衍，战国齐临淄人。驺，亦作邹。

著：撰也。

始终五德：书名。五德者，金木水火土五行也。秦以周为火德，灭火者水，故自谓水德。

宋毋忌、正伯侨、充尚、羡门子高：四人皆古仙人。

燕：平声，国名。

方僊道：神仙术也。僊、仙同。

形解销化：脱去故骨，变化成仙也。

阴阳主运：书名，盖亦神仙之术。

方士：术士也。

蓬莱、方丈、瀛洲：在海中，神仙所居。

傅：同附。

渤海：齧入辽东半岛、山东半岛之内海也。

且：将也。

辄：即也。

赍：音嗟，送也。

交：首尾相接也。

解：说也。皆以遇风不至为解说也。

琅琊：山名，亦作琅邪，在今山东诸城县东南。

恒山：在直隶曲阳县西北。亦作常山，亦曰北岳。

上党：郡名，秦置，今山西冀宁道南部之地。

碣石：山名。碣，音极，盖在直隶昌黎县境。

考：察其虚实也。

上郡：郡名，秦置，今陕西榆林道及内蒙古鄂尔多斯左翼之地。

湘山：一名君山，亦曰洞庭山，在湖南岳阳县西南，洞庭湖中。

会稽：山名，在浙江。会音贵。

冀：音寄，想望也。

沙丘：在今直隶平乡县东北。

崩：音绷，天子死曰崩。

疾：怨恨也。

僇：同戮，杀也。

讹：音胡，同讹，伪也。

微时：为布衣时也。

物：鬼物也。

蚩尤：始造兵器之神。蚩音雌。

衅：音兴，去声，以血涂物也。

霸上：见前。

五帝：五天帝也：东方苍帝，南方赤帝，中央黄帝，西方白帝，北方黑帝。见纬书。

有司：执事之官。

太祝、太宰：并官名。

【眉批】公孙臣之言，即驺衍之说也。其言未必尽谬，然一为所动，而新垣平即得以荒诞之说希宠干进。其后虽以诛死，而文成、五利之属已接踵于阙下矣。且文帝于贾谊所陈改正朔、易服色诸事，则谦让未遑，独于公孙臣辈信之甚笃，谓非贻谋之不善耶？

鲁人公孙臣上书曰："始秦得水德，今汉受之，推终始传，则汉当土德，土德之应黄龙见。（从来术数之学，必有验而后能动人。）宜改正朔，易服色，色上黄。"是时，丞相张苍好律历，以为汉乃水德之始，（秦之为水德旧矣，而苍乃以汉为水德之始者，其意以秦为闰位，不足当五德之数也。）故河决金堤，其符也。（然以河决为水德之应，则迂就诬罔矣。）年始冬十月，色外黑内赤，与德相应。如公孙臣言，非也。罢之。后三岁，黄龙见成纪。（符瑞之兴，天若启之。）文帝乃召公孙臣，拜为博士，与诸生草改历服色事。其夏，下诏曰："异物之神见于成纪，无害于民，岁以有年。朕祈郊上帝诸神，（说符瑞而归功岁与民，固自得体。）礼官议，无讳以劳朕。"有司皆曰："古者天子夏亲郊，祀上帝于郊，故曰郊。"于是夏四月，文帝始郊见雍五畤祠，衣皆上赤。（此段于公孙臣后缀郊祀，见未失于正也。）

【眉批】前公孙臣之说犹预以"黄龙见"为验，及符合，而后官之。至新垣平望气，则惟其言是凭，而无从案验矣。逐步写来，得失自见。

其明年，赵人新垣平以望气见上，言"长安东北有神气，（望气事一。）成五采，若人冠统焉。或曰东北神明之舍，西方神明之墓也。（舍生方，墓死方也。其说与秦时议论异。）天瑞下，宜立祠上帝，以合符应。"于是作渭阳五帝庙，（何所见而遽信之？）同宇，帝一殿，面各五门，各如其帝色。祠所用及仪亦如雍五畤。（详写殿制，以著其矫诬不经。）

【眉批】上大夫之贵，千金之赐，于平何功？方士之接踵而至，不亦宜乎？

夏四月，文帝亲拜霸、渭之会，（以前年议夏亲郊，今直以故事行，不复议也。）以郊见渭阳五帝。五帝庙南临渭，北穿蒲池沟水，权火举而祠，（权火，其制如秤锤，著于林木，数步一置，盖庭燎之变也。）若光辉然属天焉。于是贵平上大夫，赐累千金。而使博士诸生刺《六经》中作《王制》，（备举而间出之曰刺。）谋议巡狩封禅事。（忽带入封禅，妙。）

文帝出长门，若见五人于道北，遂因其直北立五帝坛，祠以五牢具。

【眉批】新垣平以望气见，其初但作渭阳五帝祠，幻而未失其常，所以尝试上意也。至是文帝忽自见五人而凭意造幻，别立五帝坛，平于是而有以窥帝矣。于是玉杯、汾鼎，纷纷诞妄，一依于气以为之说。次序累累，岂非以著上之失耶？

其明年，新垣平使人持玉杯，上书阙下献之。（望气事二。）平言上曰："阙下有宝玉气来者。"（伎俩毕露，浅诞如此，宜有杀身之祸。）已视之，果有献玉杯者，刻曰"人主延寿"。（微以求仙不死意尝之。）平又言"臣候日再中"。（望气事三。）居顷之，日却复中。（愈幻。）于是始更以十七年为元年，（段段用"于是"字，见其信之如响。）令天下大酺。

平言曰："周鼎亡在泗水中，今河溢通泗，臣望东北汾阴有金宝气，（望气事四。）意周鼎其出乎？兆见不迎则不至。"于是上使使治庙汾阴南，临河，欲祠出周鼎。（三段俱用"平言上"、"平又言"、"平言曰"，更端起绪，迭出不休。盖平一见拜上大夫，而其后贵不加益，故屡以诈求售，言外终见文帝之贤。）

【眉批】收得径净。文帝天资极高，于此可见。正与武帝末着轮台之诏对看。

人有上书告新垣平所言气神事皆诈也。（结穴妙。）下平吏治，诛夷新垣平。（圣主。）自是之后，文帝怠于改正朔服色神明之事，（因神明之伪而并怠于改正朔等事，过矣。）而渭阳、长门五帝使祠官领，以时致礼，不往焉。（一齐结煞，好笔力。）

【注释】汉当土德：土克水也。

见：同现。

正朔：正月一日也。古者易姓受命，必改正朔。如夏正建寅，以夏正月一日为岁首；殷正建丑，以夏十二月一日为岁首；周正建子，以夏十一月一日为岁首。

好：去声。

律历：乐律及历法也。

金堤：河堤名，以金喻堤之坚也。

符：应也。言河决乃水之应也。

成纪：古地名，在今甘肃秦安县北。

劳朕有司：谓命有司代祭也，盖文帝欲亲郊祠上帝，故为是言。

见：同现。

雍五畤：雍有五畤，秦文公作鄜畤祀白帝，宣公作密畤祀青帝，灵公作上畤祀黄帝，献公作畦畤祀赤帝，汉高帝作北畤祀黑帝。

新垣平：姓新垣，名平。

长安：汉都城，在今陕西长安县西北。

绕：同冕。

神明：日也。

舍：谓旸谷。

墓：谓北谷。

渭阳：今陕西渭南县即其地。

同宇：同一所也。谓一宇五殿，帝各一殿。

如：同也。

霸、渭之会：二水交会之间。

见：同现。

蒲池：一作兰池。《括地志》云"渭北咸阳县有兰池，穿兰池沟水，言穿沟引渭水入兰池也"。

煇：同辉。

属天：连天也。属音烛。

贵：尊宠之也。

累：上声。累千金，数千金也。

刺：音次，采取之也。

巡狩：古者天子巡行诸侯所守之地者，曰巡狩。

直：值也，值其立处作坛。

五牢：牛、羊、豕三牲，具为一牢。

言上：向皇上言也。

已视之：犹言已而视之也，逾时曰已。

日再中：午也。

居顷之：犹俗言停一会。

更：平声，改也。

酺：解见前。

周鼎：夏禹铸九鼎，为传国重器，由夏传殷，又由殷传周，故曰周鼎。

亡：失也。

泗水：在今山东济宁道。

汾阴：在今山西荣河县北。汾音文。

兆：朕兆也。

见：同现。

使使：命使者往求鼎也。下"使"字，去声。

吏：狱吏也。

长门：汉宫名。

【眉批】两个"是时"，先提明其事而后疏解之，此法乃千古文章开山手，最为悍劲。

今上初至雍，郊见五畤。（亦从郊祀引入，是一书针线。）后常三岁一郊。是时上求神君，舍之上林中蹄氏观。（提法如奇峰当面蠹起，奇妙。）神君者，长陵女子，以子死，（即童死也。）见神于先后宛若。（先后，即妯娌之称。宛若，其字也。）宛若祠之其室，民多往祀。（逐段显著开来，文简而密。）平原君往祠，其后子孙以尊显。（平原君姓王氏，武帝之外祖母也。）及今上即位，则厚礼置祠之内中。闻其言，不见其人云。（此四句方正应"蹄氏观"一案。)

【眉批】史公文绝少排比处,惟此段前云"是时上求神君",下接以"神君者云云";后云"是时李少君",下接以"少君者云云",一排比法也。又叙武安侯事毕,云"一坐尽惊";叙齐桓公器毕,云"一宫尽骇",又一排比法也。然极整齐处却正极疏宕,故奇。

【眉批】老人游射之地,铜器款识之形,固可访求默识者,其技本浅,而庸人辄靡然惑之。甚矣,其诞之足以饰诈也。

是时李少君(别起一案。)亦以祠灶、谷道、(谓辟谷、导引也。)却老方见上,上尊之。(少君是正案。用平原引入而以一"亦"字带转,最妙。)少君者,故深泽侯舍人,主方。(方药。)匿其年及其生长,常自谓七十,能使物,却老。(使物,使鬼神也。祠灶之余文。)其游以方遍诸侯。无妻子。人闻其能使物及不死,更馈遗之,常余金钱衣食。(妙在写得极浅鄙又极幻忽,真笔端有舌。)人皆以为不治生产而饶给,又不知其何所人,愈信,争事之。李少君资好方,(资性嗜好方术。)善为巧发奇中。(能射覆中幽隐之事。)尝从武安侯饮,坐中有九十余老人,少君乃言与其大父游射处,老人为儿时从其大父,识其处,一坐尽惊。(写得若真若诈,令人于言外领之。)少君见上,上有故铜器,问少君。少君曰:"此器齐桓公十年陈于柏寝。"已而案其刻,果齐桓公器。一宫尽骇,以为少君神,数百岁人也。(拖一句便不板,此实文章诀窍。)

【眉批】直至此,始以求仙封禅牵合为一事,前此未尝有也。史公笔力奇恣,横七竖八说来而意义自相贯属,看其点睛处即明。

少君言上曰:"祀灶则致物,(物谓鬼物,字法深妙。)致物而丹砂可化为黄金,(节节牵搭,支离得妙。)黄金成以为饮食器则益寿,(幻诞无稽之极。)益寿而海中蓬莱仙者乃可见,见之以封禅则不死,(一篇大关键语。)黄帝是也。(又引证得奇,方士情状逼真。)臣尝游海上,见安期生,安期食臣枣,大如瓜。(诞而妙。○臣或作巨。)安期生仙者,通蓬莱中,合则见人,不合则隐。"(其言不即不离,所以羁縻弗绝者,全赖此种伎俩。)于是天子始亲祠灶,("亲祠灶"句特著失礼之极。)遣方士入海求蓬莱安期生之属,而事化丹砂诸药齐(同剂。和合药物也。)为黄金矣。

【眉批】笔意连绵飞动,令人言外如亲睹当年。

居久之,李少君病死。天子以为化去不死,(语带调笑,深著其惑。)而使黄锤(才恚反。)史宽舒受其方。求蓬莱安期生莫能得,(一求再求,写出可笑。)而海上燕、齐怪迂之方士多更来言神事矣(妙。借"莫能"拖下"仙未至而怪迂来"矣。)

【注释】今上:指汉武帝。

雍:秦都城,即咸阳。

舍:居也。

上林:苑名,在陕西长安县西。

蹄氏观:汉时宫观名。氏音斯;观音贯。

长陵:在今陕西咸阳县,汉高帝长陵在此。

内中:宫中也。

祠灶:祭灶也。灶者,老妇之祭。

深泽侯:赵将夜也。高祖八年封侯。

舍人:官名,为左右亲近之通称。

生长:生日也。长,上声。

中:去声。

武安侯:田蚡也。

大父:祖父也。

柏寝:台名。

安期生:秦琅琊人,卖药海上,号抱扑子,古神仙也。

食:音嗣,以食授人曰食。

黄锤:地名,在东莱。锤音遂。或云人名。

【眉批】"神君"之称,前后数见,各就其事尊称之,想见不根之甚。

【眉批】《汉武纪》"置寿宫神君",无"酒"字,其言可从。今即作"置酒食于寿宫，以酬神君"，亦自有致。古文如此等处须各以意会之，正不必定求画一也。

【眉批】寿宫、北宫，盖神君之别馆。多其宫观以礼重之。

明年，天子病鼎湖甚，（文成将军死之明年。○鼎湖，宫名。）巫医无所不致，不愈。游水发根言上郡有巫，（游水郡人。发，姓；根，名。一云游水，姓；发根，名。）病而鬼神下之。（"病"字非狂惑而何？）上召置祠之甘泉。及病，使人问神君。（即病巫所凭，又一神君也。）神君言曰："天子无忧病。病少愈，强与我会甘泉。"（语多丰致。）于是病愈，遂起，幸甘泉，病良已。大赦，置酒寿宫神君。（了"鼎湖"一案，下特就神君详记一番。）寿宫神君最贵者太一，其佐曰大禁、司命之属，皆从之。（为神君从者。）弗可得见，闻其言，言与人音等。（幻得可笑，令人自思。）时去时来，来则风肃然。（妙笔。最善形容。）居室帷中。时昼言，然常以夜。（偶然昼言，而夜言则其常也。）天子祓，然后入。因巫为主人，关饮食。所以言，行下。（盖神君以天子为客而享之，则如是真弄武帝如婴儿矣！"所以言，行下"，谓神君所言，天子即为行之于臣下也。）又置寿宫、北宫，张羽旗，设供具，以礼神君。神君所言，上使人受书其言，命之曰"画法"。（奇名。）其所语，世俗之所知也，无绝殊者，而天子心独喜。其事秘，世莫知也。（他语以含蓄为妙，此却直说破，而其妙愈见。）

【注释】甚：疾笃也。

巫医：皆治病者。巫所以交鬼神。

病：狂疾也。言巫发狂疾，有鬼神附其身也。

甘泉：宫名。

良已：病大愈也。

寿宫：此便宫也，盖奉神之宫也。

太一：北极神之别名。

大禁司命：并神名。

祓：音弗，崇洁自祓除也。

关饮食：关，索也。谓求取饮食也。

所以言：《汉书·郊祀志》，作"所欲言"。颜师古注：引李奇曰："神所欲言，上辄为下之。"晋灼曰："神君所言，行下于巫。"师古曰："晋说是也。"按：当从《汉书》作"欲"为是。

绝殊：大异也。

【眉批】"惜其方不尽"句直从下"子诚能修其方"句倒润出来。夫栾大之方，非文成之方也，而武帝悦栾大，直谓之能修文成之方，于是知其每饭不忘文成也。其为栾大所罔，不亦宜乎！

【眉批】李少君言求仙，忽阑入封禅，可谓诞矣。栾大之求仙，又忽阑入"河决可塞"，其诞愈甚。盖少君进说之时，方议封禅；栾大进说之时，方忧河决。于是小人巧舌依附，各视所急而中之。史公特写个榜样，以为万世炯戒。

天子既诛文成，后悔其蚤死，惜其方不尽，（文成以伪妄被诛，而天子乃以为惜。昏惑至此，总原于一念之贪。）及见栾大，大说。大为人长美，言多方略，（二句是真本领。）而敢为大言，处之不疑。（二句是其作用，写得尽情。）大言曰："臣常往来海中，见安期、羡门之属。顾以臣为贱，不信臣。又以为康王诸侯耳，不足与方。（蓬莱岂有势利神仙耶？其术亦易见矣！而武帝英主，信之不疑，即前所谓"甘心"者也。）臣数言康王，康王又不用臣。臣之师曰：'黄金可成，而河决可塞，不死之药可得，仙人可致也。'（栾大实无伎俩，故但托"师言"，而惟以其身任使者，因之诳得富贵，可谓巧矣。）然臣恐效文成，（又豫为要约，以塞祸萌。）则方士皆奄口，恶敢言方哉！"上曰："文成食马肝死耳。（马肝有毒，托词怩怩之甚。）子诚能修其方，我何爱乎！"（言不吝厚赏也。）大曰："臣师非有求人，人者求之。（见其甚不易求。）陛下必欲致之，则贵其使者，（所谓"敢为大言"实际处。）令有亲属，以客礼待之，勿卑，（三句含三意，下逐段分应。）使各佩其信印，乃可使通言于神人。（反照前"以臣为贱"句。）神人尚肯邪不邪。致尊其使，然后可致也。"（言神人肯则已，若不肯则更加尊其使，此所以月余佩四印，有加无已也。）于是上使验小方，斗棋，棋自相触击。（方士动人本领。）

【眉批】汉法：非军功不侯，非出征不加将军号。今以一方士佩五将军印且封侯，其名又多不典，何处索解？妙！载制词一首而其义约略尽见，真千古绝高手笔。

【眉批】《乾》称'蜚龙'"二句，隐寓上仙之旨，微妙之甚。盖"蜚龙"者，升天之义。"渐般"者，阶梯之象。"庶几旦夕遇之"，言得栾大而仙人可冀也。自来无人会得此旨。

【眉批】无数做作，却并不见其通言于神人也。故特插"使鬼"一小段，与前"斗棋"作应，总见其小技诳人处。

是时，上方忧河决。（点睛法。）而黄金不就，乃拜大为五利将军。（使者贵矣。）居月余，得四印，佩天士将军、地士将军、大通将军印。（各佩其信印矣。）制诏御史："昔禹疏九江，决四渎。（从河决起，寻个冠冕题目，益见大之巧于说。）间者河溢皋陆，堤繇不息。（言治堤之徭役也。句古甚。）朕临天下二十有八年，天若遗朕士而大通焉。（解"天士"、"大通"二号，恍惚可笑。）《乾》称'蜚龙'，'鸿渐于般'，朕意庶几与焉。其以二千户封地士将军大为乐通侯。"（按《侯表》，乐通无其地，亦只取乐于通仙之意。）赐列侯甲第，僮千人。乘轝斥车马帷幄器物以充其家。（分尚方、乘舆，服御以赐之。"斥"谓舍己所有也。）又以卫长公主妻之，（有亲属矣。）赍金万斤，（谓遣嫁之资。）更命其邑曰当利公主。（栾大食邑在当利，故以卫长公主之名从之。）天子亲如五利之第。使者存问供给，相属于道。（以客礼待之矣。）自大主将相以下，（大主帝之姑，归窦氏。）皆置酒其家，献遗之。于是天子又刻玉印曰"天道将军"，（"道"字作引导解。）使使衣羽衣，夜立白茅上，五利将军亦衣羽衣，夜立白茅上受印，（做作极矣。千古读之，无不失笑。）以示不臣也。（致尊其使矣。）而佩"天道"者，且为天子道天神也。（又拖一句作注，妙甚。）于是五利常夜祠其家，欲以下神。神未至而百鬼集矣，然颇能使之。

(与"斗棋"一段遥应作章法。)其后装治行,东入海,求其师云。(盖世荣华,只为此一句耳。收得淡然,而其妙愈见。大之狂,帝之惑,俱跃然矣。)大见数月,佩六印,贵震天下,而海上燕、齐之间,莫不搤捥而自言有禁方,能神仙矣。(收笔与少君段应。)

入海求蓬莱者,言蓬莱不远,而不能至者,殆不见其气。(既"不见其气",又何从知其"不远"?语荒唐入妙。)上乃遣望气佐候其气云。(令善望气者佐之,占候也。)

【眉批】郊社之礼,乃天子绝大之事,而小人至欲,以矫诬荒诞之说立坛,令天子亲郊,无忌惮极矣。然武帝于方士之言无不如石投水,独于亲郊太一一事疑而稍绌之,盖犹有君人之道焉。

【眉批】申公"受黄帝言",见其亲承衣钵。又云"无书独有此鼎书",见其大可宝贵也。作态绝妙。

【眉批】自"黄帝时万诸侯"以下,皆杂举黄帝故事以歆动武帝,其中且注且证,左牵右曳,绝似《考工》、《尔雅》诸书。史公借荒诞之说以发其奇横之文,正是极得意处。

【眉批】此段归结到鼎上,自作一大节机轴。

【眉批】公孙卿半日谬悠之谈,娓娓如见,武帝听到出神处特下"嗟乎"一叹,真千古传神之笔!

其秋,上幸雍,且郊。或曰"五帝,太一之佐也,宜立太一而上亲郊之"。上疑未定。(前云"神君者最贵者太一",兹更以五帝为太一之佐。盖太一即太极也。五帝即五行也。理本寻常,但以鬼道附会之,则可嗤耳。)齐人公孙卿曰:"今年得宝鼎,其冬辛巳朔旦冬至,与黄帝时等。"(另起一头,以黄帝作话柄,以宝鼎作证明。)卿有札书曰:"黄帝得宝鼎宛朐,(地名。)问于鬼臾区。(黄帝时良史。)鬼臾区对曰:'黄帝得宝鼎、神策,(既得鼎,又得神人书策,如谶纬之属。)是岁己酉朔旦冬至,得天之纪,终而复始。'于是黄帝迎日推策,后率二十岁复朔旦冬至,凡二十推,三百八十年,黄帝仙登于天。"(冬至迎日,因以策书推算将来,每二十年,即复遇朔旦冬至。二十推应四百年,合是岁己酉前二十年计之,故但云三百八十年。)卿因所忠欲奏之。所忠视其书不经,疑其妄书,(以所忠之疑其妄,反映武帝之反信其真。)谢曰:"宝鼎事已决矣,尚何以为!"卿因嬖人奏之。上大悦,乃召问卿。对曰:"受此书申公,申公已死。"(妙无从考较矣。然申公仙者,何为死耶?扭捏可笑。)上曰:"申公何人也?"卿曰:"申公,齐人。与安期生通,(武帝求安期久矣,故方士辄以"与安期通"为言。憨甚。)受黄帝言,无书,独有此鼎书。(鼎书,即前札书也,下文连缀二"曰"字,及"申公曰"字,又于书外附会之也。)曰'汉兴复当黄帝之时'。曰'汉之圣者在高祖之孙且曾孙也。宝鼎出而与神通,封禅。封禅七十二王,惟黄帝得上泰山封'。(忽然又穿到封禅去,妙绝章法。)申公曰:'汉主亦当上封,上封则能仙登天矣。(随口说成一片,无端无绪,令人自入其玄中。)黄帝时万诸侯,而神灵之封居七千。(言封内山川为神灵所守者。)天下名山八,而三在蛮夷,五在中国。中国华山、首山、太室、泰山、东莱,此五山黄帝之所常游,与神会。黄帝且战且学仙。(以武帝方大征匈奴也。)患百姓非其道者,乃断斩非鬼神者。(杜塞后门,方士恶技。)百余岁然后得与神通。(又纡其期以难之。)黄帝郊雍上帝,宿三月。(此句顾"幸雍"近事。)鬼臾区号大鸿,死葬雍,故鸿冢是也。(此借一二近似地名以实其说。)其后黄帝接万灵明廷。明廷者,甘泉也。所谓寒门者,谷口也。(接会百神于明廷,其地即今甘泉。而又谓谷口为寒门。寒者,幽隐之义,百神之所从出入也。)黄帝采首山铜,铸鼎于荆山下。鼎既成,有龙垂胡髯下迎黄帝。(说得如见。)黄帝上骑,群臣后宫从上者七十余人,龙乃上去。(妙有斡旋,正是索解不得。)余小臣不得上,乃悉持龙髯,龙髯拔,堕,堕黄帝之弓。百姓仰望黄帝既上天,乃抱其弓与胡髯号,(与今市儿谈新闻何异?然竟为千古口实。甚矣,人之好怪也!)故后世因名其处曰鼎湖,其弓曰乌号。'"(又引证。)于是天子曰:"嗟乎!(节奏。)吾诚得如黄帝,吾视去妻子如脱躧耳。"乃拜卿为郎,东使候神于太室。(应许多"与神通"。)

【注释】文成：齐人，少翁以方术幸武帝，拜为文成将军。文成为帛书以饮牛，佯言牛腹中有奇，杀视得书，书言甚怪，武帝识其手书，问其人，果是伪书，于是诛文成。

栾大：胶东王宫人，与文成同师。

羡门：古仙人，名子高。

康王：即胶东王。

数：音朔，频也。

奄：同掩。

恶：音乌，何也。

人者求之：犹言人自求之也。

不：同否。

小方：小方术也。

斗棋：其法取鸡血与针磨捣之，以和磁石，用涂棋头曝干之，置局上即自相触击。

河决：河水溃决也。

制：天子之言曰制。

疏：通也。

九江：即九河：徒骇、太史、马颊、覆䥷、胡苏、简、洁、钩盘、鬲津，见《尔雅》。

四渎：江、淮、河、济为四渎。

间者：今日也。

皋陆：平地也。

繇：同徭，役也。

遗：给也。

大通：言栾大通天意。

乾：卦名。

蜚：同飞。

渐：进也。

般：音盘，水涯也。言得栾大如鸿进于般，一举千里，得道若飞龙在天。

乐通：乐音洛。

甲第：犹言巨室，室有甲乙次第也。

乘舆：天子之代名词。舆，同舆。

斥：音尺，犹分也。

卫长公主：卫后长女。长，上声。

妻：去声，以女与人曰妻。

赍：音嗟，送也。

当利：在安徽和县东南。

如：往也。

属：音烛，连也。

遗：同馈，送也。

使使：下使字去声，使者。

衣羽衣：上衣字去声，着也。羽衣，以鸟羽为衣。

装：办行装也。

搤捥：同扼腕，执持其臂腕也。

禁方：不传之秘方也。

札：音扎，木简也。

宛朐：在今山东菏泽县西南。朐音劬。

率：音律，大概也。

所忠：人姓名，武帝近幸之臣。

不经：不合常理也。

非：毁也。

断斩：谓断理而诛斩之。断，去声。

寒门：一作塞门。

首山：在今河南襄城县南。

胡䫇：胡须也。䫇音然。

堕：音杜，坠也。

号：音豪，泣也。下"鸟号"同。

嗟乎：叹词。

蹵：音细，草履也。

郎：官名，直宿卫者。

太室：山名，即嵩山，在今河南登封县北。

【眉批】"射牛"见《国语》。天子射牛，示亲杀也。

【眉批】读此段要识得史公笔径之奇绝处。每于一段文字中间，破开嵌入一段，使精神彼此贯注，从古无此妙文也。如"群儒采望祀射牛事"句，本当直接"于是乃令诸儒习射牛草封禅仪"也，乃于中嵌入齐人丁公一段说话，可知封禅仍是求仙。又"至且行"三字，本直接"东幸缑氏"句也，乃又于此中插入一段自己议论，道出武帝隐衷及诸儒迂陋，不能以古谊匡君为可惜。嗟乎！此《封禅书》之所由作欤！耳食之人从无见此者，可叹也！

自得宝鼎，上与公卿诸生议封禅。（引脉好。见封禅事皆从方士悠谬之谈造始也。）封禅用希旷绝，莫知其仪礼，（用事希少，旷世绝无举行者，故其礼不传。）而群儒采封禅《尚书》、《周官》、《王制》之望祀射牛事。（伏拘牵古文句，十八字作一句读。）齐人丁公年九十余，（忽嵌入一段。）曰："封禅者，合不死之名也。秦皇帝不得上封，陛下必欲上，稍上即无风雨，遂上封矣。"（提出主脑，若无此则将以武帝封禅真欲与七十二君争烈耶？言渐上，苟不遇风雨，则便可上封，令其尝试之也。）上于是乃令诸儒习射牛，（遥接。）草封禅仪。数年，至且行。天子既闻公孙卿及方士之言，（又忽嵌入一段断制议论，奇妙极矣。）黄帝以上封禅，皆致怪物与神通，（此等皆武帝心坎中语，代为曲曲写出。）欲放黄帝以上接神仙人蓬莱士，（名目不伦不类，正妙于如此。）高世比德于九皇，（九皇或作人皇氏兄弟九人解，亦不必拘。)而颇采儒术以文之。("以文之"道破，妙甚。)群儒既已不能辨明封禅事，(痛惜语。)又牵拘于《诗》《书》古文而不能骋。(采古书之说，而学陋才浅，不能畅达其旨归。)上为封禅祠器示群儒，(一事。)群儒或曰"不与古同"，(此正所谓"牵于古文而不能骋"之实。)徐偃又曰"太常诸生行礼不如鲁善"，(二事。)周霸属(三事。)图封禅事，(图者，未决之谓。)于是上绌偃、霸，而尽罢诸儒不用。(妙有作略，与始皇绌诸生正同。)

【眉批】汉武假封禅之名以求仙，史纪其事者冠之曰《封禅书》。然则东上泰山立石一事，了却封禅公案矣。

三月，遂东幸缑氏，(方接入"且行"事。)礼登中岳太室。(直以意行之。)从官在山下闻若有言"万岁"云。(二字甚活，而后世则愈说得逼真。)问上，上不言；问下，下不言。(缀得好。)于是以三百户封太室奉祀，(以三百户之赋供祠祭之用。)命曰崇高邑。(别为三百户邑名。)东上泰山，泰山之草木叶未生，乃令人上石立之泰山巅。(一书中结穴只此三语。○秦人往往立石刻颂功德；汉武刻石而无文，意者即以此为增封之义耶？)

【眉批】秦皇遇神人，称之为"祖龙"。武帝遇神人，称之为"巨公"。其言虽诞，然自饶古致，可想见汉人笔舌之妙。

上遂东巡海上，行礼祠八神。齐人之上疏言神怪奇方者以万数，(封禅事毕矣，只要候神人至而乘龙上仙耳。故以下求神愈急。)然无验者。乃益发船，("无验者"，"乃益发船"，二句连书，见其昏瞀之至。)令言海中神山者数千人求蓬莱神人。公孙卿持节(仍归结到公孙卿。)常先行候名山，至东莱，(即候气。)言夜见大人，长数丈，就之则不见，见其迹甚大，类禽兽焉。(明明有迹，而人不可就视；明明是人，而迹又类禽兽。一语而再三幻如此。)群臣有言见一老父牵狗，(诞甚，却可味。)言"吾欲见巨公"，已忽不见。上即见大迹，未信，及群臣有言老父，则大以为仙人也。(明是责备廷臣之语。举朝若狂，王谁与为善哉？)宿留海上，予方士传车（有乘传公行者。）及间使求仙人以千数。（又有微行密访者。）

【眉批】方士伎俩将穷，必别设一难以遁其情。公孙卿候神，至此茫无着脚。武帝虽昏惑，而斩断英果。惧大诛之将至也，则又引之以土木之功，民穷财殚，至死不悟。千古而下，读之愤叹。史公曲曲传之，岂非良史椿杌哉？

公孙卿曰："仙人可见，而上往常遽，以故不见。（又别起一头，明明说性急不得。）今陛下可为观，如缑城，（中岳在缑氏县，故欲仿之。）置脯枣，神人宜可致也。（"宜"字含糊得妙。）且仙人好楼居。"（加一句，暗暗引入土木之功宜侈大。）于是上令长安则作蜚廉桂观，甘泉则作益延寿观，（《通考》作"益寿"、"延寿"二观，此盖串字法。）使卿持节设具而候神人。（又一结。）乃作通天茎台，（即金茎承露台。）置祠具其下，将招来仙神人之属。于是甘泉更置前殿，始广诸宫室。（是此段正旨。）夏，有芝生殿房内中。天子为塞河，兴通天台，（兴通天台与塞河何与？本诏书而附会之也。）若见有光云，（愈怳惚。）乃下诏："甘泉房中生芝九茎，赦天下，毋有复作。"（盖谓神贶已彰，不待他求矣，故暂止兴作。）

【注释】诸生：诸儒生也。

望：祭名。九州名山大川、五岳四渎之属，皆一时望祭之。

射牛：天子有事宗庙，必自射牲，盖示亲杀也。

且行：将行也。

放：同倣，依也。

高世：超出世俗也。言武帝有超出世俗之志，比功德于九皇也。

文：音问，粉饰也，采诗书以粉饰也。

骋：音逞，奔放其言也。

徐偃：博士姓名。

太常：官名，掌宗庙礼仪。

周霸：亦博士姓名。

属：会也，会诸儒谋封事。

绌：同黜，罢斥也。

缑氏：地名，在今河南偃师县南。缑音欧。

从：去声，从官，随从诸官。

崇高：以崇奉嵩高山，故谓之崇高。

节：旌节也。古者使臣奉王命往来必持节。

东莱：郡名，汉置，山东旧登州莱州之地。

巨公：谓武帝。

予：赐也。

传车：驿车也。传，去声。

及间：随间隙而行也。间，去声。

遽：太骤也。

脯枣：干枣也。脯音甫。

好：喜好也，去声。

蜚廉桂观：蜚廉观及桂观。蜚廉，神禽名。蜚，同飞；观音贯。

甘泉：宫名。

益延寿观：益寿、延寿二观。

具：食物也。

通天茎台：在甘泉。茎音硎。

祠具：祭物也。

塞河：筑堤也。

【眉批】土木之功，前特以"仙人好楼居"引其端，未几以"芝房之瑞"而止。已而伯梁毁于火，天之警帝也章章矣。乃方士又捏造青灵台一段公案，而以复治明廷启之，至越巫则直以越俗"厌胜"之法为言，而后土木大兴。看其逢君之恶，亦从渐渐生发下来。《易》不云乎，"其所由来者渐矣"。为人上者，盍留意于斯焉？

十一月乙酉，柏梁灾。（即通天台。）十二月甲午朔，上亲禅高里，祠后土。临渤海，将以望祀蓬莱之属，冀至殊廷焉。（此二句亦帝意中事。后以柏梁灾亟还，故未果也。○殊廷者，仙人之馆。）

上还，以柏梁灾故，朝受计甘泉。（柏梁既灾，故姑就甘泉设朝，受天下上计吏之书也。）公孙卿曰："黄帝就青灵台，十二日烧，黄帝乃治明廷。（帝所深慕者黄帝，故处处借作入港话头。）明廷，甘泉也。"方士多言古帝王有都甘泉者。（此句追叙法，盖前曾有此说。）其后天子有朝诸侯甘泉，甘泉作诸侯邸。勇之（越巫名，见前。）乃曰："越俗有火灾，复起屋必以大，用胜服之。"（既曰"越俗"，则岂足为天子效法哉？）于是作建章宫，（复作。）度为千门万户。前殿度高未央。（连用数"度"字，皆就营建之始随事纪之。）其东则凤阙，高二十余丈。其西则唐（唐、塘通。）中，数十里虎圈。（盖为养虎之圈于回塘中，其大数十里。）其北治大池，渐台高二十余丈，（池中作台，名渐台。）命曰太液池，中有蓬莱、方丈、瀛洲、壶梁，象海中神山龟鱼之属。其南有玉堂、璧门、大鸟之属。（不得遇其真者，姑且作其伪者，此方士欲兴土木之根也。盖聊藉此慰帝渴想之情耳。）乃立神明台、井干楼，度五十丈，（遂弄成一神仙世界，不必他求矣。）辇道相属焉。

【眉批】此是一篇大文结束，看其语不多，而缜密周匝，仍有余力，以见其奇伟之气，迥非韩、苏所能仿佛其万一也。

今上封禅，（结穴封禅。）其后十二岁而还，（结穴诸神祠。）遍于五岳、四渎矣。而方士之候祠神人，入海求蓬莱，终无有验。（结穴候神人，求蓬莱。）而公孙卿之候神者，犹以大人之迹为解，无有效。（结穴许多幻迹。）天子益怠厌方士之怪迂语矣，然羁縻不绝，冀遇其真。（三句结穴，痴肠无数贪念。○渺然不尽，故妙。）自此之后，方士言神祠者弥众，然其效可睹矣。（拖一笔，从上两个"无有验"、"无有效"虚掉一句。趣甚！）

【注释】灾：失火也。

高里：山名，在泰山下。

渤海：见前。

受计：受郡国计簿也。

邸：音抵，客馆也。

勇之：人姓名。

胜：厌胜，谓厌伏其人咒诅求胜也。厌，乙接切。

建章宫：在长安县西二十里。

度：入声，量度也。

唐中：犹言中堂。《尔雅》："庙中路谓之唐"。

太液：言象阴阳精液，以作池也。

井干楼：积木而高为楼，若井干之形也。井干者，井上木栏也，或四角，或八角。

辇：音俨，天子所驾车曰辇。

属：音烛，连及也。

羁縻：音基迷，犹言牵制也。

冀：音寄，望也。

其效可睹：言功效不过如此而已。

【眉批】赞语不作褒刺，以褒刺之旨具见书中也。

太史公曰：余从巡祭天地诸神名山川而封禅焉。（抽一总笔作冠冕。）入寿宫侍祠神语，（即转入琐细处。）究观方士祠官之意，（八字中含一篇大文。真奇笔！）于是退而论次自古以来用事于鬼神者，具见其表里。（通篇无一处不关会。）后有君子，得以览焉。若至俎豆珪币之详，献酬之礼，则有司存。（名为《封禅书》，而叙武帝封禅事极简略，故补此句。）

【注释】论次：犹论列，言排比次序其事也。

表里：内外也。

俎豆：盛祭品之器。

珪币：献神之礼物。

献酬之礼：祭祀饮酒之礼。

有司：太常官也。太常掌宗庙礼仪。

存：在也。言自有有司掌其事也。

总评：《封禅书》，千古奇文，而读者不能明其中之逐段自成结构，只是通长看去。又因其文甚长，眼光不定，遂如入迷楼者，只知千门万户，复道交通，终不能举其要领所在，未免矮人观场之诮。今特用摘截之法，单就精神团结、筋脉联贯处细为批摘，而安枝布叶之精，斗角钩心之巧，豁然呈露。且逐段界乙，眼光易注，固读古文一捷法也。如欲观其全局，则线装（今书籍之称。）充栋（谓书籍甚多也。），岂限上智之批寻哉？附识于此。〇文中云"三神山不远，舟欲近，风辄引之去。"读此篇者，当作如是观，即史公自状其文也。

分段详注评点史记菁华录 卷二

河渠书

【解题】渠：音衢，水所居也。

【眉批】《河渠书》本以志秦、汉治渠之利害，乃先从大禹治水之源流说入，此自是文体宜然，非有风刺，与《封禅书》援引不同。

【眉批】○此段要看其字法奇古，变化之妙，出笔自能古雅。

《夏书》曰：禹抑鸿水十三年，过家不入门。（援引《夏书》，妙。只骡栝其意，绝不剿录其成句。）陆行载（一作乘。）车，水行载舟，（逐句变字，有意造古。）泥行蹈毳，（毳，一作橇。）山行即桥。（桥，亦作檋。其制不可强为之说。）以别九州，随山浚川，任土作贡。通九道，陂九泽，度九山。（亦逐句炼字。）然河菑衍溢，害中国也尤甚。（忽宕一笔，是史公文，至此方从洪水独抽出河来，以下皆言治河。）唯是为务。故道河自积石历龙门，南到华阴，东下砥柱，及孟津、雒汭，至于大邳。（引《禹贡》之文，从中插入议论，此引古妙法。）于是（此三十字横插入去。）禹以为河所从来者高，水湍悍，难以行平地，数为败，（自行其意，不袭古说。）乃厮二渠以引其河。（至此又从河引出渠来。厮，分也，即《毛诗》"斧以斯之"之义。字法新妙。）北载之高地，过降水，至于大陆，播为九河，同为逆河，入于勃海。九川既疏，九泽既灑，诸夏艾安，功施于三代。（四句颂文，为一篇冒头。）

【注释】《夏书》：在《尚书》中，因其为夏代之书，故曰《夏书》。

工郑国：郑国能治水，故曰水工。

间说秦：为反间说秦也。间，去声。

泾水：泾音经。关中八川之一。

抑：遏也。

载：乘也。

毳：字亦作橇，音跷，又音脆，乘之以行泥上者。形如箕，今广东人谓之涂跳，以木为之，长三四寸，厚半寸，首尾翘然。北方有雪橇，行于雪上，俗呼冰床。

桥：直辕车也。即桥，犹言乘桥。

九州：兖、冀、青、徐、豫、荆、扬、雍、梁。

浚：音峻，与濬同，深治之也。

任土作贡：用土物作贡献也。

九道：九州之道。九泽、九山亦然。

陂：音卑，作障也。

度：入声，计也。计九州山产所出而制贡也。

菑：同灾。河灾，河水衍溢为灾也。

道：同导，引也。

积石：山名，即今大雪山。在青海南境。

龙门：山名，在山西河津、陕西韩城之间。

华阴：县名，汉置，今属陕西关中道。

砥柱：山名，在黄河中。

孟津：津名，在河南孟县南。

雒汭：雒，本作洛。水曲流曰汭，音芮。雒汭，洛水入河处，旧在河南巩县。

大邳：邳亦作伾，音丕，山名，在今河南濬县东南。

湍：贪去声，水急也。

悍：音旱，强也。

数：音朔，频也。

厮：音斯，分也。

降水：水名，河之经流大邳西南，折而北为宿胥口，又东北合漳水，是为北过降水，其地在今直隶曲周肥乡二县之间。见《禹贡锥指》。

大陆：泽名，在今直隶邢台及赵县之间。

播：音布，犹分也。

同为逆河：言九河合为一大河，逆之而入于海也。逆，音宁，迎也。

勃海：见前《封禅书》注。

疏：通也。

灑：音洒，分也。

诸夏：中国全境也。

艾：同乂，治也。

施：加也。

【眉批】此段自言郑国渠始末，自成一篇小文。○先言魏富河内，于秦又特著"富强"、"卒并诸侯"二语，所以深惜韩之失计也。

西门豹引漳水溉邺，以富魏之河内。（以魏渠引出秦渠而参其中，错综入妙。）而韩闻秦之好兴事，欲罢之，毋令东伐，（谋国者以兴他人之水利，苟己国旦夕之安，拙极矣。写来可叹。）乃使水工郑国间说秦，令凿泾水，自中山西邸瓠口为渠，（总挈一笔，下别详志之。）并（步浪反。）北山东注洛，三百余里，欲以溉田。中作而觉，（"中"字古峭，后人往往祖之。）秦欲杀郑国。郑国曰："始臣为间，然渠成亦秦之利也。"（三语婉而多姿如此。）秦以为然，（莫谓秦无人。）卒使就渠。渠就，用注填阏之水，溉泽卤之地四万余顷，收皆亩一钟。（六斛四斗。）于是关中为沃野，无凶年，（写出美利，赞叹不尽。）秦以富强，（反应"罢"。）卒并诸侯，（反应"毋令东伐"。）因命曰郑国渠。

【注释】西门豹：魏人，为邺令。

漳水：有清漳浊漳，清漳出山西平定县，浊漳出山西长子县，二水至河南涉县之合漳村始合。

邺：音业，汉置县，在今河南临漳县境。

河内：地名，大河以北总谓之河内。

好：去声。

罢：同疲，困也。

水工郑国：郑国能治水，故曰水工。

间说秦：为反间说秦也。间，去声。

泾水：泾，音经，陕西关中八川之一。

中山：即陕西仲山。

邸：同抵，至也。

瓠口：即瓠子口，在直隶濮阳县南。瓠，音胡。

注：流入也。

溉：音概，灌注也。

中作：造作至半也。

觉：寤也。

填阏：壅塞也。阏音曷。

泽卤：下湿碱地也。卤音鲁。

顷：百亩为顷。

沃：音屋，肥也。

凶年：荒年也。

彊：同强。

【眉批】田蚡食邑于鄃，河决南注则鄃邑无水灾，故蚡特巧说罔上，以致二十年不塞。

自河决瓠子后（从田蚡案来。）二十余岁，岁因以数不登，而梁楚之地尤甚。天子既封禅巡祭山川，（因歌中语，故入此句。）其明年，干封少雨。（干封者，方士荒唐之说耳。今引之若固然者，谐绝。）天子乃使汲仁、郭昌发卒数万人塞瓠子决。（提纲。）于是天子已用事（亦祠祭事。）万里沙，（地在华州。）则还自临决河，（励精可想。）沉白马玉璧于河，（与河神盟。）令群臣从官自将军已下皆负薪寘决河。是时东郡烧草，（卫俗火耕。）以故薪柴少，而下淇园之竹以为楗。（楗者，以竹渐插决口而以次加密，使水势柔，而后加土石也。）

【眉批】"归旧川"二句，仍从《封禅书》方士"河决可塞"一语附会神功生来。又云不出巡封禅，亦安知外间水患如此，甚言封禅之为益大也。忧民之中，仍寓文过之意，妙甚。

天子既临河决，悼功之不成，乃作歌曰："瓠子决兮将奈何？（歌极古雅，汉时人主之才如此，况文士乎！）皓皓旰旰兮闾殚为河！（言闾阎尽漂失也。）殚为河兮地不得宁，功无已时兮吾山平。（吾山即鱼山，谓镵其石以塞河，石日剥而山欲平地。）吾山平兮钜野溢，鱼沸郁兮柏冬日。（柏与迫同。言鱼游巨浸，如与天日相近。）延道弛兮离常流，蛟龙骋兮方远游。（大有左徒笔意。）归旧川兮神哉沛，（呼神而吁之。沛，安也。）不封禅兮安知外！为我谓河伯兮何不仁，泛滥不止兮愁吾人。啮桑（地名。）浮兮淮、泗满，久不反兮水维缓。"（谓久成泛滥，渐若安澜矣。）一曰："河汤汤兮激潺湲，北渡污兮浚流难。（二句足上篇意，下乃详言塞河之工，而属意楗石尤切。）搴长茭兮沈美玉，河伯许兮薪不属。（言河神虽许我，而工用不集，可忧。）薪不属兮卫人罪，（即"东流烧草"一事。）烧萧条兮噫乎何以御水！颓林竹兮楗石菑，（旧说解"菑"字支离。愚谓斩竹镵石，即竹石之菑耳。）宣房塞兮万福来。"于是卒塞瓠子，筑宫其上，（励精之效如此。）名曰宣房宫。而道河北行二渠，复禹旧迹，而梁、楚之地复宁，无水灾。（缴应上文。）

【注释】瓠子：即瓠口。

数：音朔，频也。

不登：谷不熟也。

乾封：《封禅书》公孙卿曰：黄帝时封则天旱，乾封三年。苏林注：天旱欲使封土乾遭。如淳注：但祭不立尸曰乾封。乾，音干。

万里沙：神祠也，在东莱。

东流郡：古卫地。

烧草：烧陈草以为灰，以雍田也。

淇园：卫之苑，多竹。
楗：音建，树竹塞水决之口，以草塞其里，乃以土填之。
悼：音道，伤也。
皓皓旴旴：并水大貌。皓，音浩。旴音吁。
钜野：泽名，今为县，属山东济宁道。
溢：音益，泛滥也。
沸郁：音费育，滋长也。
柏：犹迫也。
延道驰：言河之决，由其源道延长驰溢，故使其道皆离长流也。
神哉沛：言水还旧道则神恩滂沛。沛，大也。
外：关外也。言不因巡狩封禅而出则不知关外有此水。
河伯：水神也。
䚾桑：地名。䚾音叶。
淮泗：二水名。
水维：水之网维也。
汤汤：音伤，水流疾貌。
潺湲：音惭爰，水声也。
迅：音信，疾也。
搴：音牵，取也。
茭：音交，竹苇絙谓之茭，所以引置土石也。絙音更，大索也。
薪不属：旱烧，故薪不足也。
楉：木立死曰楉。

【眉批】太湟难晓，阙之可也。

【眉批】足遍天下，详观水势，而一语断之曰："甚哉，水之为利害也！"善于笔括，笔力最大。

太史公曰：余南登庐山，观禹疏九江，遂至于会稽太湟，（太湟之地不可考。"湟"字或作"湿"。）上姑苏，望五湖，东阚洛汭、大邳，迎河，行淮、泗、济、漯、洛渠；西瞻蜀之岷山及离碓；北自龙门至于朔方。曰：甚哉，水之为利害也！余从负薪塞宣房，悲瓠子之诗而作《河渠书》。（别有领会。）

【注释】庐山：在今江西星子县西北，九江县南。

湟：音黄。太湟，地名。

姑苏：山名，在江苏吴县西南。

五湖：或以为太湖之别名，或以胥湖、蠡湖、洮湖、滆湖、太湖为五湖，非今之五湖。

阚：同窥。

淮、泗、济、漯、洛：并水名。漯音沓。

岷山：岷音民。岷山在今四川松潘县北。

离碓：地名，在今四川灌县南。碓音对。

总评：《封禅书》极写武帝荒侈，《河渠书》极写武帝励精，然其雄才大略，正复彼此可以参看，非彼绌而此伸也。特采《瓠子》两歌，缠绵掩抑，格自沉雄。先辈谓子长所以能成《史记》者，亦以当时文章足供摭（音则，拾取也。）拾，谅哉言也！

平准书

【解题】大司农属官有平准令丞者，以均天下郡国输敛，贵则粜之，贱则买之。平赋以相准，输归于京师，故命曰平准。

【眉批】汉之计臣有平准令，所以平物力之低昂，而不使畸重、畸轻也。史迁因武帝时兴利之臣而详悉其本末，名之曰《平准书》，与《汉书·食货志》相表里。

【眉批】《平准书》笔极古峭整齐，字字不苟。

汉兴，接秦之弊。（先由极弊处引起。）丈夫从军旅，老弱转粮饷，作业剧而财匮，（健句。）自天子不能具钧驷，（马乘一。〇天子驾车之驷马，毛色均一。）而将相或乘牛车，齐民无藏盖。（三句极言上下匮乏。）于是为秦钱重难用，更令民铸钱，（铸钱一。）一黄金一斤，（上"一"字作"准"字解，谓万钱准黄金一斤也。）约法省禁。而不轨逐利之民，蓄积余业以稽市物，（蓄积多，则买市物，居之以待贵也。）物踊腾粜，米至石万钱，马一匹则百金。（马乘二。）

【眉批】此段言汉初事简，故取于下者甚俭，亦为武帝巧取聚敛张本。

天下已平，高祖乃令贾人不得衣丝乘车，重租税以困辱之。（以前贾人饶极，故痛抑之。）孝惠、高后时，为天下初定，复弛商贾之律，（天下初定，资其物力，故稍弛之。）然市井之子孙亦不得仕宦为吏。（此句直穿至桑弘羊、孔仅之流，所以深刺武帝之尊，用贾人儿以病民也。）量吏禄，度官用，以赋于民。而山川园池市井租税之入，自天子以至于封君汤沐邑，皆各为私奉养焉，不领于天下之经费。（此四句正言官用吏禄之外，皆不仰给于民，所以转漕之数至约，而用亦足。）漕转山东粟，以给中都（即京师。）官，岁不过数十万石。

至孝文时，荚钱益多，轻，（汉初名榆荚钱。）乃更铸四铢钱，（铸钱二。）其文为"半两"，令民纵得自铸钱。（前但言"令民铸钱"，今又加

"纵得"二字,见其禁愈宽。)故吴,诸侯也,以即山铸钱,富埒天子,其后卒以叛逆。邓通,大夫也,以铸钱财过王者。故吴、邓氏钱布天下,而铸钱之禁生焉。(利权归于下,其弊日多,因始立铸钱之禁。)

【眉批】此纳粟拜爵之始,而实开端于有道之文帝,岂非万世所痛惜哉?然其时实有不得已者,以封国既多,天下之经费出息甚寡也。

匈奴数侵盗北边,屯戍者多,边粟不足给食当食者。于是募民能输及转粟于边者拜爵,(输者,但输之于官。转者,运于边。)爵得至大庶长。(卖爵一。大庶长,二千石也,盖虚衔,非实授者。)

孝景时,上郡以西旱,亦复修卖爵令,(卖爵二。)而贱其价以招民。(其流益下,势所必至。)及徒复作,(又于爵外加二"令"。)得输粟县官以除罪。(赎罪一。)益造苑马以广用,(马乘三。)而宫室列观舆马益增修矣。(此句暗渡入武帝,妙。)

【眉批】先极言物力富盛,因及于上下骄淫,而后继之以喜功好事之臣开边邀赏,天下骚动,财匮势绌,然后使心计之臣得投间而售其商贾之智。而前言"自爱而畏法,先行义,绌耻辱",后言"廉耻相冒","法严令具",又所以著人心世道之升降也。中间只用"物盛而衰,固其变也"八字过峡,无限感慨。

至今上即位数岁,汉兴七十余年之间,(总叙汉兴以来,见祖宗培养元气,匪朝伊夕,而武帝耗削殆尽,痛惜之也。)国家无事,非遇水旱之灾,民则人给家足,都鄙廪庾皆满,而府库余货财。京师之钱累巨万,贯朽而不可校。太仓之粟陈陈相因,充溢露积于外,至腐败不可食。(《史记》有极省处,有极不省处,各有其妙。此段形容富足,累累百千言,极不肯省,而古气洋溢喷涌,不可一世,真大手笔。)众庶街巷有马,阡陌之间成群,而乘字牝者傧而不得聚会。(此小段独详马乘,与起处应。)守闾阎者食粱肉,为吏者长子孙,(吏世лет职。)居官者以为姓号。(此足上句,正见世守之实。)故人人自爱而重犯法,先行义而后绌耻辱焉。(引入风俗之美,既富方毂,不其然乎?)当是之时,网疏而民富,役财骄溢,(法网疏阔,富民因役使货贿以为豪暴也。)或至兼并豪党之徒,以武断于乡曲。(数句专言富民之骄暴。)宗室有土公卿大夫以下,争于奢侈,室庐舆服僭于上,无限度。(数句言封君、卿士之奢僭,先言民而后及于上者,以上之失教已久也。)物盛而衰,固其变也。(过峡爽劲。)

自是之后,严助、朱买臣等招来东瓯,事两越,江淮之间萧然烦费矣。(财满则好大喜功,此武帝痼疾也。专言其臣,为上讳耳。)唐蒙、司马相如开路西南夷,凿山通道千余里,以广巴蜀,巴蜀之民罢焉。(看其逐段句法变换。)彭吴贾灭朝鲜,置沧海之郡,则燕齐之间靡然发动。及王恢设谋马邑,匈奴绝和亲,侵扰北边,兵连而不解,天下苦其劳,而干戈日滋。行者赍,居者送,中外骚扰而相奉,(终孝武之世极为天下烦苦者,征匈奴一事也。故以上三段陪出此段。此段前云"江、淮、巴、蜀、燕、齐",此云"天下中外",文甚明划,法极整齐。)百姓抏弊以巧法,(民善遁避科徭,故国计日绌。)财赂衰耗而不赡。入物者补官,(卖爵三。)出货者除罪,(赎罪二。)选举陵迟,廉耻相冒,武力进用,法严令具。兴利之臣自此始也。(痛悼之言,韵致整炼。)

【注释】饟:与饷同,粮食也。

剧:音及,烦也。

匮:音愧,不足也。

钧驷:天子驾四马,其色宜齐,同言国家贫,天子不能备钧色之四马。

齐民:齐,等也。无有贵贱曰齐民。

为:去声。

更:平声,改也。

轨:法也。不轨,不法也。

稽:贮留也。

踊:音涌,甚也。踊腾,甚贵也。

粜:音跳,出卖也。

贾:音古,贾人,居货卖物者。

衣：去声。

弛：音四，解除也。

律：犹禁也。

度：音夺，亦量也。

赋：收民税也。

封君：受封邑者，谓列侯之属。

汤沐：见前《高祖本纪》。

领：受取也。言封君以下皆以汤沐邑为私奉养，不受取天子之常税，经常也。

漕：音曹，水运谷也。

中都：犹都中也。

荚钱：钱如榆荚，盖小钱也。

铢：音殊，古衡名，十二分为一铢。

埒：音勒，等也。

匈奴：北狄也，汉曰匈奴。

盗：掩取也。

戍：音庶，守边也。

上郡：见前《封禅书》。

徒复作：徒，罪犯也。古者轻罪服赭衣，守边一岁，其不满一岁者复令作役于官，谓之徒复作。

观：音贯，楼观也。

今上：武帝也。

都鄙：小邑曰鄙，大曰都。

廪庾：藏谷之所。庾音愈。

累：上音。

巨万：万万也。累巨万，数万万也。

贯：钱串也。

校：音较，计数也。

陈：久旧也。

阡陌：田中也。

字牝：牝马也。牝音品。

僰：音炳，斥退也。

闾阎：音慮严，里中门也。

长：上声。时无事，吏不数转，至于生长子孙而不转职也。

姓号：如《货殖传》，仓氏、庾氏皆以官为姓号也。

绌：同黜，退黜也，言以行义为先，以耻辱相绌也。

武断：乡曲豪富无官位而以威势主断曲直，曰武断。断音煅。

东瓯：地名，在今浙江永嘉县西南。瓯音欧。

事两越：有事于两越也。两越，南越及闽越。南越，今广东。闽越，今福建。闽音民。

巴蜀：今四川。

罢：同疲。

彭吴：贾人姓名。

马邑：县名，汉置，在今山西旧朔平府。

抏弊：贫耗也。抏，音完，又音玩。

巧法：巧避法律也。

赡：音善，足也。

陵迟：颓废也。

冒：蔽也。

【眉批】上已详开边为致困之由，此段仍从伐胡起，而又加养马一事，针路逼清。

天子为伐胡，盛养马，（特详马乘，亦从伐胡起脉。）马之来食长安者数万匹，（马既仰食。）卒牵掌者（厩牧之卒。）关中不足，乃调旁近郡。（此辈又仰食于上。）而胡降者皆衣食县官，（此一辈又仰食于上。）县官不给，天子乃损膳，解乘舆驷，（亦应"不能具钧驷"处。）出御府禁藏以赡之。

【眉批】言富足，累累百十言不已；今言疲困，亦累累百十言不已。笔力详赡而又疏古，班、范辈所远不及也。

其明年，山东被水菑，（由开边至养马，更加水灾，凡三重耗损。）民多饥乏，于是天子遣使者虚郡国仓廥以振贫民。（倾所蓄以济民也。）犹不足，（逐层写。）又募豪富人相贷假。尚不能相救，乃徙贫民于关以西，及充朔方以南新秦中，（新秦中乃朔方以南建置郡名。）七十余万口，衣食皆仰给县官。（此一辈又仰给于上。）数岁，假予产业，（即后世开垦之意。）使者分部护之，（虑其生变也。）冠盖相望。其费以亿计，不可胜数。

【眉批】以下皆极意侵牟商贾以厚国，故先以富民之横引起。

【眉批】此段著孝武变钱法之制，至为详尽，文亦极古雅，虽讽诵之似难于上口，足以备西京之掌故，故特录之。

于是县官大空，（总勒一笔，"而"字大转身。）而富商大贾或蹛财役贫，（积财利，役使贫民。）转毂百数，废居居邑，（即积货买卖，废者出货于外，居者入货于家。）封君皆低首仰给。冶铸煮盐，财或累万金，而不佐国家之急，（暗递入卜式之线。）黎民重困。于是天子与公卿议，更钱造币以赡用，（铸钱三。至此皆极详。）而摧浮淫并兼之徒。（意在削夺商贾。）是时禁苑有白鹿（造币本旨。）而少府多银锡。（造白金本旨。）自孝文更造四铢钱，（将变钱法，从源流说下来。）至是岁四十余年，从建元（武帝初年。）以来，用少，县官往往即多铜山而铸钱，民亦间盗铸钱，不可胜数。钱益多而轻，物益少而贵。（健句兜得住。）有司言曰：（插入有司之意，为天子占身分处。）"古者皮币，诸侯以聘享。金有三等，黄金为上，白金为中，赤金为下。今半两钱法重四铢，（半两钱之法，其重过于四铢。）而奸或盗摩钱里取镕，（以其质重，故奸民磨削其铜以别铸。）钱益轻薄而物贵，则远方用币烦费不省。"乃以白鹿皮方尺，（以下详志钱币制度。）缘以藻缋，为皮币，直四十万。王侯宗室朝觐聘享，必以皮币荐璧，然后得行。（此第一等重币，惟禁苑所有，利权不得不归于上矣。）

【眉批】此等制度，当考《食货志》以释之，不宜臆为之解。

【眉批】变钱法以握利权，其意勤矣。而利之所在，走死如鹜；而上不能窒其源者，心计短于贾人也。于是卒用贾人以治贾人，而天子亦商贾矣。世变至此，可胜叹哉！

又造银锡为白金。（又为少府所饶。）以为天用莫如龙，地用莫如马，人用莫如龟，（健笔，提得整。）故白金三品：其一曰重八两，圜之，其文龙，名曰"白选"，直三千；（次等重币，皆以银、锡为之，欲抑铜以坏私铸也。）二曰以重差小，方之，其文马，直五百；三曰复小，撱之，其文龟，直三百。令县官销半两钱更铸三铢钱，文如其重。（笔法甚佳。谓"三铢钱"即以三铢为文也。）盗铸诸金钱罪皆死，而吏民之盗铸白金者不可胜数。（白鹿皮虽不可得，而银、锡之饶不能禁其有之也。绝倒之笔。）

于是以东郭咸阳、孔仅为大农丞，（至此不得不用贾人以治贾人矣。）领盐铁事；桑弘羊以计算用事，侍中。（总握利权。为天子榷货耳。）咸阳，齐之大煮盐；孔仅，南阳大冶，皆致生累千金，故郑当时进言之。（出自长者，可惜当时。）弘羊，雒阳贾人子，以心计，年十三侍中。（汉法，初抑商贾最严，后尚不得推择为吏，今乃致位三公矣。）故三人言利事析秋毫矣。

【注释】胡：即匈奴。

降：平声，投降也。

给：足也。

藏：去声。

菑：同灾。

廥：音鬼，刍稾之藏也。

振：救也。
新秦中：地名，秦逐匈奴以收河南地，徙民以实之，谓新秦。
县官：指天子。
亿：音意，十万曰亿。
蹛：同滞，音治，停贮也。
废居：贮蓄之名，有所废有所蓄，言其乘时射利也。
居邑：居贱物于邑中以待贵也。
封君：见前。
仰给：仰给于商贾。
更：平声，改也。
摧：挫折也。
少府：官名，掌山海地泽之税以给供养，为天子之私府。
缘：饰也。
缋：同绘。
直：价值也。
荐：籍也，以皮币承璧也。
重差小：谓八两为重，故差小重六两。
小撱：重四两。撱，音土，狭长也。复小，又小也。
东郭咸阳：东郭，姓；咸阳，名。
大农丞：官名。
侍中：官名，汉以侍中为加官，分掌乘舆服物，与中官俱止禁中。
冶：音也，铸铁也。
致生：招致生产也。
郑当时：武帝时为大司农，弘羊等三人皆当时进言于武帝也。
心计：工于计算也。
析秋毫：毫至秋而至细，言弘羊等三人。言利事，能分析秋毫也。

【眉批】卜式之为人，盖精于心计而坚忍强力之流，范蠡、白圭亚也。小用之则足以富其家，大用之则足以霸其国。许子将所谓"治世之能臣，乱世之奸雄"，正为若辈，勿轻看之。

【眉批】对使者言，句句自道身分，此即抵过一篇"自荐表"也。

【眉批】○是时原有卖爵、赎罪二例，故使者枚举以问。式之意徒欲以奇节高行致位公卿，不欲以赀郎小就，故特创此异想。观下"不愿为郎"句，心事了然，然卒以酬其志，可不谓奸雄矣哉？千古富人中善用财者，吕不韦、卜式两人而已。

天子乃思卜式之言，（前式以家财助边而不求官，为公孙弘所绌，先提明而后倒叙其事，此史家绝顶妙法，自迁创之。）召拜式为中郎，爵左庶长，赐田十顷，布告天下，使明知之。初，卜式者，河南人也，（方入卜式传，第一层。）以田畜为事。亲死，式有少弟，弟壮，（琐叙极洁。）式脱身出分，（字法妙。）独取畜羊百余，（胸有成算。）田宅财物尽予弟。式入山牧十余岁，羊致千余头，（坚忍戮力，实大作用人。）买田宅。而其弟尽破其业，（先欲借弟以自显。）式辄复分予弟者数矣。（难事，"数"字更难。）是时汉方数使将击匈奴，卜式上书，愿输家之半县官助边。（陡然寻出头。）天子使使问式："欲官乎？"式曰："臣少牧，不习仕宦，不愿也。"（亦与"鼎俎"、"饭牛"之对略同，非谦词也。）使问曰："家岂有冤，欲言事乎？"式曰："臣生与人无分争，（安分一。）式邑人贫者贷之，（施德二。）不善者教顺之，（化顽三。）所居人皆从式，（此语几与舜之"三年成都"争身分矣。）式何故见冤于人！无所欲言也。"使者曰："苟如此，子何欲而然？"式曰："天子诛匈奴，愚以为贤者宜死节于边，有财者宜输委，（居然有宰相度，然其尝上益巧矣。）如此而匈奴可灭也。"（此句仍投上之所急，所以入之至深。）使者具其言入以闻。天子以语丞相弘。弘曰："此非人情。不轨之臣，不可以为化而乱法，（弘处此真有大臣之略，与议郭解罪同意，不可看坏。）愿陛下勿许。"于是上久不报式，数岁，乃罢式。（既不报，又留不遣。）式归，复田牧。（好，是其坚忍不可及处。)岁余,会军数出,浑邪王等降,县官费众,仓府空。其明年,(方递入第三层。)贫民大徙,皆仰给县官,无以尽赡。卜式持钱二十万予河南守,以给徙民。(着数绝佳。若此时再上书,则拙矣。)河南上富人助贫人者籍,(式只为此耳,岂尝须臾忘仕宦哉?)天子见卜式名,识之。曰"是固前而欲输其家半助边",(诵之成片,妙。知帝之心醉久矣。)乃赐式外繇四百人。(徭同役也。如今"免丁"之意。)式又复尽予县官。(此只是应着矣,盖自然之势。)是时富豪皆争匿财,唯式尤欲输之助费。(良贾之智,人取我予。)天子于是以式终长者,故尊显以风百姓。(直倒接"乃思卜式之言"一段。)

【眉批】语本无甚奇特,要亦前人唾余,只是言之适当其时,故妙。

【眉批】成皋,天下积粟之区,式以辂漕功第一,故云"将漕最"。最,上考也。

初,式不愿为郎。(心事毕呈。)上曰:"吾有羊上林中,欲令子牧之。"(式之辞郎,必仍以"愿归田牧"为说,故上云云。)式乃拜为郎,布衣屩而牧羊。(意中又有成算。)岁余,羊肥息。上过见其羊,善之。式曰:"非独羊也,治民亦犹是也。(我不知此语式怀之几何时矣!今乃快然出之。)以时起居,恶者辄斥去,毋令败群。"(宦情殷热,于此可见。)上以式为奇,(二次。)拜为缑氏令,试之,缑氏便之。(此是式真才力处。)迁为成皋令,将漕最。上以为式朴忠,(三次。)拜为齐王太傅。(官尊矣,然式意殊未餍。)

齐相卜式上书曰:(不得不又出头。)"臣闻主忧臣辱。南越反,臣愿父子与齐习船者往死之。"(真说得朴忠可爱,词令妙品。)天子下诏曰:(四次。)"卜式虽躬耕牧,不以为利,有余,辄助县官之用。(诏书虽重后截,然必从前叙起,固知上之所感于式者深矣。)今天下不幸有急,而式奋愿父子死之,虽未战,可谓义形于内。(宛转入妙。)赐爵关内侯,金六十斤,田十顷。"(式志已酬。)布告天下,(与前"以风百姓"应。)天下莫应。列侯以百数,皆莫求从军击羌、越。(绝倒。)至酎,少府省金，而列侯坐酎金失侯者百余人。（怒其莫求从军，故假微罪以夺其邑，然则式之结怨于众也，甚矣！）乃拜式为御史大夫。（以赀致位三公者，汉初一人而已。式志至此始毕酬。下乃欲稍自结于民，而即见疏斥。统观其得失之际，不胜感焉。）

【眉批】卜氏逢汉武之恶，始以利进，饰为朴忠；及致位三公，而又欲稍省利权以自媚于百姓。史公特下一语曰"上由是不悦卜式"，盖观其后之所以不悦者，而知其前之所以悦者矣，岂非以利哉！言微而旨显，令读者恍然自悟。所以为良史之笔。

式既在位，见郡国多不便县官作盐铁，铁器苦恶，贾贵，或强令民卖买之。而船有算，商者少，物贵，乃因孔仅言船算事。（船有重税，故民不乐为商，以致货物踊贵，式欲省之。）上由是不悦卜式。（直将前四次爱式一笔反照出来。）

【注释】中郎：官名，掌宿卫侍直，属郎中令。

予：同与。

数：音朔，频也。

县官：指天子言，愿输家产之半于天子也。

语：去声，告也。

弘：公孙弘。

不报：不答也。

浑邪：音混牙，匈奴属王之号。今甘肃旧甘州、肃州为匈奴浑邪王地。

籍：户籍也。

外繇：戍边也。一人出三百钱谓之过更，式岁得十二万也。一说在繇役之外得复除四百人。繇，同徭，役也。

长者：忠厚之称。长，上声。

风：音讽，为榜样与百姓看也。

屩：音脚，又音桥，草履也。

缑斯：见前《封禅书》。

成皋：见前《项羽本纪》。

南越：今广东。

关内侯：言有侯号而居京畿，无国邑也。秦制爵第十九级曰关内侯，汉因之。

酎：音宙，汉诸侯贡金以助祭，名曰酎金。金少色恶，王削县侯免国。

省金：省察列侯所贡金也。

贾：同价。

彊：同强，上声。

算：税也。

【眉批】平准之法创自弘羊，然而以田牧之富输助公家，令天子终不能忘情于富民者，式启之也。史公先详卜式，后及弘羊，而以式与弘羊不相能结。深心卓识，早寓隐忧，岂仅文章绝世哉？

【眉批】千古心计小人所以啖其君者，利也。又善其说曰"民不益赋，而天下用饶"，竟不知此利竟从何出？此语津津为杨炎、刘晏、吕惠卿之徒祖述不休。得温公"天地生财，止有此数，不在官，则在民"一语点破，而其焰稍息。仁人之言，其利溥，学者不可不知也。

元封元年，卜式贬秩为太子太傅。而桑弘羊为治粟都尉，领大农，尽代仅筦天下盐铁。（卜氏未来而桑弘羊先用，及卜式见绌而弘羊益专，世变可观。）弘羊以诸官各自市，相与争，物故腾跃，而天下赋输或不偿其僦费，（僦费即舟车廛市之税。）乃请置大农部丞数十人，分部主郡国，各往往县置均输盐铁官，令远方各以其物贵时商贾所转贩者为赋，而相灌输。置平准于京师，都受天下委输。（盐、铁二物，人所不能一日无。他物则时贵时贱，但就其物贵时即征其赋，以益盐、铁之饶，则盐、铁之利均而他物之赢余亦尽归于上矣。其意如此，所谓"不加赋而用足"，千古小人所以误其君者，皆祖此意也。）召工官治车诸器，皆仰给大农。大农之诸官尽笼天下之货物,贵即卖之,贱则买之。(天子为大贾人矣。)如此,富商大贾无所牟大利,则反本,而万物不得腾踊。(又伪以"重本抑末"、"平价便民"之美名文之。谁为厉阶,至今为梗,可谓浩叹。)故抑天下物,名曰"平准"。天子以为然,许之。(始结"平准"题目。)于是天子北至朔方,(利源既饶,侈心益肆,用"于是"二字,转落有线。)东到太山,巡海上,并北边以归。所过赏赐,用帛百余万匹,钱金以巨万计,皆取足大农。(小人之效如此,千古人主所以甘心而不悟也。)

弘羊又请令吏得入粟补官,及罪人赎罪。(贾人至此方大贵重,万世更不能抑矣。)令民能入粟甘泉各有差,以复终身,不告缗。(以粟之多寡为免徭役之差等,并不与告缗钱之禁令。)他郡国各输急处,而诸农各致粟,山东漕益岁六百万石。(此敖仓也,京师漕辕所集。)一岁之中,太仓、甘泉仓满。(以上细分四款,而总计成效以结之。)边余谷诸物均输帛五百万匹。民不益赋而天下用饶。(此千百计臣衣钵。)于是弘羊赐爵左庶长,黄金再百斤焉。(暗以弘羊之宠逗起卜式,好手法。)

是岁小旱,上令官求雨,(结语之妙,真正独绝千古。)卜式言曰:"县官当食租衣税而已,(此县官称天子也,汉人多有此语。)今弘羊令吏坐市列肆,贩物求利。烹弘羊,天乃雨!"(语快绝矣,出卜式之口更快。)

【注释】元封:武帝年号。

秩:职也。

治粟都尉:官名。

大农:官名,本名治粟内史。景帝更名大农令,武帝更名大司农。

笼:同管。

僦:酒去声。僦费,言所输物不足偿其雇载之费也。

牟:音谋,取也。

抑:平其价也。

甘泉：宫名。

差：音雌，等级也。

复：免役也。

缗：音民，武帝时初算缗钱，谓今民各以物自占，值缗钱若干而出一算也。缗者，贯钱之丝，古谓一贯曰一缗。

输急处：谓他郡能入粟输所在急要之处也。

太仓：京师仓也。

左庶长：汉爵，一级曰公士，二上造，三簪袅，四不更，五大夫，六官大夫，七公大夫，八公乘，九五大夫，十左庶长，十一右庶长，十二左更，十三中更，十四右更，十五少上造，十六大上造，十七驷车庶长，十八大庶长，十九关内侯，二十彻侯。本皆秦制，汉因之。长，上声。

列肆：陈设买卖之物也。

【眉批】历叙夏、商以来利源之所以渐开，利权之所以渐并，如掌上螺纹，精细可数。人但知史公之疏宕奇横处，而不知其缜密之妙有非后人所能梦见者。

【眉批】文章最妙在相间处，一段胪陈，一番淡宕，文之为道毕矣。

太史公曰：农工商交易之路通，（闲闲叙起，是史家文体。）而龟贝金钱刀布之币兴焉。所从来久远，自高辛氏之前尚矣，靡得而记云。故《书》道唐虞之际，《诗》述殷周之世，安宁则长庠序，先本绌末，以礼义防于利；事变多故而亦反是。（安宁即无事。无事者，不好大喜功、自寻事做也，并不谓世运治乱。此中多少回互，须看笔锋所向处。）是以物盛则衰，时极而转，一质一文，终始之变也。（"质"、"文"二字，只借以代"安宁"、"多故"用耳。）《禹贡》九州，各因其土地所宜、人民所多少而纳职焉。（禹之于利，全非网罗天下。）汤武承弊易变，使民不倦，各兢兢所以为治，而稍陵迟衰微。（殷、周盛时与季世，即有升降不同。）齐桓公用管仲之谋，通轻重之权，徼山海之业，以朝诸侯，用区区之齐显成霸名。魏用李克，尽地力，为强君。（齐、魏富强，实擂克之所由开。然一则业山海，一则尽地力，犹未尝巧法诛求百姓。）自是之后，天下争于战国，贵诈力而贱仁义，先富有而后推让。故庶人之富者或累巨万，而贫者或不厌糟糠；有国强者或并群小以臣诸侯，而弱国或绝祀而灭世。以至于秦，卒并海内。（此段承上，极言其相推相激之势，而终之以秦并海内，言其利之尽归一家，自此始也。文势激宕之甚。）虞夏之币，金为三品，或黄，或白，或赤；或钱，或布，或刀，或龟贝。（以上又只就金币上胪列一番，是文章缓势。）及至秦，中一国之币为二等，（指秦并海内，但言秦而不及汉，手法都好。）黄金以镒名，为上币；铜钱识曰半两，重如其文，（所铸之款式也。识，音志。）为下币。而珠玉、龟贝、银锡之属为器饰宝藏，不为币。然各随时而轻重无常。于是外攘夷狄，内兴功业，（此正言武帝，却不提出，妙。）海内之士力耕不足粮饷，女子纺绩不足衣服。（极言其流弊困苦之状，正为本书"烹弘羊"一语，作爰书耳，却更以宕笔淡淡收之，妙绝。）古者常竭天下之资财以奉其上，犹自以为不足也。无异故云，事势之流，相激使然，曷足怪焉。（遥应"一质一文，终始之变"意。）

【注释】龟币金钱刀布：钱本名泉，言货之流如泉也。布泉者，言货流布。《食货志》布长二寸五分，首长八分，足枝长八分。刀者钱也。《食货志》有契刀，错刀。契刀长二寸，直五百，错刀以黄金错，直五千。以其形如刀，故曰刀。又古者货贝宝龟，食货志，有十朋五贝，皆用为货贝，各有多少。两贝为朋，故直二百一十六元。龟十朋，故直两千一百六十，已下各有差也。

高辛：帝喾高辛氏。

靡：音米，无也。

长：上声，犹重也。

本：农也。

末：商贾也。

职：贡也。

兢兢：音谨，小心也。

轻重：管子有轻重之法。

徼：音矫，求也。

李克：即李悝事魏文侯，作尽地力之教，又创平籴法，行之魏国，国已富强。

厌：同餍，饱也。

镒：音益，二十四两为镒也。

攘：音让，击也。

无异：不以为怪也。

激：音急，阻遏水势，使奋跃也，即所谓反动力也。

越世家

【解题】谓之世家者,取开国承家,世世相续不绝之意。

【眉批】陆中翰義驳谓:吴杀子胥,赐以鸱夷而投之江。范蠡功成之后,亦取鸱夷自号,盖居安思危,借子胥以自惕也。两人才力伯仲之间,幸则为少伯,不幸则为子胥,其得免于鸱夷之沉,亦几希耳。按:此解殊妙,附录之。

范蠡事越王勾践,既苦身戮力,(早伏长男"见苦,为生难"。)与勾践深谋二十余年,(伏欲遣少子之本领。)竟灭吴,报会稽之耻,北渡兵于淮以临齐、晋,号令中国,以尊周室,勾践以霸,而范蠡称上将军。还反国,范蠡以为大名之下,难以久居,(又伏"三徙成名"。)且勾践为人可与同患,难与处安,为书辞勾践曰:"臣闻主忧臣劳,主辱臣死。昔者君王辱于会稽,所以不死,为此事也。今既以雪耻,臣请从会稽之诛。"(巧于立说。)勾践曰:"孤将与子分国而有之。不然,将加诛于子。"(语便不情。)范蠡曰:"君行令,臣行意。"(六字可为忠经总持。)乃装其轻宝珠玉,自与其私徒属(致富之本,自不可少,总不肯便歇手。)乘舟浮海以行,终不反。于是勾践表会稽山以为范蠡奉邑。(落得体面。)

【眉批】范蠡既"以为大名之下,难以久居",又云"久受尊名不祥",而终不肯一丘一壑遗老终年。舍富而更求富,避名而别成名,是何其好劳而恶逸,知散而仍不忘聚耶!岂真其才有余,终难静息,如千里之骥,不行则病,白泽之兽,得球乃乐,故为是纷纷者耶?呜呼!吾不得而知之矣。

范蠡浮海出齐,变姓名,自谓鸱夷子皮,耕于海畔,苦身戮力,父子治产。(仍用此四字,妙。此是明伏线索。)居无几何,致产数千万。(何苦纷纷为?)齐人闻其贤,以为相。范蠡喟然叹曰:"居家则致千金,居官则至卿相,此布衣之极也。久受尊名,不祥。"(再伏"名"字。)乃归相印,尽散其财,以分与知交乡党,而怀其重宝,(又不肯歇手。)间行以去,止于陶,以为此天下之中,交易有无之路通,为生可以致富矣。(何苦复纷纷为?)于是自谓陶朱公。复约要父子耕畜,废居,候时转物,逐什一之利。居无何,则致赀累巨万。天下称陶朱公。(偏又受尊名。)

【眉批】此段借以发明篇首"深谋"影子耳,非闲说也。

朱公居陶,生少子。(点清生之时,明划。)少子及壮,而朱公中男杀人,囚于楚。朱公曰:"杀人而死,职也。然吾闻千金之子不死于市。"(富翁托大口气,亦肖。)告其少子往视之。乃装黄金千镒,置褐器中,载以一牛车。且遣其少子,朱公长男固请欲行,朱公不听。长男曰:"家有长子曰'家督'。(自负不小,正恐其少弟之浪费财物耳。)今弟有罪,大人不遣,乃遣少弟,是吾不肖。"(自负能肖其父。是一腔同力作苦心田中泻出。)欲自杀。其母为言曰:"今遣少子,未必能生中子也,而先空亡长男,奈何?"朱公不得已而遣长子。(一片苦心,知中男之命尽矣。)为一封书,遗故所善庄生,曰:"至则进千金于庄生所,听其所为,慎无与争事。"(诫之未尝不极明白。)长男既行,亦自私赍数百金。

至楚,(此念虽急于为弟,然已不甚信其父之言矣。是蠢物自命跨灶心肠。)庄生家负郭,披藜藋到门,居甚贫。然长男发书进千金,如其父言。(上二句从长男眼中看出,此一"然"字从长男意中写出。)庄生曰:"可疾去矣,慎无留!即弟出,勿问所以然。"(庄生诫之又未尝不明。)长男既去,不过庄生而私留。以其私赍献遗楚国贵人用事者。(不但视庄生如无人,并亦视其父如老瞆不晓事矣。)

【眉批】此段用带叙带议论笔法,开后人无限法门。韩、欧四家多摹仿之。

庄生虽居穷阎,然以廉直闻于国,自楚王以下皆师尊之。(提法精采。)及朱公进金,非有意受也,欲以成事后复归之以为信耳。故金至,谓其妇曰:(一笔随手补家中事,敏甚。)"此朱公之金。有如病不宿诫,后复归,勿动。"(言苟卒然不讳,亦必归之。)而朱公长男不知其意,以为殊无短长也。(笔力纵送如意。)

【眉批】从封钱府蹴起奇文,固为庄生反覆之案。然即使突然下赦令,而中男得生,吾知朱公"家督"其人者,亦必向庄生索还故物,终必死其弟而后已也。若仅以为封钱误之,则拙矣。

庄生见间时入见楚王,言某星宿某,此则害于楚。楚王素信庄生,曰:"今为奈何?"庄生曰:"独以德为可以除之。"楚王曰:"生休矣,寡人将行之。"王乃使使者封三钱之府。(蹴起奇波。)楚贵人惊告朱公长男曰:(意外之喜,可以坐受私赏。一"惊"字描尽。)"王且赦。"曰:"何以也?"曰:"每王且赦,常封三钱之府。(数百金私赏,博得报一虚信,可怜。)昨暮,王使使封之。"朱公长男以为赦,弟固当出也。(彻夜无眠,辘轳打算可知。)重千金虚弃庄生,无所为也,乃复见庄生。(顾不得面目可憎矣!)庄生惊曰:"若不去邪?"长男曰:"固未也。初为事弟,弟今议自赦,故辞生去。"(索钱巧说,酷肖富贵人儿。)庄生知其意欲复得其金,曰:"若自入室取金。"长男即自入室取金持去,(真老辣。)独自欢幸。(呆得可怜,此时又打算回家奚落其父,夸耀其救弟许多见识,可知。)

【眉批】庄生不过谿刻之士,矫节立名之流,难以圣贤之事期之。田光以燕太子一言之陋,搤腕自到,以为长者为行不使人疑,况以廉直闻于国之人,无端为儿子所嗤薄,其能忍乎?且杀人者死,中男本有当死之罪,亦非庄生以私憾戮之。想庄生之为人,好示恢奇以为节侠,非可谬以情恳者,故朱公以千金之掷,勿问所为笔之。若可直告以情,则无事纷纷矣。

庄生羞为儿子所卖,乃入见楚王曰:"臣前言某星事,王言欲修德以报之。今臣出,道路皆言陶之富人朱公之子杀人,囚楚,其家多持金钱赂王左右,故王非能恤楚国而赦,(此是真话,不觉自己说出。)乃以朱公子故也。"楚王大怒曰:"寡人虽不德耳,奈何以朱公之子故而施惠乎!"令论杀朱公子。明日,遂下赦令。朱公长男竟持其弟丧归。(此时独自欢幸否?仍欲自杀否?)

至，其母及邑人尽哀之，唯朱公独笑，曰："吾固知必杀其弟也。（竟坐以杀弟之罪，妙。）彼非不爱其弟，顾有所不能忍者也。（此种膏肓，本非教诲可革。）是少与我俱，见苦，为生难，故重弃财。（然朱公又每乐为其苦，且难者何也？）至如少弟者，生而见我富，乘坚驱良，逐狡兔，岂知财所从来，故轻弃之，非所惜吝。前日吾所为欲遣少子，固为其能弃财故也。（问当时何不早说明，若早说明，则长男又必自负。当弃则弃，自有机宜矣。盖膏肓难砭故也。）而长者不能，卒以杀其弟，（再言之，愈妙。）事之理也，无足悲者。吾日夜固以望其丧之来也。"（前不得已，苦心竟说出在此。）

故范蠡三徙，成名于天下，（此一"故"字统承，能取能弃，不执一途。）非苟去而已，所止必成名。（重言之，归重"名"字。）卒老死于陶，故世传曰陶朱公。

【注释】蠡：音离。

戮力：尽力也。

雪耻：复仇也。

徒属：犹言眷属。

表：立石为表记也。

奉：同俸。

鸱夷：革囊也，所以盛酒者。鸱音雌。

无几何：不多时也。

喟：音悔，叹声。

间行：微行也。间，去声。

陶：即定陶，今属山东济宁道。

要：平声，犹约也。

废居：见前《平准书》。

赀：音资，财也。

中：音仲。

褐器：盛褐之器，盖衣笥也。褐音曷。

家督：长子督理家事，故曰家督。

遗：音愧，投赠也。

所：处所也。

负郭：背郭也。

穷阎：犹言穷巷。

不宿诫：周官世妇，掌女宫之宿戒。注：宿戒当给事，谓豫告之也。戒，同诫。此云"不宿戒"，谓万一有病而死，不能与共枕席，亦必还金也。

无短长：犹言无能为力。

见间时：见有间隙可乘之时。

星宿：音秀。

德：施恩也。

休：休息也。

三钱：虞夏商周，金币三等：或赤，或白，或黄。黄为上币，铜钱为下币。

且：将也。

为：去声。

若：汝也。

事弟：犹言为弟事。

论：论其罪也。

坚：车也。

良：马也。

狡：音绞，兔最狡猾，故曰狡兔。

徙：音细，迁也。

总评：以陶朱公家务终《越世家》，有味哉其言之也！夫天下未有不能弃而可遂其欲得之情者也。当日槜李（地名，越败吴于槜李。槜，音醉。）连兵，夫椒（山名，吴王夫差败越于此。）再举，其一片雄心，早已吞姑苏而笼泗上矣。乃其苦心焦思，非但不敢觑（音戏，窥伺也。）于吴，而并不敢有其越。非但不敢有其国，而并不敢有其身与其子若女。此能弃之极也。弃之极，而后所取者乃百千倍于向之所失，而不啻操左券以责之偿耳。朱公长男，少有悋（同吝，鄙吝也。）惜，不惟杀一弟，而并乾没（据他人之物为己有也。）私赍（音嗟，送也。）之数百金，庸奴诚败乃公事。使越用斯人，其亡久矣。此附传之微意也。

陈涉世家

【眉批】伏此一段，为篇末陈王故人生色。

【眉批】鸿鹄是一鸟，若凤凰，然非鸿雁与黄鹄也。

陈胜者，阳城人也，字涉。吴广者，阳夏人也，字叔。（二人并提，与他处合传不同。）陈涉少时，尝与人佣耕，辍耕之垄上，怅恨久之，曰："苟富贵，毋相忘。"（国家无事之日而有此等田间怅恨之人，大是可忧。收罗豪杰者不可不知。）佣者笑而应曰："若为佣耕，何富贵也？"陈涉太息曰："嗟乎！燕雀安知鸿鹄之志哉！"（怅恨太息，只是一副语。）

【眉批】曰"不当立"，曰"数有功，爱士卒"，则未尝不依附于纲常勋德之间也。曰"多闻其贤"，曰"楚人怜之"，则未尝不深识夫人心向背而众志成城之效也。草间有如此人，宜其辍耕太息矣。

【眉批】鱼腹、狐鸣等事，看似儿戏，而人心煽惑，不可复回。正以举事之初，恐众心疑惧，聊藉此以镇定之。虽以胜、广之草泽经纬，然亦未尝真恃此也。而后世处丰豫之朝，为方士所惑，天书、玄象、白鹿、灵龟，无非假造而成者，而世主方侗然以为长生可冀，甘心不辞，是其识乃出胜、广之下矣，亦独何哉？

二世元年七月，发闾左適戍渔阳，九百人屯大泽乡。陈胜、吴广皆次当行，为屯长。会天大雨，道不通，度已失期。失期，法当斩。（驱之于不得不反。）陈胜、吴广乃谋曰：（合叙。）"今亡亦死，举大计亦死，等死，死国可乎！"（连下四"死"字，此时固不求生也。）陈胜曰："天下苦秦久矣。吾闻二世少子也，不当立，当立者乃公子扶苏。（数用"吾闻"、"或闻"、"或以为"等字，极肖草泽人口吻。）扶苏以数谏故，上使外将兵，今或闻无罪，二世杀之。百姓多闻其贤，未知其死也。（亦颇为经纬，非莽夫奋不顾身之比也。）项燕为楚将，数有功，爱士卒，楚人怜之。或以为死，或以为亡。今诚以吾众，诈自称公子扶苏、项燕，为天下唱，宜多应者。"（臆度得妙。）吴广以为然。乃行卜。卜者知其指意，曰："足下事皆成，有功。然足下卜之鬼乎！"（此令其假托鬼神，旧注非是。）陈胜、吴广喜，念鬼，曰：（摹神。）"此教我先威众耳。"乃丹书帛曰"陈胜王"，置人所罾鱼腹中。卒买鱼烹食，得鱼腹中书，固以怪之矣。（著此一句，便活。）又间令吴广之次所旁丛祠中，（谓屯次之近旁。）夜篝火，狐鸣呼曰："大楚兴，陈胜王"。卒皆夜惊恐。且日，卒中往往语，皆指目陈胜。（画出情景。）

吴广素爱人，（上段以胜为主，此段以广为主。）士卒多为用者。将尉醉，广故数言欲亡，忿恚尉，令辱之，以激怒其众。尉果笞广。尉剑挺，（即"挺剑"，倒字法。）广起，夺而杀尉。陈胜佐之，并杀两尉。召令徒属曰："公等遇雨，皆已失期，失期当斩。藉第令无斩，而戍死者固十六七。（语不多，而宛转入情，足以感人。）且壮士不死则已，死即举大名耳。（偏不云"死则已"，而云"不死则已"，皆自分必死之语，盖此时首难之危，固间不容发矣。）王侯将相宁有种乎！"徒属皆曰："敬受命。"乃诈称公子扶苏、项燕，从民欲也。（断一句，妙。）袒右，称大楚。为坛而盟，祭以尉首。陈胜自立为将军，吴广为都尉。（笔气至此少驻。）攻大泽乡，收而攻蕲。（并收一乡之豪。）蕲下，乃令符离人葛婴将兵徇蕲以东，攻铚、酂、苦、柘、谯，皆下之。行收兵。比至陈，车六七百乘，骑千余，卒数万人。攻陈，（先总收一笔，则知陈胜之为王，军容如此而已。）陈守令皆不在，（草草得好。）独守丞与战谯门中。弗胜，守丞死，乃入据陈。数日，号令召三老、豪杰与皆来会计事。（便要称号矣。胜、广之器已满。）三老、豪杰皆曰："将军身被坚执锐，伐无道，诛暴秦，复立楚国之社稷，功宜为王。"陈涉乃立为王，号为张楚。（言欲张大楚国，杜撰得奇。）当此时，诸郡县苦秦吏者，皆刑其长吏，杀之以应陈涉。（提起许多人，在此句内。）

【注释】阳城：县名，汉置，在今河南登封县东南。

阳夏：县名，汉置，在今河南太康县。

佣：音庸，为人作工取值也。

辍：音尺，止也。

垄：同陇，田中高处也。

太息：叹声也。

鸿鹄：是一鸟，若凤凰然，非鸿雁与黄鹄也。

二世：秦二世。

闾左：闾里之左也。秦时复除者居闾左，令力役。凡在闾左者，尽发之也。一云凡居以富强为右，贫弱为左。秦役戍多富者，役尽，兼取贫弱者而发之也。

適戍：音的庶，屯兵而守也。

渔阳：秦郡名，统今京兆东部。

屯：音豚，聚也。

为屯长：为一屯之长也。长，上声。

度：入声，料也。

亡：逃亡也。

大计：大事也。

死国：为欲得国而死也。

数：音朔，频也。

项燕：为秦将王翦所戮。

行卜：往卜也。

鬼：欲其假托鬼神以威众也。

丹书帛：以丹写字于帛也。

罾：音曾，网也。

卒：戍卒也。

间：伺窃间隙，不欲令人知之也。

丛祠：神祠之有林木修茂者。丛音戎。

篝：音沟，笼也。

旦日：明日也。

将尉：尉官也。汉旧仪大县三人，其尉将屯九百人，故云将尉。

恚：音对，恨也。

笞：音雌，鞭责也。

挺：犹拔也。

藉第：假使也。

大名：谓大名称也。

袒：音但。袒右，露右臂也。

蕲：音祈，地名，在沛郡。

下：降也。

符离：县名，秦置，在今安徽宿县。

铚、酂、苦、柘、谯：五县名，皆在沛。铚音室。酂音磋。柘音则。谯音谯。

行：往也。

陈：今河南淮阳县地。

守令：守陈之县令。下守丞，亦谓守陈之县丞。

谯门：城门，一名丽谯，故曰谯门。

三老：乡官，掌教化。

计事：议事也。

长吏：大吏也。长，上声。

【眉批】汉初，将相王侯多其侧微，其草野倨侮，应不减此。而独于涉传详之，一以应"怅恨"之时而自为摹写，一以见陈涉甫得一隅之地而惟以宫殿帷帐夸耀庸奴，惜其无远大之图，故忽焉殒灭也。

陈胜王凡六月。已为王，王陈。其故人尝与佣耕者闻之，之陈。扣宫门曰："吾欲见涉。"（野率得妙。）宫门令欲缚之。自辩数，乃置，（言自辩多详，乃舍之。）不肯为通。陈王出，遮道而呼涉。陈王闻之，乃召见，载与俱归，（非欲推恩旧交，其意不过与"富贵无相忘"一语照应，欲故人之震服欣美而已。）入宫，见殿屋帷帐，客曰："夥颐！涉之为王沉沉者！"楚人谓多为伙，故天下传之，伙涉为王，由陈涉始。（当时方言调笑之词，必有以"伙涉"二字代"王"字者，故云尔。）客出入愈益发舒，言陈王故情。或说陈王曰："客愚无知，颛妄言，轻威。"陈王斩之。（盖斩一客，非斩说者也。涉器久满，遂无一可观。）诸陈王故人皆自引去，由是无亲陈王者。陈王以朱房为中正，胡武为司过，主司群臣。诸将徇地，至，令之不是者，系而罪之，以苛察为忠。其所不善者，弗下吏，辄自治之。陈王信用之。（为陈王出脱，终是惋惜意多。）诸将以其故不亲附。此其所以败也。陈胜虽已死，其所置遣侯王将相竟亡秦，由涉首事也。（发明所以立"世家"之意。）高祖时，为陈涉置守冢三十家砀，至今血食。（此所以称"世家"。）

【注释】之陈：之，到也。

遮：拦截也。

伙颐：伙，音火，多也。颐，助声之词。

沉沉：宫室深邃貌。沉音层。

故情：旧事也。

颛：同专。

轻威：减轻威严也。

引去：相引而去也。

中正、司过：并涉所置官名。

不是：不遵行也。

下吏：付狱吏也。

砀：音荡，县名，秦置，今属江苏徐海道。

血食：用牲祭也。

总评：涉之佣耕陇上，与泗上亭长（谓高祖。）亦复何远？然高祖以沛公起事，至还定三秦（地名，项羽三分关中。王秦降将章邯为雍王，王咸阳以西。司马欣为塞王，王咸阳以东至河。董翳为翟王，王上郡。是为三秦。)之后，犹守项羽故封，此其器识宏远。虽复绵蕞仪成，(叔孙通起朝仪，特为绵蕞，野外习之。绵蕞为绳立表为蕞也。蕞，音促。)搏髀(音卜，被拍股也。)而谨(同欢)，知为皇帝之贵，而初未尝妄欲自尊也。陈涉甫得数县之偏陲，(音垂，边地也。)而三老称功，居然南面。(称王也。)盖蹄涔之量，(《庄子》牛蹄之涔。言水小，仅容牛蹄，喻量小也。涔，音岑。)洞酌已盈，(《诗》大雅，洞酌彼行潦，言行潦之水无多，亦以水小喻量小也。洞，音迥。)更无一毫展布，则夥涉沉沉亦徒饱佣奴之饿眼耳，曷足贵乎！惟为群雄倡首，史公故特立"世家"。以余论之：陈王家且无存，何有于世？岂以庚桑畏垒，(《庄子》："有庚桑楚者，北居畏垒之山。三年，畏垒大穰，畏垒之民，俎豆祠。")俎豆芒砀，(山名。)遂为此带砺永宁(封盟之誓曰：使河如带，泰山若砺，国以永宁。)之特笔乎？项羽可以"本纪"，陈涉可以"世家"，毕竟史公好奇之过也。

外戚世家

【眉批】《外戚传序》拈出"命"字作全传眼目,故各篇中凡写遭逢失意处,俱隐隐有"命"字在内。

【眉批】叙次最明划,而绝无一毫支蔓,此等文必尝为之而始知其难,知其难而后服其妙也。

【眉批】《外戚传》虽为后之昆弟而立,然必以皇后为主,但文字若无出色处。史公往往用略其大而详其细、实处虚而虚处实之法。如《窦太后传》,大节目只是生女嫖及两男,并爱立等事,以数行毕之,却就广国见后处写得浓至动人,则全篇皆极灵警,所谓射雕巧手也。

窦太后,赵之清河观津人也。吕太后时,窦姬以良家子入宫侍太后。太后出宫人以赐诸王,各五人,窦姬与在行中。窦姬家在清河,欲如赵近家,请其主遣宦者吏:"必置我籍赵之伍中。"宦者忘之,误置其籍代伍中。(求此而得彼,因失意而致遭逢,著不得一毫人力,是以谓之命也。)籍奏,诏可,当行。窦姬涕泣,怨其宦者,不欲往,相强,乃肯行。(极力反跌。)至代,代王幸窦姬,(文字生动。)生女嫖,后生两男。(总叙法。)而代王王后生四男。(夹叙法。)先,代王未入立为帝,而王后卒。(命也。)后,代王立为帝,而王后所生四男更病死。(命也。)孝文帝(即代王。)立数月,公卿请立太子,而窦姬长男最长,(分叙法。)立为太子。立窦姬为皇后,女嫖为长公主。其明年,立少子武为代王,已而又徙梁,是为梁孝王。

窦皇后亲早卒,葬观津。(以此段引起下段。)于是薄太后乃诏有司,追尊窦后父为安成侯,母曰安成夫人。令清河置园邑二百家,长丞奉守,比灵文园法。(薄太后亲。)

窦皇后兄窦长君,弟曰窦广国,字少君。(总提两人,即卸去长君。)少君年四五岁时,家贫,为人所略卖,其家不知其处。传十余家,至宜阳，为其主入山作炭，寒卧岸下百余人，岸崩，尽压杀卧者，少君独得脱，不死。自卜数日当为侯，（以独全自负，故卜。）从其家之长安。（主家。）闻窦皇后新立，家在观津，姓窦氏。（七字从少君耳中听出。）广国去时虽小，识其县名及姓，（自注。）又常与其姊采桑堕，用为符信，（先著一句，后又另生他验。文法随手变化。）上书自陈。窦皇后言之于文帝，召见，问之，具言其故，（先暗应"采桑堕"。）果是。又复问他何以为验？对曰："姊去我时，与我决于传舍中，丐沐沐我，请食饭我，乃去。"（娓娓入情，自堪逅泪。）于是窦后持之而泣，泣涕交横下。（如亲见当日姊弟相泣光景。入神之笔。）侍御左右皆伏地泣，助皇后悲哀。乃厚赐田宅金钱，封公昆弟，家于长安。

绛侯、灌将军等曰："吾属不死，命乃且县此两人。（借功臣口，反形出当时薰灼之极来。）两人所出微，不可不为择师傅、宾客，（有大臣识见。）又复效吕氏大事也。"于是乃选长者士之有节行者与居。窦长君、少君由此为退让君子，（收得妙。）不敢以尊贵骄人。

【注释】窦太后：景帝母。

清河观津：赵地，在今直隶武邑县东南。

与：去声，同也。

主遣宦者吏：谓宦者为吏，而主发遣宫人者也。

籍：名簿也。

伍：犹列也。

代：汉国名，即今山西代县地。

代王：即文帝。

嫖：音飘。

更：音庚，互也。

薄太后：文帝母。

长丞：县长及县丞也。

奉守：奉祭祀，守冢墓也。

灵文园：文帝时，追尊薄太后父为灵文侯，于会稽郡置园邑三百家。

略卖：略取他人子女出卖，以营利也。

宜阳：今为县，属河南河洛道。

主：主人也。

崩：音绷，坏也。

之：到也。

识：音志，记也。

决：别也。

传舍：客馆也。传，去声。

沐沐：上沐字水也，下涤也。

食：音嗣，饭也。

饭：上声，以食饲人也。

灌将军：名婴。

县：同悬，系也。

微：贱也。

吕氏大事：谓诸吕谋叛事。

行：去声。

【眉批】窦氏以退让称，卫氏以军功显，此外戚中之最皎皎者，故特加意描写，今故只录此两传。

【眉批】"盖其家号曰卫氏"，因其自号者而传之。其实生种至微，不可得而考也。后又云"卫皇后所谓姊卫少儿"，亦子夫自谓云云，其实支系鄙污，是姊非姊，均不可知也。马迁临文弄笔，颇著其丑，殆亦刺武帝之黩夫妇之伦而进娼优之贱乎！至其篇末，于卫、霍功名，独连书"军功"字样，可谓克自振拔，而不乞灵于椒房者矣。抑扬予夺，均有微词，宜王允以"谤书"目之也。

卫皇后，字子夫，生微矣。盖其家号曰卫氏，（笔头轻薄之甚，然文致绝佳。）出平阳侯邑。（曹参所封之国。曹时尚平阳主。）子夫为平阳主讴者。武帝初即位，数岁无子。平阳主求诸良家子女十余人，（子夫偏不在良家中，妙。）饰置家。武帝祓霸上还，因过平阳主。主见所侍美人，上弗悦。既饮，讴者进，上望见，独悦卫子夫。（命也。）是日，武帝起更衣，子夫侍尚衣轩中，（叙得热闹。）得幸。上还坐，驩甚，赐平阳主金千斤。主因奏子夫奉送入宫。子夫上车，平阳主拊其背曰："行矣，强饭，勉之！即贵，无相忘。"（写儿女情怀，绝有憨态。）入宫岁余，竟不复幸。（忽淡忽浓，皆命使之耳。）武帝择宫人不中用者，斥出归之。卫子夫得见，涕泣请出。上怜之，得幸，遂有身，尊宠日隆。召其兄卫长君、弟青为侍中。而子夫后大幸，有宠，（加倍渲染。）凡生三女一男，男名据。

初，上为太子时，（原叙法。）娶长公主女为妃。立为帝，妃立为皇后，姓陈氏，无子。（命也。）上之得为嗣，大长公主有力焉，（旁叙法。）以故陈皇后骄贵。闻卫子夫大幸，恚，几死者数矣。上愈怒。陈皇后挟妇人媚道，其事颇觉，（挟媚道而不能得主，此其道诬矣。正是欲加之罪，何患无辞耳。）于是废陈皇后，而立卫子夫为皇后。

陈皇后母大长公主，景帝姊也，（亦旁叙法。）数让武帝姊平阳公主（后半转折甚多，叙来只是一线穿下，故奇。）曰："帝非我不得立，已而弃捐吾女，壹何不自喜而倍本乎！"（"自喜"犹云"岂不以得立为天子自幸，而乃忘我之力乎"！）平阳公主曰："用无子故废耳。"陈皇后求子，与医钱（连绵生下，文情如环。）凡九千万，然竟无子。（命也。）

【眉批】卫长君前后只一点，然亦不肯漏略。史公文字之密如此。

卫子夫以立为皇后，（遥接。）先是，卫长君死，乃以卫青为将军，击胡有功，（为外戚生色。）封为长平侯。青三子在襁褓中，皆封为列侯。及卫皇后所谓姊卫少儿，（与篇首"盖其家号曰"句相应。）少儿生子霍去病，以军功封冠军侯，（大书特写。）号骠骑将军。青号大将军。立卫皇后子据为太子。卫氏枝属以军功起家，五人为侯。（不一书，皆所以深予之也。）

【注释】卫皇后：武帝后。

卫氏：卫青传云：父郑季为吏给事平阳侯家，与侯妾卫媪通，生青，故冒卫氏。

平阳侯：平阳侯曹时，尚平阳公主。

平阳主：平阳公主。

讴者：歌者。讴音欧。

饰置家：妆饰其体貌，置诸家中也。

祓：音弗，三月上巳，临水祓除谓之禊。

更衣：如厕也。更，平声。

尚衣轩中：藏衣服之所。

驩：同欢。

拊：音抚，拍也。

有身：怀孕也。

恚：音对，恨也。

让：责也。

壹：语词，同抑。

倍：同背。

用：因也。

以立：因此得立也。

先是：犹先时也。

襁褓：小儿衣也。襁，音强，上声。

齐王世家

【眉批】朱虚侯立意甚善，而行法斩亡酒之人，作歌示非种之去，迹其所为，亦异于危行言孙者之旨矣。少年将种，负气自强，适有天幸，实非谋国之全策也。

朱虚侯年二十，有气力，忿刘氏不得职。尝入侍高后燕饮，（用家人礼为燕私之饮。）高后令朱虚侯刘章为酒吏。（使治觞政。）章自请曰："臣，将种也，请得以军法行酒。"（语有英气，然只谓借军法为酒令耳，含糊得妙。）高后曰："可。"酒酣，章进饮歌舞。已而曰："请为太后言耕田歌。"（刚果杂以俳笑，使人不觉。）高后儿子畜之，笑曰："顾而父知田耳！（亦调笑奚落之。）若生而为王子，安知田乎？"章曰："臣知之。"太后曰："试为我言田。"章曰："深耕穊种，立苗欲疏，非其种者，锄而去之。"（冷讥热讽，吕雉忸怩。）吕后默然。顷之，诸吕有一人醉，亡酒，章追，拔剑斩之而还报曰："有亡酒一人，臣谨行法斩之。"（正与孙武斩队长一样辣手。）太后左右皆大惊，业已许其军法，无以罪也。因罢。自是之后，诸吕惮朱虚侯，虽大臣皆依朱虚侯，（以一番觞政为反正之基，奇事。）刘氏为益强。

【眉批】篇首连叙三事，事事有曲折，看其无处不写到。笔随事曲，事随笔显，真奇绝之文。○女子小人，交关于宫壸帏薄之间，岂有不贻祸于国家者哉！纪太后，汉太后不过以爱希恩；纪翁主，修成君，乃至以非种奸法。又加以徐甲之妄诞，主父偃之贪鄙险忮，而朱虚力创之业不祀忽诸，有国家者何可不深鉴也。

齐厉王，其母曰纪太后。太后取其弟纪氏女为厉王后。王不爱纪氏女。太后欲其家重宠，（只一点私意，酿成大祸。）令其长女纪翁主入王宫，正其后宫，（处分甚奇。）无令得近王，欲令爱纪氏女。王因与其姊翁主奸。（点出"其姊"二字，便了然。）

齐有宦者徐甲，入事汉皇太后。皇太后有爱女曰修成君。修成君非刘氏，（曲而显。）太后怜之。修成君有女名娥，太后欲嫁之于诸侯，宦者甲乃请使齐，必令王上书请娥。（徐甲欲怙宠，又是一重公案。甲盖知纪氏女失宠，欲以皇太后势成之。）皇太后喜，使甲之齐。是时，齐人主父偃知甲之使齐以取后事，（长句劲甚。）亦因谓甲："即事成，幸言偃女愿得充王后宫。"（主父偃欲联姻贵戚，又一重公案。）甲既至齐，风以此事。（写得有情态。）纪太后大怒，曰："王有后，后宫俱备。且甲，齐贫人，急乃为宦者，入事汉，无补益，乃欲乱吾王家！（其言亦风利近正。）且主父偃何为者？乃欲以女充后宫！"（诘得好，声态俱厉。）徐甲大穷，还报皇太后曰："王已愿尚娥，然有一害，恐如燕王。"（隐隐逼出翁主一案。小人可畏。）燕王者，与其子昆弟奸，（注得自然，无痕迹。）新坐以死，亡国，故以燕感太后。太后曰："无复言嫁女齐事。"事浸寻不得闻于天子。（收科亦淡得有致。）主父偃由此亦与齐有郤。（渡入后半篇。）

【眉批】齐之亡，亡于主父偃，而偃之怨齐，起于不得纳女后宫；偃之欲纳女后宫，原为徐甲之为修成君女画嫁齐之策。文步步用倒生出来之法。然其罪戾之端，则纪翁主启之，故先叙在前。可知此等文字，史公亦先经安排布置，有成竹于胸中而后写出，故能缩千头万绪于尺幅之中也。

主父偃方幸于天子，用事，因言："齐临淄十万户，市租千金，人众殷富，巨于长安，此非天子亲弟爱子不得王此。今齐王于亲属益疏。"（何不竟言削割而徒以亲疏言之？其意使齐王尚修成君女娥，乃益亲矣。）乃从容言："吕太后时（加"从容言"句，所谓浸润之谮。）齐欲反，吴楚时孝王几为乱。今闻齐王与其姊乱。"（三句撮其大旨，要知其言甚多，故曰"从容"。）于是天子乃拜主父偃为齐相，且正其事。主父偃既至齐，乃急治王后宫宦者为王通于姊翁主所者，令其辞证皆引王。（明是书牍，背上下其手伎俩。）王年少，惧大罪为吏所执诛，乃饮药自杀。绝无后。

是时，赵王惧主父偃一出废齐，恐其渐疏骨肉，乃上书言偃受金及轻重之短。(主父偃以一女之故，既废一国，亦自杀其身，真千古之至愚人也。)天子亦既囚偃。(少住。)公孙弘言："齐王以忧死毋后，国入汉，非诛偃无以塞天下之望。"遂诛偃。(公孙弘老儒，而往往以一言诛戮人，所谓外宽而内深次骨也。)

【注释】朱虚侯：刘章也。章，高祖庶长男，肥之子，宿卫汉宫，封朱虚侯。

儿子畜之：待之如儿子也。

而：汝也。

稹：音既，稠密也。

亡酒：逃席也。

齐厉王：名次，景懿王子。

纪翁主：诸王女曰翁主，称其母姓，故谓之纪翁主。

皇太后：武帝母也。

风：音讽，譬喻而不直言也。

急：困极也。

燕王与其子昆弟奸：燕王名定国。定国与父康王姬奸，生子男一人。夺弟姬为妻，与子女三人奸，朝议当诛，定国自杀，国除。

坐：坐罪也。

浸寻：犹浸淫，谓由渐而入也。

卻：音隙，仇隙也。

巨：大也。

从容：舒缓貌。从音冲。

引王：皆牵引及厉王也。

赵王：盖敬肃王彭祖也。

短：毁谤人也。

塞：满也。

萧相国世家

【眉批】酂侯为汉元功第一。于其始,默识高祖于稠人之中处,用"常"字、"独"字、"数"字,草蛇灰线,历落叙来,而以"固请得毋行"一语表其深心高识,便为第一注脚。令人瞥然自见,初未尝特为品藻也,真正高手。

萧相国何者,沛(郡名。)丰(邑名。)人也。以文无害(治文书平允。)为沛主吏掾。(群吏之长。)高祖为布衣时,何数以吏事护高祖。高祖为亭长,常左右之。高祖以吏繇咸阳,(以吏事给役京师。)吏皆送奉钱三,何独以五。(当时有当十大钱,故以三五为数。)秦御史监郡者与从事,常办之。(御史监郡时,何才能办其职事,即下"卒史"、"第一"是也。)何乃给泗水卒史事,第一。秦御史欲入言征何,何固请,得毋行。(想其心头眼底,是何局面。)

及高祖起为沛公,何常为丞督事。(始为沛公之丞,便与即位为相,只是一事。)沛公至咸阳,诸将皆争走金帛财物之府分之,何独先入收秦丞相御史律令图书藏之。(此方是正叙何功第一处,是为第一段。)沛公为汉王,以何为丞相。项王与诸侯屠烧咸阳而去。汉王所以具知天下厄塞,户口多少,强弱之处,(即不屠烧咸阳图书,亦为要务。必叙屠烧者,见其机一失,几不可再得,所以加倍为何功出色也。)民所疾苦者,(加"民所疾苦"一句,又好。)以何具得秦图书也。何进言韩信,(又是第一功,此是第二段。)汉王以信为大将军。语在《淮阴侯》事中。

【眉批】前半叙何功累累,俱占兴亡第一筹。后半又历摹高祖畏恶猜忌之私,皆赖客计以免祸。盖汉待功臣至薄,而何以元功幸保令终,故曲为传出,以为功臣炯鉴,乃他传所无也。

汉王引兵东定三秦,(此只以"还定三秦",带叙于韩信事下。)何以丞相留收巴蜀,填(填、镇同。古"镇"字俱"填"字。)抚谕告,使给军食。汉二年,汉王与诸侯击楚,何守关中,侍太子,治栎阳。为法令约束，立宗庙社稷宫室县邑，辄奏上，（又是第一功，此为第三段。）可，许以从事；即不及奏上，辄以便宜施行，上来以闻。关中事计户口转漕给军，（给饷、补卒，皆绝大重务，又是第一功。是为第四段，叙何功毕。）汉王数失军遁去，何常兴关中卒，辄补缺。上以此专属任何关中事。

汉三年，汉王与项羽相距京索之间，上数使使劳苦丞相。（疑忌第一段。）鲍生谓丞相曰："王暴衣露盖，数使使劳苦君者。有疑君心也。（如此危机，何全不觉，而往往有人从旁觉之，危哉！幸哉！）为君计，莫若遣君子孙昆弟能胜兵者悉诣军所，上必益信君。"于是何从其计，汉王大说。（叙得浅甚，故妙。）

【眉批】此段论萧何功，凡三项，而各不同。"发踪指示"之说，乃高祖因群臣"未尝有汗马之劳"一语趁势诎出，以为抵拦，固非定论。即举宗数十人从军，又无卓卓可纪者，何足言功？不过自道其悦何之真病耳。惟鄂千秋所论庶乎得之，而又不并及于收图书、举韩信之事，正见汉廷见识不过如此，卒无一人知大计者。因以益见何之不可及也。此史公妙处在无字句处见之者。

汉五年，既杀项羽，定天下，论功行封。（论功独为一大节。）群臣争功，岁余功不决。高祖以萧何功最盛，封为酂侯，所食邑多。功臣皆曰："臣等身披坚执锐，多者百余战，少者数十合，攻城略地，大小各有差。今萧何未尝有汗马之劳，徒持文墨议论，（语虽轻薄，然自是何定评，即赞所谓"刀笔吏"也。）不战，顾反居臣等上，何也？"高帝曰："诸君知猎乎？"（再问再对，文情娟秀。）曰："知之。""知猎狗乎？"曰："知之。"高帝曰："夫猎，追杀兽兔者，狗也，而发踪指示兽处者，人也。（此言实不切萧何，归之子房则几矣。）今诸君徒能得走兽耳，功狗也。（轻士善骂之波流耳，岂定评哉！）至如萧何，发踪指示，功人也。且诸君独以身随我，多者两三人。（不觉自道肺腑间事。）今萧何举宗数十人皆随我，功不可忘也。"（不可忘，妙。乃己心不能忘耳，非于天下大计有所系属也。）群臣皆莫敢言。

【眉批】"得鄂君乃益明"，妙。盖以己两言之而不得要领，鄂君明之而后私意得伸也。)

列侯毕已受封,及奏位次,皆曰:"平阳侯曹参身被七十创,攻城略地,功最多,宜第一。"(前既以"功狗"绌善战者,今仍为此语,乃知群臣莫敢言者,屈于辩而心未服也。)上已挠功臣,多封萧何,至位次未有以复难之,然心欲何第一。(写出一片隐情,总以吊动鲍生之策来。)关内侯鄂君进曰:(按:《表》:鄂君名千秋。)"群臣议皆误。夫曹参虽有野战略地之功,此特一时之事。("一时"、"万世"二语,比"功狗"、"功人"高百倍。)夫上与楚相距五岁,常失军亡众,逃身遁者数矣。(此等语略无回互,汉人质直如此。)然萧何常从关中遣军补其处,(一段,应前"补缺"。)非上所诏令召,而数万众会上之乏绝者数矣。夫汉与楚相守荥阳数年,军无见粮,萧何转漕关中,给食不乏。(一段,应前"转漕"。)陛下虽数亡山东,萧何常全关中以待陛下,此万世之功也。(总束上二段。)今虽亡曹参等百数,何缺于汉?汉得之不必待以全。(大难为平阳侯。亦文章跌宕之势,不必真有是言。)奈何欲以一旦之功而加万世之功哉!(鄂君一段,有起有跌,自成章法。)萧何第一,曹参次之。"高祖曰:"善。"于是乃令萧何赐带剑履上殿,入朝不趋。(汉立此礼,始于萧何、霍光,终于董卓、曹操,可以兴叹。)上曰:"吾闻进贤受上赏。萧何功虽高,得鄂君乃益明。"(趣甚。)于是因鄂君故所食关内侯邑,封为安平侯。(进关内为列侯,但加爵而不增食邑。)是日,悉封何父子兄弟十余人,皆有食邑。(余波。)乃益封何二千户,以帝尝繇咸阳时何送我独赢奉钱二也。(用"我"字,妙。是高祖意中语也。)

【眉批】高祖疑忌相国凡三段。前二段浅,故应以浅著而即解;后一著深,故应以深著而又几危。盖鲍生、召平之计,不过因韩信、黥布之反而知上心实不忘相国。迫遣子弟、出私财,若自弱焉者,帝意亦解,后之"拊循百姓",则复犯其向之所忌而加甚焉。何生平缔造之劳,即何此日族诛之具,非客说之于前,王尉解之于后,何能保首领哉?呜呼,危矣!

汉十一年,陈豨反,高祖自将,至邯郸。未罢,淮阴侯谋反关中,（内外皆叛,所以功臣人人可疑,连叙有意。）吕后用萧何计,诛淮阴侯,（一信也,何始荐之,终定计诛之。何于此不能无憾矣。）语在《淮阴》事中。上已闻淮阴侯诛,使使拜丞相何为相国,益封五千户,令卒五百人一都尉为相国卫。（来得有根,妙。一则赏其诛乱之功,一则因信而疑何也。）诸君皆贺,召平独吊。（八字陡峻。插入召平一篇小传,蛛丝马迹,妙不可言。）召平者,故秦东陵侯。秦破,为布衣,贫,种瓜于长安城东,瓜美,故世俗谓之"东陵瓜",从召平以为名也。（百忙中偏有此逸调,奇事。）召平谓相国曰:（接"独吊"句。）"祸自此始矣!（此即吊词也。）上暴露于外,而君守于中,非被矢石之事而益君封置卫者,以今者淮阴侯新反于中,疑君心矣。夫置卫卫君,非以宠君也。（撇开益封,单就置卫拈破,晓人当如是。）愿君让封勿受,悉以家私财佐军,则上心说。"相国从其计,高帝乃大喜。（妙。）

汉十二年秋,黥布反,上自将击之,数使使问相国何为。（二句相类,而何复蹈危机,画出朴忠人性质。）相国为上在军,乃拊循勉力百姓,悉以所有佐军,如陈豨时。（用旧计,不错;错在上句耳,所谓"只知其一,不知其二"也。）客有说相国曰:"君灭族不久矣。夫君位为相国,功第一,可复加哉?（大臣能知此一语,自然退让。）然君初入关中,得百姓心,十余年矣,皆附君,常复孳孳得民和。上所为数问君者,畏君倾动关中。（此客有绝人之识,殆亦深于黄、老之学者,非前二人之比,而名独不传,何也?）今君胡不多买田地,贱贳贷以自污?上心乃安。"（使大臣至此,汉治之所以日下也。读之可为寒心。）于是相国从其计,上乃大说。

【眉批】王卫尉之言,所以明萧何功者与鄂君岂相远哉?一则以之得封侯之赏,一则不免于不怿,进言之不可以不慎如此。虽然鄂君窥帝之意向何,因而逢迎之;王尉当帝之方怒何,从而匡救之。王之优于鄂远矣,而史失其名,不亦可惜矣乎!

上罢布军归,民道遮行上书,言相国贱强买民田宅数千万。（何至数千万?史家文法耳。）上至,相国谒。上笑曰:"夫相国乃利民!"

（写出乐甚。）民所上书，皆以与相国，（夹叙法，惟史法多有之。）曰："君自谢民。"相国因为民请曰："长安地狭，（朴忠自露，妙在与"贱贯贵"相反，何之所以为何也。）上林中多空地，弃，愿令民得入田，毋收藁为禽兽食。"上大怒，曰：（相应妙。）"相国多受贾人财物，乃为请吾苑！"（此二句非高帝意也，急不择言，写出盛怒。）乃下相国廷尉，械系之。数日，王卫尉侍，前问曰："相国何大罪？陛下系之暴也？"上曰："吾闻李斯相秦皇帝，有善归主，有恶自与。（如此覆辙，汉廷津津道之不置，如此治之，所以终于杂霸也。）今相国多受贾竖金，而为民请吾苑，以自媚于民，（只此是忌怒之本。）故系治之。"王卫尉曰："夫职事苟有便于民而请之，真宰相事，陛下奈何乃疑相国受贾人钱乎？（只此二语，还清正项。下皆探其隐而抉之。）且陛下距楚数岁，陈豨、黥布反，陛下自将而往，当是时，相国守关中，摇足则关以西非陛下有也。相国不以此时为利，今乃利贾人之金乎？（一语刺中帝之隐微，妙在仍引向"利"字，说得雪淡。若云"此时为变"，则痕迹显然，难于听者矣。词令妙品。）且秦以不闻其过亡天下，李斯之分过，又何足法哉！陛下何疑宰相之浅也。"高帝不怿。（四字真善体人情，妙在言表。）是日，使人持节赦出相国。相国年老，素恭谨，入，徒跣谢、高帝曰："相国休矣！相国为民请苑，吾不许，吾不过为桀、纣主，而相国为贤相。吾故系相国，欲令百姓闻吾过也。"（仍是李斯相业横亘胸中，反言成相国之名，余怒拂拂不可遏。）

【眉批】临殁荐相自代，又是第一功。特重此段，与前半相呼应。

何素不与曹参相能。及何病，孝惠自临视相国病，因问曰："君即百岁后，谁可代君者？"对曰："知臣莫如主。"孝惠曰："曹参何如？"何顿首曰："帝得之矣！臣死不恨矣！"

何置田宅必居穷处，为家不治垣屋。曰："后世贤，师吾俭；不贤，毋为势家所夺。"（此段与何相业无涉，特缀于篇末者，所以明前时贱买百姓田宅千万计，真穷蹙救死，雅非实事也。史公如此处甚多，要在自领。）

孝惠二年，相国何卒，谥为文终侯。

后嗣以罪失侯者四世，绝，天子辄复求何后，封续酇侯，功臣莫得比焉。（按酇侯之封，直至东汉之末，盖与两汉相终始，此但就武帝之时言之。）

【注释】掾：音砚，属官也。《汉书》云"何为主吏"，主吏，功曹也。又云"何为沛掾"，是何为功曹掾。

数：音朔，频也。

护：救视也。

繇：同徭，音遥，给役也。

奉：同俸。

御史监郡：秦时无刺史，以御史监郡。

与从事：犹言与共事也。

给：供也，犹办也。

第一：课最居第一也，时何为泗水郡卒史，办事居第一。

征：召也。召何入京师也。

固请：再三请免也。

毋：同无。

为丞督事：何为丞，常监督庶事也。

走：趋也。

阸塞：音兀失，险要之地曰阸塞。

疾苦：痛苦也。

三秦：见《陈涉世家》评语。

楚：项羽。

栎阳：地名，古城在今陕西临潼县东南。

京索：地名，京在荥阳县东南二十二里，春秋郑邑，公叔段居之。索即荥阳县，古为大索城，又小索城，在县北四里，皆以索水得名。

暴：音薄，露也。

大说：同悦。

酂：音赞，在今湖北光化县北。

踪：读为纵，放也。

宗：宗族也。

创：伤也。

挠：音闹，屈也。

难：去声，辨难也。

鄂君：《功臣表》：鄂千秋封安平侯。

逃：读为跳，脱也。

数：音朔，频也。

见：同现。

乏：空乏也。

亡曹参：亡，同无。

赢：音盈，多也。

邯郸：音寒丹，战国赵都城，今为县，属直隶大名道。

淮阴侯：韩信。

都尉：官名。

拊：同抚，抚循，安慰也。

孳：音慈，孳孳，勤勉貌。

贳：音世，又试夜切，赊也。

遮：拦截也。

藁：音稿，禾秆也。

廷尉：官名，掌刑狱。

王卫尉：《百官公卿表》：卫尉王氏，无名字。

侍：谓侍天子也。

前问：谓进而请也。

浅：谓用意浅也。

怿：音亦，悦也。

跣：音选，不着履以足亲地也。

休：令出外自休息也。

能：得也。不相能，不相得也。

垣：音桓，墙也。

【眉批】史迁一生好奇，故于盗魁、侠首誉之不容口。如萧何一赞，煞甚不满。至于以周、召、太公比韩，以闳、散比萧何，称量不苟毫发。愚以为究非定论也。

太史公曰：萧相国何于秦时为刀笔吏，录录未有奇节。（一语断尽，何之不知信、越等在此，胜处亦在此。）及汉兴，依日月之末光，何谨守管籥，（俱用一色字法。）因民之疾秦法，顺流与之更始。淮阴、黥布等皆以诛灭，而何之勋烂焉。（惟无奇之极，乃独成其奇。）位冠群臣，声施后世，与闳夭、散宜生等争烈矣。（闳、散在周无特立之奇节，萧何事业俱汉所以存亡，似难并论。）

【注释】刀笔吏：书吏，掌案牍者，谓之刀笔吏。古简牍，用竹木以刀代笔，故曰刀笔。

录录：无能也。

管籥：锁匙也。

更始：犹言革新也。

烂：音滥，光明也。

冠：音贯，犹盖也。

闳夭、散宜生：并周武王臣。

曹相国世家

【眉批】汉治杂伯以贵黄老之术也。而开其端者，实参始之。诸儒多以此为参病，不知暴秦之后，《诗》、《书》悉烬，而诸儒陈说言人人殊，又安得以鄙儒喋喋之辞启纷扰之失哉？固不得以是訾参也。

孝惠帝元年，除诸侯相国法，更以参为齐丞相。（惟王朝有相国，侯国改成丞相。）参之相齐，齐七十城。天下初定，悼惠王富于春秋，（地广则事多，草创则法冗，年少则喜事，三句反衬参之清静。妙。）参尽召长老诸生，问所以安集百姓，如齐故俗，（主意先定。）诸儒以百数，言人人殊，（亦反衬笔。）参未知所定。闻胶西有盖公，善治黄老言，（点睛。）使人厚币请之。既见盖公，盖公为言治道贵清静而民自定，（要言不烦。）推此类具言之。参于是避正堂，舍盖公焉。其治要用黄老术，（此亦人所甚难。参本以武功显，而知此，故奇。）故相齐九年，齐国安集，（应"安集"字。）大称贤相。

惠帝二年，萧何卒。参闻之，告舍人趣治行，"吾将入相"。（此余文点染，非本传所重。）居无何，使者果召参。参去，属其后相曰："以齐狱市为寄，慎勿扰也。"（所见者大，而属意却微。"寄"字妙，犹"托"也。以已治之齐托之，顾诶勿失而去。）后相曰："治无大于此者乎？"参曰："不然。夫狱市者，所以并容也，今君扰之，奸人安所容也？吾是以先之。"（察奸而奸无必尽之理，徒以扰良耳。此语至大，然非废弛之谓也。）

参始微时，与萧何善；及为将相，有郤。（萧、曹有郤，史无明文，不知何事。吾以为必起于争功。时鄂君所论，誉萧既多而抑曹太甚，固不足以厌曹之心也。）至何且死，所推贤唯参。参代何为汉相国，举事无所变更，一遵萧何约束。

【眉批】太公诛华士，仲尼戮闻人，千古卓识。参之斥去刻深务名诸长史，可谓默合此意矣。不再世而酷吏大兴，天下受祸，而后知参之识真不可及也。

择郡国吏木讪于文辞，重厚长者，即召除为丞相史。（细列曹参相业，娓娓不倦，只是"清"、"静"二字尽之。）吏之言文刻深，欲务声名者，辄斥去之。（深识不可及。）日夜饮醇酒。卿大夫以下吏及宾客见参不事事，来者皆欲有言，（此二段只就饮醇酒一节反覆言之，笔墨淋漓酣恣极矣。）至者，参辄饮以醇酒，间之，（"来者"、"至者"，语似复而景色更佳。史公往往有此。）欲有所言，复饮之，醉而后去，终莫得开说，以为常。（三字加得妙。下又就中抽出一事写之，遂觉酒痕歌韵，满目淋漓。此渲染之美法也。）

相舍后园近吏舍，吏舍日饮歌呼。从吏恶之，无如之何，乃请参游园中，闻吏醉歌呼，从吏幸相国召按之。乃反取酒张坐饮，亦歌呼相与应和。

参见人之有细过，专掩匿覆盖之，府中无事。（为吏舍歌呼一事作注脚耳。）

【眉批】参所论者，非通论也，自参言之则得耳。盖何刀笔吏也，参战将也，刀笔吏长密于法，而战将则独能持重。方是时，《诗》《书》未出，风俗尚谕，学校选举之条缺焉未列，为相者方日昃不遑之际，而云"垂拱"、"遵循"，不亦悖乎！特参之才实远不及何，倘更张之，徒足以滋乱，故贵其持重焉耳，岂为相之通论哉！

参子窋为中大夫。惠帝怪相国不治事，以为"岂少朕与"？（言不足于我，以为无可辅也。）乃谓窋曰："若归，试私从容问而父曰：（形容惠帝入神。）'高帝新弃群臣，帝富于春秋，君为相，日饮，无所请事，（请，谒也，谓白事也。）何以忧天下乎？'然无语告若也。"（足一语，如闻其声。）窋既洗沐归，间侍，自从其所谏参。参怒，而笞窋二百，（真黄老之教，毋以过暴视之，其子若孙所以能世其清简者，得力在此痛棒也。）

曰："趣入侍，天下事非若所当言也。"至朝时，惠帝让参曰："与窋胡治乎？（犹言与窋何与而治之。）乃者我使谏君也。"参免冠谢曰："陛下自察圣武孰与高帝？"上曰："朕乃安敢望先帝乎！"曰："陛下观臣能孰与萧何贤？"上曰："君似不及也。"（语妙。）参曰："陛下言之是也。（参言得矣，然未许他人妄效，须分别论之。）且高帝与萧何定天下，法令既明，今陛下垂拱，参等守职，遵而勿失，不亦可乎？"惠帝曰："善。君休矣！"

参为汉相国，出入三年。卒，谥懿侯。子窋代侯。百姓歌之曰："萧何为法，颢若画一；曹参代之，守而勿失。载其清净，民以宁一。"（以一歌作结，别见奇妙。史公有意弄奇处。）

平阳侯窋，高后时为御史大夫。孝文帝立，免为侯。立二十九年卒，谥为静侯。子奇代侯，立七年卒，谥为简侯。子时代侯。时尚平阳公主，生子襄。时病疠，归国。立二十三年卒，谥夷侯。子襄代侯。襄尚卫长公主，生子宗。立十六年卒，谥为共侯。子宗代侯。征和二年中，宗坐太子死，国除。

【注释】除诸侯相国法：高祖封长子肥为齐王，以参为相国，是年，改相国为丞相。

悼惠王富于春秋：谓齐王年正壮盛也。

胶西：地名，在今山东胶县高密等地。

盖公：盖音古盍切。

黄老言：黄帝、老子之书。

舍：居也。

舍人：主家事者也。

趣：音促，速也。

治行：治行装也。

属：同嘱，叮嘱也。

郄：同隙，雠隙也。

且死：将死也。

木：质朴也。

绌：短也。

史：属官也。

斥：音尺，罢去也。

不事事：不治丞相之事。

间之：有间隙可言也。

从吏：吏之长从相者。从，直用切。

恶：去声。

按：劾治之也。

张坐饮：张设坐席而饮也。

和：去声，答也。

窋：音绌。

若：汝也。

而：亦汝也。

洗沐：汉律，吏五日得一洗沐。

间侍：乘间隙侍亲所也。

自从其所：犹言自出其意也。

与：音预，干也。

乃者：犹言曩者前日也。

免冠：去冠也。免，音问。

垂拱：垂裳拱手，无为而治也。

颢：音较，明也。

【眉批】此赞言简而意甚长，不满平阳意最为显著。

太史公曰：曹相国参攻城野战之功所以能多若此者，以与淮阴侯俱。（因信之力而参独擅其名。）及信已灭，而列侯成功，唯独参擅其名。（非薄参也，正痛惜淮阴耳。）参为汉相国，清静极言合道。（只此六字与参。)然百姓离(与罹同。)秦之酷后,参与休息无为,故天下俱称其美矣。(一"故"字寓意深远。)

【注释】离:同罹,遭也。

酷:音哭,残虐也。

留侯世家

留侯张良者,其先韩人也。(一篇骨子。)大父开地,相韩昭侯、宣惠王、襄哀王。父平,相釐王、悼惠王。(序家世类多略,惟此独详,正以精神所注在此。)悼惠王二十三年,平卒。卒二十岁,秦灭韩。(系韩亡于平卒之后,句妙。)良年少,未宦仕韩。(著此一语,良之忠义方尽见。)韩破,良家僮三百人,(言其富。)弟死不葬,(言其不顾家。)悉以家财求客刺秦王,为韩报仇,(全是一腔义勇做成。)以大父、父五世相韩故。(劲句。)

【眉批】子房为韩报仇一段,忠勇之气,便是千古大侠。所以传中离奇闪霍,所遇之人,所为之事,多在可解不可解之间。后世神僧、剑客诸传,诺皋、杜阳诸录,悉蓝本于此,自来却无人拈破。

良尝学礼淮阳。东见仓海君。(盖东夷之君长。)得力士,为铁椎重百二十斤。(写得生色。)秦皇帝东游,良与客狙击秦皇帝博浪沙中,(狙,猿猱之属。狙击者,言其腾跃而击如狙也。此如牛饮、蛇行等字法,旧解多谬。)误中副车。秦皇帝大怒,大索天下,求贼甚急,为张良故也。(点一句,似可无,不知史公郑重处正在此。)良乃更姓名,亡匿下邳。

【眉批】曰"愕然",曰"殊大惊",曰"因怪之",曰"因异之",一线穿去,意思却不同。此种章法,惟《史记》有之。

良尝间从容步游下邳圯上,(好提笔,最当玩味。)有一老父,衣褐,至良所,直堕其履圯下,(叙黄石事,纤琐得妙。)顾谓良曰:"孺子,下取履!"良鄂然,欲殴之。(太粉饰处,颇觉情理未当。)为其老,强忍,下取履。父曰:"履我!"良业为取履,(亦牵强。)因长跪履之。父以足受,笑而去。(写得神理都活。)良殊大惊,随目之。父去里所,复还,曰:"孺子可教矣。(此一篇英雄相视情景,真千古无两之事,须是详写。)后五日平明,与我会此。"良因怪之,跪曰:"诺。"五日平明,良往。父已先在，怒曰："与老人期，后，何也？"去，曰："后五日早会。"（语句零碎，传神之极。）五日鸡鸣，良往。父又先在，复怒曰："后，何也？"去，曰："后五日复早来。"（稍变亦妙。）五日，良夜未半往。有顷，父亦来，喜曰："当如是。"（相视莫逆，尽此三字。）出一编书，曰："读此则为王者师矣。后十年兴。十三年孺子见我济北，谷城山下黄石即我矣。"（嘱咐却只如此，所以异于谶纬小数也。东坡以为隐君子，是诚有见。）遂去，无他言，不复见。（若再加一语，再见一面，便不直一钱。写得妙。）旦日视其书，乃《太公兵法》也。良因异之，常习诵读之。

居下邳，为任侠。项伯常杀人，从良匿。（伏鸿门案。）

后十年，陈涉等起兵，良亦聚少年百余人。景驹自立为楚假王，在留。良欲往从之，道遇沛公。（接得突兀。）沛公将数千人，（倒注上句法。）略地下邳西，遂属焉。沛公拜良为厩将。良数以《太公兵法》说沛公，（明点以应还祀上一案。）沛公善之，常用其策。良为他人言，皆不省。（反捆一笔，妙。）良曰："沛公殆天授。"故遂从之。（定交之始，甚正。）

汉王之国，良送至褒中，（韩王遣送。）遣良归韩。良因说汉王曰："王何不烧绝所过栈道，示天下无还心，（身未离韩，心已归汉矣。）以固项王意。"（要著。）乃使良还。行，烧绝栈道。

【眉批】或谓良脱身为韩报仇，卒之韩王成之死，实以良归汉之故致之，似良有负于韩矣。不知良于此时但知秦为韩仇，灭秦而复韩，则良志已遂，岂不欲择君而事，以立不朽之业，而欲其委贽韩成，橘项无就，有是理乎？且良知沛公天授，而犹弃之归韩，心事纯洁极矣。迨羽以疑忌僇成，而良又借汉以灭羽，仍是报韩之初志也。良真纯臣也哉！

良至韩，韩王成以良从汉王故，项王不遣成之国，从与俱东。（写项王疑忌处，适成其愚耳。）良说项王曰："汉王烧绝栈道，无还心矣。"（留良，适所以自误也。）乃以齐王田荣反，书告项王。项王以此无西忧汉心,而发兵北击齐。(既误之于西,复牵之使北。一良胜于十万甲兵。)

项王竟不肯遣韩王,乃以为侯,又杀之彭城。(瓮中之物,杀之何为?是自驱良归汉也。)良亡,间行归汉王。(始一心事汉。)汉王亦已还定三秦矣。(补得便捷。)复以良为成信侯,从东击楚。至彭城,汉败而还。至下邑,汉王下马踞鞍而问曰:(写得悲壮。)"吾欲捐关以东等弃之,谁可与共功者?"(大英雄见头却自王发之,沛公真人杰。)良进曰:"九江王黥布,楚枭将,与项王有郄;彭越与齐王田荣反梁地:此两人可急使。(语有分别。)而汉王之将独韩信可属大事,当一面。即欲捐之,捐之此三人,则楚可破也。"(重此一段。盖"急使"者,缓急可备指使而已。至天下大事,必以属诸淮阴。)汉王乃遣随何说九江王布,而使人连彭越。及魏王豹反,(分应错综。)使韩信将兵击之,因举燕、代、齐、赵。然卒破楚者,此三人力也。(先结一笔,笔力如椽。)

张良多病,未尝特将也,常为画策臣,时时从汉王。(此一篇筋骨语,却缓于此,妙。)

【注释】大父:祖父也。

淮阳:地名,在今河南淮阳县西。

仓海君:当时贤者之号。

狙击:伺人不备而击之也。狙音疽。

博浪沙:地名,在今河南南阳武县东南。

中:去声。

副车:属车,即预备车也。

索:求也。

下邳:在今江苏邳县东。邳,音披。

圯:音怡,桥也。

褐:音曷,毛布也。

愕:音或,惊貌。

欧：同殴，击也。

业：犹本先也。

济北谷城山：在今山东东阿县东北。

旦日：明日也。

任侠：任者，任使其气力。侠者，谓以权力辅人也。

项伯：羽季父。

留：地名，在今沛县东南。

厩将：官名。

省：犹解也。

之：到也。

褒中：地名，今陕西褒城县。褒音包。

栈道：傍山架木，以通道路曰栈道，在陕西褒城县北，接凤县东北，统名栈道。

成：韩王名。

三秦：见前《陈涉世家》评语。

下邑：县名，秦置，古城在今江苏砀山县东。

捐：弃也。

枭将：勇健之将。枭音浇。

郄：同隙，雠隙也。

属：音足，付也。

举：攻下也。

汉六年正月，封功臣。良未尝有战斗功，高帝曰："运筹策帷帐中，决胜千里外，子房功也。"（赞语雅确，比"功狗"之语高百倍。）自择齐三万户。"良曰："始臣起下邳，与上会留，（儒雅长厚之极。）此天以臣授陛下。（应前"沛公殆天授"句。）陛下用臣计，幸而时中，臣愿封留足矣，不敢当三万户。"乃封张良为留侯，与萧何等俱封。（顾一笔，为"未有战斗功"句作应也。）

留侯性多病，即道引不食谷，（善藏之妙，迥出恒流。）杜门不出岁余。

【眉批】先辈或云，四皓本不可致，盖良使老人伪为之。此真臆说。玩良所以谓四皓逃匿者，不过以帝慢侮之，殆亦鲁两生之流特以名德素闻，足以坐镇雅俗耳。使四皓见用于时，未必有补时务，而其古貌古心，良可令人敬服，亦何为必不可致哉？

上欲废太子，立戚夫人子赵王如意。大臣多谏争，未能得坚决者也。（提一笔起案。）吕后恐，不知所为。人或谓吕后曰："留侯善用计策，上信用之。"吕后乃使建成侯吕泽劫留侯，曰：（强之使出。）"君常为上谋臣，今上欲易太子，君安得高枕而卧乎？"留侯曰："始上数在困急之中，幸用臣策。（味此数语，子房之苦心至矣。）今天下安定，以爱欲易太子，骨肉之间，虽臣等百余人何益。"（见得透，胸中已有成竹。）吕泽强要曰：（所谓劫也。）"为我画计。"留侯曰："此难以口舌争也。顾上有不能致者，天下有四人。（转得和缓有致。）四人者年老矣，（逐句有态，当细寻之。）皆以为上慢侮人，故逃匿山中，义不为汉臣。然上高此四人。（再转。）今公诚能无爱金玉璧帛，令太子为书，卑辞安车，（看其只在礼貌上讲究，与慢侮对针。）因使辩士固请，宜来。（又加此句，方见四人之难致。）来，以为客，时时从入朝，（恍见画策时回头抵掌之态。）令上见之，则必异而问之。问之，（每用叠句见奇。）上知此四人贤，则一助也。"（又淡得妙。）于是吕后令吕泽使人奉太子书，卑辞厚礼，迎此四人。四人至，客建成侯所。

【眉批】留侯虽云"难以口舌争"，然使竟不一谏，非惟情理所无，亦觉文章疏脱，故必补一句。

【眉批】高祖枭雄，其欲易太子者，实疑惠帝闇弱，不克负荷之故。至戚夫人恩宠，又其余事。故四皓之语惟明太子之得民心，而帝意遂为之立释。此中具有深识，非徒以物色动人也。

汉十二年，上从击破布军归，疾益甚，愈欲易太子。（写得愦乱忙迫。)留侯谏,不听,因疾不视事。(补笔周到。)叔孙太傅称说引古今,(叔孙生平,幸有此日。)以死争太子。上详许之,(详与佯同。)犹欲易之。(更危。)及燕,置酒,太子侍。四人从太子,年皆八十有余,须眉皓白,衣冠甚伟。(出色绘画。)上怪之,问曰:"彼何为者?"四人前对,各言名姓,曰东园公,甪里先生,绮里季,夏黄公。(至此始借四人口自点出姓名,奇而趣。)上乃大惊,曰:"吾求公数岁,公辟逃我。今公何自从吾儿游乎?"(惊诧神情,不着口出,真传神之笔。)四人皆曰:"陛下轻士善骂,臣等义不受辱,故恐而亡匿。窃闻太子为人仁孝,恭敬爱士,(言其为守文令主。)天下莫不延颈欲为太子死者,(言其已得民心。)故臣等来耳。"上曰:"烦公幸卒调护太子。"(已欲摇动而幸得人之调护,转乃托人调护之,妙甚。)

四人为寿已毕,趋去。上目送之,召戚夫人指示四人者,(情景逼现。)曰:"我欲易之,彼四人辅之,羽翼已成,难动矣。吕后真而主矣。"(目中早早看定"人彘"矣。此语妙。)戚夫人泣,上曰:"为我楚舞,吾为若楚歌。"(项羽垓下事情,高祖此时却类之。英雄儿女之情,何必以成败异也?读之凄绝。)歌曰:"鸿鹄高飞,一举千里。羽翮已就,横绝四海。横绝四海,当可奈何!虽有矰缴,尚安所施!"歌数阕,戚夫人嘘唏流涕,上起去,罢酒。(淋漓尽致。)竟不易太子者,留侯本招此四人之力也。(结归子房传,是针路一定处。)

【眉批】此段只详子房成功后善刀而藏之,妙。其文离奇幻乎,独与他传结处迥殊。盖他传多详其世次,此自不疑外无闻,却以黄石并葬终之。子房乎?老人乎?一而二,二而一矣。

留侯乃称曰:(自称语即可为自赞,以其确也。)"家世相韩,及韩灭,不爱万金之资,为韩报仇强秦,天下振动。今以三寸舌为帝者师,封万户,位列侯,(语意却轻。)此布衣之极,于良足矣。愿弃人间事,欲从赤松子游耳。"(有托而逃,不必实有其人。)乃学辟谷,道引轻身。会高帝崩,吕后德留侯,乃强食之,曰:"人生一世间,如白驹过隙,何至自苦如此乎！"（亦自娓娓可听。）留侯不得已，强听而食。（以此句加"卒"之上，似谓从其志辟谷，可无死者然。）

后八年卒，谥为文成侯。子不疑代侯。

子房始所见下邳圯上父老与《太公书》者，（好结穴，诸传所无。）后十三年（细应。）从高帝过济北，果见谷城山下黄石，取而葆祠之。（葆，宝也。立祠而宝藏此石。）留侯死，并葬黄石冢。（又奇。）每上冢伏腊，祠黄石。

【注释】道引：道家养生之术，谓呼吸俯仰，屈伸手足。使气血充足，身体轻举也。道，同导。

杜门：杜，塞也。

数：音朔，频也。

要：音腰，有挟而求也。

叔孙太傅：叔孙通，时为太子太傅。

燕：同宴。

东园公：姓唐，字宣明，居东园中，因以为号。

甪里先生：河内轵人，太伯之后，姓周名术字元道。甪音禄。

绮里季：绮里，姓；季，名。

夏黄公：姓崔名广字少通，齐人，隐居夏里修道，故号曰夏黄公。

辟：同避。

寿：以酒为祝曰寿。

而主：而，汝也。

若：汝也。

翮：音革，翼也。

矰缴：音增灼，弋鸟之具，以绳系矢而射也。

阕：音缺，歌诗一首曰一阕。

嘘唏：音嘘希，太息声。

赤松子：神农时雨师，能入火自烧，至昆仑山上，常止西王母石室，随风雨上下，炎帝少女追之，亦得仙俱去。

太史公曰：学者多言无鬼神，然言有物。（言光景动人者。）至如留侯所见老父予书，亦可怪矣。（不惟有人，又有书，故可怪。）高祖离困者数矣，而留侯常有功力焉，岂可谓非天乎？（天即鬼神也。）上曰："夫运筹策帷帐之中，决胜千里外，吾不如子房。"余以为其人计魁梧奇伟，（别出一解。）至见其图，状貌如妇人好女。（亦以幻忽不常之笔结之。）盖孔子曰："以貌取人，失之子羽。"留侯亦云。

【注释】物：谓精怪及药物也。

离：同罹，遭也。

计：料也。

魁梧：壮大也。

子羽：澹台灭明字，孔子弟子。《家语》云："子羽有君子之容，而行不称其貌，盖谓子羽状貌甚恶也。"

留侯亦云：言吾于留侯亦如此说也。

陈丞相世家

【眉批】《淮阴侯传》先载漂母及市中年少等琐事,后一一应之。此传亦先载伯兄之贤,张负之识,以后无一笔照顾,而独以阴祸绝世为一传之结。夫阴祸固与长厚背驰者也。削此存彼,史公之于平也岂不严哉!凡此须于无文字处会之。

陈丞相平者,阳武户牖乡人也。少时家贫,好读书,有田三十亩,(故亦不贫,为之怏然。)独与兄伯居。伯常耕田,纵平使游学。(伯乃汉初有数人物,竟不传其名,惜哉!)平为人长,美色。人或谓陈平曰:"贫何食而肥若是?"其嫂嫉平之不视家生产,曰:"亦食糠覈耳。(固是一片俗情。然亦特著此语,为盗嫂一案隐隐拈破。)有叔如此,不如无有。"伯闻之,逐其妇而弃之。(加倍写法,未必果弃也。下故有"事嫂"句。)

及平长,可娶妻,("可娶妻"三字,憨甚。)富人莫肯与者,贫者平亦耻之。(带一分稚气,正见其英雄本色。)久之,户牖富人有张负,(起案。)张负女孙五嫁而夫辄死,(盖许字人五次,非逆婚也。)人莫敢娶。平欲得之。(大自负处。)邑中有丧,平贫,侍丧,以先往后罢为助。(古人气谊如此,亦为欲得女作注脚。)张负既见之丧所,独视伟平,平亦以故后去。(仅十字耳,两人神情意态,一一画出。)负随平至其家,家乃负郭穷巷,以敝席为门,然门外多长者车辙。(三句都是张负目中看出,著一"乃"字,一"然"字,又是张负心口商度,真正神笔。)张负归,谓其子仲曰:"吾欲以女孙予陈平。"张仲曰:"平贫不事事,一县中尽笑其所为,独奈何予女乎?"(补传中所未及。)负曰:"人固有好美如陈平而长贫贱者乎?"(以浅语晓其子,负意殊不仅此。)卒与女。为平贫,乃假贷币以聘,予酒肉之资以内妇。(细写入妙。)负诫其孙曰:"毋以贫故,事人不谨。事兄伯如事父,事嫂如母。"(长者之言,可以觉世。)平既娶张氏女，赍用益饶，游道日广。（先作一结，亦寓深叹。）

里中社，平为宰，分肉食甚均。（不过屠割之事，非主宰之谓。）父老曰："善，陈孺子之为宰！"平曰："嗟乎，使平得宰天下，亦如是肉矣！"（前半未曾为平占一地步，故特下此一语。）

【注释】阳武：县名，秦置，今属河南河北道。

户牖乡：今河南兰封县东北。

嫉：音疾，妒忌也。

覈：音核，糠覈，糠屑也。

平长：年长也。长，上声。

负：或作妪，老母之称。

长者：老成人也。

内：同纳。

赍用：财用也。赍音资。

社：社祭也。

宰：割肉也。

【眉批】学者不善读书，往往以太尉"功多"，为陈平自己打算语，误甚。盖吕后称制时，惟平与吕氏最亲顺，及诛诸吕，其功皆出周勃；又奉玺绶迎文帝亦勃为之。文帝之德勃也至矣。故此段"以为"二字写文帝意中语也。陈平智士，极善先意迎合，故亟谢病，又不公为逊让，待上之问而后分别言之，以为自己地步。所谓"高祖时，勃功不如臣平"，明明自居开国元勋矣。及后又以口舌之工扼勃而终去之，此亦其阴谋之一事也。史笔如镜，不待明指而见。

孝文帝立，以为太尉勃亲以兵诛吕氏，（此文帝意中事也，倒装于此，而以陈平"欲让"接之，妙甚。）功多；陈平欲让勃尊位，乃病谢。孝文帝初立，怪平病，问之。（引之问，以得尽言。）平曰："高祖时，勃功不如臣平。及诛诸吕，臣功亦不如勃。（自居缔造之劳，以压其定乱之力也。"亦"字轻得妙。）愿以右丞相让勃。"（此时平若不让勃，文帝终亦必更置之，而平之宠衰矣。千古智人，占先著处。）于是孝文帝乃以绛侯勃为右丞相，位次第一；平徙为左丞相，位次第二。赐平金千斤，益封三千户。（美其能让也，显然可知。）

居顷之，（两"居顷之"相应，见勃居位之不久，总出不得陈平圈套耳。）孝文皇帝既益明习国家事，朝而问右丞相勃曰："天下一岁决狱几何？"（此二字乃天下人命所系，以之发问，最吃紧，非偶然也。）勃谢曰："不知。"问："一岁钱谷出入几何？"勃又谢不知，汗出沾背，（画。）愧不能对。于是上亦问左丞相平。（语势婉妙。）平曰："有主者。"上曰："主者谓谁？"（咄咄逼人。）平曰："陛下即问决狱，责廷尉；问钱谷，责治粟内史。"上曰："苟各有主者，而君所主者何事也？"平谢曰："主臣！"（"主臣"犹云惭愧，汉人发语词。）陛下不知其驽下，使待罪宰相。宰相者，上佐天子理阴阳，顺四时，下育万物之宜，外镇抚四夷诸侯，内亲附百姓，使卿大夫各得任其职焉。"（此浮说也，所谓口给御人，实非至理。夫育万物之宜，孰大于钱谷之出入与刑狱之重？繁而徒委之各有司存，可乎？）孝文帝乃称善。右丞相大惭，（画。）出而让陈平曰："君独不素教我对！"（画出朴厚人，音声象貌都有。）陈平笑曰："君居其位，不知其任耶？（恶极。当面奚落，明明谓右相之位非所宜居也。）且陛下即问长安中盗贼数，（言只合以主者委之。）君欲强对耶？"于是绛侯自知其能不如平远矣。（平自知胜勃，勃不自知不及平也。）居顷之，（应。）绛侯谢病请免相，（两"谢病"，亦遥相作章法。）陈平专为一丞相。

孝文帝二年，丞相陈平卒，谥为献侯。子共侯买代侯。二年卒，子简侯恢代侯。二十三年卒，子何代侯。三十三年，何坐略人妻，弃市，国除。

始陈平曰：（借平自言，回护得妙。）"我多阴谋，是道家之所禁。吾世即废，亦已矣，终不能复起，以吾多阴祸也。"（语气连绵得有韵。）然其后曾孙陈掌以卫氏亲贵戚，（二"然"字曲曲尽意。）愿得续封陈氏，然终不得。

【注释】太尉：官名，掌武事。

诛吕氏：吕后崩，诸吕作乱，平与太尉周勃合谋诛诸吕。

驽下：驽，音奴，最下之马也。驽下，犹言贱劣。

略：夺取也。

太史公曰：陈丞相平少时，本好黄帝、老子之术。方其割肉俎上之时，其意固已远矣。（史公每于小处著神。）倾侧扰攘楚魏之间，卒归高帝。常出奇计，（伏智谋。）救纷纠之难，振国家之患。及吕后时，事多故矣，然平竟自脱，（有许多欣羡，亦有许多不满。）定宗庙，以荣名终，称贤相，岂不善始善终哉！非知谋孰能当此者乎？（合断一笔如铁。）

分段详注评点史记菁华录 卷三

绛侯周勃世家

【眉批】高祖功臣中推勃最朴至,故帝亦以"厚重少文"称之。然智短术浅,诛诸吕、立代王之后,位极人臣而无所建白,既不能为留侯赤松之高,又不能效曲逆弥缝之密,而徒惺惺畏惧,裹甲防诛。向非文帝之宽仁,椒房之戚谊,菹醢之灾行将及矣。急流勇退,君子所以贵知几也。史公画勃之拙厚处,栩栩欲活,可谓写生。

文帝既立,以勃为右丞相,赐金五千斤,食邑万户。(此二句陈平传无之,盖宾主定体。)居月余,人或说勃曰:"君既诛诸吕,立代王,(即文帝。)威震天下,而君受厚赏,处尊位,以宠,久之即祸及身矣。"(即从"右丞相"数句生下,文情一片。平传则谓其自愧不如陈平,乃归印。此等或虚或实,各有妙处,不必泥也。)勃惧,亦自危,乃谢请归相印,上许之。岁余,丞相平卒,上复以勃为丞相。十余月,(前之辞位谓何,而复居之不疑?勃之祸胎于是矣。)上曰:"前日吾诏列侯就国,或未能行,丞相吾所重,其率先之。"(心实忌之,饰词以罢其相位也。)乃免相就国。

【眉批】又遥接"以公主为证"一段。夹叙薄昭、太后二段于中,泯然无痕,真正神笔。

岁余,每河东守尉行县至绛,绛侯勃自畏恐诛,常被甲,令家人持兵以见之。(不学无术可悯。且使上果欲诛之,虽披甲持兵何益?适以自招谗谤耳!)其后人有上书告勃欲反,下廷尉。廷尉下其事长安,逮捕勃治之。(朝廷下之廷尉,廷尉又下之长安捕送也。)勃恐,不知置辞。吏稍侵辱之。(细写入妙。)勃以千金与狱吏,狱吏乃书牍背示之,曰"以公主为证"。(千古钱神有灵,滑吏猷法,一一描画。)公主者,孝文帝女也,(倒注法,《史记》多有。)勃太子胜之尚之,故狱吏教引为证。(略住,又起一事。夹叙法,又是追叙法。)勃之益封受赐,尽以予薄昭。

及系急，薄昭为言薄太后，（亦一狱吏行径。昭以贵戚将军而若此，宜其卒以贿败也。）太后亦以为无反事。文帝朝，太后以冒絮提文帝，（冠也。"提"与"抵"通，掷而击之也。）曰："绛侯绾皇帝玺，将兵于北军，不以此时反，今居一小县，顾欲反邪！"（惟太后数语乃公道话耳。）文帝既见绛侯狱辞，乃谢曰："吏事方验而出之。"于是使使持节赦绛侯，复爵邑。绛侯既出，曰："吾尝将百万军，然安知狱吏之贵乎！"（应"侵辱"一段，余音袅袅，妙绝。）

【注释】河东守尉：河东郡守及郡尉也，并官名。

行县：巡视县境也。

绛：音降，汉县名，今属山西河东道。

被：同披。

廷尉：法官也。

逮捕：擒治也。

牍：音读，此言口供。

尚：犹娶也。

薄昭：薄太后弟。

冒絮：头上巾也。

提：音抵，掷也。

绾：音管，系也。

玺：音细，天子之印曰玺。

【眉批】细柳劳军，千古美谈。余闻亚夫之巧于自著其能以邀主眷耳，行军之要固不在此也。何者？当时遣三将军出屯备胡，既非临陈之时，则执兵介胄，传呼辟门，一何过倨。况军屯首重侦探，岂有天子劳军已历两寨，而亚夫尚未知之理？乃至先驱既至，犹闭壁门，都尉申辞，令天子亦遵军令，不亦甚乎！然其持重之体迥异他军，则锥处囊中，脱颖而出，亚夫之谋亦工矣！顾非文帝之贤，安能相赏于形迹之外哉？

文帝之后六年，匈奴大入边。乃以宗正刘礼为将军，军霸上；

（史公叙法有极不省处，看此三段可见。）祝兹侯徐厉为将军，军棘门；以河内守亚夫为将军，军细柳：（条侯，周亚夫，勃少子也，故附勃传。）以备胡。上自劳军。至霸上及棘门军，直驰入，将以下骑送迎。（此又极省，只用两句反映下一大段，色色都照人。）已而之细柳军，军士吏被甲，锐兵刃，彀弓弩，持满。（作临阵之态，岂非着意妆点，见才于人主乎？）天子先驱至，不得入。（若先驱得入，则不能令天子亲见军容矣，其理可知。）先驱曰："天子且至！"军门都尉曰："将军令曰：（极意作态。）'军中闻将军令，不闻天子之诏'。"居无何，上至，又不得入。（妙。）于是上乃使使持节诏将军：（此亦天子之诏也。天子未至则不受，至则受之，为其整肃之已见也，倔甚。）"吾欲入劳军。"亚夫乃传言开壁门。壁门士吏谓从属车骑曰："将军约，军中不得驱驰。"（乃至以约束吏者约束天子，倔甚。）于是天子乃按辔徐行。（圣天子。）至营，将军亚夫持兵揖曰：（倔甚。）"介胄之士不拜，请以军礼见。"天子为动，改容式车。使人称谢："皇帝敬劳将军。"成礼而去。（细写文帝，益见亚夫之整。）既出军门，群臣皆惊。（描一笔，不可少。）文帝曰："嗟乎，此真将军矣！（断语妙。）曩者霸上、棘门军，若儿戏耳，其将固可袭而虏也。至于亚夫，可得而犯耶！"（观高帝晨称汉使直驰入韩信、张耳，即卧内夺其兵符一事，亚夫实加人一等。）称善者久之。（余音未绝。）月余，三军皆罢。乃拜亚夫为中尉。

孝文且崩时，诫太子曰："即有缓急，周亚夫真可任将兵。"（圣天子留心边务，纪录人才如此。）文帝崩，拜亚夫为车骑将军。

【注释】霸上：见前项羽本纪。

棘门：在渭北十余里，秦王门名也。

细柳：地名，在今陕西咸阳县西南。

劳：去声，犒劳也。

被：音披。

彀：音构，张也。

先驱：前导也。

壁：壁，垒也。谓营门也。

介：同甲。

式：同轼，轼者车前横木，若有所敬则俯而凭之。

曩者：前日也。曩音如朗。

中尉：官名。

且崩：将崩也。

【眉批】条侯于细柳劳军一案，赞中所谓"持威重"也；固靳封爵一案，赞中所谓"执坚忍"也；合之总是一个不学。幸遇文帝之宽，则为能臣；不幸遇景帝之忮刻，即为大僇。呜呼，大臣安可以不学乎！后世之寇准、夏言，均是正人，卒以是贾祸，可以鉴矣。

窦太后曰："皇后兄王信可侯也。"（自此一句起案，连绵五百余字，一线穿成。其中忽和忽离，忽隐忽显，极文章之妙。）景帝让曰："始南皮、章武侯，先帝不侯，及臣即位乃侯之。信未得封也。"（心实欲之，托词于窦氏，妙甚。南皮、章武二侯，俱窦太后之弟。）窦太后曰："人主各以时行耳。自窦长君在时，竟不得侯，（缕缕述来，宛似家人口角。）死后乃其子彭祖顾得侯。吾甚恨之。（说得动人，加一句，韵极。）帝趣侯信也。"景帝曰："请得与丞相议之。"（渐渐引下。此是景帝初让之根。）丞相议之，亚夫曰："高皇帝约'非刘氏不得王，非有功不得侯，不如约，天下共击之'。今信虽皇后兄，无功，侯之，非约也。"（在亚夫固为守正，然不得谓非。文帝时一番刚倨之用，有以驯致之。故吾谓细柳一节，亚夫以此见长，亦以此胎祸。）景帝默然而止。（渐来如画。）

其后匈奴王徐卢等五人降，景帝欲侯之以劝后。（此段忽离开，其实仍为前事陪笔也。）丞相亚夫曰："彼背其主降陛下，陛下侯之，则何以责人臣不守节者乎？"（匈奴降王得侯者甚多，此亚夫过执难通处。）景帝曰："丞相议不可用。"（一步紧一步，此"不可用"一语，不知是为今日，为前日？截然辟开，不论是非。妙绝！传神！）乃悉封徐卢等为列侯。亚夫因谢病。景帝中三年，以病免相。

【眉批】为条侯计者，宜于不用其议，辄封匈奴降王之后，亟风御史请侯王信，而自赞成之，此于朝廷初无所损。且窦氏已侯，必不能禁王氏之终不侯也。乃至召食面谴，而犹然辞色怏怏，尚纵骄子置买尚方禁物，又与工人竞锱铢之利，怨出纳之期，以至身死国亡，为天下僇。夫崇伯取灾于悻直，宣尼致痛于鄙夫，如条侯者，亦何足为君子所惜哉？

顷之，景帝居禁中，召条侯，（以病免相，则封建之权已不关亚夫矣。乃又特召而责之，见帝之必不肯忘情于亚夫也。）赐食。独置大胾，无切肉，又不置箸。（论头奇。）条侯心不平，（描出。）顾谓尚席（主宴之官。）取箸。景帝视而笑曰："此不足君所乎？"（以嬉笑为怒骂，危哉！言人欲有所为而不慊于意，犹人之欲食而不足于其也。明指阻后弟之封。）条侯免冠谢。上起，条侯因趋出。景帝以目送之，曰："此怏怏者（悻直难驯貌。）非少主臣也！"（言非子孙所能制驭也。一步紧一步，而杀之意决矣。）

居无何，条侯子为父买工官尚方甲楯五百被可以葬者。取庸苦之，不予钱。庸知其盗买县官器，（工官，造作之府。尚方甲楯，犹后人所云内府器物也。庸，工也。上"庸"字，以工费言。工人来取价，留难不即予也。下"庸"字，即指工人。）怒而上变告子，事连污条侯。（上云"可以葬者"，先为条侯出罪；下云"连污条侯"，见其不过因子染议；总以明景帝之寻衅以成于杀也。）书既闻上，上下吏。吏簿责条侯，条侯不对。景帝骂之曰："吾不用也。"召诣廷尉。（一步紧一步。盖条侯，大臣恐帝复用，故吏不敢穷究其罪。帝特言此，明示吏以必杀之机也。）廷尉责曰："君侯欲反邪？"亚夫曰："臣所买器，乃葬器也，何谓反耶？"吏曰："君侯纵不反地上，即欲反地下耳。"（深文周内，却又如戏。妙甚。）吏侵之益急。（皆自"帝不用"一语来。）初，吏捕条侯，条侯欲自杀，（此数语只为篇首相者谓"当饿死"补出。）夫人止之，以故不得死，遂入廷尉。因不食五日，呕血而死。国除。（强项人至此，可叹。）

绝一岁，景帝乃更封绛侯勃他子坚为平曲侯，（此下仍入勃传。）续绛侯后。十九年卒，谥为共侯。子建德代侯，十三年，为太子太傅。坐酎金不善，元鼎五年，有罪，国除。（二句未定，宜云"元鼎五年，坐酎金不善，国除"。"有罪"二字衍。）

条侯果饿死，（接法。）死后，景帝乃封王信为盖侯。（此以语结《条侯传》，妙。明明死在王信也。）

【注释】窦太后：景帝母。

皇后：景帝后。

南皮章武侯：南皮侯窦彭祖，太后兄子。章武侯，太后弟广国。

趣：音促，速也。

条侯：亚夫封条侯。

大胾：大脔也。胾音赐。

怏怏：怀恨也。怏音漾。

居无何：不多时也。

被：犹具也。

下吏：以书发下狱吏也。

簿责：责令招供录簿也。

廷尉：官名，掌刑辟。

侵：辱也。

酎金：见前《平准书》。

盖：音葛。

太史公曰：绛侯周勃始为布衣时，鄙朴人也，（勃终身不出此语。）才能不过凡庸。及从高祖定天下，在将相位，诸吕欲作乱，勃匡国家难，复之平正。虽伊尹、周公，何以加哉！（此事独用极赞，亦公道语。）亚夫之用兵，持威重，执坚刃，（六字断定前后荣辱。）穰苴曷有加焉！足己而不学，（真病。）守节不逊，（贬中带褒。）终以穷困。悲夫！

【注释】难：去声。

伊尹、周公：殷、周贤相。

穰苴：司马穰苴善兵法，田氏之族也。穰音攘；苴音疽。

伯夷列传

列传者，叙列其事略，令可传于后世也。

【眉批】从来高世之行，必征信于古人书籍，而古昔遗文散逸不少，故又必得古圣人称许而后可断其必传。通篇只是此意到底，惟"天道无亲"以下六行乃因一"怨"字而别发其胸中感慨，卒又以祸福之轻而名誉之重，引归传世正旨。其文如草蛇灰线，处处照应，乃知其奇而不诡于正也。

夫学者载籍极博，犹考信于六艺。《诗》《书》虽缺，然虞夏之文可知也。(《诗》、《书》六艺皆孔子手定之文，此处已暗伏孔子矣。)尧将逊位，让于虞舜，舜禹之间，岳牧咸荐，(此虞夏之文信而可知之实，所以特引此，专为一个"让"字，为伯夷之让国作案也。)乃试之于位，典职数十年，功用既兴，然后授政。示天下重器，王者大统，传天下若斯之难也。而说者曰尧让天下于许由，许由不受，耻之逃隐。(再引一辈让天下之人，是不见于虞夏之书者，而其人则亦虞夏间人，故不应独缺也。)及夏之时，有卞随、务光者。此何以称焉？(似虚而难信。)太史公曰：(引其父之言。)余登箕山，其上盖有许由冢云。(既有冢，又似实而可信。)孔子序列古之仁圣贤人，(方明点孔子作主脑。)如吴太伯、伯夷之伦详矣。(言伯夷，又陪一太伯。文章离合入妙。)余以所闻由、光义至高，其文辞不少概见，何哉？(以如许之人不应见遗于虞夏之文，终作一疑案。略结。)

【眉批】轶诗即《采薇》之歌也。诗既轶，则亦将埋没不传矣，终赖孔子尝称之，所以独得不朽，此特插孔子于前之故也。而其文势却以孔子两称其不怨，及睹轶诗则又深似有怨者，故曰"可异"。惟其立意在彼而文势在此，所以令人目迷。得其脉，则了如指掌矣。

【眉批】"不知其非"，正指"天下宗周"。言举世戴之而莫知其非，是怨尽一世之人也。

孔子曰："伯夷、叔齐，不念旧恶，怨是用希。"(本意谓人之怨伯夷者希，此处只作伯夷自己怨恨之情解。）"求仁得仁，又何怨乎？"余悲伯夷之意，睹轶诗可异焉。其传曰：伯夷、叔齐，孤竹君之二子也。（他传皆史公自己撰述，独此只引旧传之文，所以谓传中变体。）父欲立叔齐，及父卒，叔齐让伯夷。伯夷曰："父命也。"遂逃去。叔齐亦不肯立而逃之。国人立其中子。于是伯夷、叔齐闻西伯昌善养老，盍往归焉。及至，西伯卒，武王载木主，号为文王。东伐纣。伯夷、叔齐叩马而谏曰："父死不葬，爰及干戈，可谓孝乎？（古者，天子七月而葬；诸侯五月而葬；三代之通义也。武王伐纣之时，距文王之卒十三年矣，而谏者犹云"父死不葬"，此理殆不可晓。）以臣弑君，可谓仁乎？"左右欲兵之。太公曰："此义人也。"扶而去之。武王已平殷乱，天下宗周，而伯夷、叔齐耻之，义不食周粟，隐于首阳山，（"让"字、"耻"字、"逃"字、"隐"字，俱是首段埋伏，一一应出。古人文律之细如此，而后世犹以离奇目之，何也？）采薇而食之。及饿且死，作歌，其辞曰："登彼西山兮，采其薇矣。以暴易暴兮，不知其非矣。神农、虞、夏忽焉没兮，我安适归矣？于嗟徂兮，命之衰矣！"（曰"易暴"，则固亦以纣为暴也。曰"虞、夏"而不及"商"，亦非其所归也。然则周粟既不可食而旧朝亦不足思，以死为归，更无别法，其怨深矣。）遂饿死于首阳山。由此观之，怨耶非耶？（遥接孔子一段。）

【眉批】前半将许由、卞随、务光伴伯夷，惜三人之不得载于《诗》《书》，几欲泯没，而重为伯夷幸也。后半将颜渊伴伯夷，美颜渊之独见称于孔子，其贤益显，而更为伯夷幸也。文虽万折千回，而大势截然不乱。眯目者妄诧其奇而不识其脉，则亦何奇之有？

或曰："天道无亲，常与善人。"（此下乃言其不得不怨之故，别是一义。）若伯夷、叔齐，可谓善人者非耶？（语不说完，妙。）积仁絜行如此而饿死！且七十子之徒，仲尼独荐颜渊为好学。（寻一陪客，即伏后半之线索。）然回也屡空，糟糠不厌，而卒蚤夭。天之报施善人，其何如哉？（其穷类伯夷也。试想"而饿死"句下即接"天之报施善人"句，本是一串，横插入颜渊一案,又加"仲尼独荐"四字,便令收处有根。何等惨淡经营!)盗跖日杀不辜,肝人之肉,暴戾恣睢,聚党数千人横行天下,竟以寿终。是遵何德哉?此其尤大彰明较著者也。(宕过一笔,不觉畅发胸中之愤。此实借酒杯浇魂礧,非传伯夷之本意矣。须分别思之。)若至近世,操行不轨,专犯忌讳,而终身逸乐,富厚累世不绝。或择地而蹈之,时然后出言,行不由径,非公正不发愤,(明指救李陵一事。)而遇祸灾者,不可胜数也。余甚惑焉,傥所谓天道,是耶非耶?(借题发意止此。以"天道"起,以"天道"结,自成章法。)

【眉批】幸富贵而与草木同腐,甘贫贱而与日月争光,各从其志而已。以下只发此意。所引经书,当以意会,不得将宋儒训诂强合之。

子曰"道不同不相为谋",亦各从其志也。故曰"富贵如可求,虽执鞭之士,吾亦为之。如不可求,从吾所好"。"岁寒,然后知松柏之后凋"。举世混浊,清士乃见。岂以其重若彼,其轻若此哉?(所重者名声,所轻者富贵。)

【眉批】上段两下相较而择所重,此段则单就所重一边言之。"名"字说到底。

"君子疾没世而名不称焉。"贾子曰:"贪夫徇财,烈士徇名,夸者死权,众庶冯生。""同明相照,同类相求。"(言德同则乐相称引。)"云从龙,风从虎,圣人作而万物睹。"(言圣人起于世,而人皆得附之以自见。与经之本义不同。)伯夷、叔齐虽贤,得夫子而名益彰。颜渊虽笃学,附骥尾而行益显。岩穴之士,趋舍有时若此,类名堙灭而不称,悲夫!(即由、光等推之,为万世一叹。)闾巷之人,欲砥行立名者,非附青云之士,恶能施于后世哉?

【注释】载籍:书籍也。

六艺:《易》、《诗》、《书》、《礼》、《乐》、《春秋》。

虞夏之文:谓虞夏之书,虞舜夏禹。

逊位:让位也。

岳牧：官名，四岳九牧也。

典：守也，主其事曰典。

许由：古隐士。

卞随、务光：并夏代隐士。

箕山：在今河南颖水县南。

吴太伯：周太王长子，欲成父志，让位其弟季历，而自逃于荆蛮，荆蛮义之，立为吴太伯。

伦：类也。

轶诗：不传之诗也。

传：轶诗之传。

孤竹：国名，姓墨胎氏。

中子：即仲子。

西伯：即文王，文王在商为西伯。

昌：文王名。

爰：于也。

弑：音试，下杀上曰弑。

兵之：杀之也。

太公：吕尚也。

首阳山：在今山西永济县雷首山。

薇：薇蕨初生时可充饥。

于：同吁，吁嗟，叹声。

徂：音锄，同殂以身赴死曰殂。

絜：同洁。

七十子：孔子弟子身通六艺者七十人。

颜渊：名回，孔子弟子，德行为第一。

屡空：数至空匮也。屡音虑。

厌：同餍，饱也。

蚤：同早。

夭：音杳，短命死也。

盗跖：春秋时大盗，鲁大夫柳下惠之弟。跖音只。

不辜：无罪也。辜音姑。

肝人之肉：脍人肝而脯之也。

睢：音虽，怒视也。

遵：循行也。

不执：不法也。

执鞭：贱者之事也。

疾：恶也。

没世：犹言至死也。

贾子：贾谊，汉文帝时人。

徇：音尽，以身赴之也。徇财，死于财也。

夸者：贪权势之人也。夸音诧。

冯：同凭，凭生，依赖生命也。

骥尾：骥音几。千里马也，附骥尾。本谓苍蝇附于骥尾，可致千里，以此为喻也。

淫：音因，埋也。

闾巷：穷士也。

砥：音纸，磨砺也。砥行，磨砺其品行也。行字去声。

青云：喻贵显也。

恶：音乌，何也。

施：加也，施于后世，谓声名加于后世也。

老庄申韩列传

老子者，楚苦县厉乡曲仁里人也，（既注其县，又详其乡里，先写得凿凿，为后文一片迷离作反激也。）姓李氏，名耳，字伯阳，谥曰聃，周守藏室之史也。（此为问礼作引。）

【眉批】此段莫认作贬诋仲尼，乃真是千古知己良朋，爱而切劘之雅。自圣人言之，则"温良恭俭让"也；自老子言之，则"骄气与多欲，态色与淫志"也。若谓唐突圣人，何痴说梦？

孔子适周，将问礼于老子。老子曰："子所言者，其人与骨皆已朽矣，（实是绝顶开示。）独其言在耳。（为则古称先者脑后一针。）且君子得其时则驾，（驾车而行也。与下"蓬累而行"相对。今人多误解。）不得其时则蓬累而行。吾闻之，良贾深藏若虚，君子盛德，容貌若愚。（"若虚"、"若愚"，正是蓬累作用。盖孔子之来，仪文都雅，故以是砭之。）去子之骄气与多欲，态色与淫志，是皆无益于子之身。吾所以告子，若是而已。"（去其无益者，则本体明而天真得矣，何容别加一语？）孔子去，谓弟子曰："鸟，吾知其能飞；鱼，吾知其能游；兽，吾知其能走。走者可以为罔，游者可以为纶，飞者可以为矰。至于龙吾不能知，其乘风云而上天。（得此一番赞叹，遂令千古而下不复闻訾议老子之言。吾尝恨释迦不得共孔子一堂酬对，因生无限异同，岂非缺事？）吾今日见老子，其犹龙邪！"（相视而笑，莫逆于心，惟孔知老，弟子未必知也。）

【眉批】伯夷、屈原二传及此传，则史公变体。《伯夷传》嵌旧传于中，而前后作议论。《屈平传》夹叙夹议，双管互下。此传则于"莫知所终"以下传文即毕，别缀异闻，忽明忽晦，忽实忽虚，写来全似画龙之法：风云晦冥之中乍露鳞爪，而其中莫非龙也。殆亦因孔子"犹龙"之喻，撰成此首异文。史公之神行千古，夫岂易识耶？

老子修道德，其学以自隐无名为务。（不露首尾，作用具此。）居周久之，见周之衰，乃遂去。(不知何处去，笔意渐玄。)至关，关令尹喜曰："子将隐矣，强为我著书。"(可谓多事，看"强为我"三字，妙。)于是老子乃著书上下篇，(著书本为尹喜，若老子，何必有书？)言道德之意("意"字深。)五千余言而去，莫知其所终。(一笔收过，却另起无数风云。此史公极意传神之笔。)

或曰：老莱子亦楚人也。著书十五篇，言道家之用，与孔子同时云。(意谓老莱或即李耳。)

盖老子百有六十余岁，或言二百余岁，以其修道而养寿也。(修养之名，实造端于此。)

自孔子死之后百二十九年，而史记周太史儋见秦献公(错落离奇。)曰："始秦与周合而离，离五百岁而复合，合七十岁而霸王者出焉。"(入此四句无谓，而文势得以小展。刻苦算得出来。)或曰儋即老子，或曰非也，世莫知其然否。(针锋簇簇，不可端倪。)老子，隐君子也。(总断一句，高极。东坡论黄石公本此。)

老子之子名宗，宗为魏将，封于段干。宗子注，注子宫，宫玄孙假，假仕于汉孝文帝。而假之子解为胶西王卬太傅，因家于齐焉。(此段历叙世次，与起处详书乡里官谱相应，皆以整赡束离奇之法。)

世之学老子者则绌儒学，儒学亦绌老子。"道不同不相为谋"，岂谓是邪？(语无轩轾，意自淡远。)李耳无为自化，清静自正。(结得奇，即所谓道德之意也。)

【注释】苦县：故城在今河南鹿邑县。

厉：音赖，《神仙传》作濑乡。

聃：音丹，耳漫无轮也。疑老子耳漫无轮，故世号曰聃。

藏室：藏书室也。老子为周守藏书室之史。

蓬累：犹扶持也。累上声。《说》者云"头戴物，两手扶之而行谓之蓬累"。

态色淫志：姿态之容色与淫欲之意志，皆无益于夫子，须除去也。

罔：网。

纶：钓丝也。

矰：音增，以丝系矢而射也。

关：函谷关，在今河南灵宝县南。

关令尹喜：《汉书·艺文志》、《关尹子九篇》注云"名喜，为关吏，老子过关，喜去吏而从之"。

五千余言：言，字也。

儋：音旦。

玄孙：远孙也。

假：音霞。

无为自化，清静自正：言无所造为，而民自归于正也。

太史公曰：老子所贵道，虚无，因应变化于无为，（此即一传文体定评。）故著书辞称微妙难识。（推为第一。）庄子散道德，放论，要亦归之自然。（次于老子一等。）申子卑卑，（申、韩总作一等。）施之于名实。韩子引绳墨，切事情，明是非，其极惨礉少恩。皆原于道德之意，（千古卓识，是合传本旨，何曾肯放过老子也？）而老子深远矣。

【注释】要：要领也。

庄子：名周，为蒙漆园吏，于学无所不阚，宗老子之术，著书十余万言，号曰《庄子》。

申子：申不害，郑人，其学本于黄帝而主刑名，著书二篇，号曰《申子》。

卑卑：自勉励也。

韩子：名非，喜刑名法术之学。

礉：同核，用法惨急而深刻也。

总评：玩篇末历叙世次，则孝文朝之李假上距伯阳才七世，固与史公同朝比肩者也。子孙世系名位秩然，绝非舍卫、恒河

（印度之大河，见内典。）荒远难征之比。然则青牛度谷，（《列异传》：老子西游，关令尹喜望见其有紫气浮关，老子果乘青牛而过。）有托而逃，不过蒿目周衰，（《庄子》"今之君子蒿目而忧世"。蒿，音好，平声。蒿目，尘眯目也。）洁身避世。谓之"隐君子"，真不易之定论矣。篇中一详乡里，一记胤嗣，（子孙也。胤音允。）去迹来踪，了如指掌；而偏要于著书隐去之后，凭空驾出许多传闻异词来，幻忽错综，令人捉摸不定。盖文章狡狯，（音皎鬼，奇滑也。）贵称（称，去声。）其人，所谓春蚕作茧，随遇成形。太史之书所以无奇不备，若不得其命意之所存，几何不等于痴人说梦也？

司马穰苴列传

【眉批】史公作文,必胸有成竹,故每于叙断之语管摄全传。如"文能附众,武能威敌"八字,实穰苴一传提纲,非孟浪语。

【眉批】按:监军之名始见于此。名为监军而实受将之节制,乃一时权宜之计耳。后世至以刑余统之,虽大帅元勋无不掣肘愤事,一何其昧于建置之初心也!

【眉批】表以测日景,漏以验时刻,出色画。书"日中"二字,杀机可怖。

【眉批】意与项羽责宋义之辞仿佛。然彼是私憾而曲加之罪,此却说得慷慨动人,所谓"文能附众"者,良不诬矣。

【眉批】只此是请监军意。

【眉批】看此段益见杀贾之志久有成心,纵不后期,亦必求他过以诛之,总欲借以立威而已。

【眉批】穰苴之用兵,颇有雍容之度,非专尚威武者也。但以起于庶孽,奋迹戎行,倘即极意拊循,终为其下所易,故不得已借一骄贵之夫杀之,以为弹压之本。迨其后一战功成,而世家之忮害旋作,愈知其前之苦心直与淮阴"背水"异用而同工者矣。

司马穰苴者,田完之苗裔也。(伏篇末案。)齐景公时,晋伐阿、甄,而燕侵河上,齐师败绩,景公患之。(详记连兵,为苴责庄贾数言张本。)晏婴乃荐田穰苴曰:(晏婴此举甚高,不见本传。此史家互见法。)"穰苴虽田氏庶孽,(玩此语,知当时支庶不获进身者多。)然其人文能附众,武能威敌,(无一字浪誉。)愿君试之。"景公召穰苴,与语兵事,大说之,以为将军,(骤贵。)将兵扞燕、晋之师。(重任。)穰苴曰:"臣素卑贱,君擢之闾伍之中,(谓闾阎之下,卒伍之俦。)加之大夫之上,士卒未附,百姓不信,人微权轻,愿得君之宠臣,国之所尊,以监军,乃可。"(孙武杀宠妃,穰苴诛庄贾。总是一副辣手,皆以羁旅疏贱之故,不得已而出此，当原其心以论之。）于是景公许之，使庄贾往。穰苴既辞，与庄贾约曰："旦日日中会于军门。"（顿出杀机。夫苴则何藉于庄贾之监哉？请以杀之而已。古云"愿得将军之头可以集事"，正此类也。）穰苴先驰至军，立表下漏待贾。贾素骄贵，（素骄贵，是苴特请监军本意。）以为将君之军而己为监，不甚急；亲戚左右送之，留饮。（骄贵本色。）日中而贾不至。穰苴则仆表决漏，（杀机遂决。）入，行军勒兵，申明约束。约束既定，（于"仆表决漏"之下补此三句，见其为时甚久。）夕时，庄贾乃至。穰苴曰："何后期为？"贾谢曰："不佞大夫亲戚送之，故留。"（骄贵声口。）穰苴曰："将受命之日则忘其家，临军约束则忘其亲，援枹鼓之急则忘其身。（一番议论，能使三军之士忠愤激发，即贾亦百喙难辞，故行法而能令人心服。若孙武于吴王二妃，徒以儿戏杀人，要不可同日语矣。）今敌国深侵，邦内骚动，士卒暴露于境，君寝不安席，食不甘味，百姓之命皆悬于君，何谓相送乎！"召军正问曰："军法期而后至者云何？"（写得严毅有体。凡此等处俱不厌其详。）对曰："当斩。"庄贾惧，使人驰报景公，请救。既往，未及返，（详写周匝。）于是遂斩庄贾以徇三军。三军之士皆振栗。久之，景公遣使者持节赦贾，驰入军中。（此只是文章余波相属之意，妙。已非正义，须分轻重看。）穰苴曰："将在军，君令有所不受。"问军正曰："军中不驰，今使者驰，云何？"正曰："当斩。"使者大惧。穰苴曰："君之使不可杀之。"乃斩其仆，车之左驸，马之左骖，以徇三军。（军法虽严，何尝不可通融？当面转换得妙。夫庄贾何尝不受命于君哉？）遣使者还报，然后行。士卒次舍井灶饮食问疾医药，身自拊循之。（有前一段之威烈，不可无此一段之慈仁。）悉取将军之资粮享士卒，身与士卒平分粮食，最比其羸弱者，（累累写成一串，史公得意笔都如此。）三日而后勒兵。病者皆求行，争奋出为之赴战。（与前"三军之士皆振栗"作两扇收束。）晋师闻之，为罢去。（先声夺人，妙。）燕师闻之，渡水而解。于是追击之，遂取所亡封内故境而引兵归。（写得淋漓满志，此皆未必实然之语，而文如此始畅。）未至国，释兵旅，解约束，誓盟而后入邑。（与"立表下漏"处遥应，真经济学问人。）景公与诸大夫郊迎，劳师成礼，然后反归寝。（渲染。）既见穰苴，尊为大司马。田氏日以益尊于齐。（传穰苴已完，轻轻一笔递下，乃知起处勤叙田氏之妙。史公文字未有一笔落空者也。）

已而大夫鲍氏、高、国之属害之，谮于景公。景公退穰苴，苴发疾而死。（孤单之难振如此，益见监军一案，非此几败乃公事矣。）田乞、田豹之徒由此怨高、国等。其后及田常杀简公，尽灭高子、国子之族。（此何足纪？聊为穰苴吐气耳。史公往往心爱其人，则临文不无过当处。）至常曾孙和，因自立，为齐威王，用兵行威，大放穰苴之法，而诸侯朝齐。（又得一振，而《穰苴传》方收得不寂寞。）

【眉批】穰苴既为大司马，则自可称为司马穰苴。此文以兵法之名连及，乃一虚实互见之妙，正不必泥。

齐威王使大夫追论古者《司马兵法》而附穰苴于其中，因号曰《司马穰苴兵法》。（前并不为"司马"二字作解，至此补出，奇妙绝人。）

【注释】穰苴：音攘疽。

田完：陈厉公佗之子，奔齐为齐工正，卒谥敬仲。

苗裔：犹言子孙也。

阿、甄：音乌真，皆齐邑。

河上：黄河南岸地。

败绩：全军覆没也。

庶孽：支子也。

说：同悦。

扞：音旱，抵御也。

闾伍：闾阎俦类之中，言微贱也。

贾：音假。

旦日：明日也。

立表：谓立木为表，以视日景。

下漏：谓下滴漏以知刻数。

仆：音赴，卧其表也。

决：决去壶中漏水也。

不佞：不才也，自称之谦词。

援：音袁，操也。

枹：音浮，又音孚，鼓椎也。

深侵：深入也。

暴：音薄。

军正：掌军法之官。

徇：号尽，令也。

振粟：恐惧也。

驸：音附，车箱外之立木，承重较者。

骖：音参。骖马，在服马之旁者。古者一车四马，中两马为服马，在旁者为骖马。

拊循：抚慰也。拊同抚。

最比：犹言考校也。

羸：音雷，弱也。谓考校其老弱者而汰除之也。

勒：部勒也。

鲍氏、高、国：鲍氏、高氏、国氏皆齐上卿，世执政柄者。

谮：音正，谗害也。

田乞、田豹：田乞，田僖子，豹亦僖子之族。

常：田常。

放：同仿，效法也。

太史公曰：余读《司马兵法》，闳廓深远，虽三代征伐，未能竟其义，如其文也，亦少褒矣。（贬语蕴藉。）若夫穰苴，区区为小国行师，何暇及《司马兵法》之揖让乎？（其意明以揖让之义为少褒，则穰苴"何暇及"处，正是善用其法处也。是赞穰苴，非抑之也。）

世既多《司马兵法》,以故不论,著穰苴之列传焉。

【注释】闳廓:音红哭,博大也。

少褒:谓司马法,说行军揖让。有三代之法,而齐区区小国,又当战国之时,故云少褒。褒,美也。

商君列传

【眉批】千古但知王半山"天变不足畏,人言不足恤,祖宗不足法"之语,为万世罪人,不知开山之祖乃卫鞅,已尽发其底蕴也。半山处弱势而所任用者非其人,故祸深而其行不远。卫鞅据强国而一衷于独断,故颇有效于国,而徒以自祸其身。若其立意,则合若符节者也。

【眉批】以上廷辩之言,针锋簇竖,文势亦极可观。

孝公既用卫鞅,鞅欲变法,恐天下议己。(可知惟欲抵拦人言。)卫鞅曰:"疑行无名,疑事无功。(此先绝其犹豫之见。)且夫有高人之行者,固见非于世;(此言"人言不足恤"。)有独知之虑者,必见敖于民。(敖字借作訾訾之义。)愚者暗于成事,知者见于未萌。(此言不必集思广益。)民不可与虑始,而可与乐成。(二句颇当于理。)论至德者不和于俗,成大功者不谋于众。(此言要在独断独行。)是以圣人苟可以强国,不法其故;苟可以利民,不循其礼。"(此四语明明自露破绽,而孝公甘心焉,溺于强国利民之说也。)孝公曰:"善。"甘龙曰:"不然。圣人不易民而教,知者不变法而治。因民而教,不劳而成功;缘法而治者,吏习而民安之。"(其论虽正,然亦足以长啙窳苟且之习,宜不足以服鞅。)卫鞅曰:"龙之所言,世俗之言也。常人安于故俗,学者溺于所闻。以此两者居官守法可也,非所与论于法之外也。(圣人神而化之,使民宜之,亦但神化于法之中耳。岂有离法而求治者乎?)三代不同礼而王,五伯不同法而霸。知者作法,愚者制焉;贤者更礼,不肖者拘焉。"(独不谓"损益可知:因者居其全,变者居其一二"乎?)杜挚曰:"利不百,不变法,功不十,不易器。法古无过,循礼无邪。"(此亦在功利上起见,如以利,则何所不至?宜其亦不足以折鞅。)卫鞅曰:"治世不一道,便国不法古。(看其辨,亦几穷矣。支吾甚赘。)故汤、武不循古而王,夏、殷不易礼而亡。反古者不可非,而循礼者不足多。"(此数语则口给御人,而奸邪亦因之异露矣。奈何甘、杜二子遂无以诘之？）孝公曰："善。"以卫鞅为左庶长，卒定变法之令。

【眉批】当时诸国争衡，游谈纵横之际，所最忌者以国情输敌也。秦自立告奸连坐之法，咸阳以内，重足一迹，其势益厚。职此之由，旧解以淫奔之说为奸，谬甚。

令民为什伍，而相收司连坐。（其"连坐"之法，见下三句。）不告奸者腰斩，告奸者与斩敌首同赏，匿奸者与降敌同罚。（比例斩敌、降敌，则为奸细之人甚明。）民有二男以上不分异者，倍其赋。（此益户富国之本。）有军功者，各以率（与律同。）受上爵；为私斗者，各以轻重被刑。（此强兵之要。）大小僇力本业耕织，（此段申言富国之条目。）致粟帛多者，复其身。（免其一身力役。）事末利及怠而贫者，举以为收孥。（没入官为奴婢。）宗室非有军功论，不得为属籍。（此段申言强兵之条目。以宗室言之，其下可知。）明尊卑爵秩等级，各以差次，名田宅臣妾衣服以家次。有功者显荣，无功者虽富无所芬华。（即军功。）

【眉批】先辈言商君之法，秦之所以兴，亦秦之所以亡；身之所以荣，亦身之所以僇。谅哉！夫秦之民，固邠、岐、丰、镐之旧民也，即使地气高凉，性饶劲悍，然尊君亲上、孝友乐易之风亦渐摩甚深，卒难摇夺。至商君，以酷烈之气涤荡无余，十年之间丧其故我，终秦之世，不可复回，其祸可胜道哉？

令既具，未布，恐民之不信已，（对针上"恐天下议已"。）乃立三丈之木于国都市南门，募民有能徙置北门者予十金。（虽在赏处写，亦有酷烈之气。）民怪之，莫敢徙。复曰："能徙者予五十金。"有一人徙之，辄予五十金，以明不欺。卒下令。

令行于民期年，秦民之国都言初令之不便者以千数。于是太子犯法。（既云"民不便令"，不即写民，却接太子犯法，鞅总拿定"法行自近"之意以起手。）卫鞅曰："法之不行，自上犯之。"将法太子。太子，君嗣也，不可施刑，刑其傅公子虔，黥其师公孙贾。明日，秦人皆趋令。（持之者期年，决之者一日，妙。）行之十年，秦民大说。（"可与乐成"之效。)道不拾遗,山无盗贼,家给人足。民勇于公战,怯于私斗,乡邑大治。秦民初言令不便者(转笔,遥接"言令之不便者以千数"句。)有来言令便者,(并"言令便者"亦迁之,方尽独断之勇。)卫鞅曰"此皆乱化之民也",尽迁之于边城。其后民莫敢议令。

【注释】孝公:秦孝公。

卫鞅:即商君。鞅封于商,故号商君。鞅音养。

敖:同謷,音傲,訾謷议论其短也。

知者:知,同智。

乐:音洛。

甘龙:孝公之臣,甘姓,名龙。

更礼:平声,改也。

杜挚:孝公之臣。

左庶长:秦爵第十级。

什伍:五家为保,十家相连,或为十保,或为五保,后世保甲法倣此。

倍其赋:民有二男不别为活者,一人出两课。

率:同律,爵命之等曰律。

复其身:免役也。

孥:音奴,妻子也。

宗室:齐之公族也。

属籍:宗谱也。

家次:谓各随其家爵秩之班次,不使僭侈踰等。

芬华:犹显荣也。

徙:音细,迁也。

法太子:行法于太子也。

黥:音擎,墨刑也。

趋令:趋,同趋,犹言奉令也。

说：同悦。

总评：商君变法一事，乃三代以下一大关键。由斯以后，先王之流风余韵遂荡然一无可考，其罪固不可胜诛。然设身处地，以一羁旅之臣，岸然（犹毅然，独立不移也。）排父兄百官之议，任众怨，兼众劳，以卒成其破荒（初见之事曰破天荒。）特刱（同创。）之功，非绝世之异才不能为也。故吾以为古今言变法者数人：卫鞅，才子也；介甫，（王安石，字介甫，一字半山，宋神宗朝为相，力主变法。）学究（书生之通称。）也；赵武灵王，雄主也；魏孝文帝，明辟（明君也。）也。其所见不同，而有定力则一。惟学究之害最深，以其执古方以杀人，而不知通其理也。

张仪列传

张仪者，魏人也。始尝与苏秦俱事鬼谷先生，学术。苏秦自以不及张仪。（一生履历，两人俱自估得定。）

【眉批】战国时，曳裾侯门者谁非贫士，而独以盗璧疑张仪？且于"贫"字之下坐以"无行"，仪必有以取之矣。迹其一生所为，贪昧苟贱，有市人奴隶之所不屑为者，而仪无不为之，则侍饮盗璧犹常事耳。《仪传》本不足录，爰起段词理致佳，摘为小品，诚不愧雁宕一峰，峨眉片月也。

张仪已学而游说诸侯。尝从楚相饮，已而楚相亡璧，门下意张仪，（插此一段，小小点缀，全为"舌存"起脉，并与范雎受辱处不同。）曰："仪贫无行，必此盗相君之璧。"（小人诬赖，不足道；然仪必有以致之。）共执张仪，掠笞数百，不服，释之。其妻曰："嘻！子毋读书游说，安得此辱乎？"（致辱在此，致荣亦在此，妇人只见目前。）张仪谓其妻曰："视吾舌尚在否？"（极自负语，但不可明言，然胜于明言多矣。）其妻笑曰："舌在也。"仪曰："足矣。"

【注释】鬼谷先生：六国时纵横家，居鬼谷，故因以为号，鬼谷在今河南登封县东南。

已学：异业也。

亡：失也。

行：去声，品行也。

掠笞：音略雌，鞭责也。

毋：犹不也。

【眉批】苏秦说六国，为从约长，身相赵王，持浮说以诳富贵。彼固谓从亲之后不忧秦伐耳。若惴惴焉，虑秦兵一出而从约即解，思得一人阴握秦柄以幸旦夕无事，已得保其宠荣者。乃其隐微独苦之情，而不可令六王窥破者也。故其激仪之词，"恐其乐小利而不遂"，语意浑融，惟仪心会。苟明明以败从为言，则赵王亦安用空名无实之从亲而畀之相印哉？故吾谓"舍人辞去"数语为非当日之情事也。

　　苏秦已说赵王而得相约从亲，然恐秦之攻诸侯，败约后负，念莫可使用于秦者，（苏秦能用张仪，即秦之胜仪矣。而自谓不及者，固就大结局处言之，非他人所晓。）乃使人微感张仪曰："子始与苏秦善，今秦已当路，子何不往游，以求通子之愿？"（两辩士必无共事之理，仪之此来，毕竟为楚相一辱，急不择音之故。）张仪于是之赵，上谒求见苏秦。苏秦乃诫门下人不为通，又使不得去者数日。已而见之，坐之堂下，赐仆妾之食。（拷弄张仪，只是推堕于渊，升之于膝，使其感出意外，以示智术能笼络之而已。）因而数让之曰："以子之材能，乃自令困辱至此。（语未尝不扬之，故妙。）吾宁不能言而富贵子，子不足收也。"谢去之。张仪之来也，自以为故人，求益反见辱，怒，（写张仪入苏秦彀中，意本直致，而又能隽宕，故奇。）念诸侯莫可事，独秦能苦赵，乃遂入秦。

　　苏秦已而告其舍人曰："张仪，天下贤士，吾殆弗如也。今吾幸先用，而能用秦柄者，独张仪可耳。（略逗，说明不得。妙。）然贫，无因以进。吾恐其乐小利而不遂，故召辱之，以激其意。子为我阴奉之。"（说得大方，是明告舍人语，恰是阴告张仪语。仪能解其意，舍人不解也。）乃言赵王，发金帛车马，使人微随张仪，与同宿舍，稍稍近就之，奉以车马金钱，所欲用，为取给而弗告。（术甚浅，只是贫窘中易感耳。思之可叹。）张仪遂得以见秦惠王。惠王以为客卿，与谋伐诸侯。

　　苏秦之舍人乃辞去。（凑机，妙。）张仪曰："赖子得显，方且报德，何故去也？"舍人曰："臣非知君，知君乃苏君。苏君忧秦伐赵败从约，以为非君莫能得秦柄，故感怒君，（此数语恐当日未必明明说出，若说出，一毫无味矣。史公未检之笔也，不可不晓。）使臣阴奉给君资，尽苏君之计谋。今君已用，（只此已足。）请归报。"张仪曰："嗟乎，此吾在术中而不悟，吾不及苏君明矣！（苏秦只要讨他这一句。）吾又新用，安能谋赵乎？（是正答，却非真言。）为吾谢苏君，苏君之时，仪何敢言。(此八字方是针锋准对语。)且苏君在,仪宁渠能乎!"(此又自明不及之意。)张仪既相秦,为文檄告楚相曰:"始吾从若饮,我不盗而璧,若笞我。若善守汝国,我顾且盗而城!"(短简古隽,绝妙古文,后人安能措手?)

【注释】从:音宗,六国联合摈秦曰从。从亲,以合从相亲善也。

败约后负:谓六国败坏从约后而已失势也。

当志:得志居要地也。

已而:俗言过一会。

数让:多次责让也。数音朔。

宁不能言:犹言其不能言。

收:录用也。

奉:供给也。

乐:音浴。

遂:大得志也。

微:隐匿不使人知也。

舍人:左右亲近之人,即与仪同宿舍者。

渠:同讵。宁讵能乎,自谓不能也。

檄:读如亦,为文书责之也。

若:汝也。

而:亦汝也。

顾:指顾间也。

且:将也。

总评:苏、张同门学术,而苏秦早自以为不及张仪。迨其后,仪以相秦善终,秦以术穷车裂。虽其人品本无低昂,而迹其成败之由,秦之不及仪也明矣。虽然,鬼谷之术,吾不知其何术,度不过揣测人情,纵横游说而已。今观《国策》所载苏秦说六国之辞，机局变化，议论精悍，绝无印板气格，所不欲明言者，连鸡不能俱栖之一着耳。（秦惠王曰："苏秦欲以一人之智，反覆山东之君，夫诸侯之不可一，犹连鸡之不能俱止于栖，见《国策》。连，谓绳系之。）张仪说六国事秦，则一味恫疑虚喝，欺昧丧心，文章滤漫，（空泛也。）亦无好致。（态度也。）然则秦之术何必不胜仪？正由露颖太早，既不能为用秦之易，则不得不为用六国之难。自知傀儡（傀儡，音块累，木偶人也。）场中刻木牵丝，原无实用，聊借一朝轰烈，吐引锥刺股之气耳。（苏秦读书欲睡，引锥刺股。见《国策》。）苏、张皆小人之尤，而张更狙（音疽，又音咀，狡黠也。）诈无赖，故附辨之，即史公"毋令独蒙恶声"之旨也（见苏秦传赞。）。

孟子荀卿列传

【眉批】以孟、荀为一传之纲，重儒术也。其下乃将驺子、淳于之属连牵串入，文势既极变化，则主脑或恐不明，故特作一冒在传前，而专以孟子之言为主，正是绝大好间架。

太史公曰：余读《孟子》书，至梁惠王问"何以利吾国"，未尝不废书而叹也。曰：嗟乎，利诚乱之始也！（以大旨挈出在前，是一篇占地步处。）夫子罕言利者，常防其原也。故曰"放于利而行，多怨"。自天子至于庶人，好利之弊何以异哉！（櫽括《孟子》中"王曰：何以利吾国"一节文字。）

【注释】罕：音汉，少也。

放：依也。

【眉批】汉初人能为此语者，仲舒、贾谊之外，盖绝响矣。史公卓识，亦何可及哉！

孟轲，邹人也。受业子思之门人。（史公好奇横而后儒雅，故于儒者事迹，儒雅之言辄略而不详，意虽尊崇而文难出色也。）道既通，游事齐宣王，宣王不能用。适梁，梁惠王不果所言，则见以为迂远而阔于事情。（齐、梁语变，孟子传只此已毕。）当是之时，（推原一段，借客形主，已是传外论断矣。）秦用商君，富国强兵；楚用吴起，战胜弱敌；齐威王、宣王用孙子、田忌之徒，而诸侯东面朝齐。天下方务于合从连横，以攻伐为贤，（此是齐、梁不用孟子之注脚耳，非作实事叙也。）而孟轲乃述唐、虞、三代之德，是以所如者不合。退而与万章之徒序《诗》、《书》，述仲尼之意。（孟子所称引，要不出此。）作《孟子》七篇。其后，有驺子之属。（总挈合传之奇，莫奇于此。）

齐有三驺子。（另提。）其前驺忌，以鼓琴干威王，因及国政，（一个极略。）封为成侯而受相印，先孟子。（妙在借用孟子作定盘星。）

【眉批】东坡之论禅学也,谓辩欲穷窘则推而堕之汪洋大海之中,令人不复知边际所在,则骇以为神奇。驺子之学大率类此。汉武帝时,文成、五利之属敢为大言,处之不疑,其胚胎固已具于此矣。史公明知其荒渺不经,而偏详写之,徘徊叹咏,殆深有感于时事而借题发泄,非偶然也。

【眉批】驺衍之书,大抵奇恣洸洋,不可方物者也。史公于他人数言隳括,独于衍之作亹亹不休,固由于好奇之心,亦以文字易于浩博,可以踞一篇之胜耳。然易非史家之常法矣。

其次驺衍,后孟子。驺衍睹有国者益淫侈,不能尚德,(一个极详。)若《大雅》整之于身,施及黎庶矣。(此二句是驺衍著书本意。)乃深观阴阳消息(此二句是驺衍著书根柢。)而作怪迂之变,《终始》、《大圣》之篇十余万言。(此三句是驺衍著书条目。《终始》、《大圣》则篇名也。)其语闳大不经,必先验小物,推而大之,至于无垠。(其作用则不出乎此,下又逐段征引以实之。)先序今以上至黄帝,学者所共术,(殆谓学者所共守之术。)大并世盛衰,(大概随世以为盛衰也。)因载其机祥度制,(即祸福。)推而远之,至天地未生,窈冥不可考而原也。(已上一段,是竖览千秋。)先列中国名山大川,通谷禽兽,水土所殖,物类所珍,因而推之,及海外人之所不能睹。(已上一段,是横览八极。)称引天地剖判以来,五德转移,(此承上叙"今上黄帝"一段。)治各有宜,而符应若兹。(如《封禅书》公孙卿之说"汉土德而黄龙见",即符应也。)以为儒者所谓中国者,于天下乃八十一分居其一分耳。(此承上"列中国名山大川"一段,文有详略而明是两扇格。)中国名曰赤县神州。赤县神州内自有九州,禹之序九州是也,(荒唐之说,津津道之,正以可资谈锋耳。)不得为州数。(文笔简劲。)中国外如赤县神州者九,乃所谓九州也。(九夷、八蛮,固已职方所掌,安所得九之数而整齐之乎?)于是有裨海环之,(然则裨海外之八州,公又安从而知之?)人民禽兽莫能相通者,如一区中者,乃为一州。如此者九,乃有大瀛海环其外,(浩博洸洋得未曾有。)天地之际焉。其术皆此类也。(总结上四段。)然要其归,(应《大雅》整身,施及黎庶"一段。)必止乎仁义节俭,君臣上下六亲之施。始也,滥耳。(以一"滥"字断尽之。)王公大人初见其术,(此即惊怖之浩远。)惧然顾化,(惧同瞿。)其后不能行之。(即仁义节俭之旨。)

【眉批】意与陈代枉尺直寻之旨略同,为驺子立地步,亦高。

是以驺子重于齐。适梁,梁惠王郊迎,执宾主之礼。(俱从"瞿然顾化"中得来。)适赵,平原君侧行撇席。(逐句变体,错综之甚。)如燕,昭王拥彗先驱,请列弟子之座而受业,筑碣石宫,身亲往师之。其游诸侯见尊礼如此,岂与仲尼菜色陈、蔡,孟轲困于齐、梁同乎哉!(回顾孟子,忽援仲尼作伴,尊孟子极矣。)故武王以仁义伐纣而王,伯夷饿不食周粟;卫灵公问陈,而孔子不答;(又引伊尹、孔子伴孟子,天矫极矣。)梁惠王谋欲攻赵,孟轲称大王去邠。(引古不必尽合,自妙。)此岂有意阿世俗苟合而已哉!(此句极为孟子占身分,便一笔扫落诸子。)持方枘欲内圆凿,其能入乎?(感慨之中微带讽意,以引入下段。)或曰,伊尹负鼎而勉汤以王,百里奚饭牛车下而缪公用伯,(特引此义,仍合到驺衍作用,笔端幻忽极矣。)作先合,然后引之大道。(再应"瞿然顾化"及"仁义节俭"之意。)驺衍其言虽不轨,倘亦有牛鼎之意乎?(语意新妙,不说煞,更妙。)

【眉批】此处第一束。

自驺衍与齐之稷下先生,(稷下,齐人游士所集。今纪其尤著者如髡等耳。以此为下半提纲。)如淳于髡、慎到、环渊、接子、田骈、驺奭之徒,各著书言治乱之事,以干世主,岂可胜道哉!(笔端有眼,与孟子"不阿世苟合"不同。)

【注释】孟轲:字子舆。轲音柯。

邹:鲁邑名,今山东邹县。

子思:孔子孙,名伋。

阔:犹远也。

孙子:名膑。

田忌：即田期思。

合纵连横：六国连合摈秦，为合从；六国连合事秦，为连横，从音宗。

如：往也。

万章：孟子门人。

邹：同邹。

大雅：谓有德之君子。

言：古以一字为一言。

垠：音痕，边也。

祇：音饥，祥也。

窈冥：音杳明，深远也。

五德：金木水火土也。

稗：音败。稗海，小海也。

六亲：父子兄弟，姑甥舅昏媾姻亚。

滥：滥觞，江源之初始也。谓衍之术，言君臣上下亲之际，行事之所施所治，皆可以为后代之本，故云滥耳。

惧：同瞿，音遽。瞿然，惊貌。

顾化：心留顾而已化之，欲从其术也。化者易常闻而贵异术也。

平原君：赵公子，名胜。

襒：同拂，谓侧行而衣拂席为敬，不敢正坐当宾主之礼也。

彗：音遂，帚也。谓为之扫地，以衣袂拥帚而却行，恐尘埃之长者，所以为敬也。

碣石宫：在今直隶蓟县。

仲尼：孔子字。

菜色：饥饿之色也。凶年，人专食菜，故肌肤青黄为菜色也。

陈：去声，作阵。

邠：同豳，音冰，地名，今为县，在陕西关中道。《孟子》"太王去邠"为对滕文公事，与此不同。

阿：音乌，谄附也。

方枘：笋也。

内：同纳，入也。

圆凿：孔也。

负鼎：伊尹负鼎俎以割烹要汤，见《孟子》。

饭牛：饲牛也。饭，上声。百里奚事见《孟子》。

伯：同霸。

不轨：不合常道也。

牛鼎之意：按即上所谓伊尹负鼎而勉汤以王，百里奚饭牛车下而穆公用霸之意。

稷下先生：稷，齐之城门也，谓齐之学士集。

骈：音便，平声。

奭：音失。

干：求也。

道：言也。

【眉批】一传合叙十余人，而孟、荀以外所独详者，邹衍、淳于髡也。衍则有"先作合而后引之以大道"之美，髡则有"谏说慕晏婴"及"终身不仕"之高，故以四子为经，而诸子组织其中。读史者当先识其造意之处而后观其剪裁之方，则不至目迷五色矣。

淳于髡，齐人也。博闻强记，学无所主。其谏说，慕晏婴之为人也，（超出诸子一等，为占身分而虚得妙。）然而承意观色为务。（先提纲。）客有见髡于梁惠王，惠王屏左右，独坐而再见之，终无言也。惠王怪之，以让客曰："子之称淳于先生，管、晏不及，（一作婴。连属名姓，亦一法。）及见寡人，寡人未有得也。岂寡人不足为言耶？何故哉？"客以谓髡。（叙法简当。）髡曰："固也。吾前见王，王志在驱逐；后复见王，王志在音声：吾是以默然。"（此"承意观色"之实用，亦自奇绝。

然必诇探而先知之耳,恐未必有此"他心通"法也。)客具以报王,王大骇,曰:"嗟乎,淳于先生诚圣人也!(歆动得奇,合拍得易。)前淳于先生之来,人有献善马者,寡人未及视,会先生至。后先生之来,人有献讴者,未及试,亦会先生来。(二段倒叙,在惠王口中便有许多幻忽。若先说在前而后以"志在驱逐"二语道破之,便同嚼蜡矣。此可悟作记叙法。)寡人虽屏人,然私心在彼有之。"(宛然如脱于口。)后淳于髡见,壹语连三日三夜无倦。(故作擒纵,与前"无言"作渲染。)惠王欲以卿相位待之,髡因谢去。(髡亦诸子中之佼佼者,故叙之加详。)于是送以安车驾驷,束帛加璧,黄金百镒。终身不仕。(髡之行藏别具《滑稽传》,此则就文设色耳,不必太拘。)

【注释】髡:音坤。

晏婴:齐景公相。

屏:音丙。屏左右,斥退左右之人。

让:责也。

谓髡:告髡也。

固也:犹言原是如此。

驱逐:驰驰。

讴:音欧,歌也。

安车:坐乘之车,古者车有立乘,有坐乘。

驷:四马也。坐乘本一马,而此四马也。

镒:音益,二十两也。

【眉批】详一段,简一段,叙一段,断一段,此种夹互法,史公以外未见其两。《易》曰"物相杂谓之文",非天下之至文,何足以语此?

【眉批】此处第二束。

慎到,赵人。田骈、接子,齐人。环渊,楚人。皆学黄老道德之术,因发明序其指意。(合叙三人,专就著书处总断一笔,以简笔间之。)故慎到著《十二论》,环渊著《上下篇》,而田骈、接子皆有所论焉。

【注释】黄老：黄帝、老子之术。

驺奭者，齐诸驺子，亦颇采驺衍之术以纪文。（前并提三驺子。二驺之后，又别间许多议论，而以奭缀于诸子之末。奇绝之文，总要识其穿破、联络所在。）于是齐王嘉之，自淳于髡以下，皆命曰列大夫，为开第康庄之衢，（与驺衍"见尊礼"遥应。）高门大屋，尊宠之。览天下诸侯宾客，言齐能致天下贤士也。（齐之尊士，名而已矣。特著一个"言"字，褒贬灼然。）

【注释】颇：音坡，甚也。

纪文：作文也。

嘉：美也。

列大夫：在大夫之列也。

开第：建第宅也。

康庄之衢：大道也。《尔雅》曰"四达谓之衢，五达谓之康，六达谓之庄"。

致：招致也。

览：同揽，总持也，招揽也。

【眉批】于荀子文中品目诸子，犹起处之引田忌、孙子辈作衬垫也。史公文绝去排偶之迹，而意象整齐不苟如此。

【眉批】错综蓬勃，笔意横绝。

荀卿，赵人。（题曰孟、荀，以孟起，以荀收，亦金声玉振之义，非漫然为之也。）年五十始来游学于齐。驺衍之术迂大而闳辩；奭也文具难施；淳于髡久与处，时有得善言。（品诸子，具有别致。）故齐人颂曰："谈天衍，（洸洋。）雕龙奭，（藻丽。）炙毂过髡。"（过，平声，与"锅"近，车毂下盛脂之器，炙之而其流不尽。言其辩展转而不穷也。）田骈之属皆已死齐襄王时，而荀卿最为老师。齐尚修列大夫之缺，而荀卿三为祭酒焉。（就诸子较量一番，归重于荀，大义了了。）齐人或谗荀卿，荀卿乃适楚，而春申君以为兰陵令。春申君死而荀卿废，因家兰陵。（叙荀卿独甚潦倒,同于孟子之困抑,而异于诸子之荣光。此孟、荀合题意也。)李斯尝为弟子,已而相秦。(此语偶及,非本传所重。)荀卿嫉浊世之政,亡国乱君相属,(明明与篇首富国强兵等语作反射。)不遂大道而营于巫祝,信机祥,(明明与驺衍怪迂反射。)鄙儒小拘,如庄周等又猾稽乱俗,(明明与髡、奭诸子之术反射。)于是推儒、墨、道德之行事兴坏,序列著数万言而卒。(此则特举以与《孟子》七篇作两头激应,为一传间架本末。)因葬兰陵。(此下又以当时游士之著名者附见一二,不为正文。)

而赵亦有公孙龙为坚白同异之辨,剧子之言;魏有李悝,尽地力之教;楚有尸子、长卢;阿之吁子焉。自孟子至于吁子,世多有其书,故不论其传云。

盖墨翟,宋之大夫,善守御,为节用。或曰并孔子时,或曰在其后。(墨翟疑与诸子不同时,故又别附之。)

【注释】荀卿:名况,卿者,时人相尊而号为卿也。

谈天衍:刘向《别录》云"驺衍所言五德,终始天地广大,书言天下事,故曰谈天衍"。

雕龙奭:奭,修衍之文饰,若雕镂龙文,故曰雕镂奭。

炙毂过:过字作輠。輠者,车之盛膏器也。炙之虽尽,犹有余流也,淳于髡智不尽,如炙輠也,故曰炙輠髡。輠音果。

祭酒:古者礼食必祭,先饮酒亦然。必以席中之尊者一人当祭,后因以为官名。

春申君:楚公子,姓黄名歇。

兰陵:楚邑,故城在今山东峄县东。

属:音足,连及也。

滑稽:滑,乱也;稽,同也。言辩健之人言非若是,说是若非,能乱同异。一说读若骨稽,流酒器也,转注吐酒,终日不已。言出口成章,词不穷竭,若滑稽之吐酒。一说滑稽俳谐也,滑读如字。稽音计。言谐语滑利,智计疾出也。

儒墨：儒家墨家。

坚白同异：公孙龙著《守白论》，行于世。坚白，即守白也。言坚执其说，如墨子墨守之义，自坚白之论起，辨者互执是非，不胜异说，公孙龙能合众异而为同，故谓之同异。

剧子：著书之人，姓剧氏，而称子也。剧音及。

悝：音灰。

地力：耕田也。

尸子、长卢：尸子，名佼。长卢，亦人姓名。并有著作，《尸子》二十篇，《长卢》九篇。

阿之吁子：阿者东阿，齐地名，吁音芋。《别录》作吁子，著书十八篇。

善守御：《墨子》云"公输班为云梯以攻，宋墨子解带为城，以牒为械，九拒之而有余"。

孟尝君列传

【眉批】《战国策》载薛公、田文语数篇，真得纵横之精者，乃知孟尝之机锋铦利自幼已然。观此二段可知。

初，田婴有子四十余人，其贱妾有子名文，文以五月五日生。婴告其母曰："勿举也。"（以贱妻所生，不欲举之子，而独得继统，谈何容易！）其母窃举生之。及长，其母因兄弟而见其子文于婴。田婴怒其母曰："吾令若去此子，而敢生之，何也？"文顿首，因曰："君所以不举五月子者，何故？"（前二段皆写孟尝卓识过人，能自振拔之实。）婴曰："五月子者，长与户齐，将不利其父母。"（一腔俗谛，自以"齐户"为虑，不觉以"跨灶"为幸。）文曰："人生受命于天乎？将受命于户乎？"婴嘿然。文曰："必受命于天，君何忧焉。必受命于户，则高其户耳，谁能至者！"（真滑稽之雄。）婴曰："子休矣。"

【眉批】人当萧寂之时，偏多道眼，一入繁华之会，顿适迷途。今观文之说父，以为"厚积余藏，遗所不知何人"，可谓明矣。然当"三窟"计成，封殖无厌，听雍门之歌而涕泗横流者，又何其戚也！夫患常生于多欲，而感每切于穷时。文之相齐，盖亦忘公家之事而便其身图者也。违心之谈，徒欲假以奸嫡位耳，岂足道哉！

久之，文承间问其父婴曰："子之子为何？"（欲求出头，更忍不住。）曰："为孙。""孙之孙为何？"（好机锋。）曰："为玄孙。""玄孙之孙为何？"曰："不能知也。"（言至此，不觉索然。）文曰："君用事相齐，至今三王矣，齐不加广，（只带说以定门面，意不在此。）而君私家富累万金，门下不见一贤者。（立意好客，已见于此。）文闻将门必有将，相门必有相。（自负语，亦以抹倒四十余兄弟。）今君后宫蹈绮縠而士不得短褐，仆妾余粱肉而士不厌糟糠。今君又尚厚积余藏，欲以遗所不知何人，（妙语解人颐。）而忘公家之事日损，（带应。）文窃怪之。"于是婴乃礼文，使主家待宾客。宾客日进，名声闻于诸侯。（孟尝君若不得宾客之力，安能越次为太子？故知其权略过人。）诸侯皆使人请薛公田婴以文为太子，婴许之。婴卒，谥为靖郭君。而文果代立于薛，是为孟尝君。

孟尝君在薛，招致诸侯宾客及亡人有罪者，皆归孟尝君。孟尝君舍业厚遇之，（孟尝君门下宾客最杂，即代营三窟之冯煖，犹不过狙诈狡猾之尤，况其他乎？故史公写法亦迥异。）以故倾天下之士。食客数千人，无贵贱一与文等。孟尝君待客坐语，（实写二事，以征结客之略。）而屏风后常有侍史，主记君所与客语，问亲戚居处。客去，孟尝君已使使存问，献遗其亲戚。孟尝君曾待客夜食，有一人蔽火光。客怒，以饭不等，辍食辞去。孟尝君起，自持其饭比之。客惭，自刭。（以上二事，皆所以待庸流耳。）士以此多归孟尝君。（此中定无佳物。）孟尝君客无所择，皆善遇之，（重写一遍，饱满之极。）人人各自以为孟尝君亲己。（写得出。）

【注释】田婴：齐威王少子，宣王庶弟，封靖郭君。

举：育子曰举，不育曰不举。

生之：乳养之也。

文：孟尝君名。

若：汝也。

而：亦汝也。

不利：《风俗通》云"俗说五月五日生子，男害父，女害母也"。

嘿：同默。

縠：音斛，纱之绉襞促缩者，即今之绉纱也。

短褐：短读为竖。竖褐，谓褐衣而竖裁之，以其省而便事也。

厌：同餍，饱也。

遗：同馈，送给也。

薛公田婴：婴封于薛，故号薛公。

舍业：舍音赦，谓为之筑舍立居也。

侍史：执役小史也。

遗：同馈。

不等：不与他客同也。

刿：音径，以刀割也。

总评：为相而结客，固将以网罗天下之英才而为国树人也。即不然，亦必绿池（曹植有绿池应教诗。）应教，文章枚马（枚乘、司马相如。）之俦；东阁（公孙弘为相，开东阁延宾。）从游，参佐刑、温（房玄龄，杜如晦。）之选。于以鼓吹风雅，翊赞丝纶，（谓宰相也。）不无小补云尔。田文起庶孽之中，假声援之助，挟持浮说，固非本怀；乃至号召奸人，侈张幸舍，家作逋逃之薮，身为盗贼之魁。语有之："披其枝者伤其心，根之拨者实将落。"齐之不亡亦幸矣！岂特鸡鸣狗盗近出门墙，为士林之耻，而裹足不前也哉！夫药笼之品，应不弃乎溲勃（牛溲马勃，可以为药。）之材；夹袋（吕公著为相，书诸人物，藏之夹袋，以备录用。）之名，或曲隐夫疵瑕之士。鸡鸣狗盗处之末座，政亦何嫌？但文之立，心已非。设科无择，忘公室而便身图，遂致甘为奸魁而不惜耳。故原其本而论之。

平原君列传

【眉批】文章有一事分见，彼此各尽其奇，而彼此亦不必相顾者，必以分写为体。若一传牵合，则不得尽其妙矣。如邯郸之围，《信陵君传》则极写侯嬴、朱亥节侠之奇；于《鲁仲连传》则极写辛垣衍、秦帝之辨；于此传又极写毛遂自荐定从之策。而究之秦兵之退，与诸侯未尝交锋，若仅以其事而不惟其文，则于《赵世家》大书"诸侯谋合从救赵，秦兵引还"一语足矣。《史记》之文，文也，不必以其事也。作史家不可以不知也。

秦之围邯郸，赵使平原君求救，合从于楚，约与食客门下有勇力文武备具者二十人偕。平原君曰："使文能取胜，则善矣。文不能取胜，则歃血于华屋之下，必得定从而还。（欲以曹沫劫制之法行之。）士不外索，取于食客门下足矣。"（自负门下多才，此语雄甚。）得十九人，余无可取者，无以满二十人。（数千人中仅选得十九人，乃十九人仍如无一人，则平原之门下可知矣。）门下有毛遂者，前，自赞于平原君曰："遂闻君将合从于楚，约与食客门下二十人偕，不外索。今少一人，愿君即以遂备员而行矣。"（自有深沉缜密之气。）平原君曰："先生处胜之门下几年于此矣？"（驳毛遂，正所以自驳耳。）毛遂曰："三年于此矣。"（此言可以涎泪。）平原君曰："夫贤士之处世也，譬若锥之处囊中，其末立见。（论亦可人，不愧佳公子口吻。）今先生处胜之门下三年于此矣，左右未有所称诵，胜未有所闻，（若以论寻常之士如十九人之流，固亦可矣。）是先生无所有也。先生不能，先生留。"（连下三"先生"字，声音笑貌，纸上活现。）毛遂曰："臣乃今日请处囊中耳。（其语快甚。英风逼发，更不能忍。）使遂蚤得处囊中，乃颖脱而出，非特其末见而已。"（中有无数屈抑之叹在。）平原君竟与毛遂偕。十九人相与目笑之而未发也。（无以难之之故，亦犹备员之见耳。○即此一笑，其人浅陋已著。）

【眉批】时邯郸之围方急，秦明告诸侯，有敢救赵者，已拔赵必移兵先击之，以故诸侯观望不前。不知今日以此孤赵，他日复以此孤他国，则有任其蚕食而尽焉耳。无奈诸侯畏葸性成，惟顾目前，故不说到"发冢烧尸"极伤心无地处必不能激发。毛遂一气赶出"一战"、"再战"、"三战"等句，使楚王更无地缝可入，正与鲁连"烹醢梁王"之语同一作用。当时之风气巽愞亦可知矣。

【眉批】楚王叱遂，何至遂以"命悬己手"辱之？妙在两提"吾君在前"句，便见叱舍人便是辱平原，则主辱臣死之义，亦胡能更忍？古人立言周匝有体，绝不专恃一朝气也。

毛遂比至楚，与十九人论议，十九人皆服。平原君与楚合从，言其利害，日出而言之，日中不决。（但为赵起见，固难决。）十九人谓毛遂曰："先生上。"（是"皆服"之后语，非姑以调之也。此时何时，犹可戏谑乎？）毛遂按剑历阶而上，谓平原君曰：（但责平原君，妙。）"从之利害，两言而决耳。（先出一题目。）今日出而言从，日中不决，何也？"楚王谓平原君曰："客何为者也？"平原君曰："是胜之舍人也。"楚王叱曰："胡不下！吾乃与而君言，汝何为者也！"毛遂按剑而前曰：（两"按剑"字，写得奕奕，与前文"不能取胜"意相应。此时本不恃武，然必以此先折服之，所以扬其气也。不然，便开口不得。）"王之所以叱遂者，以楚国之众也。今十步之内，王不得恃楚国之众也，王之命悬于遂手。吾君在前，叱者何也？且遂闻汤以七十里之地王天下，（方折入正议。）文王以百里之壤而臣诸侯，（略开作势。）岂其士卒众多哉，诚能据其势而奋其威。今楚地方五千里，（峕咬住楚，最善立言。）持戟百万，此伯王之资也。以楚之强，天下弗能当。白起，小竖子耳，率数万之众，兴师以与楚战，一战而举鄢郢，再战而烧夷陵，三战而辱王之先人。（令人惭愤汗浃。其从之也，自不待其辞之毕矣。）此百世之怨而赵之所羞，（只此插一"赵"字，妙。）而王弗知恶焉。合从者为楚，非为赵也。（此所谓"两言而决"也。）吾君在前，叱者何也？"（再找一句，余气勃勃。）楚王曰："唯唯，诚若先生之言，谨奉社稷而以从。"毛遂曰："从定乎？"（再扣一句，有声势。）楚王曰："定矣！"毛遂谓楚王之左右曰："取鸡狗马之血来。"毛遂奉铜盘而跪进之楚王曰："王当歃血而定从，次者吾君，次者遂。"（"次者遂"三字妙，颖脱而出矣。）遂定从于殿上。（殿上与堂下对看。）毛遂左手持盘血而右手招十九人曰："公相与歃此血于堂下。公等录录，所谓因人成事者也。"（报目笑之耻，然亦不必。战国之士，固难责备也。）

平原君已定从而归，归至于赵，曰："胜不敢复相士。（平原语，处处肖其为人。）胜相士多者千人，寡者百数，（只为其盛士之囊太疏阔耳。）自以为不失天下之士，今乃于毛先生而失之也。（以《信陵列传》观之，恐所失不止一毛先生。）毛先生一至楚，而使赵重于九鼎大吕。毛先生以三寸之舌，强于百万之师。胜不敢复相士。"（啧啧连翩，文有画意。）遂以为上客。

【注释】邯郸：赵都城。

平原君：赵武灵王之子，名胜，封于平原，故号平原君。

歃血：盟者以血涂口旁曰歃血。歃音霎。

华屋：宫名。

定从：决定合从也。

索：求也。

食客：寄食门之客也。

备员：充数也。

辟：同譬。

末：锐也。

蚤：同早。

颖：音允，锥末也。颖脱，言其末全体脱出，非止微见而已。

比：音被，及也。

舍人：谓门下食客。

叱：音尺，大声呵之也。

壤：音攘，土地也。

伯：同霸。

白起：秦将。

鄢郢：楚都城。

夷陵：楚先王墓。

恶：去声。

为：去声。

唯：音委，应词。

录录：无能之貌。

相：去声，视也。

九鼎大吕：国之宝器。

信陵君列传

【眉批】他传多本《国策》原本旧文而删润成篇，惟此别无粉本。故信陵君是史公意中极爱慕之人，此传亦平生最用意之笔也。

魏公子无忌者，魏昭王少子，而魏安釐王异母弟也。昭王薨，安釐王即位，封公子为信陵君。（先点出信陵，所以然者，通篇着眼在"公子"二字，故其号只于起处带过也。）是时范雎亡魏相秦，以怨魏齐故，秦兵围大梁，破魏华阳下军，走芒卯。魏王及公子患之。（此句有移云接月妙手。）

【眉批】秦围大梁一事，在安釐即位之初，既不得不书，书之而无以为公子地，则不如勿书也。妙在轻着一语云"王及公子患之"，而下即陡接"仁而爱士"一段。移后之"不复敢加兵十余年"者，统结一笔，而华阳下军之败便无些子关碍矣。若出后人，必要掩过此事，则何以为良史之书哉？

公子为人仁而下士，（四字纲中之纲。）士无贤不肖皆谦而礼交之，（此句立一篇之纲，而又即为"仁而下士"之目。）不敢以其富贵骄士。士以此方数千里争往归之，致食客三千人。当是时，（两"是时"离合入妙，索解人不得。）诸侯以公子贤，多客，不敢加兵谋魏十余年。（此句直兜到邯郸救赵，公子留赵之时，绝大笔力。）

公子与魏王博，而北境传举烽，（传，驿也。下传同，非传闻之谓。）言"赵寇至，且入界"。魏王释博，欲召大臣谋。公子止王曰："赵王田猎耳，非为寇也。"（写得神情跃跃。）复博如故。王恐，心不在博。（如画一笔，反映出"如故"二字之安闲来。）居顷，复从北方来传言曰："赵王猎耳，（只减一字。）非为寇也。"魏王大惊，曰："公子何以知之？"公子曰："臣之客（特先虚写一客，为通篇起线，而公子淳朴亦因此尽见。好手笔。）有能探得赵王阴事者，赵王所为，客辄以报臣，臣以此知之。"是后魏王畏公子之贤能，不敢任公子以国政。（伏根有深意。）

【眉批】侯生千古大侠，迥非朱家、郭解一流人所及。想其遁迹夷门，桑榆日薄，而一腔热血未遇真知己者酬之，其意中固久将四公子本领车轮打算，而知其无如信陵贤矣。然至白首从人，而或仍归豪举，则前此自爱之谓何故？必再四试之，而知其人信可依也。然尚不遽告以真心之言，直至大事临机而后一场轰烈，为天地间不可少之人。唐人《夷门诗》有云："非但慷慨献良谋，意气兼将身命酬。向风刎颈送公子，七十老人何所求。"可谓善论古者矣。

魏有隐士曰侯嬴，（特提法。）年七十，家贫，为大梁夷门监者。（老且贫，其官又卑，一笔色色提到。）公子闻之，往请，欲厚遗之。不肯受，曰："臣修身洁行数十年，终不以监门困故而受公子财。"（只此一行，是特写侯生人品。以后凡写侯生处，皆是出力写公子矣。）公子于是乃置酒，（别起一案。）大会宾客。（二句提清。）坐定，（先安顿他客，有法。）公子从车骑，虚左，自迎夷门侯生。（古人尚左，此指车中之位言。）侯生摄敝衣冠，（生色。）直上载公子上坐，不让，（谓坐公子之上也。倒句法。）欲以观公子。公子执辔愈恭。（第一节。）侯生又谓公子曰："臣有客在市屠中，愿枉车骑过之。"（此等伏法，真是神施鬼摄，自是史公妙文耳，非必其事实然也。）公子引车入市，侯生下见其客朱亥，俾倪，（同傲慢之状。）故久立与其客语，微察公子，公子颜色愈和。（第二节。语益深。）当是时，魏将相宗室宾客满堂，待公子举酒。市人皆观公子执辔，从骑皆窃骂侯生。（方写市中公子、侯生，忽从家内插一笔，从骑插一笔，市人插一笔。神妙之笔，当面飞来，又凭空抹倒。）侯生视公子色终不变，（第三节。语又变。）乃谢客就车。至家，公子引侯生坐上坐，遍赞宾客，宾客皆惊。（赞者，通其名于宾客也。如赞叹之赞。）酒酣，公子起，为寿侯生前。侯生因谓公子曰：（着此一篇话，令"今日"不寂寞耳，绝非所重，故意借此掩却自己一片深心。智勇深沉如此。）"今日嬴之为公子亦足矣。嬴乃夷门抱关者也，而公子亲枉车骑，（又借侯生自言，将前段零零碎碎熔做一串。妙甚。）自迎嬴于众人广坐之中，不宜有所过，今公子故过之。然嬴欲就公子之名，（浅甚，即所谓"为公子亦足矣"之实也。）故久立公子车骑市中，过客以观公子，（十五字作一句。）公子愈恭。市人皆以嬴为小人，而以公子为长者，能下士也。"（所谓"就公子之名"也，浅甚。）于是罢酒，侯生遂为上客。（此时公子究未识得侯生。）

侯生谓公子曰："臣所过屠朱亥，此子贤者，（此事只以余波荡漾及之，文章律法不苟。）世莫能知，故隐屠间耳。"公子往数请之，朱亥故不复谢，公子怪之。（试想此二句亦可作得一篇，然详在彼，即略在此。可悟古文之诀矣。）

【眉批】赵惠文王与魏安釐王，二国之主也，而为平原、信陵之兄。以当日事势言之，固以二公子为政，然国家安危大计则岂有不仰重于王者？看史公从二王卸到二公子，渐渐引下，无一毫痕迹，真叙事神品。

【眉批】以宾客赴秦军俱死，下策也。在公子，虽以救赵为仁，比之从井救人，可谓分毫不异矣。公子之贤，何遂出此？故知"数请魏王"及"宾客辩士说王万端"二语最重。盖侯生费如许计画，并以身命相殉，其实不过使公子代晋鄙为将耳。至后之所以破秦而存赵者，非生所能教也。公子之才足以抑秦存赵，而魏王必不肯听之者，此番扫国内之兵，宁以属之晋鄙，不肯属之公子，正前此北境举烽，探得赵王阴事一着深犯其所忌，故名为畏秦，实畏公子。此"万端"之说，所以必不能移也。使非万难之会，亦何待侯生出死力哉？

魏安釐王二十年，秦昭王已破赵长平军，（倒补一笔，见其兵势之重。他人则直云围邯郸矣。）又进兵围邯郸。公子姊为赵惠文王弟平原君夫人，数遗魏王及公子书，请救于魏。（公子姊，则亦安釐王之姊若娣也。特归重公子，有法。）魏王使将军晋鄙将十万众救赵。（先从惠王带出公子。○专叙惠王一段。）秦王使使者告魏王曰："吾攻赵旦暮且下，而诸侯敢救者，（"而"字娟悄。）已拔赵，必移兵先击之。"魏王恐，使人止晋鄙，留军壁邺，（方起案。）名为救赵，实持两端以观望。（妙写魏王心事。）平原君使者（已卸下惠文王矣。妙手。）冠盖相属于魏，让魏公子曰：（已卸下安釐王矣，妙手。）"胜所以自附为婚姻者，以公子之高义，为能急人之困。（带"婚姻"句来，不提魏王，专责公子。妙手。）今邯郸旦暮降秦而魏救不至，安在公子能急人之困也！（文字有声韵，读之如适见其告语之状，惟史公有之。）且公子纵轻胜，弃之降秦，独不怜公子姊耶？"（只有亲情责公子，方不碍魏王。）公子患之，数请魏王，及宾客辩士说王万端。魏王畏秦，终不听公子。（此数语极重，故叙之不一而足。通身标的只在此。）公子自度终不能得之于王，计不独生而令赵亡，（必至此而后出于赴秦军之策，方不孟浪。）乃请宾客，约车骑百余乘，欲以客往赴秦军，与赵俱死。（要看"请"字、"欲以"字，盖尚欲假是以感魏王耳。）

【眉批】天下有心人当其穷贱闲废之时，无事不留心采察。侯生作用极似唐之虬髯客、古押衙一流人，谓之大侠不虚也。看其两个"闻"字中包却许多机事。回思"久立车骑市中"时，直似小儿作剧，瞒却生人眼耳。

行过夷门，见侯生，具告所以欲死秦军状，辞决而行。（要看"具告所以"字，亦以请计画于生耳。）侯生曰："公子勉之矣，老臣不能从。"（明谓是孟浪之行。）公子行数里，心不快，（激魏王而不悟，访贤士而无辞；数里踌躇，两端并郁，非专指侯生而不快也。）曰："吾所以待侯生者备矣，天下莫不闻，今吾且死，而侯生曾无一言半辞送我，我岂有所失哉？"复引车还，问侯生。（只问生所以外我之故，而请计在其中。）侯生笑曰："臣固知公子之还也。"（侯生何不早为之计，而必使其去而复还？此中英雄相视之妙，索解不得，当与黄石之期子房参看，非偶然之胜挪也。）曰："公子喜士，名闻天下。今有难，无他端而欲赴秦军，辟若以肉投馁虎，何功之有哉？尚安事客？"（骂杀同赴秦军之客。）然公子遇臣厚，公子往而臣不送，（略顾本身，其意不重。）以是知公子恨之复返也。"（此"恨"字非怨恨之恨，谓心有所不足也。《史记》尝有此字。）公子再拜，因问。（方是问计。）侯生乃屏人间语，曰：（方是深言。）"嬴闻晋鄙之兵符常在王卧内，而如姬最幸，出入王卧内，力能窃之。嬴闻如姬父为人所杀，如姬资之三年，自王以下欲求报其父仇，莫能得。如姬为公子泣，公子使客斩其仇头，敬进如姬。如姬之欲为公子死，无所辞，顾未有路耳。（知如姬之力能窃，又知如姬之必肯窃。着着算定，方干得事。）公子诚一开口请如姬，如姬必许诺，则得虎符，夺晋鄙军，北救赵而西却秦，此五伯之伐也。"（此数语只轻带。妙。留为公子地也。）公子从其计，（亦只略叙，文势不容不如此。）请如姬。如姬果盗晋鄙兵符与公子。

【眉批】兵符合验，国家重事。有符而逆料其不听，侯生于何处想出？此段变局，盖晋鄙嚄唶持重，其深知魏王之疑忌公子者。在公子或默知之，而侯生未必知也。生之意不过如国手布局，更不留一毫空隙耳。故必云"听则大善，不听，则击之"，写出谋事审机，毫发毕具。

公子行，（此"公子行"三字与后"公子遂行"句相应，须知只是一日内事。盖盗符危事，非可稍濡也。）侯生曰："将在外，主令有所不受，以便国家。公子即合符，而晋鄙不授公子兵而复请之，事必危矣。臣客屠者朱亥可与俱，（看其先着久已布定，真乃异样出色事。）此人力士。晋鄙听，大善；不听，可使击之。"于是公子泣。（写公子写得朴忠可爱。盖有侯生之英鸷，正须公子之朴忠相应成奇。）侯生曰："公子畏死耶？何泣也？"公子曰："晋鄙嚄唶（嚄唶，音厄窄，多言也。）宿将，往恐不听，必当杀之，是以泣耳，岂畏死哉？"（看此数语，公子亦曾料到，只让侯生占一先着，便不及远矣。）于是公子请朱亥。朱亥笑曰："臣乃市井鼓刀屠者，而公子亲数存之，所以不报谢者，以为小礼无所用。（朱亥口角粗糙，又另是一种身分，各极其妙。）今公子有急，此乃臣效命之秋也。"遂与公子俱。公子过谢侯生，侯生曰："臣宜从，老不能。请数公子行日，以至晋鄙军之日，北乡自刭，以送公子。"（读至此，令人不寒而栗。非此不足以见大侠。）公子遂行。（方结过一重公案。）

【眉批】或谓侯生为公子画策代将，亦可以无死。不知公子以侯生为上客，通国莫不知。窃符矫命之谋，当莫不谓其受成于生也。公子去而侯生留魏，魏王能忘情于生乎？然侯生苟畏死，则自当从公子俱至赵，今但以老为词而甘心自刭者，一以坚公子之志，一以报晋鄙之无罪而杀其躯也。否则七十老翁既报知己，又欲橘项膊下，前之英气安在哉？〇侯生一节，史公用二十分精神、二十分笔力对付得来。《史记》中如此文,亦不多得也。

至邺,矫魏王令代晋鄙。晋鄙合符,疑之,举手视公子曰:(描写声情都肖。)"今吾拥十万之众,屯于境上,国之重任,今单车来代之,何如哉?"(其语未毕。)欲无听。(又描一句。)朱亥袖四十斤铁椎,椎杀晋鄙,(此事亦至捷,少需即败,须合"欲无听"三字作一句读之。)公子遂将晋鄙军。勒兵下令军中曰:(此非侯生所及教也。极写公子处,为篇末兵法作案。)"父子俱在军中,父归;兄弟俱在军中,兄归;独子无兄弟,归养。"得选兵八万人,(总是安其心,作其气。兵不在多,心安气盛,无不克也。)进兵击秦军。秦军解去,遂救邯郸,存赵。(正面却不用大写,好。)赵王及平原君自迎公子于界,平原君负韊(音阑。矢服。)矢为公子先引。(凡一段文字,必豫于隔段隐隐伏线,如此段极写赵王、平原之敬礼公子,已为矜骄伏线矣。下略加提引,而其事了然。)赵王再拜曰:"自古贤人未有及公子者也。"当此之时,平原君不敢自比于人。(借平原作衬,妙笔。)公子与侯生决,至军,侯生果北乡自刭。(此段了却魏国余事。)

【眉批】侯生之后,毛、薛之前,何可无此客?甚矣,信陵之受益于客者不一而足也。

魏王怒公子之盗其兵符,矫杀晋鄙,公子亦自知也。已却秦存赵,(只数笔耳,情事曲尽,无处留一点渗漏。若能详而不能简,非大手笔也。)使将将其军归魏,而公子独与客留赵。赵孝成王德公子之矫夺晋鄙兵而存赵,乃与平原君计,以五城封公子。(櫽括"自迎于界"一段,再一提引,而其事尽出。)公子闻之,意骄矜而有自功之色。(不必实然,先作此笔,则后之自责愈见其妙。)客有说公子曰:(此客所言,大有儒者气象,亦不传其名,何也?)"物有不可忘,或有不可不忘。夫人有德于公子,公子不可忘也;公子有德于人,愿公子忘之也。且矫魏王令,夺晋鄙兵以救赵,于赵则有功矣,于魏则未为忠臣也。(能言人肺腑间事。)公子乃自骄而功之,窃为公子不取也。"于是公子立自责,似若无所容者。(极写公子。)赵王扫除自迎,执主人之礼,引公子就西阶。公子侧行辞让,从东阶上。(极摹公子"谦让",与上骄矜激射成采。)自言罪过,以负于魏,无功于赵。(口角嗫嚅如绘。)赵王侍酒至莫,口不忍献五城,以公子退让也。(借赵王之口不忍献地,极写公子之让,乃背面铺粉法。)公子竟留赵。赵王以鄗(音皓。)为公子汤沐邑,魏亦复以信陵奉公子。(结过一重,周匝详叙。)公子留赵。(复一句,起案,不可少。)

【眉批】当时四公子及文信侯之徒争相夸耀,食客各数千人。然惟信陵间得真士,而又俱不在门下食客中寻出。如侯生、毛、薛,皆未尝幸舍相从,煦濡乞活者也。固知当时所谓食客者,大都皆穷贱无聊、含垢忍耻之徒,而秦、汉之交如商山茹芝之老,圯上受书之人,不过如毛公、薛公其人,而乱离之际,老死无闻。黄鹄高飞,冥鸿何慕?风尘之外,可胜道哉?

【眉批】"始吾闻"、"今吾闻"两两写来,不知何所闻而许以"天下无双"。若今之闻,则陋甚矣,则前之闻亦苟焉耳。

公子闻赵有处士毛公藏于博徒,薛公藏于卖浆家,(二"藏"字,妙在从公子意中写出。若平原则直云"博徒、卖浆者"耳。)公子欲见两人,两人自匿不肯见公子。(便高绝流辈。)公子闻所在,乃间步往从此两人游,甚欢。(两个"公子闻",写出深心卓识。)平原君闻之,谓其夫人曰:(平原君出丑处,写来绝倒。)"始吾闻夫人弟公子天下无双,今吾闻之,乃妄从博徒卖浆者游,公子妄人耳。"夫人以告公子。公子乃谢夫人去,(叙得妙。)曰:"始吾闻平原君贤,(亦用"始吾闻"还他,有妙致。)故负魏王以救赵,以称平原君。(归重语不妄下。)平原君之游,徒豪举耳,(二字断尽,信陵真具眼。)不求士也。无忌自在大梁时,常闻此两人贤,(又捆一笔,深心益著。)至赵,恐不得见。以无忌从之游,尚恐其不我欲也,今平原君乃以为羞,其不足从游!"(语斩截而辞不待毕,传神之妙如此。)乃装为去。夫人具以语平原君。平原君乃免冠谢,固留公子。(只是固留信陵,终未知毛、薛有用。)平原君门下闻之,半去平原君归公子,天下士复往归公子,(此等客正所谓"豪举"之资,去留固不足惜，但太令平原无色耳。）公子倾平原君客。（好结笔。）

【眉批】"语未及卒"以下数句，入神之笔。一面摹写公子纳谏之勇，一面公子已至魏矣，省却与赵王、平原作别许多累笔也。《左传》"屦及乎窒皇之外"数句可以争奇。

公子留赵十年不归。秦闻公子在赵，日夜出兵东伐魏。魏王患之，使使往请公子。公子恐其怒之，乃诫门下："有敢为魏王使通者，死。"（亦故作过激语，以衬下文，不必实然。）宾客皆背魏之赵，莫敢劝公子归。毛公、薛公两人往见公子曰：（二公所见者正大。此等客自不肯轻易食人门下。）"公子所以重于赵，名闻诸侯者，徒以有魏也。今秦攻魏，魏急而公子不恤，使秦破大梁而夷先王之宗庙，公子当何面目立天下乎？"（说得伤心，所谓晓人当如是。）语未及卒，（极写，与"诫门下"处激射成采。）公子立变色，告车趣驾归救魏。

【眉批】魏公子所处之地，不飞不跃，非田非天，乃天下疑忌之丛也。况负一世之高名，抱非常之将略，乃仅以一朝破敌，善刀而藏，其心则甚苦，而其遇固未为不幸也。况魏自建国以来，受辱强邻固非一日，今得公子而使乃祖愿比死者雪耻之痛得以少酬，且使大梁夷门芳流千古，岂非天下之至快耶！史公尽力揄扬，极一弹再鼓之胜，乃知执鞭欣慕何止晏婴，此老之神交至矣。

魏王见公子，相与泣，（亦与"夺兵符"自作呼应。）而以上将军印授公子，公子遂将。魏安釐王三十年，（编年处皆当着眼。）公子使使遍告诸侯。诸侯闻公子将，各遣将将兵救魏。（时实不可少公子耳。不然，纵无秦间，安釐王岂能忘情于公子？）公子率五国之兵破秦军于河外，走蒙骜。遂乘胜逐秦军至函谷关，抑秦兵，秦兵不敢出。（实写公子功烈，全传中只此一行。）当是时，公子威振天下，（结句神王。）诸侯之客进兵法，公子皆名之，故世俗称《魏公子兵法》。（赘一笔，既收用兵之善，兼绾好士之效，终非剩语。）

秦王患之，乃行金万斤于魏，求晋鄙客，令毁公子于魏王，（借得便是史公雕龙绣虎能事，必求其人以实之，则凿矣。）曰："公子亡在外十年矣，今为魏将，诸侯将皆属，（意重于此。）诸侯徒闻魏公子，不闻魏王。（亦是实语。）公子亦欲因此时定南面而王，（轻陪一句。）诸侯畏公子之威，方欲共立之。"（归重一句。）秦数使反间，伪贺公子得立为魏王未也。（加倍法，文章更有厚味。）魏王日闻其毁，不能不信，（亦写得好。）后果使人代公子将。公子自知再以毁废，（此"再"字，盖写未救赵时不敢任以国政，一重疑忌在前。）乃谢病不朝，与宾客为长夜饮，饮醇酒，多近妇女。日夜为乐饮者四岁，竟病酒而卒。（英雄末路，亦自大可人意，比之托赤松子游者更觉悲壮酣逸。）其岁，魏安釐王亦薨。

秦闻公子死，使蒙骜攻魏，拔二十城，初置东郡。其后秦稍蚕食魏，十八岁而虏魏王，屠大梁。（独以魏亡系公子传末，亦他传所绝无。）

高祖始微少时，数闻公子贤。（篇终着高祖一段，顿令全传生色。）及即天子位，每过大梁，常祠公子。（余音蝘蝘，不绝如缕，读之令千载下犹有余慕。奇文移情，一至于此。）高祖十二年，从击黥布还，为公子置守冢五家，世世岁以四时奉祠公子。

【注释】釐：同僖，音希。

怨魏齐事：见后《范雎列传》。

大梁：魏都城。

华阳下：谓华阳城下也。《战国策》作"华下"，在今河南新郑县东南。

芒卯：齐人仕于魏者。

博：局戏也。

烽：音峰。古人戍守，作高土，台上作橘槔，头有兜零，以薪草置其中。常视之，有寇即点火举之以相告。

嬴：音盈。

夷门监：夷门，大梁城门；监，守门吏也。

遗：同馈。

摄：持也。

䇦：音秘，马缰曰䇦。

俾倪：同睥睨，音被诣，斜视貌。

故：特地为状也。

从骑：随从车骑之人。

酣：音蚶，饮过半也。

抱关：守门者。

数请：再三请也。数音朔。

长平：赵邑，故城在今山西高平县西北。

邯郸：音寒丹，赵都成。

晋鄙：魏将姓名。

且下：将下也。

邺：音业，魏地，今河南临漳县。

属：音烛，连及也。

自度：去声，料也。

约：缠束也。约车骑，犹言备好车骑。

乘：去声，一车四马曰乘。

决：同诀，将长别而赠言曰决。

且死：将死也。

难：去声。

辟：同譬。

馁：音郝，饿也。

尚安事客：事，用也。言同死于敌手，虽有客亦无所用也。

屏：音丙，去也。

间语：间音闲，静也，谓低声语也。

符：音扶，以竹为之，书文字其上，剖而为二，各存其一，合之以为征信者也。或以木及金玉为之。

如姬：如，姓。

资之：资畜也。谓欲为父报仇，资畜于心，已待三年也。

虎符：即兵符，刻虎其上，故曰虎符。

伐：攻也。

听：从也。

宿将：旧将也。

数存：屡次存问也。数音速。

数：计也。

刭：音竟，以刀割颈也。

矫：诈称也。

籣：音兰，矢器。

引：导也。

德：感恩也。

口不忍：犹言口不忍说也。

鄗：音霍，赵邑名。

汤沐邑：见前《高祖本纪》。

信陵：魏邑，在今河南宁陵县。

处士：隐士。

间步：微行也。间音见。

妄人：狂妄之人。

游：交游也。

豪举：谓豪者之举动。

装：治行装也。

免冠：免音问。免冠，去冠也。

恤：忧也。

夷：灭也。

趣：音促，催促也。

河外：黄河以南为河外。

蒙骜：秦将。骜音敖。

抑：音忆，谓以兵蹙之。

兵法：刘歆《七略》有《魏公子兵法》二十一篇，图七卷。名之：谓公子所得进兵法，而必称其名，以言其怒也。

行金：送金也。

反间：敌有间来窥我，我则厚赂诱之，反为我用，或佯为不觉，示以伪情而纵之，则敌人之间，反为我用也。

薨：音烘，诸侯死曰薨。

奉祠：奉祭祀也。

太史公曰：吾过大梁之墟，求问其所谓夷门。夷门者，城之东门也。（深爱其人，独神往夷门枉驾一节，倾倒至矣。）天下诸公子亦有喜士者矣，（即公子之所谓"豪举"也。）然信陵君之接岩穴隐者，不耻下交，有以也。名冠诸侯，不虚耳。高祖每过之而令民奉祠不绝也。（短音促节，咀味无穷。）

【注释】墟：音虚，故城也。

有以：有因也。

冠：去声，犹盖也。

总评：不知文者，尝谓无奇功伟烈便不足垂之青简，照耀千秋。岂知文章予夺，都不关实事。此传以存赵起，抑秦终，然窃符救赵，本未交兵，即逐秦至关，亦只数言带叙，其余摹情写景，按之无一端实事。乃千载读之，无不神情飞舞，推为绝世伟人。文章有神，夫岂细故哉？（细故，小事也。）

范雎蔡泽列传

【眉批】范雎之于魏于秦，所以仅而获免者数矣。原诸人之意，亦莫不知雎之贤也。徒以一念媢嫉以恶之之私，遂贻身后许多怨仇之气而不可复解。如篇首言雎在魏欲事魏王，而须贾、魏齐无能为之先容者，乃居人篱下，逐队随行，而邻国之君顾闻名而致馈，言外便隐隐托出二人蔽贤罪案矣。

【眉批】及其后郑安平知之，王稽知之，而穰侯以宰辅之尊，偏诡诡拒人而不肯容一外来之客子，是又一重蔽贤公案也。厥后雎既得志，辱须贾，僇魏齐，逐穰侯，害人者适以自害。后之君子苟有见于其人，终不能抑之使居人下也，无宁早为援手，以自托于知人、爱人之明，毋使效彼三人心劳日拙而卒以自祸也。

范雎者，魏人也，字叔。游说诸侯，欲事魏王，家贫无以自资，乃先事魏中大夫须贾。（此时不知雎之贤而众人遇之，贾已负雎也。）

须贾为魏昭王使于齐，范雎从。留数月，未得报。齐襄王闻雎辩口，乃使人赐雎金十斤及牛酒，（正使未得报，而从者乃获无端之赐，此实嫌疑之极。且襄王何自闻之耶？）雎辞谢不敢受。须贾知之，大怒，以为雎持魏国阴事告齐，故得此馈，（亦疑得近理。）令雎受其牛酒，还其金。既归，心怒雎，以告魏相。魏相，魏之诸公子，曰魏齐。（长句法。）魏齐大怒，使舍人笞击雎，折胁摺齿。雎佯死，即卷以箦，置厕中。（不过为他人作榜样，其目中亦全不认得范雎。）宾客饮者醉，更溺雎，故僇辱以惩后，令无妄言者。雎从箦中谓守者曰："公能出我，我必厚谢公。"守者乃请出弃箦中死人。魏齐醉曰："可矣。"（描写有景。）范雎得出。后魏齐悔，（此一悔，似亦知其不久居人下者。）复召求之。魏人郑安平闻之，乃遂操（字法佳。）范雎亡，伏匿，更名姓曰张禄。（伏案明净。）

当此时，秦昭王使谒者王稽于魏。郑安平诈为卒，侍王稽。（安平亦有心人，王稽亦然，乃后俱瓦裂涂地无可复观，何也？）王稽问："魏有贤人可与俱西游者乎？"郑安平曰："臣里中有张禄先生，欲见君，言天下事。（含糊得妙。此语必范雎教之。）其人有仇，不敢昼见。"王稽曰："夜与俱来。"郑安平夜与张禄见王稽。语未究，王稽知范雎贤，（皆反衬魏齐等之愚妒，非浪笔也。）谓曰："先生待我于三亭之南。"与私约而去。

王稽辞魏去，过载范雎入秦。至湖关，望见车骑从西来。（特插此段，伏入秦首逐穰侯之根。）范雎曰："彼来者为谁？"王稽曰："秦相穰侯东行县邑。"范雎曰："吾闻穰侯专秦权，恶内诸侯客，（雎固机警，然亦伤弓之鸟，分外细慎。）此恐辱我，我宁且匿车中。"（知此而冒焉入秦，其胸中智计亦绝危苦矣。）有顷，穰侯果至，劳王稽，因立车而语曰：（气色如画。）"关东有何变？"曰："无有。"又谓王稽曰："谒君得无与诸侯客子俱来乎？无益，徒乱人国耳。"（疑车中有人，言为心声，跃然可想。）王稽曰："不敢。"即别去。（匆匆得妙。）范雎曰："吾闻穰侯智士也，（又警。）其见事迟，乡者疑车中有人，忘索之。"于是范雎下车走，曰："此必悔之。"（夹语夹叙，真是化工之笔。匆匆如见。）行十余里，果使骑还索车中，无客，乃已。（心劳日拙，然非范雎安能免耶？故手下子，只争一先耳。）王稽遂与范雎入咸阳。

【注释】范雎者：犹言范雎这个人。

资：给也。

中大夫：官名。

须贾：姓须名贾。贾音假。

齐襄王：名法章。

阴事：秘密事。

折胁折齿：谓打折其胁，而又拉折其齿也。折，音只。

箦：音责，获之薄，用之以裹其尸也。

厕：音赐，便所也。

溺：音鸟，小便也。

僇：音六，辱也。

惩：音澄，戒也。

操：持也。

更：平声，改也。

谒者：官名，掌宾客。谒音壹。

卒：小使也。

究：竟也。

三亭：亭名，在魏边境。

过载：又过范雎处所，而以车载之也。

湖关：地名，盖秦关。湖，亦作胡。

穰侯：秦昭王母宣太后之弟，姓魏名冉，封于穰，故号穰侯。

行：巡行也。

恶：去声。

内：同纳。

宁且：宁可姑且藏车中也。

劳：去声，慰劳也。

关东：魏在函谷关东，故号关东。

谒君：王稽为谒者，尊称之，故曰谒君。

乡：同向。向者，前日也。

索：搜求也。

咸阳：秦都城。

【眉批】 此段文写声情毕现，纤悉具备。然读者皆以须贾为范雎所卖，吾独以为范雎则实为须贾所卖耳。当雎委身于贾之时，绝不闻少为之地，乃以无端疑忌，假手魏齐，酷刑荼毒。雎之不死，直一发之间耳。此处隘路相逢，贾已决无生理，乃徒以当时一日之雅，披裼过存。此时雎有何求？不过欲假此观贾之情意，是自为贾开一线之生机也。及贾微察行藏，绨袍藉手，而遂以进退维谷之身俨然得附于故人之谊，因而大车驷马，取之若寄。试雎之意既明，而请罪之辞凤构。斯时雎实为贾所弄而何暇弄贾？虽复堂前马食少泄冤怨，而较彼魏齐已不啻天冠鬼国之别。嗟乎！一绨袍何足轻重，而竟以解不释之仇、无穷之恨？雎何负于贾？贾则实有负于雎耳。

范雎既相秦，秦号曰张禄，而魏不知，以为范雎已死久矣。（凡起一段文字，其提摄筋节处，须是极有手法。）魏闻秦且东伐韩、魏，魏使须贾于秦。范雎闻之，为微行，敝衣间步之邸，见须贾。（范叔毕竟多情之人，不然，此来别无所益于己，正为须贾耳。）须贾见之而惊曰："范叔固无恙乎？"范雎曰："然。"须贾笑曰：（须贾极有奸智，只一"笑"字，已猜到八分矣。）"范叔有说于秦耶？"曰："不也。雎前日得过于魏相，故亡逃至此，安敢说乎！"（不曰"安能"而曰"安敢"，在魏则不敢，在秦何所忌乎？此其事贾得而知之矣。）须贾曰："今叔何事？"范雎曰："臣为人庸赁。"须贾意哀之，（伪也。范叔自入其玄中矣。）留与坐饮食，曰："范叔一寒如此哉！"乃取其一绨袍以赐之。（赐得妙。若赉以财物，反觉平常，亦未必受。）须贾因问曰："秦相张君，公知之乎？（赐绨之后便与深言。）吾闻幸于王，天下之事皆决于相君。今吾事之去留在张君。孺子岂有客习于相君者哉？"（苟信其"庸赁"之说，何必再问尔许事？）范雎曰："主人翁习知之。（雎自恺直，更忍不住，看他便一气说出。）唯雎亦得谒，雎请为见君于张君。"须贾曰："吾马病，车轴折，非大车驷马，吾固不出。"（明明试之。贾为国事而来，顾暇骄蹇耶？）范雎曰："愿为君借大车驷马于主人翁。"（意中事。总之更忍不住。）

【眉批】范雎人品心术皆高，其有功于秦亦甚大。某于评点《国策》中每亟予之。

范雎归取大车驷马，为须贾御之，入秦相府。府中望见，有识者皆避匿。须贾怪之。（伪也。）至相舍门，谓须贾曰："待我，我为君先入通于相君。"（此岂庸赁者所能？雎欺须贾，贾亦落得伪为不知。）须贾待门下，持车良久，问门下曰："范叔不出，何也？"门下曰："无范叔。"须贾曰："乡者与我载而入者。"门下曰："乃吾相张君也。"须贾大惊,（伪也。）自知见卖,乃肉袒膝行,因门下人谢罪。（此着当赐绨时已早办下,并非意外事。）于是范雎盛帷帐,侍者甚众,见之。须贾顿首言死罪,曰:"贾不意君能自致于青云之上,贾不敢复读天下之书,不敢复与天下之事。（但自言无识,不能荐拔,绝不提起魏齐一事。贼哉,贾也。）贾有汤镬之罪,（此死之罪。）请自屏于胡貉之地,（此生之罪。）唯君死生之！"范雎曰:"汝罪有几？"曰:"擢贾之发以续贾之罪,尚未足。"（只是混说,妙。）范雎曰:"汝罪有三耳。（三罪只是一罪,此排场法。）昔者楚昭王时而申包胥为楚却吴军,楚王封之以荆五千户,包胥辞不受,为丘墓之寄于荆也。（引申包胥之事以明己无外心,其言蔼恻从容,可以想其人品心地。）今雎之先人丘墓亦在魏,公前以雎为有外心于齐而恶雎于魏齐,公之罪一也。当魏齐辱我于厕中,公不止,罪二也。更醉而溺我,公其何忍乎？罪三矣。然公之所以得无死者,（亦复慷慨悲怆,不止答还一语。）以绨袍恋恋,有故人之意,故释公。"乃谢罢。（纵之使出。）入言之昭王,罢归须贾。（斥之返国。）

须贾辞于范雎,范雎大供具,（恰好与魏齐筵上仿佛,而贾之便宜多矣。）尽请诸侯使,与坐堂上,食饮甚设。而坐须贾于堂下,（虽辱之,亦文甚。）置莝豆其前,令两黥徒夹而马食之。（字法妙。）数曰:"为我告魏王,急持魏齐头来！（但仇其相,不仇其王,以丘墓之存焉故也。）不然者,我且屠大梁。"须贾归,以告魏齐。魏齐恐,亡走赵。匿平原君所。

【注释】间步：从小道步行也。

邸：音抵,容舍也。

庸赁：受人钱值,为人所役使也。庸亦作佣,赁音任。

哀之：怜之也。

绨：音啼,厚缯也。

孺子：犹言小子。

习：熟识也。

肉袒：露臂也。袒音但。

膝行：以膝著地行也。

与：去声，犹干涉也。

汤镬：重罪受醢刑也。镬音获。

屏：音丙，退也。

胡貉：蛮夷也。貉音陌，与貊通。

却：退也。

荆：楚之旧号。

昭王：秦昭王。

莝：音挫，折藁也。

黥徒：墨刑囚徒也。黥音擎。

马食之：以莝豆饲之如马也。

【眉批】四公子结客，而其本传，在平原君殊无足观，盖莫媺于信陵君也。然唐人咏史，有"买丝绣出平原君"，又"未知肝胆向谁是，令人却忆平原君"，独歆慕平原君不啻口出者，何也？盖学者读太史公书固有彼此互见之妙。《信陵传》极胜，《平原传》颇卑，而其附见于《范雎传》中者，平原之肝胆可以矢天地而泣鬼神。信陵之依违，几以一语而丧厥生平之雅尚。然则立于千载以下，而欲于诵《诗》读《书》之际尚论古人，又安可不参观而博览之也？唐人咏平原而不及信陵，有以也夫。

秦昭王闻魏齐在平原君所，欲为范雎必报其仇，乃佯为好书（秦人习气。）遗平原君曰："寡人闻君之高义，愿与君为布衣之友，君幸过寡人，寡人愿与君为十日之饮。"（略摄书中大意耳，然亦缠绵可人。）平原君畏秦，且以为然，（本大不以为然，以畏之，故而聊自解耳。）而入秦见昭王。昭王与平原君饮数日，（亦自不倍其书。）昭王谓平原君曰："昔周文王得吕尚以为太公，齐桓公得管夷吾以为仲父，（古人出口，定尔深厚，虽狙诈如秦，犹且如此。）今范君亦寡人之叔父也。（言所以必报仇之故。）范君之仇，在君之家，愿使人归取其头来；不然，吾不出君于关。"平原君曰："贵而为交者，为贱也；富而为交者，为贫也。（平原君所以致食客三千人，趋之若鹜者，正赖此一念耳。）夫魏齐者，胜之友也，在，固不出也，（好肝胆。）今又不在臣所。"昭王乃遗赵王书曰：（言外便见终无如平原君何。）"王之弟在秦，范君之仇魏齐在平原君之家。王使人疾持其头来；不然，吾举兵而伐赵，（此吓赵王正旨。）又不出王之弟于关。"（只带说，妙。言终无如平原君何。）赵孝成王乃发卒围平原君家，急，魏齐夜亡出，见赵相虞卿。（观魏齐患难所投，亦可见平日非无知人之鉴，乃失之于范雎。惜哉！）虞卿度赵王终不可说，乃解其相印，与魏齐亡，间行，念诸侯莫可以急抵者，（此念可怜。）乃复走大梁，欲因信陵君以走楚。（秦势之重，几于天地为罗。逝将焉适矣？）信陵君闻之，畏秦，犹豫未肯见，（不觉出丑。）曰："虞卿何如人也？"（只此一问，雪淡神情如见。）时侯嬴在旁，曰："人固未易知，知人亦未易也。（反言以激之。）夫虞卿蹑屩担簦，一见赵王，赐白璧一双，黄金百镒；再见，拜为上卿；三见，卒受相印，封万户侯。当此之时，天下争知之。（得意时天下争知之，失意时遂以"何如人"为疑，对射不堪。）夫魏齐穷困过虞卿，虞卿不敢重爵禄之尊，解相印，捐万户侯而间行。急士之穷而归公子，（此亦至易知者。）公子曰'何如人'。人固不易知，知人亦未易也！"（侯生此语，尖利抗爽极矣。）信陵君大惭，驾如野迎之。（终周旋信陵。）魏齐闻信陵君之初难见之，怒而自刭。（以负气死，亦尚有品。）赵王闻之，卒取其头予秦。秦昭王乃出平原君归赵。

【注释】详：同伴。

遗：同遗，投赠也。

贵而为友者为贱也，富而为交者为贫也：言富贵而结交情深者，为有贫贱之时不可忘也，上为如字，下为去声

度：入声。

间行：间音谏，空也。投空隙而行，不公显也。

抵：至也。

犹豫：疑不能决也。

易：去声。

蹑屩：足蹑草屩也。屩音脚，又音骄。

担簦：持盖也。簦音登，笠之有柄，可手执以行者，如今之伞。

如：往也。

分段详注评点史记菁华录　卷四

廉颇蔺相如列传

蔺相如者，赵人也，为赵宦者令缪贤舍人。（伏廉颇"相如故贱人"之语。）

【眉批】《相如传》只"完璧"、"会渑池"二事，其末缀以柔廉颇者，直为合传地也。故文亦以和氏璧直叙起，更不细列相如他事，此自一家体制也。今人立一小传，辄牵扯支蔓不已，及细视之，又无一事着精神，盖史学之不讲也久矣。

赵惠文王时，得楚和氏璧。（直起案。）秦昭王闻之，使人遗赵王书，愿以十五城请易璧。（十五城岂无地名，欺谩如镜。）赵王与大将军廉颇诸大臣谋：（插廉颇。好。）欲予秦，秦城恐不可得，徒见欺；欲勿予，即患秦兵之来。计未定，（以五句约略当日谋议之端，不写入某甲口中，最得神理。）求人可使报秦者，未得。（是又一议也，不与上文连。）宦者令缪贤曰："臣舍人蔺相如可使。"王问"何以知之？"对曰："臣尝有罪，窃计欲亡走燕，臣舍人相如止臣，（此为原叙法，若入拙手，必先实叙一事在前，累笔滞机，相去远矣。）曰：'君何以知燕王？'（语曲折甚多，叙得明了。）臣语曰：'臣尝从大王与燕王会境上，燕王私握臣手，曰"愿结友"。以此知之，故欲往。'相如谓臣曰：'夫赵强而燕弱，而君幸于赵王，（此段见其智谋之远。）故燕王欲结于君。（一句一境，一境一转。）今君乃亡赵走燕，燕畏赵，其势必不敢留君，而束君归赵矣。君不如肉袒伏斧锧请罪，则幸得脱矣。'（此段见其勇决之情。）臣从其计，大王亦幸赦臣。臣窃以为其人勇士，有智谋，（此寺人具眼如此，相如之屈身也亦宜。）宜可使。"

【眉批】孟氏之言曰：诸侯之宝三，而宝珠玉者，殃必及身。赵与秦皆大国也，使以一璧之故而兴兵构怨，雌雄未知。纵使赵王抱璧以殉，亦何与社稷至计？相如而果为赵谋，宜正谢秦曰：和氏璧玩好之资，匹夫之好也。君乃捐土地以易无用之具，当不其然，寡君勿敢从命。度秦亦无以强也。今乃既予之而复诈归之，亦策士之权宜，非老成之硕画矣。

于是王召见，问蔺相如曰："秦王以十五城请易寡人之璧，可予否？"相如曰："秦强而赵弱，不可不许。"（先定欲予、欲勿予之议。）王曰："取吾璧，不予我城，奈何？"相如曰："秦以城求璧而赵不许，曲在赵。赵予璧而秦不予赵城，曲在秦。均之二策，宁许以负秦曲。"（诸大臣但计利害，相如提出曲直来，此便得养勇根本。两言而决，真为善谋。）王曰："谁可使者？"（此召相如正意，却问在后。好！）相如曰："王必无人，臣愿奉璧往使。城入赵而璧留秦；城不入，臣请完璧归赵。"（料得破，把得定，行得彻，说得快。大奇！大奇！）赵王于是遂遣相如奉璧西入秦。

秦王坐章台见相如，相如奉璧奏秦王。秦王大喜，传以示美人及左右，左右皆呼万岁。（闹热半日，色不在相如可知。）相如视秦王无意偿赵城，（相如却目光炯然，并洞见秦王肺腑。）乃前曰："璧有瑕，请指示王。"（请指示，急智。妙。）王授璧，相如因持璧却立，倚柱，怒发上冲冠，（先须以气夺之。）谓秦王曰："大王欲得璧，使人发书至赵王，赵王悉召群臣议，皆曰'秦贪，负其强，以空言求璧，（再借势直决其诈，以悉破之。）偿城恐不可得'。议不欲予秦璧。臣以为布衣之交尚不相欺，况大国乎！（后以朴忠动之。）且以一璧之故逆强秦之欢，不可。于是赵王乃斋戒五日，使臣奉璧，拜送书于庭。（先伏此笔，盖相如之意只欲完璧归赵也。）何者？严大国之威以修敬也。（终乃极言，敬顺以悦之。）今臣至，大王见臣列观，礼节甚倨；得璧，传之美人，以戏弄臣。（要他斋戒，意亦先说在前。）臣观大王无意偿赵王城邑，（方说到本意。）故臣复取璧。大王必欲急臣，臣头今与璧俱碎于柱矣！"（并说明倚柱之故。）相如持其璧睨柱，欲以击柱。（光景甚妙。）

秦王恐其破璧，乃辞谢固请，召有司按图，指从此以往十五都予赵。（画得逼现，然十五城交割自不应草草如此。）相如度秦王特以诈佯为予赵城，实不可得，（此"度"字仍从秦王传示美人及左右一片泄泄光景想来。）乃谓秦王曰："和氏璧，天下所共传宝也，赵王恐，不敢不献。（言至此，相如主意久定，秦必无得璧之理矣。）赵王送璧时，斋戒五日，今大王亦宜斋戒五日，设九宾于庭，臣乃敢上璧。"秦王度之，终不可强夺，（此"度"字，全在顷刻间辞气容貌之间摄伏之，故倚柱、睨柱之时，多少英气！）遂许斋五日，舍相如广成传舍。相如度秦王虽斋，决负约不偿城，（此"度"字，则相如徒欲以自信其言于赵王，事虽奇特，而当日情事恐不尽然。）乃使其从者衣褐，怀其璧，从径道亡，归璧于赵。

【眉批】秦王既斋戒具礼，其势固不得不予赵城，渠之意不过以为寄焉而已，今日予之，他日复命一将军出咸阳，固可还其故物也。且相如前既云"宁许秦以负秦曲"，今秦斋宿按图，而赵已怀璧私逝，玩弄大国于股掌之上，曲仍在赵不在秦也。总之，相如奉使之日，已将完璧归赵彻底算尽，故百般腾挪，总以必信其言为主。然则相如者，诚坚忍强果之士，而其于谋国之方，先儒或谓为天幸，良不诬也。

【眉批】人臣谋国，只是"致身"二字看得明白，即智勇皆从此生，而天下无难处之事矣。玩相如"完璧归赵"一语，当奉使时已自分璧完而身碎，璧归赵而身不与之俱归矣。此时只身庭见，若有丝毫冀幸之情，即一字说不出。看其侃侃数言，有伦有脊，故知其明于致身之义者也。

【眉批】秦王转机甚捷，早已不复从璧起见。左右欲引相如，盖犹视乎薮泽也。

秦王斋五日后，乃设九宾礼于庭，引赵使者蔺相如。（加"赵使者"三字，是胪传语，即设九宾礼之一节也。）相如至，谓秦王曰："秦自缪公以来（开口第一句，最得势得情。）二十余君，未尝有坚明约束者也。臣诚恐见欺于王而负赵，故令人持璧归，间至赵矣。且秦强而赵弱，（以已事为成案。妙。）大王遣一介之使至赵，赵立奉璧来。今以秦之强而先割十五都予赵，赵岂敢留璧而得罪于大王乎？（语中情理，盖前之所以必得其人而使者，只欲伸此语耳。）臣知欺大王之罪当诛，臣请就汤镬，（先抽开一身之计，方见斩截。）唯大王与群臣熟计议之。"（但令其计议割地事。）秦王与群臣相视而嘻。（写得绝倒，想此时真是哭不得笑不得。只一"嘻"字，传神极矣！或以怒解之，误也。）左右或欲引相如去，秦王因曰："今杀相如，终不能得璧也，而绝秦、赵之欢，（转机亦捷。）不如因而厚遇之，使归赵，赵王岂以一璧之故欺秦耶！"（只带说，所谓强颜以自解。）卒廷见相如，毕礼而归之。（即借九宾大礼以礼相如，故加"廷见"、"毕礼"四字。）

相如既归，赵王以为贤大夫使不辱于诸侯，（结过一重。）拜相如为上大夫。秦亦不以城予赵，赵亦终不予秦璧。（凭空蹴起，随手抹倒，正为相如脱颖耳。）

【注释】蔺：音甯。

宦者令：官名，宦官之长。

缪：音穆。

舍：左右亲近之人。

和氏璧：《韩非子》云"楚人和氏得玉璞，三献楚王，王乃理其璞而得宝，命曰和氏璧"。

语：音御，告也。

质：同锧，斤也。伏斧锧，谓置身于斧斤之间以待死也。

负：任也。负秦曲，犹言任听秦有曲也。

章台：宫名。

奏：进献也。

传：犹递也。

瑕：音霞，玉有斑点也。

怒发：发直竖也。

负其强：持其强也。

驩：同欢。

严：犹畏也。

倨：音据，轻慢也。

睨：音诣，斜视也。

度：入声。

详：同佯。

九宾：九牢也。

广成：传舍之名。

传舍：客官也。传，去声。

从者：随行之人也。从，去声。

径：小路也。

亡：逃也。

缪：同穆。

间：音谏，谓径道。

一介：犹言一个。

汤镬：酷刑也。镬音获。

嘻：音希，惊而怒之词。

【眉批】此合传也。廉、蔺之后，又附赵、李诸人，然以廉颇起，以廉颇结，廉固三人之纲矣。廉、赵、李皆武臣，惟相如为上卿，乃相如二事皆争胜于口舌之间。而于相如传中，特将立太子以绝秦望一议属之廉颇，则廉将军之为社稷臣，加于相如一等明矣。史公好奇而有奇识，详蔺以著其奇，冗廉以见其识。千秋良史之才，岂偶然乎？

秦王使使者告赵王，欲与王为好会于西河外渑池。（自是诈谖，若无相如，事未可知。）赵王畏秦，欲毋行。廉颇、蔺相如计曰：（串二人。有法。）"王不行，示赵弱且怯也。"（弱，以国言。怯，以人言。）赵王遂行，相如从。廉颇送至境，（二人或分或合，传中巧妙处。）与王诀曰："王行，度道里会遇之礼毕，还，不过三十日。（此大臣作略也，独叙在廉将军口中，则廉亦岂一武夫已乎？）三十日不还，则请立太子为王。以绝秦望。"王许之，（先壮相如之气。）遂与秦王会渑池。秦王饮酒酣，曰："寡人窃闻赵王好音，请奏瑟。"（秦人作用好笑。）赵王鼓瑟。秦御史前书曰"某年月日，秦王与赵王会饮，令赵王鼓瑟"。（不过欲当场书一"令"字，为胜赵一筹计，不觉遂同婢妾诟谇伎俩。）蔺相如前曰："赵王窃闻秦王善为秦声，请奉盆缶秦王，以相娱乐。（写成一笑，明明奚落夷人不解瑟耳。词气又缓。）秦王怒，不许。于是相如前进缶，因跪请秦王。（其势实壮。）秦王不肯击缶。（何难一击，击之则胜着又虚矣。绝倒。）相如曰："五步之内，相如请得以颈血溅大王矣！"（反言劫刺之事也，度亦一时猝办语，但其势实壮，真不可当。）左右欲刃相如，相如张目叱之，左右皆靡。（不可无此一笔，不然则情事不周匝。）于是秦王不怿，为一击缶。（苦甚。比之从容鼓瑟着，愈出丑。）相如顾召赵御史书曰"某年月日，秦王为赵王击缶"。（以"为"字对"令"字，正复相当。）秦之群臣曰："请以赵十五城为秦王寿"。（不复成体面矣。）蔺相如亦曰："请以秦之咸阳为赵王寿。"（咸阳，秦都也。都城可请，则秦不国矣。妙语。）秦王竟酒，终不能加胜于赵。（须知此语从秦王意中写出来。）赵亦盛设兵以待秦，秦不敢动。（无此一着，便成儿戏。）

既罢归国，以相如功大，拜为上卿，位在廉颇之右。（斗出柔廉颇一段。）

秦伐韩，军于阏与。（从赵地进兵伐韩。）王召廉颇而问曰：（插廉颇，有意。）"可救不？"对曰："道远险狭，难救。"（持重。好。颇大将，非战将也。）又召乐乘而问焉，乐乘对如廉颇言。（引二人，以颇为主。侧笔有法。）又召问赵奢，奢对曰："其道远险狭，（亦同此语。妙。）辟之犹两鼠斗于穴中，将勇者胜。"（提出本领，只是养气一法。）王乃令赵奢将，救之。

【眉批】为将者之品，有大将，有战将，廉颇识略高深，能持重而不利于剽疾，有大将之才，而或不足于战将之用。赵奢自是战将，至其纳许历之言，而又能表章出之，亦有大将之度者矣。

【眉批】凡事特患不见破耳，赵奢"将勇者胜"一言已看定阏与之战只在养气。然而矢石所交，风云变色，谨呼所及，屋瓦皆飞，己即不摇，能保此千万人之耳目心志不溃然而散乎？"坚壁"二句，疾趋两日，其心中、眼中不复有丝毫利害之惑，是真有得于"持其志，而无暴其气"之旨者也。战为圣人之所慎，岂细故哉！马服君于是乎不可及矣。

【眉批】许历一段，叙得狡狯，只是窥得破赵奢作用。历之言，即奢之言也。如谓奢见不及此，则此行无历，奢遂不能集事耶？必无之理矣。

兵去邯郸三十里，而令军中曰："有以军事谏者死。"（中有定见，只要静镇，惟恐气壹则动志也。此有大见识。）秦军军武安西，秦军鼓谯勒兵，武安屋瓦尽振。（特写一事，以见其静镇之实。此渲染法。）军中候有一人言急救武安，赵奢立斩之。（为许历事作反衬。）坚壁，留二十八日不行，复益增垒。（所谓"静如处女"。）秦间来入，赵奢善食而遣之。（只此已足，妙在更不教以他语。）间以报秦将，秦将大喜曰：（一番大喜，气已浮动，不可制矣。）"夫去国三十里而军不行，乃增垒，阏与非赵地也。"（大言。妙。）赵奢既已遣秦间，（紧接善食句。捷甚。）乃卷甲而趋之，二日一夜至，（所谓"动若脱兔"。）令善射者去阏与五十里而军。（此句后无所应，必邀其归路而击之，所以获全胜也。）军垒成，秦人闻之，悉甲而至。（此句顿住，下别插许历二段语。此夹叙体。）军士许历请以军事谏，赵奢曰："内之。"（活动得妙。）许历曰："秦人不意赵师至此，其来气盛，（惟此人能窥破赵奢养气作用，一语便道着，奇士。）将军必厚集其阵以待之。（冲突不动。）不然，必败。"赵奢曰："请受令。"（恭逊得妙。）许历曰："请就铁质之诛。"赵奢曰："胥后令（胥，待也。含糊得妙。）邯郸。"（"邯郸"二字，似直当作"将战"二字。）许历复请谏，曰："先据北山上者胜，（得地利以鼓勇气。建瓴之势，易为功也。）后至者败。"赵奢许诺，即发万人趋之。秦兵后至，争山不得上，（此句直接前"悉甲而至"句。）赵奢纵兵击之，大破秦军。（只是以气胜之，无他谬巧。）秦军解而走，遂解阏与之围而归。（结案。）

赵惠文王赐奢号为马服君，以许历为国尉。赵奢于是与廉颇、蔺相如同位。(总结。如椽之笔。)

【注释】好会：相和好而会盟也。

渑池：地名，今为县，属河南河洛道。渑音黾。

廉颇：赵良将。

怯：音却，胆怯也。

诀：音决，别也。

好音：好，去声。

瑟：音失，乐器。古为五十弦，后改二十五弦。

缻：音缶，瓦器，所以盛酒浆，秦人鼓之以节歌。

溅：音赞，洒也。

叱：音尺，大声呵之也。

靡：音米。披靡，乱也。

怿：音亦，悦也。

寿：以物献人曰寿。

阏与：韩邑名，在今山西和顺县之西。阏音焉。

乐乘：赵将，封武襄君。

赵奢：赵将，封马服君。

辟：同避。

武安：赵地，今为县，河南河北道。

谍：音燥，群呼声也。

候：同望也。

秦间：秦使人来探视赵军者。间音谏。

善食：设盛食馔款待之也。食音嗣。

悉甲：尽所有甲士而来攻也。

内：同纳。

铁质：铁，音夫，斧也。质同锧。

胥：同须，待也。

国尉：官名。

太史公曰：知死必勇，（能知必死而直蹈之，则勇气自振，凡人不能勇者，只是冀幸不死耳。然幸生者，顾未必生；而自分必死者，终或不果死也。此赞但发明此义。）非死者难也，处死者难。方蔺相如引璧睨柱，及叱秦王左右，势不过诛，然士或怯懦而不敢发。相如一奋其气，威信敌国，退而让颇，名重太山，其处智勇，可谓兼之矣！（四人合传，赞止相如，史公好奇之过也。）

总评：廉颇、蔺相如、赵奢、李牧合传，同时同国，各见其奇，与他传牵连而书者不同。故传中多作罗纹体，而叙廉颇事则加勤，叙相如事则独赡。一以为诸子之纲维，一以见恢奇之绝轨也。以余观之，则皆朝不及夕，一切苟且以图存之计焉耳。盖相如以一璧之故，一击缶之微，樽俎折冲，以挟触虎，其得免也，亦云幸矣。及其归也，不闻昌言硕画，以为善后之图，则慷慨趣汤，五步溅血，此技可长恃乎？李牧、赵奢，一将之用有余，猛虎在山，藜藿不采，秦人或稍惮焉。而朝廷大计则非其所知。惟廉将军沉毅深远，而一生无大奇节，史公著笔颇轻。及乎晚节被谗，一不得当，而犹有思用赵人之语。夫钟仪既絷，犹鼓南音；范叔西游，无忘丘墓，廉将军于此遐哉弗可及已，而惜乎赵之不终其用也。史公嗜奇，所取者在蔺不在廉，故文之工赡者亦在此不在彼，而余之选录，则专以其人也。因廉传不采，故附论之于此，以著四子之优劣云。

屈原贾生列传

屈原者，名平，楚之同姓也。（全传眼目。）为楚怀王左徒。博闻强志，（总纲。）明于治乱，娴于辞令。入则与王图议国事，以出号令；（跟"明于治乱"句。）出则接遇宾客，应对诸侯。（跟"娴于辞令"句。）王甚任之。

【眉批】上官大夫虽妒屈原，而宪令之造既出王使，则即夺之，当无以冒其能也。总之，小人之一念动于恶，恣肆妄诞，必至破坏他人能事而后已，虽己亦不能自晓也。

上官大夫与之同列，争宠而心害其能。（势逼而争，然其能不及，则又难与争也。一句合二意。）怀王使屈原造为宪令，屈平属草稿未定。上官大夫（靳尚。）见而欲夺之，（小人无状至此。）屈平不与，（亦染习气。）因谗之曰："王使屈平为令，众莫不知，（切中庸主之忌。）每一令出，平伐其功，曰以为'非我莫能为'也。"（此三句乃注明所以"众莫不知"之故。）王怒而疏屈平。（只是疏而不任，未夺其位。）

【眉批】《离骚》开口便呼"皇考伯庸"，后又"指九天以为正"，是呼天、呼父母之实证也。再转出"盖自怨生"句来，然则号泣于旻天，于父母。孟子以为怨慕，不与此文相表里乎？举千秋血性文章而归之于忠孝，此传实《离骚》之弁序，不仅左徒之行状而已也。

屈平嫉王听之不聪也，（就王听谗言。）谗谄之蔽明也，（就上官行谗于王言。）邪曲之害公也，（就上官害己之能言。）方正之不容也，（就己之见疏言。）故忧愁幽思而作《离骚》。（逗住。）"离骚"者，犹离忧也。（顿开局势。）夫天者，人之始也；父母者，人之本也。人穷则反本，故劳苦倦极，未尝不呼天也；疾痛惨怛，未尝不呼父母也。（《离骚》如此洋洋巨篇，只以"呼天"、"呼父母"罩之，忠孝之志，所以千古为昭。史公眼光烁破天下如此。）屈平正道直行，竭忠尽智以事其君，谗人间之，可谓穷矣。信而见疑，忠而被谤，能无怨乎？屈平之作《离骚》，盖自怨生也。(已上言《骚》之所由作，已下言《骚》之体制。)《国风》好色而不淫，《小雅》怨诽而不乱。若《离骚》者，可谓兼之矣。上称帝喾，下道齐桓，中述汤武，以刺世事。明道德之广崇，治乱之条贯，靡不毕见。(三句从"明于治乱"来。)其文约，其辞微，其志洁，其行廉，其称文小而其指极大，举类迩而见义远。(六句从"娴于辞令"来。以下申言其文之洁芳悱恻，而极赞其蓄志之超。)其志洁，故其称物芳。其行廉，故死而不容。自疏濯淖污泥之中，蝉脱于浊秽，以浮游尘埃之外，不获世之滋垢，皭然泥而不滓者也。推此志也，(拈"志"字，精莹俊迈。)虽与日月争光可也。

【眉批】既以楚之存亡系于原传，则楚事不得不叙，然不得喧客夺主也。看其叙事匆匆得妙。

屈平既绌，(遥接王怒而疏之案。)其后秦欲伐齐，齐与楚从亲，惠王患之，乃令张仪佯去秦，厚币委质事楚，曰："秦甚憎齐，齐与楚从亲，楚诚能绝齐，秦愿献商於之地六百里。"(如饵小儿，可悲可恨。)楚怀王贪而信张仪，遂绝齐，使使如秦受地。张仪诈之曰："仪与王约六里，不闻六百里。"(如谑贩佣，更可悲可恨。)楚使怒去，归告怀王。怀王怒，大兴师伐秦。秦发兵击之，大破楚师于丹、淅，斩首八万，虏楚将屈匄，遂取楚之汉中地。(所失反不止六百里。)怀王乃悉发国中兵以深入击秦，战于蓝田。魏闻之，袭楚至邓。楚兵惧，自秦归。而齐竟怒不救楚，楚大困。

【眉批】此上通为一大段，只"屈平既绌"、"屈平既疏"二句始终关照，是主句；余皆衬起本传，非正文也。

明年，秦割汉中地与楚以和。(知楚未可卒灭，秦之玩弄诸侯极矣。尤可悲可恨。)楚王曰："不愿得地，愿得张仪而甘心焉。"张仪闻，乃曰："以一仪而当汉中地，臣请往如楚。"(如角力拳勇之夫，一交手后看破伎俩，全不以为意矣。)如楚，又因厚币用事者臣靳尚，而设诡辩于怀王之宠姬郑袖。怀王竟听郑袖,复释去张仪。是时屈平既疏,(引归正传。)不复在位使于齐,(七字作一句读,使齐即不在位,非贬斥也,只是疏远之意。)顾反,谏怀王曰:"何不杀张仪?"怀王悔,追张仪不及。(何故又悔,总是昏极。)

其后诸侯共击楚,大破之,杀其将唐眛。(极匆匆,又未尝不明画。)

【眉批】此上又一段,是怀王入秦不反公案。前段屈平语在后,此段屈平语在前:作文中变化法。

时秦昭王与楚婚,(陡然复起一头。)欲与怀王会。怀王欲行,屈平曰:"秦虎狼之国,不可信,不如无行。"怀王稚子子兰劝王行:"奈何绝秦欢!"(屈平之言亦不必极痛切,稚子之言亦不必甚锋芒,而行间字里无人不瞥然亲见屈平之冷落无聊者,所以妙也。)怀王卒行。入武关,秦伏兵绝其后,因留怀王,以求割地。(秦之不直,不必言;怀王之受辱,亦岂足惜?)怀王怒,不听。亡走赵,赵不内。复之秦,竟死于秦而归葬。

长子顷襄王立,以其弟子兰为令尹。(只须据事直书,而楚人昏惑已极。)楚人既咎子兰以劝怀王入秦而不反也。

【眉批】善读书者取其意而遗其词,今史公每插一段论断,取《离骚》读之,即处处有吻合之妙。予故曰此《离骚》之弁序也。

屈平既嫉之,(两句合写,妙;方见屈平之怨,直举国之公愤。)虽放流,眷顾楚国,系心怀王,不忘欲反,冀幸君之一悟,俗之一改也。(仍入《离骚》,文理匝密,情味悠扬。)其存君兴国而欲反覆之,一篇之中三致志焉。(千古善读书人语。)然终无可奈何,故不可以反,卒以此见怀王之终不悟也。(语势缠绵,酷肖《骚》矣。)人君无知愚贤不肖,莫不欲求忠以自为,举贤以自佐,(特插入一段议论,只此段是史公自发感慨,不得概将前文例之。)然亡国破家相随属,而圣君治国累世而不见者,其所谓忠者不忠,而所谓贤者不贤也。(千古痼疾,一笔点破。)怀王以不知忠臣之分,故内惑于郑袖,外欺于张仪,疏屈平而信上官大夫、令尹子兰。兵挫(古本作"到"。)地削,亡其六郡,身客死于秦,为天下笑。此不知人之祸也。《易》曰："井泄不食，为我心恻，可以汲。王明，并受其福。"王之不明，岂足福哉！（引一笔，即疏宕。）

令尹子兰闻之大怒，（摇接屈平既嫉之段，此句是篇中第一奇笔。）卒使上官大夫短屈原于顷襄王，顷襄王怒而迁之。（始斥而放之。）

【眉批】楚怀虽狂惑之主，然其始本能宠任屈平，则亦不可谓之不知人也。惟其一念之欲，自见其才而掩人之善以为己有，遂致为宵小所窥，而巧以中之。然屈大夫于此殆亦不无文人习气，矜惜己美而不肯假借，容亦有之，此正不解夫"随流"、"扬波"、"铺糟"、"啜醨"之理者也。虽然，以屈子之贤，夫岂不知正以狷洁之性必不能少贬耳，故自撰《渔父辞》、《怀沙赋》以明本志。史公独摘此二文，以终本传，真读书论世之巨眼也。

乃作《怀沙》之赋，怀石遂自投汨罗以死。

屈原既死之后，楚有宋玉、唐勒、景差之徒者，皆好辞而以赋见称；然皆祖屈原之从容辞令，终莫敢直谏。（一段终屈原。）其后楚日以削，数十年竟为秦所灭。（一段并终楚，与篇首"楚之同姓也"句关合。）

自屈原沉汨罗后百有余年，汉有贾生，为长沙王太傅，（此传过文，独有味外味。）过湘水，投书以吊屈原。

【注释】楚同姓：屈、景、昭皆楚之族。楚王始都是，生子瑕，受屈为卿，因以为氏。

左徒：官名，盖即左右拾遗之类。

志：记也。

娴：音闲，习也。

甚任之：甚倚赖之也。

上官大夫：上官靳尚。上官，姓；靳尚，名也。

宪令：法令也。

属：音烛，连缀也。

伐：矜夸也。

离骚：离，同罹，读去声，遭也。骚，音烧，忧也。

怛：音塔，痛也。

间：音谏，离间也。

《国风》、《小雅》：皆诗篇名。

诽：音菲，谤也。

喾：音哭，帝喾，高辛氏。

齐桓：齐桓公，五霸之首。

汤、武：商汤王，周武王。

靡：音米，无也。

行：去声。

指：意向也。

迩：音尔，近也。

淖：音闹，溺也。

蜕：音税，去皮也。

滋垢：污坏也。垢音嗀。

皭然：清絜貌。皭音爵。

滓：音梓，浊也。

绌：同黜，废也。

从亲：以合从相亲善也。从音宗。

惠王：秦惠王。

详：同佯。

委质：质同贽。初见时所执物也，委置也。

憎：音增，恶也。

商於：地名，在今陕西省商南县。

丹、淅：二水名，在今陕西省。

屈匄：屈，姓；匄，名。匄音盖。

汉中地：今陕西汉中道皆是。

蓝田：今陕西蓝田县。

袭：掩袭也。行师不用金鼓曰袭。

邓：在汉水北，今湖北襄阳县境。

靳：音仅。

武关：秦之南关，在今陕西商县东。

内：同纳。

令尹：楚上卿。

嫉：音疾，恶也。

眷：同眷，念也。

存君兴国：心在楚君而欲兴楚国也。

易曰：井卦。

渫：音屑，浚治去泥浊也。言井已渫去泥浊，若还不汲取来食，使我心恻然不乐也；如果肯去汲取，则君王贤明，天下并受其福矣。

短：毁之也。

汨罗：江名，在今湖南省洞庭湖附近。汨音密。

贾生：名谊，洛阳人。

长沙王：吴芮之玄孙，名差。

太史公曰：余读《离骚》、《天问》、《招魂》、《哀郢》，悲其志。（本传前半拈出"志"字，意正如此。）适长沙，观屈原所自沉渊，未尝不垂涕想见其为人。及见贾生吊之，又怪屈原以彼其材，游诸侯，何国不容？而自令若是。（从《长沙赋》中看出，即"历九州而相君"等句。）读《服鸟赋》，同死生，轻去就，又爽然自失矣。（即以贾破贾，知《吊屈原赋》亦有为之言也。）

【注释】《天问》、《招魂》、《哀郢》：皆《离骚》篇名。

长沙：在今湖南，今为县。

《服鸟赋》：贾谊为长沙王太傅三年，有鸮飞入舍，止于坐隅，楚人命鸮曰服，乃为赋以自伤。

总评：屈灵均，（平，一字灵均。）千古洁人也。观其《离骚》、《九歌》、《九章》（并《楚辞》篇名。）撰著，美人香草，触手芬菲，（菲音非，香也。）何处不滋兰九畹而树蕙百亩哉！史迁之知灵均，只在于至洁中见其一片血性，而其狷介无憀（憀，同聊，赖也。）之况，俱于言外见之。本作《离骚》序言，而即移为左徒传赞耳。当与庄叟《天下篇》（见《庄子》。）及《史记自序》篇参览，斯得其旨。

刺客列传

【眉批】荆卿列于《刺客传》，为燕太子丹也，不得不以燕为主。然其游列诸国，遍交贤豪，各有奇特可纪处，又不忍割弃不写，看其从齐、卫插入"而之燕"三字，以定其名，随后逆叙游卫、游榆次、游邯郸三段，因以"既至燕"一语遥接，方写燕市，淋漓兴致。又随添"所游诸侯"二句，复以"其之燕"三字收还，针路之密，极尽经营，固不得以史公藉《国策》为蓝本而专摘其刺秦王一段也。今特录前后史公叙传本文，凡《国策》所有者不复著云。

荆轲者，卫人也。其先乃齐人，徙于卫，卫人谓之庆卿。而之燕，燕人谓之荆卿。（备叙履历，固见郑重，然两名兼载，正欲插"而之燕"三字耳。）

荆卿好读书击剑，（占身份语。）以术说卫元君，（剑术耶？纵横之术耶？一荆卿岂足系卫之存亡，史公痛惜其无成，故偏作尔许身份。）卫元君不用。其后秦伐卫，置东郡，徙卫元君之支属于野王。

荆轲尝游过榆次，（此二段皆极写荆轲，摧刚为柔，又似重之，又似惜之，其妙乃在笔墨之外。）与盖聂论剑，盖聂怒而目之。荆轲出，人或言复召荆卿。盖聂曰："曩者吾与论剑有不称者，吾目之；试往，是宜去，不敢留。"（盖聂盖剑客之才者，此段原为篇末击剑不中而伏，而后乃独引鲁勾践之言。正为二段同意也。）使使往之主人，荆卿则已驾而去榆次矣。使者还报，盖聂曰："固去也，吾曩者目摄之！"（写英雄心目凛凛。字法妙。）

荆轲游于邯郸，鲁勾践与荆轲博，争道，鲁勾践怒而叱之，荆轲默而逃去，遂不复会。（士不遇知己，徒死无益。两番逃去，直与淮阴俯出跨下同意。）

荆轲既至燕，爱燕之狗屠及善击筑者高渐离。（此时方获同调。）荆轲嗜酒，日与狗屠及高渐离饮于燕市，（一段酣畅淋漓之极。）酒酣以往，

（字法沉酉农可味。）高渐离击筑，荆轲和而歌于市中，相乐也，已而相泣，旁若无人者。（一生慷慨，发泄殆尽，不但乐时畅遂也。）荆轲虽游于酒人乎，（四字雅绝。）然其为人沉深好书；（复应好书，加以沉深，身分高绝。）其所游诸侯，尽与其贤豪长者相结。（拓一笔。）其之燕，（即收转。）燕之处士田光先生（高抬田光，正是极予荆卿。）亦善待之，知其非庸人也。

【注释】野王：韩地，今河南沁阳县。

榆次：今为县，属山西冀宁道。

盖聂：盖，姓；聂，名。盖音葛。聂音失。

之主人：之，到也。

摄：音失，犹视也。

鲁勾践：鲁，姓；勾践，名。

博争道：博弈也。争道，争棋子地位也。

嘿：同默。

筑：音竹，似琴有弦，用竹击之，取以为名。

高渐离：人姓名。

和：去声。

乐：音洛。

好：去声。

长者：长上声。

结：犹交也。

田光：人姓名。

【眉批】荆卿之有高渐离，犹聂政之有娣荌也。大丈夫为知己者死，一腔热血，本不求表暴于天下，而无如荆卿之于太子丹，疏荐猜嫌，实算不得知己。七尺之躯浪付竖子，殊为可惜。故当时若不得高生一番奇烈，荆之减价良不少也。酒酣歌泣，托以千秋，岂徒然哉！

高渐离变名姓为人庸保，（有深志。）匿作于宋子。（地名。）久之，作苦,闻其家堂上客击筑,傍徨不能去。(忍不住露颖,寻常语令人堕泪,故奇。)每出言曰:"彼有善有不善。"(妙语苦心。)从者以告其主,曰:"彼庸乃知音,窃言是非。"家丈人召使前击筑,一坐称善,赐酒。(以上为一节,未重击筑。)而高渐离念久隐畏约无穷时,(高生当日向谁道之?而史公偏能代道其肺腑中语。妙甚。)乃退,出其装匣中筑与其善衣,更容貌而前。举坐客皆惊,下与抗礼,以为上客。使击筑而歌,(以上为一节,方正写击筑。)客无不流涕而去者。(燕市流离,久不陨此涕矣。)宋子传客之,闻于秦始皇。秦始皇召见,人有识者,乃曰:"高渐离也。"秦皇帝惜其善击筑,重赦之,(祖龙颇亦不俗。)乃矐其目。使击筑,未尝不称善。(以上为一节,是得见始皇之由。)稍益近之,(渐写得情。)高渐离乃以铅置筑中,复进得近,举筑扑秦皇帝,不中。于是遂诛高渐离,(即扑杀此獠,高生岂不为斋粉耶?舍生之节,大为荆卿增重。)终身不复近诸侯之人。

【注释】庸保:为酒保也。

作:涤酒器也。

宋子:魏地。

彷徨:犹徘徊也。

从者:主人家之左右也。从,去声。

家大人:谓主人翁也。

畏约无穷时:谓惧穷约无尽时也。

善衣:美衣也。

更:平声,改也。

传客之:互以为客也。

矐:音忽,以马屎燻令失明也。

扑:音扑,击也。

中:去声。

总评：《国策》"荆轲刺秦王"一篇，文章固妙绝千古，然其写荆轲处可议实多。如聂政（为严仲子刺韩相侠累。）尚不肯轻受严仲子百金之馈，而轲则早恣享燕太子车骑美女之奉，一也。聂政恐多人语泄，独行仗剑至韩，而轲则既必"待吾客与俱"，又且白衣祖饯，击筑悲歌，岂不虑事机败露，二也。聂政抉面屠肠，自灭形迹，轲乃箕踞笑骂，明道出欲生劫报太子丹之语，三也。至以虎狼之秦而欲希风曹沫，约契不渝，其愚狂无识更不足道矣。史公想爱其文之奇，又不可妄为点窜，故特于前后自出手眼，写得荆卿沉深儒雅，迥绝恒流，并高渐离隐约精灵，双峙千古，遂使其疏莽无成处俱藏却许多疑案，令人不忍多訾矣。（訾，音子，诋毁也。）此其笔力迷离，独有超解，轲得此庶几不枉此一死也。今人诵《国策》，多置史传始末，又安见古人之深意哉？

张耳陈馀列传

【眉批】蒯彻以相人之术讽淮阴侯不听,佯狂为巫,尝著书二十篇。此段从彼采入,故自成一首机轴。

【眉批】如此人方可谓之排难解纷。

范阳人蒯通说范阳令曰:(本名彻,以武帝讳易通。)"窃闻公之将死,故吊。虽然,贺公得通而生。"(蒯通明于事机,与战国倾危之士绝异,矢口吊、贺并至,善于竿动。)范阳令曰:"何以吊之?"对曰:"秦法重,(明其前之得罪于咸阳父老子弟,法实使然,虽为作周旋语,然亦非强饰。)足下为范阳令十年矣,杀人之父,孤人之子,断人之足,黥人之首,不可胜数。(写得满眼冤头债主,不由人不动心。)然而慈父孝子莫敢傅刃公之腹中者,畏秦法耳。今天下大乱,秦法不施,(极其明划,无一语欺范阳令。)然则慈父孝子且傅刃公之腹中以成其名,(必傅刃而后得为慈孝,故云成其名。)此臣之所以吊公也。今诸侯畔秦矣,(转机,逼秦。)武信君兵且至,(即赵王武臣。)而君坚守范阳,少年皆争杀君,下武信君。(徒然取死,实无益于忠节。)君急遣臣见武信君,可转祸为福,在今矣。"(妙在投身相为,若空空令之降,济得甚事?)

【眉批】《史记》文密而实奇横,《国策》文幻而实平整,笔径自然,要关天分。此段最似《国策》,若其为范阳令及武信君谋,片语之间,免却千里兵戈惨祸。文在鲁连之上,品居王蠋之前,非战国倾危者所能及也。

范阳令乃使蒯通见武信君曰:"足下必将战胜然后略地,攻得然后下城,臣窃以为过矣。(起法与前同。)诚听臣之计,可不攻而降城,不战而略地,传檄而千里定,可乎?"(文势葱茏郁秀,然与《史记》疏宕自别。)武信君曰:"何谓也?"蒯通曰:"今范阳令宜整顿其士卒以守战者也,(更不支蔓,单刀直入。)怯而畏死,贪而重富贵,故欲先天下降,(非骂范阳令,正见滔滔皆是。此其所以不待战而千里可定也。)畏君以为秦所置吏，诛杀如前十城也。然今范阳少年亦方杀其令，自以城距君。（实然。刘、项起事，何尝不尔。）君何不赍臣侯印，拜范阳令，范阳令则以城下君，少年亦不敢杀其令。（说来如指上螺纹，细细可辨。）令范阳令乘朱轮华毂，使驰驱燕、赵郊。燕、赵郊见之，皆曰此范阳令，先下者也，即喜矣，燕、赵城可毋战而降也。（此三句即前"怯而畏死"二句。）此臣之所谓传檄而千里定者也。"（极葱茏郁秀之致，写来绝妙，与其悬鼎镬以徇，何如悬华衮而招。）武信君从其计，因使蒯通赐范阳令侯印。赵地闻之，不战以城下者，三十余城。（从此遂复立赵国。）

【注释】范阳：魏郡，今直隶定兴县。

蒯：音快。

赍：音恣，以物插地曰赍。

檄：音亦，以文书相号召曰传檄。

赍：音嗟，赐也。

毋：同无。

【眉批】养卒之论事势，明透已极，盖深知武臣之不足事，而见张、陈之必非人下者也。此段语张、陈，固不欲人道破。然即谓此时名为求王，实欲燕杀之，则殊未必然。盖此时果欲燕之杀武臣，便当鼓行而前，决一死战，则赵王必危。乃杀十余使而未敢兴兵，正其投鼠忌器之私衷耳。但养卒归王而不闻特赏，则未必不以其道破隐情而忌之也。即谓欲杀赵王，亦未为逆诈已甚。

赵王间出，为燕军所得。（武臣方与馀、耳略定燕界。）燕将囚之，欲与分赵地半，乃归王。（要知求之愈急，虽尽与赵地，犹未必归也。）使者往，燕辄杀之（不可向迩。妙。）以求地。张耳、陈馀患之。（以两贤所患，而养卒易言之，接手入神。）有厮养卒谢其舍中曰："吾为公说燕，与赵王载归。"（通盘算到之语。）舍中皆笑曰："使者往十余辈，辄死，若何以能得王？"乃走燕壁。（写的妙。若与笑者辨折一语，便不见奇。"走"字妙。）燕将见之，问燕将曰："知臣何欲？"（若待燕将先问，便不奇。"问燕将"甚妙。）燕将曰："若欲得赵王耳。"曰："君知张耳、陈馀何如人也？"（先布此着，妙。）燕将曰："贤人也。"曰："知其志何欲？"（然后敲紧。）曰："欲得其王耳。"赵养卒乃笑曰：（一"笑"字从容之极。此是谢舍中时成竹也。）"君未知此两人所欲也。夫武臣、张耳、陈馀（三人总提，便不是真正君臣。）杖马箠下赵数十城，此亦各欲南面而王，岂欲为卿相终己耶？（岂诳燕将哉？但求王时想不到此耳。）夫臣与主岂可同日而道哉，（此等宕笔，《史记》天生妙笔。）顾其势初定，未敢参（字法。）分而王，且以少长先立武臣为王，以持赵心。（目光如炬，而口齿伶俐之极。）今赵地已服，此两人亦欲分赵而王，时未可耳。（势以国言，时以人言。）今君乃囚赵王。此两人名为求赵王，实欲燕杀之，此两人分赵自立。（此三语则未必果然，然燕果杀之，则分赵自立，诚何待论。）夫以一赵尚易燕，况以两贤王（一也。）左提右挈，（二也。）而责杀王之罪，（三也。）灭燕易矣。"燕将以为然，乃归赵王，养卒为御而归。（应"载归"，趣极。）

【注释】间出：微行也。间音谏。

厮养卒：析薪为厮，炊烹为养。厮音斯。

舍中：同舍中之人也。

若：汝也。

箠：音嘴，击马策也。

长：上声。

持：维系也。

【眉批】张敖固无反谋，然而人臣之义，将则必诛。贯高谋叛激于礼貌之微，罪固当死。敖为人臣而隐忍保奸，借使其事竟成，敖得不俨然南面乎？为敖者，力能诛高则诛之，不能则告之高祖，方是纯白心事。为人臣者所以不可不知《春秋》之义也。

汉七年，高祖从平城过赵，（自将伐匈奴，解围归。）赵王（耳子敖，高祖婿。）朝夕袒韝蔽，（袒而割牲。韝蔽所以约袖而捧盘匜也。）自上食，礼甚卑，有子婿礼。高祖箕倨詈，甚慢易之。（隆准公善骂，常以此失功臣意。实是亭长恶习,不足为佳。)赵相贯高、赵午等年六十余,故张耳客也。(始与高祖等夷可知。)生平为气,(写得勃然。)乃怒曰:"吾王孱王也!"(先自怒,后说王,有情景。)说王曰:"夫天下豪桀并起,能者先立。(玩此二语,益见平昔等夷,不肯相服。)今王事高祖甚恭,而高祖无礼,("高祖"字皆误,姑仍之。)请为王杀之!"(不济。)张敖啮其指出血,曰:"君何言之误!(张敖固好人,然误处不小。)且先人亡国,赖高祖得复国,德流子孙,秋毫皆高祖力也。(语甚郑重。)愿君无复出口。"(稚甚,误甚。)贯高、赵午等十余人皆相谓曰:(此何事?而同事者多于十人,蓄谋者余于一岁,岂有不败之理?)"乃吾等非也。吾王长者,不倍德。且吾等义不辱,今怨高祖辱我王,故欲杀之,何乃污王为乎?(语气极慷慨。)令事成归王,事败独身坐耳。"(真有定力。)

【眉批】高祖赐娄敬姓刘而云"娄者乃刘也",于柏人心动则云:"柏人者,迫于人也",粗糙杜撰可哂亦可爱。小处传神,三毫欲活矣。

汉八年,上从东垣还,过赵,(又过一年。)贯高等乃壁人柏人,要之置厕。(此语极古奥,遂多谬解,盖伏刺客于柏人县之要路馆驿以待之。置,驿舍也。)上过欲宿,心动,问曰:"县名为何?"曰:"柏人。""柏人者,迫于人也!"(趣甚,警甚。)不宿而去。(有天命。)

【眉批】贯高固叛人,然身为张耳故客,其视高祖等夷耳。天下初定,逐鹿未忘,老骥雄心,不能忍辱,与他人作逆者殊科。况其立节张敖,亦是跖犬吠尧常理,不当概以叛目之。

汉九年,贯高怨家知其谋,乃上变告之。于是上皆并逮捕赵王、贯高等。十余人皆争自刭,(无此衬不出贯高。)贯高独怒骂曰:"谁令公为之?(如闻其声。)今王实无谋,而并捕王;公等皆死,谁白王不反者!"(提出题目。)乃槛车胶致,(胶,固也,乃防护严密之意。)与王诣长安。治张敖之罪。上乃诏赵群臣宾客有敢从王皆族。贯高与客孟舒等十余人,(疑此句"与"字当作"之"字,盖贯高首为怨家所告,亦当逮治,何待髡钳从王?孟舒等自是贯高之客耳。)皆自髡钳,为王家奴,从来。贯高至，对狱，曰："独吾属为之，王实不知。"（久要不忘，是真侠士。）吏治榜笞数千，刺剟，身无可击者，（总言酷刑）终不复言。吕后数言张王以鲁元公主故，不宜有此。（忽插此段文章，所以得疏宕也。）上怒曰："使张敖据天下，岂少而女乎！"不听。（吕后不能回而囚能回之，益见贯高义烈动人。）廷尉以贯高事辞闻，上曰："壮士！谁知者，以私问之。"（真主启口，培植名节不少。）中大夫泄公曰："臣之邑子，素知之。此固赵国立名义不侵为然诺者也。"（泄公亦难得，方治反狱时，亲友惟恐波及，谁肯为之游扬者？亦可见端友之从其类也。）上使泄公持节问之箯舆前。（写得惨苦激昂，令人泪落。）仰视曰："泄公耶？"泄公劳苦如生平欢，与语，（所谓以私问也。以下俱是友朋私语。）问张王果有计谋否。高曰："人情宁不各爱其父母妻子乎？（可泣鬼神，可感金石，不得以其叛人而少之。）今吾三族皆以论死，岂以王易吾亲哉！（透甚。）顾为王实不反，独吾等为之。"具道本指所以为者王不知状。（一语所该甚多，古健绝伦。）于是泄公入，具以报，上乃赦赵王。

【眉批】汉法至重，韩信、彭越，开国元功，皆以莫须有之狱并至参夷。贯高亲谋弑逆，其客亦均为党援，乃以能立然诺之故，嗟赏宽赦，富贵蝉联。高祖固有过人之度，而张敖所以保全者，亦不无阴持其重之势。篇中始载吕后之数言，终指鲁元之故，亦言外微旨，非漫然之笔也。

上贤贯高为人（难得高祖。）能立然诺，（品题无溢美。）使泄公具告之，曰：（郑重，妙。盖下八个字，乃"檃括大旨，其言甚多"。）"张王已出。"因赦贯高。贯高喜曰："吾王审出乎？"（生动。）泄公曰："然。"泄公曰：（特加一"泄公曰"，以致其郑重之意。妙绝。）"上多足下，故赦足下。"贯高曰："所以不死一身，无余者，白张王不反也。（特照定前"十余人争自刭"句。）今王已出，吾责已塞，死不恨矣。且人臣有篡杀之名，何面目复事上哉！纵上不杀我，我不愧于心乎？"（无此不成慷慨。）乃仰绝肮，遂死。当此之时，名闻天下。（史公极得意语。）

【眉批】张敖知贯高谋，不早发觉，得免死，幸矣。乃犹爵以列侯，非法也，故特以尚鲁元故冠之。

张敖已出，以尚鲁元公主故，封为宣平侯。于是上贤张王诸客，以钳奴从张王入关，无不为诸侯相、郡守者。（高祖鼓舞一世处，甚奇。）及孝惠、高后、文帝、孝景时，张王客子孙皆得为二千石。（人历四朝，则其子孙之所以不失富贵者，不关张王事矣，乃犹冠以张王客，史公好奇如此。）

【注释】平城：地名，在今山西大同县东。

袒：音但，肉袒露臂也。

韝：音钩，臂衣也，以韦为之。韝蔽，以韝蔽臂也。

箕倨：曲两膝而坐。其形如箕，古者坐于席，无今之椅凳之类。故坐则跪，行则膝前，是足向后也。传曰"跪坐以进之，是坐则跪也，故以是为敬，若伸两足，则手据膝，故若箕状"。

詈：音利，骂也。

为气：尚气节也。

孱王：孱，音才，懦弱也。

啮：音业，咬也。

倍：同背。

污：音乌，秽也。

坐：坐罪也。

东垣：县名，秦置，今直隶正定县。

壁人：藏人于壁，欲为乱也。

柏人：地名，今直隶唐山县西，有柏人故城。

怨家：仇家也。

刭：音竟，以刀割颈也。

白：昭雪也。

槛车胶致：谓车上着板如槛形，胶密不得开，送致京师也。

族：罪及妻孥也。

髡钳：音坤虔，剃发曰髡，以铁束颈曰钳。

狱：狱吏也。

吾属：吾等也。

吏治：狱吏，治其罪也。

榜笞：杖责也。笞音雌。

刺掇：掇，音卒，亦刺也。以铁刺之也，《汉书》作刺爇，盖以铁烙之也。

鲁元公主：赵王敖后。

而：汝也。

廷尉：法官之长。

泄公：泄姓。

邑子：同邑之人也。

侵：犯也，负也。

篑舆：篑，音鞭，如今舆床，人舆以行。

三族：父党、母党、妻党也。

本指：自己意向也。

篡：音串，夺也。

绝肮：肮，音冈，咽喉也。绝肮，引刀断肮也。

钳奴：罪人也。

诸侯相郡守：诸侯相及郡守也。

二千石：郡守也，汉郡守秩二千石。

太史公曰："张耳、陈馀，世传所称贤者，其宾客厮役，莫非天下俊杰，（一语直贯全传始末。）所居国无不取卿相者。（以客之故。）然张耳、陈馀始居约时，（无利则好。）相然信以死，岂顾问哉。及据国争权，卒相灭亡，（利至则争。）何乡者相慕用之诚，后相倍之戾也！（"诚"字、"戾"字，天地悬隔，对看得妙。）岂非以势利交哉？名誉虽高，宾客虽盛，（收得完足。）所由殆与太伯、延陵季子异矣。"（蓄意深远。）

【注释】居约：穷困也。

顾问：谓然诺相信，虽死不顾问也。

太伯、延陵、季子：并让国者。

总评：张、陈初起之时，秦募购之，耳以千金，馀以五百。及其后馀死泜（音帝。）水之南，耳王常山之北，一不能保其首领，一且利于苗裔，然则乡评月旦，久判低昂，而敌国征求，因分贵贱。馀之见杀，殆不必耳能杀之，尽人而能杀之也。考钜鹿之围，张教以子赴父之难，亦且按甲徘徊，似未可以不救深责陈馀。张耳于陈馀解绶之际，引佩不辞，致成大隙，耳亦稍负馀矣。虽然，信陵之兵符未窃，原欲赴邯郸俱亡；魏其（窦婴封魏其侯。）之触网无辞，义不令仲孺独死。此中耿耿，馀或者未之前闻。向使赵果烬于章邯，不知馀何以处此？末特附一"不侵然诺"之贯高，未必不为彼"刎颈交"（张耳、陈馀为刎颈交。）痛下一札也。

淮阴侯列传

【眉批】淮阴侯乃史公所痛惜者,观其起处,详写贫时落魄景况,遂与《孟子》"将降大任"一节一样摇曳,其意固以汉初第一人目之。○淮阴虽为列侯,未尝之国,勒居私第,奉朝请而已。盖因其为淮阴人,故以邑名表之,益见谋叛之为冤狱。

淮阴侯韩信者,淮阴人也。始为布衣时,贫无行,不得推择为吏,又不能治生商贾,(此一行虚写,却将下数实事鏖括于此。)常从人寄食饮,人多厌之者,(汉初将相中第一人,其落魄无憀,亦居第一。细写将来,涕笑交集。)常数从其下乡南昌亭长寄食,数月,亭长妻患之,(可与夏羹嫂同传。)乃晨炊蓐食。(蓐食者,亟食耳。不知作床蓐谬解。)食时信往,不为具食。信亦知其意,怒,竟绝去。(盖久知之,至是则不得不怒耳。可怜。)

信钓于城下,(岂是谋食耶?)诸母漂,有一母见信饥,(此一"见"字深甚,非一见可了也。)饭信,竟漂(终漂之事。)数十日。信喜,谓漂母曰:"吾必有以重报母。"(前怒今喜,其可怜一也。前绝去,今图报,其无憀一也。)母怒曰:(以一怒激扬其委顿之气,胜于援桴而鼓之,大非凡品。)"大丈夫不能自食,吾哀王孙而进食,岂望报乎!"

淮阴屠中少年有侮信者,(前一段极写无憀,此一段深明沉毅,意各有在,不可一例看去。)曰:"若虽长大,好带刀剑,中情怯耳。"(恶讪往往然。)众辱之(加"众辱之",方成其为侮。)曰:"信能死,刺我;不能死,出我袴下。"(彼直以拚命为勇。)于是信孰视之,(一片沉毅在"孰视"二字,非复向日为一饥饱轻喜轻怒。故态矣。须参,须参。)俛出袴下,蒲伏。一市人皆笑信,以为怯。

及项梁渡淮,信杖剑从之,居戏(麾同。)下,无所知名。(既已出头,却复连连跌蹎如此。)项梁败,又属项羽,羽以为郎中。数以策干项羽,(早伏登坛日之语。)羽不用。

　　【眉批】或谓以淮阴之才,岂无良禽择木之智?当项梁未起时,六国纷纷复立,信既可依涉、广辈,以免饥寒;即沛公入关,约法三章,秦民额手之时,亦可弃羽事汉矣。而信皆不出此,至虎下无成,连敖坐法,机缘稍格,便已无身,得毋其自谋者固拙乎?余以为信之工于谋天下而拙于谋身者,在功成身退之后,而不在未遇之前。盖未遇之前,落魄无惨,动而获咎,是有天焉,非人之所可为也。至于后车囚废,私第闲居,不为赤松游亦可效平阳饮耳,乃犹羞伍绛、灌,夸将多多,卒至长乐钟前受诛儿女,一身瓦裂,三族诛夷,谓非自谋之至拙者乎?嗟乎!盖亦有天焉,信亦无如之何矣。

　　汉王之入蜀,信亡楚归汉,(亦计无复之,未必先有择木之意。)未得知名,为连敖。坐法当斩,(临末又遭一大蹶,成就之艰如此。)其辈十三人皆已斩,次至信,(写成险绝。)信乃仰视,适见滕公,曰:"上不欲就天下乎?何为斩壮士!"(《淮阴传》开首第一语。)滕公奇其言,壮其貌,(滕公夏侯婴,其知信又在萧何前。)释而不斩。与语,大说之。言于上,上拜以为治粟都尉,上未之奇也。(顿住,为下一段领头。)

　　信数与萧何语,何奇之。(先伏一笔。)至南郑,诸将行道亡者数十人,(以入蜀无东归望,故亡去。)信度何等已数言上,("等"字该滕公在内。)上不我用,即亡。何闻信亡,不及以闻,(作意妙。)自追之。人有言上曰:"丞相何亡。"上大怒,如失左右手。(二句不接,写得妙。盖如失左右手,是爱惜之极,并非怒也。)居一二日,何来谒上,上且怒且喜,(传神。)骂何曰:"若亡,何也?"何曰:"臣不敢亡也,(作意。)臣追亡者。"上曰:"若所追者谁何?"曰:"韩信也。"上复骂曰:"诸将亡者以十数,(活画出视信无奇来。)公无所追;追信,诈也。"("诈"之一字,则诚有之。)何曰:"诸将易得耳。至如信者,国士无双。(荐语简当可味,下即疾转与汉王商国事。妙笔。)王必欲长王汉中,无所事信;必欲争天下,非信无所与计事者。(着"计事"二字,已非一将之用矣。)顾王策安所决耳。"王曰:"吾亦欲东耳,安能郁郁久居此乎?"

（隆准公神情态色，跃然可见。）何曰："王计必欲东，能用信，信即留；不能用，信终亡耳。"（看此数语，则何之追信，实有预谋可知。）王曰："吾为公（"吾为公"妙，是不知信语，又是责成保任语。）以为将。"何曰："虽为将，信必不留。"王曰："以为大将。"（亦爽甚。）何曰："幸甚。"于是王欲召信拜之。何曰："王素慢无礼，今拜大将如呼小儿耳，此乃信所以去也。（又提亡去为言，前谋益可见。）王必欲拜之，择良日，斋戒，设坛场，具礼，乃可耳。"（何自有大臣识略，非刀笔吏所及。）王许之。诸将皆喜，（此文外形容语，不必果然。）人人各自以为得大将。至拜大将，乃信也，一军皆惊。

【注释】淮阴：县名，秦置，今以江苏清河县改置，故城在今县南。

行：去声，品行也。

吏：小吏，不得推择为吏，言无善行可推举选择也。

数：音朔，频也。

南昌：在江西省。

亭长：古者十里一亭，亭有长。长，上声。

炊：音吹，煮饭也。

漂：音摽，以水击絮为漂。

饭：上声，以食与人也。

王孙：信为韩王族，故称王孙。

袴：音跨，股也。

孰：同熟。

俛：同俯。

蒲伏：同匍匐。

戏下：戏，一作麾。犹言部下。

郎中：官名。

干：求也。

连敖：楚官名，司马也。

上：谓高祖。

治粟都尉：官名。

南郑：今为县，属陕西汉中道。

若：汝也。

易：去声。

事信：事，犹用也。

【眉批】井陉之战，至危之劫着也。先下一个"欲"字，及间视不用左车之策，又下"乃敢"二字，此皆文中绝大关目。盖韩信天授智勇，老于行间，必不肯犯险尝试，以冀幸于万一。若左车之策果用，信必不来送死。左车虽智，终让韩侯一着，而信能折节师事之，此信之所以愈不可及也。

信与张耳以兵数万，（点兵数，要着。）欲东下井陉击赵。（点战地，要着。）赵王、成安君陈馀闻汉且袭之也，（并提出二人，为起讫眼目。）聚兵井陉口，（聚而不肯分，已拙。）号称二十万。（陈馀以兵多，不肯用奇计，故必先点出两边兵数。）广武君李左车说成安君曰："闻汉将韩信涉西河，（明谓馀非信、耳敌手，非漫数前功也。）虏魏王，禽夏说，新喋血阏与，今乃辅以张耳，议欲下赵，此乘胜而去国远斗，其锋不可当。（只此一句，韩信作用俱见。）臣闻千里馈粮，士有饥色，樵苏后爨，师不宿饱。（造语整秀不凡，此四句言远征常理。下复以井陉道险作一层，深明兵法，而指画极了了。）今井陉之道，车不得方轨，骑不得成列，行数百里，其势粮食必在其后。愿足下假臣奇兵三万人，从间道绝其辎重；（此一路抄出其后。）足下深沟高垒，坚营勿与战。（此一军坚垒其前。）彼前不得斗，退不得还，（分承明之极。）吾奇兵绝其后，使野无所掠，（又有锢之之法。）不至十日，而两将之头可致于戏下。（此殆谓彼军必内叛也，作用神密，未可明言耳。）愿君留意臣之计。否，必为二子所禽矣。"（再点此句，应"锋不可当"数语。）成安君，儒者也，常称义兵不用诈谋奇计，（迂缓得妙，要之，此直大言欺人，意中只是恃其兵多，且以逸待劳耳。）曰："吾闻兵法十则围之，倍则战之。今韩信兵号数万，其实不过数千。（兵岂在多，迂论可笑。）

【眉批】左车之策果用，必不使敌人得知。所以为信知者，方以大言恫吓，创虚声以折之之故耳。

能千里而袭我，亦已罢极。（不知惟其远来，故士必致死，盖退一步即无生望也。）今如此避而不击，（大言得妙。）后有大者，何以加之！则诸侯谓吾怯，而轻来伐我。"（不顾目前，却算后日，迂状可掬。）不听广武君策，（一句凡三写，连绵而下，所以深惜之也。当着眼。）广武君策不用。

【眉批】出井陉以决一日之雌雄，必无一战不克而需再举之理。成安君固非韩信敌手，而兵之懈于奋，亦诚有天渊相去者。盖赵兵空壁逐利，前有幸功之乐，后有致死之忧，则见利而进，知难而退而已。汉兵则不然，力战则各救其生，一退则俱无噍类。所以一曰"大战良久"，再曰"复疾战"，三曰"皆殊死战"。彼懈我奋，一以当千，又何十则围而倍则战之有？此左车所以早有成禽之虑也。

韩信使人间视，知其不用，还报，则大喜，乃敢引兵遂下。（正极写广武君处。"大喜"，"乃敢"，则信之来实憷憷矣。）未至井陉口三十里，止舍。夜半传发，（细写号令，绝大笔力。）选轻骑二千人，人持一赤帜，（第一令却先算结末一着，奇幻之至。）从间道萆山而望赵军，诫曰："赵见我走，必空壁逐我，若疾入赵壁，拔赵帜，立汉赤帜。"（写得如聚米排沙，一一清出。）令其裨将传飧，曰："今日破赵会食！"（第三令并在战后，益奇。然传飧出战，亦疾速都起矣。）诸将皆莫信，详应曰："诺。"谓军吏曰："赵已先据便地为壁，（此必引其空壁来逐之故，欲以客而据主之垒，兵不得不奇。）且彼未见吾大将旗鼓，未肯击前行，恐吾至阻险而还。"（见难而退，行师之常，成安所及知者也。故不见大将旗鼓，必不空壁来逐，疑信、耳不在行间故也。）信乃使万人先行，出，背水阵。赵军望见而大笑。（笑得儒气。）平旦，（与"夜半"应。）信建大将之旗鼓，鼓行出井陉口，（致师之法。）赵开壁击之，大战良久。（分作三段看，凡三写大战,盖此日之事至危,成败之机,间不容发,无非以见背水一军之死而致生之妙也。)于是信、张耳详弃鼓旗,走水上军。水上军开入之,复疾战。赵果空壁争汉鼓旗,(必至之理。)逐韩信、张耳。韩信、张耳已入水上军,军皆殊死战,不可败。(盖亦战苦云深,非常鏖战矣。)信所出奇兵二千骑,(叙得明净,《左》《国》所无。)共候赵空壁逐利,则驰入赵壁,皆拔赵旗,立汉赤帜二千。(煞出"二千"字,有力。)赵军已不胜,(写得从容,此所以不能胜人也。)不能得信等,遂还归壁,壁皆汉赤帜而大惊,(一句写目中之乱。)以为汉已得赵主将矣,(一句写意中之乱。)兵遂乱,遁走,赵将虽斩之,不能禁也。于是汉兵夹击,大破虏赵军,(收得如疾风卷箨。)斩成安君泜水上,禽赵王歇。

信乃令军中毋杀广武君,(信于此真有国士之风。)有能生得者购千金。于是有缚广武君而致戏下者,信乃解其缚,东向坐,西向对,师事之。(此一句急写于效首虏之前,极写韩信。)

【眉批】岳忠武论兵曰:"运用之妙,存乎一心。"夫心之精微,口不能言也,况于书乎?汉王尝以十万之兵夹滩水阵,为楚所蹙,滩水为之不流,此与置之死地者何异,而败衄至此!使泥韩信之言,其不至颠蹶舆尸,载胥及溺者几何矣。此总难为死守训诂者言也。

诸将效首虏,休,毕贺,因问信曰:"兵法右倍山陵,("倍"与"背"同。)前左水泽,("左"与"阻"同。)今者将军令臣等反背水阵,曰破赵会食,臣等不服。然竟以胜,此何术也?"(此即前所谓"赵已据便地为壁"者也,信以便地先为赵据,故出奇以劫之,诸将终未解此。)信曰:"此在兵法,顾诸君不察耳。(当面指破,为章句泥儒说法,正与成安君所引兵法对着。)兵法不曰'陷之死地而后生,置之亡地而后存'?且信非得素拊循士大夫也,(此转自有生意。)此所谓'驱市人而战之',其势非置之死地,使人人自为战;今予之生地,皆走,宁尚可得而用之乎!"(韩信用之固妙,然而泥其说以取败者亦多矣。不可不知。)诸将皆服曰:"善。非臣所及也。"

【注释】井陉：山名，四面高，中央下，如井，故名井陉。在今直隶保定道井陉县东北。陉音刑。

说：音悦。

喋：音牒，喋血，杀人血流滂沱也。

阏与：音焉预，地名。见《廉颇列传》。

樵苏：樵，取薪也。苏，取草也。

爨：音串，炊也。

方轨：并轨也。

间路：小路也。

禽：同擒。

罢：同疲。

间视：侦探也。

传发：传令军中始发也。

帜：音志，旗也。

萆：音蔽，萆山，自依山覆蔽也。

空壁：尽壁中所有之兵来逐也。

裨将：偏将也。裨，音皮，侦探也。

传飧：小饭曰飧。飧音孙。

会食：言破赵后乃当共饮食也。

详：同佯。

诺：音纳，应词也。

走：音奏，趣也。

殊死战：殊，绝也，谓决意必死。

泜水：在常山。泜音帝。

效首虏：效，致也，致首级及俘虏也。

休：罢也。

毕贺：诸将皆贺也。

拊：同抚，拊循相亲热也。

予：同与。

臣：自卑之通称。

【眉批】蒯通之论，盖长于论人事而暗于决天时，智于见目前而愚于见日后者也。张子房一见沛公，即云沛公殆天授，彼则可为豪杰矣。若信智勇有余而实无君人之度。且使果如通言，三分天下，两利俱存，则天下何时而定于一乎？目前之肝胆涂地，或得暂休，异时之暴骨枕骸，竟无宁息。汉之为汉，固未可知；而韩之为韩，恐亦难长恃也。然其危而不安之语则切矣。

齐人蒯通知天下权在韩信，欲为奇策而感动之，（蒯通大有远识，此段大文字绝非苟且侥幸之图。）以相人说韩信曰："仆尝受相人之术。"（借端入港，并非真会相人。）韩信曰："先生相人何如？"（先问其术之所主。）对曰："贵贱在于骨法，忧喜在于容色，（以二句作陪，方不觉。）成败在于决断，（主意在此。）以此参之，（参之甚深。）万不失一。"韩信曰："善。先生相寡人何如？"对曰："愿少间。"（以说话代叙事。）信曰："左右去矣。"通曰："相君之面，不过封侯，又危不安。（奇语巧舌，千古无两。）相君之背，贵乃不可言。"（背，反也。劝其反汉，为此隐语。）韩信曰："何谓也？"（怪其非相人常法。）蒯通曰："天下初发难也，（以下绝不复提相法。）俊雄豪杰连号一呼，（"连"，一作"建"。）天下之士云合雾集，鱼鳞杂遝，熛至风起。当此之时，忧在亡秦而已。（此段即"秦失其鹿，天下共逐之"语而小变之，见信与刘何必便有君臣之定分也。妙。）今楚、汉分争，使天下无罪之人肝胆涂地，父子暴骸骨于中野，不可胜数。（此段即下所云"天下之祸"也，祸惨如此，欲信起而定之，原非仅为富贵起见，更妙。）楚人起彭城，转斗逐北，（方分二扇，此言楚人已困，不足以定天下之祸。）至于荥阳，乘利席卷，威震天下。（势似强。）然兵困于京、索之间，迫西山而不能进者，三年于此矣。（楚所以困于京、索之间者，信扼之也。便见制楚之权者在信。）汉王将数十万之众，（此言汉王多败，亦不足以定天下之祸。）距巩、雒，阻山河之险，一日数战，（势本弱。)无尺寸之功,折北不救,败荥阳,伤成皋,(汉所以伤败不支者,信不救也。又见制汉之权者亦在信。)遂走宛、叶之间,("叶",古本作"棄"。)此所谓智勇俱困者也。夫锐气挫于险塞,而粮食竭于内府,(总承上二段,言楚、汉俱困。)百姓罢极怨望,容容无所倚。(此仍应到"使天下无罪之人"数句。)以臣料之,其势非天下之贤圣固不能息天下之祸。(一句直冲到信,好笔力,好局段。)当今两主之命县于足下。足下为汉则汉胜,与楚则楚胜。(束上数段,语劲而简,一字增减不得。)臣愿披腹心,输肝胆,效愚计,恐足下不能用也。(先作摇曳,亦知一时难决。)诚能听臣之计,莫若两利而俱存之,三分天下,鼎足而居,其势莫敢先动。(前后凡用无数波澜,而主意只一口喝出于此,贾太傅《治安策》绝类此文。)夫以足下之贤圣,有甲兵之众,(此又三分鼎足后作用。)据强齐,从燕、赵,出空虚之地而制其后,(有余力。)因民之欲,西乡为百姓请命,则天下风走而响应矣,孰敢不听!(应归定"天下之祸"句,较正题目。)割大弱强,以立诸侯,诸侯已立,天下服听而归德于齐。(此却与郦生建策立六国相似,若果行此,未免树兵矣。)案齐之故,(旧境。)有胶、泗之地,(收胶东、泗上以益封。)怀诸侯之德,(倒句法,言诸侯怀德。)深拱揖让,则天下之君王相率而朝于齐矣。(说到揖让,仍照定息祸言之。亦未免言之太易,盖歆动之极矣。)盖闻天与弗取,反受其咎;时至不行,反受其殃。(此本策士常谈,然此语韩信则最确。)愿足下熟虑之。"

【眉批】韩信下齐之后,汉王方困于成皋,旦夕望救而信乃拥兵观望,遣使请为假王以镇之。汉王怒骂,良、平蹑足而有"宁能禁信自王"之语,汉王之忌信至矣。此时主为汉王,臣为齐王,楚锋方锐而汉以两王分居。臣主之分安在?信犹自谓不敢向利背义,恐亦难以欺天下之豪杰也。迨骑虎之势既成,而顾以推食解衣之私谓为厚遇,虎狼入穽,投肉饲饥,事机可乘,挥戈恐后者也。而信终不悟,岂非天夺其鉴乎?故通之为信谋者,直所以救信于死也。引陈馀、文种以为言,宁犹曰从容图利而已哉?危哉,信!警哉,通矣。

【眉批】此以下专就"功高不赏"言之,在韩信固为万全良药。若以概诸古今功臣则非也。人臣但患不善居功耳。岂曰功高必不利于身乎？洵如通言，则扶危定倾之际，为人臣者必将留不尽之力以自为，如明末左宁南拥重兵而养寇以自重，其罪有不可胜诛者。果善于居功，如诸葛武侯、郭汾阳，岂患功高而祸至哉！史公赞中，但以学道谦让为信所少，盖有识之言也。

韩信曰："汉王遇我甚厚，（信之暗于事机，在汉王术中而不悟如此。）载我以其车，衣我以其衣，食我以其食。吾闻之，乘人之车者载人之患，衣人之衣者怀人之忧，食人之食者死人之事，（其言如古箴铭，朴至可味。）岂吾可乡利倍义乎！"（公之向利久矣，安能使隆准忘情乎？）蒯生曰："足下自以为善汉王，（写得怪诞可搁，"自以为"三字妙甚。言自见为善，而他人殊未见为善也。）欲建万世之业，臣窃以为误矣。始常山王、成安君为布衣时，相与为刎颈之交，（引张耳、陈馀一案，只破他"遇我甚厚"语。）后争张黡、陈泽之事，二人相怨。常山王背项王，（馀、耳之事，隙始于馀不救耳，然耳实先负馀，观蒯生述来更自曲直了然。）奉项婴头而窜，逃归于汉王。汉王借兵而东下，杀成安君泜水之南，头足异处，卒为天下笑。（不但笑馀，亦兼笑耳，只是笑其好之不终也。）此二人相与，天下至驩也。然而卒相禽者，何也？患生于多欲而人心难测也。（此亦通概言之，即通之说信背汉，何尝不是人心难测，但不早为计，则我不负人者，人终负我，故必争先一着耳。）今足下欲行忠信以交于汉王，必不能固于二君之相与也，而事多大于张黡、陈泽。（妙语透极。）故臣以为足下必汉王之不危己，亦误矣。（应还"误"字，格律甚紧。）大夫种、范蠡存亡越，霸勾践，（种、蠡一死一隐，文盖大概言之，古文如此者甚多。）立功成名而身死亡。野兽已尽而猎狗烹。（韵语，此数语找足功臣，特于交友外添出有意。）夫以交友言之，则不如张耳之与成安君者也；（一层悖爱。）以忠信言之，则不过大夫种、范蠡之于勾践也。（一层尽忠。）此二人者，足以观矣。（二人统指张、陈，文、范。）愿足下深虑之。（"深虑"比前"熟虑"又切。）且臣闻勇略震主者身危，而功盖天下者不赏。（韩信自负功多，故汉终不负我。不知信之危正以其功多也。特枚举其功言之，可谓说之极工者。)臣请言大王功略:足下涉西河,虏魏王,禽夏说,引兵下井陉,诛成安君,徇赵,胁燕,定齐,南摧楚人之兵二十万,东杀龙且,西乡以报,(总承十句。)此所谓功无二于天下,而略不世出者也。(此非赞其能事,正是穷其祸根。)今足下戴震主之威,挟不赏之功,("戴"字、"挟"字、"持"字,正如身有赘疣,象有齿,犀有角,皆身之害也。)归楚,楚人不信;归汉,汉人震恐:足下欲持是安归乎?(说到此处,不由人不毛骨寒竖。)夫势在人臣之位而有震主之威,名高天下,窃为足下危之。"("危"字比"深虑"又切。)韩信谢曰:"先生且休矣,吾将念之。"(心已动矣,而不能决,天夺之鉴。)

【眉批】成败之间,间不容发,信果不欲背汉亦无所用其犹豫。犹豫者,心已动之词也。纵不倍汉,已非纯臣矣。惜哉!

后数日,蒯通复说曰:"夫听者事之候也,计者事之机也,(不容蹉过之谓候,少纵即逝之谓机。)听过计失而能久安者,鲜矣。听不失一二者,不可乱以言;计不失本末者,不可纷以辞。(此二语宽一步言,除非听之多失旨,而计之非万全,或可纷乱于中而不决,今我所陈则本末灿然,一一无失者也。)夫随厮养之役者,失万乘之权;守儋石之禄者,阙卿相之位。(此段细微之事,以譬其驽马恋栈之愚。)故知者决之断也,疑者事之害也,审豪厘之小计,遗天下之大数,(申明"厮养"、"儋石"二句意。)智诚知之,(信非不知,只是犹豫顾惜耳。)决不敢行者,百事之祸也。(此语是顶门一针。)故曰'猛虎之犹豫,不若蜂虿之致螫;骐骥之局躅,不如驽马之安步;孟贲之狐疑,不如庸夫之必至也;虽有舜禹之智,吟而不言,不如瘖聋之指麾也'。(三排之后,忽引长一笔,妙绝文情。)此言贵能行之。(单缴"弗敢行者"句。)夫功者难成而易败,时者难得而易失也。时乎时乎不再来。(词毕矣,独提一"时"字,歌吟而警之,态色声情俱臻绝品。)愿足下详察之。"韩信犹豫不忍倍汉,(此是正意。)又自以为功多,汉终不夺我齐,(此是不信彻言之意。)遂谢蒯通。蒯通说不听,已佯狂为巫。

【注释】寡人：寡德之人，盖亦自谦之通称。

少间：犹俗言停一会。

发难：发兵为难也。难，去声。

连号：《汉书》作建号。建号者，自立为侯王也。

遝：音沓，杂遝凌乱也。

熛：音标，火飞也。

暴：音薄，露也。

楚人：谓项羽。

荥阳：今为县，属河南开封道。

京、索：地名。京，在荥阳县东南二十一里。索，即荥阳县，古为大索城。

巩、雒：地名，巩在雒水旁。巩音拱。雒，同洛。

宛、叶：宛，宛丘，今河南淮阳县。叶，音摄，楚邑，今为县，属河南汝阳道。

折北：败北也。

成皋：今河南氾水县。

塞：音失，国之险厄曰塞。

罢：同疲。

容容：苟且求容也。

县：同悬，系也。

案：据也。

衣食：上衣食，并去声。

乡：同向。

刎颈交：誓死不相背负也。刎音吻。

张黡、陈泽之事：见《史记·张耳陈馀列传》。黡音掩。

驩：同欢。

禽：同擒。

且：音咀。

听：谓能听善谋也。

厮养：小卒也。

万乘：天子也。

儋石：儋，音旦，齐人名。小罂为儋受二斛。

犹豫：疑不决也。

虺：音揣，虫名，有毒。

螫：音释，用毒牙或尾针刺人曰螫。

骐骥：千里马也。

踢躅：音局促，行不进也。

驽：音奴，劣马也。

孟贲：古勇士。贲音奔。

吟：同噤，音禁，噤口不言也。

瘖：音阴，哑也。

易：去声。

已：犹后也。

巫：所以交鬼神，为人治病者。

韩王信卢绾列传

【眉批】汉异姓王,至被恩宠者卢绾,至忠谨无过者吴芮,其他所诛灭,虽未必尽当其罪,然亦实有以自取也。绾之恩遇,又非芮所敢望,则苟其纯白乃心,恭顺守节。当亦未必,遂有败亡之祸,无如信、越之死,皆出牝鸡。遂听心寒,闻风股栗,不得不为三窟自全之计,卒使布衣昆弟之欢,变而为走越亡胡之势。绾诚孤恩,汉亦负义,此无他,吕雉有以驱之,而小人复以谋身之私智煽之也。为人臣者,尚鉴之哉!

卢绾者,丰人也,与高祖同里。卢绾亲与高祖太上皇相爱,(一路写亲厚殊绝,笔墨复沓而各极变态,文之最秾至葱茏者。)及生男,高祖、卢绾同日生,里中持羊酒贺两家。及高祖、卢绾壮,俱学书,又相爱也。(多一"也"字,便饶姿态。)里中嘉两家亲相爱,生子同日,壮又相爱,(偏能总出一番。)复贺两家羊酒。(倒前句,虽小处必变化。)高祖为布衣时,有吏事辟匿,卢绾常随出入上下。("常随出入上下"、"常侍中"、"常出入卧内",一意而文亦三变。)及高祖初起沛,卢绾以客从,入汉中为将军,常侍中。从东击项籍,以太尉常从,出入卧内,衣被饮食赏赐,群臣莫敢望,虽萧、曹等,特以事见礼,(举第一等功臣,以见优礼之绝等。)至其亲幸,莫及卢绾。绾封为长安侯。长安,故咸阳也。(独此封注一句,盖咸阳,秦之故都,以之为封,盛大莫与京矣。)

【眉批】从来边鄙要害之地,不以王异姓,此人主自守边之义也。燕王绾亦以亲幸殊绝之故,托以独当一面耳。然人臣无外交,而况与匈奴阴相往来,即使不反,亦非中国之体,况卒至于反耶!

汉五年冬,以破项籍,(先云五年冬,下乃云七月、八月等事,盖汉以冬十月为岁首,然亦可以征改朔而不改时也。)迺使卢绾别将,与刘贾击临江王共尉,破之。七月还,从击燕王臧荼,臧荼降。高祖已定天下,(原叙法。)诸侯非刘氏而王者七人。欲王卢绾,为群臣觖望。及虏臧荼，乃下诏诸将相列侯，择群臣有功者以为燕王。群臣知上欲王卢绾，皆言曰："太尉长安侯卢绾常从平定天下，（卢绾初无特建之功，何以得与信、越等并？妙即"常从"二字，隳括一生宠遇。）功最多，可王燕。"诏许之。汉五年八月，乃立卢绾为燕王。诸侯王得幸莫如燕。（又润一笔。）

汉十一年秋，陈豨反代地，高祖如邯郸击豨兵，（豨王代，在燕之西南。）燕王绾亦击其东北。当是时，陈豨使王黄求救匈奴。燕王绾亦使其臣张胜于匈奴，言豨等军破。（本所以绝其声援。）张胜至胡，故燕王臧荼子衍出亡在胡，见张胜曰："公所以重于燕者，以习胡事也。（只从张胜切己处说入，可见小人之情原非为主也。）燕所以久存者，以诸侯数反，兵连不决也。（无据之谈。）今公为燕欲急灭豨等已尽，次亦至燕，公等亦且为虏矣。（又说到张胜切肤之危。）公何不令燕且缓陈豨而与胡和？事宽，得长王燕；即有汉急，可以安国。"（此虽非人臣所当言，然为燕谋，固亦忠矣。）张胜以为然，乃私令匈奴助豨等击燕。（以避嫌疑，亦妙。）燕王绾疑张胜与胡反，上书请族张胜。胜还，具道所以为者。燕王寤，乃诈论它人，脱胜家属，使得为匈奴间，（后终得归身于胡，未必非胜开之，此着未可深诋，至陈豨反贼而与之相通，则谬甚矣。）而阴使范齐之陈豨所，欲令久亡，连兵勿决。

汉十二年，东击黥布，豨常将兵居代，汉使樊哙击斩豨。其裨将降，言燕王绾使范齐通计谋于豨所。（此处绾已有当诛之罪。）高祖使使召卢绾，（看高祖之意终未肯废绾，然绾至此殊已危迫，使归身于汉，恐终亦未能瓦全也。）绾称病。上又使辟阳侯审食其、御史大夫赵尧往迎燕王，因验问左右。绾愈恐，闭匿，（绾无能反之资，只是惧死。使高祖能谅其隐，徙之关内，列为彻侯，虽至今存可也。）谓其幸臣曰："非刘氏而王，独我与长沙耳。往年春，汉族淮阴，夏，诛彭越，皆吕后计。今上病，属任吕后。（所见固是。）吕后妇人，专欲以事诛异姓王者及大功臣。"（即称病亡匿，可侥幸久存耶？谋之不臧，甚矣。）乃遂称病不行。其左右皆亡匿。语颇泄，辟阳侯闻之，归具报上，上益怒。（相负如此，不得不怒。）又得匈奴降者，降者言张胜亡在匈奴，为燕使。于是上曰："卢绾果反矣！"使樊哙击燕。燕王绾悉将其宫人家属骑数千居长城下，候伺，幸上病愈，自入谢。（前迎之不至，此时未必果有此意，然写得妙。）四月，高祖崩，卢绾遂将其众亡入匈奴，匈奴以为东胡卢王。（东胡王也，因其姓加之。）绾为蛮夷所侵夺，常思复归。（余音袅袅。）居岁余，死胡中。

【眉批】有起处许多稠叠恩宠，即不得不生出结处许多宛转余情，令人读之而望古遥集。君臣离合死生之际，有呜咽歔欷而不能已者，传中之绝唱也。

高后时，卢绾妻子亡降汉，会高后病，不能见，舍燕邸，为欲置酒见之。（写得终有家人妇子之意，真是好笔。）高祖竟崩，不得见。（其情不得遂，转益终穷。）卢绾妻亦病死。孝景中六年，卢绾孙他之，以东胡王降，封为亚谷侯。

【注释】绾：音管。

丰：本秦沛郡之丰邑，今为县，属江苏徐海道。

亲：谓父也。

辟：同避。

常侍中：常在高祖左右也。

廼：同乃。

别将：谓小将。别，在他所者。

共尉：共敖子。共音龚。

荼：音途。

觖望：犹怨望也。音决，不满也。

狶：音希。

代：古代国，即今山西代县。

数反：屡反叛也。数音朔。

宽：谓无事也。

寤：觉也。

族：灭三族也。

诈论他人：诈论他人之罪，为张胜开脱也。

间：反间也，音谏。

之：到也。

长沙：吴芮封长沙王。

食其：音异记。

属任：付重任于吕后也。

他之：他音拖。

郦生陆贾列传

【眉批】前半幅未曾写郦生一毫实事,只曲描英雄相与之初,始如霄壤,继如针芥,而高祖、郦生神情俱活。如欲写郦生自荐,却先写沛公时时问骑士,则沛公之精神不为生掩也。既有沛公问骑士,又写骑士未肯荐郦生,则郦生之精神不为沛公掩也。至于长揖不拜、辍洗起迎,宛然见当时交接之景,盖颊上三毫,传神远矣。

郦生食其者,陈留高阳人也。(连载地名,便伏下线索,如此等处皆不草草。)好读书,家贫落魄,无以为衣食业,为里监门吏。(不能谋生而独为里监门,欲以阴识天下之豪杰耳。)然县中贤豪不敢役,县中皆谓之狂生。(郦生一生负气,起境便与人不同。)

及陈胜、项梁等起,诸将徇地过高阳者数十人,(已至其里,而未闻采访贤士。郦生自问之,与后对看。)郦生闻其将,皆握龊,好苛礼自用,不能听大度之言,郦生乃深自藏匿。后闻沛公将兵略地陈留郊,(但在陈留郊,不但未入其里,亦尚未入其邑。此一段妙文纯在空中撮出,不然,即直从高阳传舍写起矣。)沛公麾下骑士适郦生里中子也,沛公时时问邑中贤士豪杰。(写得不同,此"问"字与郦生问诸将对看,空中妙文。)骑士归,郦生见谓之曰:"吾闻沛公慢而易人,(与好苛礼反。)多大略,(与自用反。)此真吾所愿从游,(亦与深匿反。)莫为我先。若见沛公,谓曰'臣里中有郦生,(自荐语,奇妙绝人。)年六十余,长八尺,人皆谓之狂生,生自谓我非狂生'。"(正在拉杂得妙,宛然画个小影,怡与"慢而易人,多大略"七字合拍也。)骑士曰:"沛公不好儒,诸客冠儒冠来者,沛公辄解其冠,溲溺其中。(自有一辈溺器在,岂真不好儒哉!)与人言,常大骂。(先逗,一骂取致。)未可以儒生说也。"(郦生明自谓非狂生,而骑士眼孔,固难与深言也。)郦生曰:"第言之。"骑士从容言如郦生所诫者。(省而亮。)

【眉批】郦生以游说为己任，然生平亦无甚奇特功名，说下陈留而成名，说下田齐为韩信所卖，而身膏鼎镬矣。所差强人意者，"而公不为若更言"一语，负气到底，不枉此"高阳一酒徒"耳。故史公全传，只是描其肮脏。

沛公至高阳传舍，（叙次地名，皆有线索。）使人召郦生。郦生至，入谒，沛公方踞床使两女子洗足，而见郦生。（写景处，所以发明沛公之大度与郦生之负气，并非闲笔。）郦生入，则长揖不拜，（肮脏落拓有气。）曰："足下欲助秦攻诸侯乎？（问得奇。）且欲率诸侯破秦也？"沛公骂曰："竖儒！（快甚，总是率真大度。）夫天下同苦秦久矣，故诸侯相率而攻秦，何谓助秦攻诸侯乎？"（摸不着头路，不得不骂，却非慢也。）郦生曰："必聚徒合义兵诛无道秦，不宜倨见长者。"（负气肮脏，口角如画。）于是沛公辍洗，起摄衣，延郦生上坐，谢之。（以上只是沛公、郦生作合之始事。）郦生因言六国纵横时。（鏊括得妙。称其为人，如此足矣。）沛公喜，赐郦生食，问曰："计将安出？"（六国合纵连横，俱是说客本领，盖生业已将游说自任，故沛公直问"计将安出"，言何处起手也。）郦生曰："足下起纠合之众，收散乱之兵，不满万人，欲以径入强秦，此所谓探虎口者也。（"入"字、"探"字妙，写得孟浪之极。）夫陈留，天下之冲，四通五达之郊也，（自为陈留人，亦只从近地展布，与强秦探口特特相反。）今其城又多积粟。臣善其令，请得使之，令下足下。（此俱是为监门时留心打算停当。）即不听，足下举兵攻之，臣为内应。"（两存其计，妙。盖郦生于此原无奇特，只如此了之。虚者即实，实者乃反虚也。）于是遣郦生行，沛公引兵随之，遂下陈留。号郦食其为广野君。（略写已足。）

【注释】郦：音力。

食其：音异记。

陈留高阳：陈留，县名，今河南开封道。高阳，乡名，在今河南杞县。

落魄：志行衰恶之貌。魄音薄。

里监门吏：监守里门吏之最贱者。

徇地：犹言略地，谓循行其地而臣属之也。

握齱：字亦作龌龊，度量狭小貌。

苛礼：委琐小节也。苛音科。

骑士：马兵也。骑音忌。

适：适是食其里中人。

易：去声，轻也。

先：绍介也。

好：去声。

溲溺：音收鸟，小便也。

第：但也。

从容：迟迟不迫之貌。从音冲。

诫：音戒，告诫也。

传舍：人所止息之处。传音张恋切。

竖儒：竖者，僮仆之称，言其贱劣如僮竖也。竖音树。

倨：音据，倨傲无礼也。

长者：食其自谓也。长，上声。

辍：音尺，止也。

纵横：纵音宗。

纠合：一作乌合，一作瓦合。

四通五达：言无险阻也。

善其令：言与陈留县令相善。

令下足下：令，音聆，下者降之也。

【眉批】考《汉书》，陆贾初从高祖时，尝奉使九江王。以家乡在楚，即降楚，不复思汉。识昧于择君，而情溺于怀土，初无豪杰之略，乃其后卒得拔身还汉，终享荣名，从容寿考，颇能以智谋自盖前愆。太史公于其初之孟浪，则讳而不录；于其终之侠乐，则书之不啻口出。虚实错互，烂然成美篇焉。真良史家法也。

陆贾者，楚人也。以客从高祖定天下，（先下断案语，与他传特别。）名为有口辩士，居左右，常使诸侯。（檃括未即位以前事甚简，妙，以其不足书也。）

及高祖时，中国初定，尉佗平南越，因王之。（事在中国未定前追书之，不必太明晰也。）高祖使陆贾赐尉佗印为南越王。（不暇讨，故以虚名羁縻之。）陆生至，尉佗魋结箕踞见陆生。（初写得尉佗如鹿豕不可狎，方显得陆生辨捷出。）陆生因进说佗曰："足下中国人，亲戚昆弟坟墓在真定。（开口妙。即此一语，已箝住尉佗矣。）今足下反天性，弃冠带，（此只责其自弃于汉。）欲以区区之越与天子抗衡为敌国，祸且及身矣。（此三句，方为利害关头提纲。）且夫秦失其政，（看其逐节布置，井井有法。）诸侯豪杰并起，唯汉王先入关，据咸阳。（先言其理至顺，此意轻。）项羽倍约，自立为西楚霸王，诸侯皆属，可谓至强。（正对"区区越"句。）然汉王起巴蜀，鞭笞天下，劫略诸侯，遂诛项羽，灭之。（次言其力至强，此意重。）五年之间，海内平定，此非人力，天之所建也。（又统言获助于天。晓倔强人，不可少此意。）天子闻君王王南越，不助天下诛暴逆，将相欲移兵而诛王，天子怜百姓新劳苦，故且休之，（尉佗霸有南越，在汉未有天下之前，非汉人所得而讨其罪者。"不助天下诛暴逆"句，极有体，不然，必不足服佗之心。）遣臣授君王印，剖符通使。君王宜郊迎，北面称臣，（此正意，亦只略道之，盖本无臣主之分故也。）乃欲以新造未集之越，屈强于此。（四字妙不可易。）汉诚闻之，掘烧王先人冢，夷灭宗族，（方发明祸且及身，语语切骨，真好辨口。）使一偏将将十万众临越，则越杀王降汉，如反覆手耳。"（不言汉诛之，却言越杀王降汉，令其内顾自生疑忌。妙，妙。）

【眉批】尉佗英爽阔达，殊有君人之度，汉廷诸臣诚无出其右者。且其言曰"越中无足与语"，得一陆贾，遂谓"日间所未闻"，亦可知南越臣寮俱极琐贱，则以佗之气局，诚得良、平辈为之辅，胜于项而埒于刘，诚何待论。此时实以新造之国，难以争衡，又以坟墓在汉，故姑示逊以冀后效耳。虽有奉约之虚名，仍不改帝制如故，汉固不得过而问之也。陆生挈定中国坟墓以动其天性，指出新造未集，以见其病根，真直透肯綮之论。佗内识其意而绝不与辨，解人哉！此所以悦之深也。

于是尉佗乃蹶然起坐，谢陆生曰："居蛮夷中久，殊失礼仪。"（便只是认中国人，不更辨他语，屈强而有意思。）因问陆生曰："我孰与萧何、曹参、韩信贤？"（本不服汉天子语，却问得有次序。）陆生曰："王似贤。"（奖一句，妙。）复曰："我孰与皇帝贤？"（咄咄逼人。）陆生曰："皇帝起丰沛，（以下六句，正言高祖之贤，然却折不倒尉佗之盛气，故略言便止，下乃全以强弱形势夺之。）讨暴秦，诛强楚，为天下兴利除害，继五帝三皇之业，统理中国。中国之人以亿计，地方万里，居天下之膏腴，人众车舆，万物殷富，政由一家，自天地剖判未始有也。（只是一个中国之大，累累说成一串。）今王众不过数十万，皆蛮夷，崎岖山海间，（只是鄙其蛮夷，便当不起。）譬若汉一郡，王何乃比于汉！"尉佗大笑曰：（"大笑"妙，是服是不服？）"吾不起中国，故王此。使我居中国，何渠不若汉？"（倔强有意，英风凛然，正复大洒落。）乃大说陆生，（玩其意，并不肯服陆生，却又大悦之。妙人，解人。）留与饮数月。曰："越中无足与语，至生来，令我日闻所不闻。"（顾盼非常。）赐陆生橐中装直千金，他送亦千金。（陆生此等处甚不满人意，史公写来转成高旷，文能荣人。信哉！）陆生卒拜尉佗为越王，令称臣奉汉约。归报，高祖大悦，拜贾为太中大夫。

【眉批】凡言呼万岁者，皆庆幸之意，因高祖善陆生之说，则其将偃武修文，与民休息也，故幸而祝之。左右将顺之美，不可忽过。

陆生时时前说称《诗》、《书》。（起得波峭。）高帝骂之曰："乃公居马上而得之，安事《诗》、《书》！"（此一语下作，两面破之。）陆生曰："居马上得之，宁可以马上治之乎？（接口甚捷，自是滑稽之雄。）且汤武逆取而以顺守之，文武并用，长久之术也。（策士习气，不足深辨。若真谓汤、武逆取，则害道不小。）昔者吴王夫差、智伯极武而亡；秦任刑法不变，卒灭赵氏。（谓灭亡于赵高之手。一云秦伯翳后，与赵同出。如此，则马上伎俩通无用处。更破的尽致。）乡使秦已并天下，行仁义，法先圣，陛下安得而有之？"高帝不怿而有惭色，乃谓陆生曰："试为我著秦所以失天下，吾所以得之者何，及古成败之国。"（亦错落有奇致。）陆生乃粗述存亡之征，凡著十二篇。（标题疏荛。正自雅称。）每奏一篇，高帝未尝不称善，（自具《诗》《书》种子。）左右呼万岁，（太装点。）号其书曰《新语》。（即闻所未闻意。）

孝惠帝时，吕太后用事，欲王诸吕，畏大臣有口者，（"有口"二字即从篇首用来，而陆生即闭口而退，写来有深意。）陆生自度不能争之，乃病免家居。以好畤田地善，可以家焉。（以"家居"二字领全段，可以家，又找足家居之地。妙笔。）有五男，乃出所使越得橐中装卖千金，分其子，子二百金，令为生产。（纤悉明画。）陆生常安车驷马，从歌舞鼓琴瑟侍者十人，宝剑直百金，（三句即陆生自己资货也，为"所死家"一句伏脉。）谓其子曰："与汝约：过汝，汝给吾人马酒食，极欲，十日而更。所死家，得宝剑车骑侍从者。（常来过从如此，若卒于某男之家，即以车马宝剑侍者与之。）一岁中往来过他客，率不过再三过，数见不鲜，无久恩公为也。"（此句素无确解，愚谓句中明有"他客"二字，盖在其子则十日而更，若过他家，则一年中不过二三来往，不欲"数见不鲜"也。）

【眉批】以欲王诸吕起，以诸吕擅政接，中间藏过六七年事务，却以家居饮乐迷离掩之，云开月现，别是一天。陆生固奇，而非此奇文亦安能写出？

【眉批】陈平、周勃尝佐高祖定天下，协恭之谊当素讲矣，何至此时待陆生画策而始和调耶？盖高祖遗命，萧、曹之后可相者即推平、勃，而平于王诸吕之际颇失于阿谀吕后，勃必疑其心而不肯与之共事矣。勃既疑平，平亦患勃，将来之祸有不可言者。陆生窥见此隙而亟为调之，实智谋之殊绝，而安刘之功不在周勃之下。乃有而不尸，卒以乐死，生之晚节真过人远矣。

吕太后时，王诸吕，诸吕擅权，欲劫少主，危刘氏。右丞相陈平患之，力不能争，恐祸及己，（是陈平隐衷。）常燕居深念。陆生往请，直入坐，而陈丞相方深念，不时见陆生。（入坐而乎若无见，此正写"深念"之景入神处。或谬以"不时见"为不亟出，则"直入坐"三字既无着落，而"何念之深"一问亦无来由。）陆生曰："何念之深也？"陈平曰："生揣我何念？"（有景有态。）陆生曰："足下位为上相，食三万户侯，可谓极富贵无欲矣。然有忧念，不过患诸吕、少主耳。"陈平曰："然。为之奈何？"陆生曰："天下安，注意相；天下危，注意将。（此数语绝大见识，遂为千古不朽名论。生于歌舞饮乐时，知其熟筹而静候之者久矣。）将相和调，则士务附；士务附，（"务"一作"豫"。）天下虽有变，即权不分。为社稷计，在两君掌握耳。臣常欲谓太尉绛侯，绛侯与我戏，易吾言。（周勃何为戏辱陆生？盖勃少文，而陆生时时称说《诗》、《书》。勃之易贾，即高祖"马上得之"之见耳。又着此句，方见陆生大可意处。）君何不交欢太尉，深相结？"为陈平画吕氏数事。陈平用其计，乃以五百金为绛侯寿，厚具乐饮；（结欢之具不过如是，知两人于吕后朝一向冷淡。）太尉亦报如之。此两人深相结，则吕氏谋益衰。（以断语结，甚奇。）

　　陈平乃以奴婢百人，车马五十乘，钱五百万，遗陆生为饮食费。（接归陆生本传，恰与好畤家居，一幅笔墨，故妙。）陆生以此游汉廷公卿间，名声藉甚。（此时仍家居未尝在位。）

　　及诛诸吕，立孝文帝，陆生颇有力焉。（即前所画计也。略缴已足。）孝文帝即位，欲使人之南越。陈丞相等乃言陆生为太中大夫，往使尉佗，令尉佗去黄屋称制，令比诸侯，皆如意旨。（后之使越，实文帝一书有以柔之，非贾特建之绩，故云"如意旨"。最得体。）语在《南越》语中。陆生竟以寿终。（好结，有深意。）

【注释】尉佗：赵佗，为南越尉，故曰尉佗。佗音驼。

南越：亦作南粤，今广东、广西地。

魋结：同椎髻。一撮之髻，其形如棰，故曰棰髻。

箕踞：见《张耳陈馀列传》。

真定：赵地，今直隶正定县。

倍：同背。

属：音烛，附也。

巴蜀：今四川地。

鞭笞：犹讨伐也。笞音雌。

剖符：符，符节也。剖符，分半以与之也。古者封王侯土地，书信誓于符节，天子与王侯各执一半，以昭信守。

蹶然：惊起之貌，蹶，音厥。

殊：甚也。

三皇：《汉书》作三王。

亿：音意，十万曰亿。

与：同舆。

渠：音遽，《汉书》作遽，言有何迫促而不如汉也。

橐：音托，囊也。

装：裹也。

他送：非橐中物，故曰他送。

太中大夫：在中大夫之上。

乃公：犹言汝翁。

宁：安也。

夫差：音扶钗，吴王阖闾之子。

智伯：襄子荀瑶也。

赵氏：秦之先造父，封于赵城，其后以为姓。

怿：音亦，悦也。

著：作也。

有口：谓辩士。

度：入声。

好畤：在今陕西乾县。畤音止。

女：同汝。

更：改也，改至他所也。平声。

率：音律，大概也。

数见不鲜：数见，音朔现，谓时时来见汝也。不鲜，言必令鲜美作食，莫令见不鲜美之物也。

恩：音混，患也。贾公自谓也，言汝诸子无久厌患公也。

劫：音急，夺也。

燕居：闲居也。

往请：往问起居也。

易吾言：轻吾言也。易，去声。

寿：以物献人曰寿。

厚具乐饮：厚具，盛馔也。乐饮，张乐饮酒也。

报如之：太尉亦厚具乐答之也。

遗：同馈。

籍甚：言狼籍甚盛也。

黄屋称制：天子之车以黄缯为裹，曰"黄屋车"；天子之言曰制。黄屋称制，皆天子之仪，故令去之。

总评：郦、陆两生皆以舌佐命，然郦以负气鼎烹，陆以委蛇（音威夷，从容自得之貌。）寿考。史公合而传之，于郦则详其始见之时一腔英伟，于陆则详其病免之后无限高超。意盖以人生斯世隐见无常，险夷（夷，平也。）难必。能合两生之始末而并有之，庶可无憾矣。不然，则汉廷臣子寿终者多，独大书于鼎烹者之传后，此可意哉？

刘敬叔孙通列传

【眉批】叔孙通,古之乡愿也。忠信廉洁,时复似之,而坏人心术,乱败经常,固已不浅。汉世以此子为儒宗,治之杂霸,不亦宜乎?王莽鼓其穿窬之才,盗窃神器,而举世恬然,不以为耻。凡以希世之余风,中乎隐微深痼之间,而胚胎日坏也。余尝有文极论之,姑约其旨于此。

汉二年,汉王从五诸侯入彭城,(袭楚之时。)叔孙通降汉王。(叔孙之降,盖不一而足矣。下特云"因竟从汉",反著前此从人之皆不终也。)汉王败而西,因竟从汉。

叔孙通儒服,汉王憎之;乃变其服,服短衣,楚制,汉王喜。(先从细处写一希世样子在前。)

叔孙通之降汉,从儒生弟子百余人,然通无所言进,专言诸故群盗壮士进之。(此是一段大章法,乃希世度务中之近乎理者。)弟子皆窃骂曰:(前窃骂,后大喜,鄙陋可叹。极丑之事,而津津写出,观其弟子而知其先生,极不满叔孙生处。)"事先生数岁,幸得从降汉,今不能进臣等,专言大猾,何也?"叔孙通闻之,乃谓曰:"汉王方蒙矢石争天下,诸生宁能斗乎?(度务之言。)故先言斩将搴旗之士。诸生且待我,我不忘矣。"(市道口角,直说愈妙。)汉王拜叔孙通为博士,号稷嗣君。(取嗣音稷下之义。)

汉五年,已并天下,诸侯共尊汉王为皇帝于定陶,叔孙通就其仪号。(伏一笔,正见其希世煞费苦心在。)高帝悉去秦苛仪法,为简易。(可见已不尽用叔孙所就。)群臣饮酒争功,醉或妄呼,拔剑击柱,高帝患之。(悉与后对看。)叔孙通知上益厌之也,(必插此六字,笔端有眼。)说上曰:"夫儒者难与进取,可与守成。(度务之言。)臣愿征鲁诸生,与臣弟子共起朝仪。"(重在鲁诸生,因以弟子附入,巧便处。)高帝曰:"得无难乎?"叔孙通曰:"五帝异乐,三王不同礼。礼者,因时世人情为之节文者也。故夏、殷、周之礼所因损益可知者，谓不相复也。（其言不必甚谬，自通言之，则希世之吻如画。以上下文势相凑而成也。此则妄甚。）臣愿颇采古礼与秦仪杂就之。"（此千古礼乐兴亡一大关目，须着眼。）上曰："可试为之，令易知，度吾所能行为之。"（古朝廷礼，天子皆有仪；自汉以下，下有仪，上无仪矣：皆此言启之。）

【眉批】先辈多病史迁轻名节而进奸雄，如田横之二客、鲁之两生，皆超轶绝尘之士，而史并失其名，殊可惜也。礼乐之事，固难仓卒，然使贾谊、仲舒之流，亦必粗可复古。今观其言曰"所事者且十主，皆面谀以得亲贵"，则正夫子所谓"人而不仁，如礼乐何哉"。两生不可谓不知礼乐之本者也。

于是叔孙通使征鲁儒生三十余人。鲁有两生不肯行，（真高世之士。而世或以謷謷拘滞之人，非也。）曰："公所事者且十主，皆面谀以得亲贵。（可见礼乐非世人所能识。）今天下初定，死者未葬，伤者未起，又欲起礼乐。礼乐所由起，积德百年而后可兴也。（叔孙所就者，苟且之朝仪，原说不得礼乐。两生责之，亦似过当，然其言则粹然无疵。）吾不忍为公所为。公所为不合古，吾不行。公往矣，无汙我！"（连下五句，如见其掉头挥手，咄咄不屑之状。传神妙手。）叔孙通笑曰：（强颜。）"若真鄙儒也，不知时变。"（含糊得妙，当以不甚解解之。）

遂与所征三十人西，及上左右为学者（不偏徇其弟子，亦希世手段。）与其弟子百余人为绵蕞（以茅置筵为朝会之位。）野外。习之月余，叔孙通曰："上可试观。"（应试为之语。）上既观，使行礼，曰："吾能为此。"乃令群臣习肄，会十月。（令习之，以就元日大会。盖汉初以十月为岁首也。〇肄亦习也，音异。）

【眉批】古者君臣之礼相去不甚悬绝。立见群臣，郊劳宴享，伯父、伯舅之称，敬慎有加。至于拜上者骄，下堂者替，而积重之势不得不矫枉而过正焉。至于汉初，颇阔略简易，一革亡秦苛习，正可参酌古礼而求其中。乃叔孙通徒以高帝之难上，而遂痛绳其下，而不复拘其主，是朝仪法酒皆为臣设而君不与焉。君为臣纲，君无礼而何以责其臣，于此叔孙希世之罪，万世莫能逭也。

汉七年，长乐宫成，诸侯群臣皆朝十月。仪：（一段朝仪。）先平明，谒者治礼，引以次入殿门，（写汉官威仪，亦甚肃穆，要是史公笔力之整赡耳。）廷中陈车骑步卒卫宫，设兵张旗志。（帜同。）传言"趋"。殿下郎中侠（夹同。）陛，陛数百人。功臣列侯诸将军军吏以次陈西方，东向；（此仪盖至今仍之。）文官丞相以下陈东方，西向。大行设九宾，胪句传。于是皇帝辇出房，百官执职传警，引诸侯王以下至吏六百石以次奉贺。（朝事毕。）自诸侯王以下莫不振恐肃敬。（写情一句。）至礼毕，复置法酒。（一段宴酒。）诸侯坐殿上皆伏抑首，以尊卑次起上寿。觞九行，谒者言"罢酒"。御史执法举不如仪者辄引去。（宴事毕。）竟朝置酒，无敢谨哗失礼者。（分项二段，甚明画。）于是高帝曰："吾乃今日知为皇帝之贵也。"（以此一语结礼乐。是嘲是笑，是赞是叹，任人自领。）乃拜叔孙通为太常，赐金五百斤。

叔孙通因进曰："诸弟子儒生随臣久矣，与臣共为仪，愿陛下官之。"（看其委蛇之致，处处如画。）高帝悉以为郎。叔孙通出，皆以五百斤金赐诸生。（正与东汉桓荣自言稽古之力，意思相反。）诸生乃皆喜曰："叔孙生诚圣人也，知当世之要务。"（一官一金，遂市圣人之名，而"知要务"句却妙。）

【注释】五诸侯：谓常山，河南，韩，魏，殷也。

彭城：今江苏铜山县治。

憎：音增，恶也。

短衣楚制：短衣便事，非儒者衣服。高祖楚人，故从其俗裁制。

大猾：狡猾也。

搴：音牵，取也。

博士：官名，掌《诗》、《书》。

定陶：今为县，属山东济宁道。

就：成也。

度：入声

且十主：将近十君也。

污：音乌，辱也。

若：汝也。

上：谓高祖。

绵蕞：引绳为绵，立表为蕞。蕞音翠，又音出。

朝十月：适会七年十月，而长乐宫新成也。汉时尚以十月为正月，故行朝岁之礼，史家追书十月。

仪：欲叙其下仪法，故先言仪如此也。

先平明：未平明之前。

谒者：官名，掌宾赞。谒音壹。

传言趋：传声教入者，皆令趋疾行致敬也。

郎中：官名，掌守门户，出充车骑。

陛：音佩，天子阶也。

大行：官名，掌宾客之礼。

九宾：九仪也，谓公侯伯子男孤卿大夫士也。

胪句传：上传语告下为胪，下传语告上为句，谓大行设此九宾胪句。传以次，传令上也。胪音卢。

辇：音俨，天子车也。

传警：传声而唱警也。

法酒：犹言礼酌，谓不饮之至醉。

抑首：抑，屈也，谓依礼法不敢平坐而视。

御史：官名，掌受公卿奏事，举劾按章。

太常：官名，掌宗庙礼仪。

朗：官名，直宿卫者。

季布栾布列传

　　【眉批】《季布传》史公赞中独反复叹息于始之为奴朱家，自重其死处，故起一段亦极意描写，比《游侠传》尤觉有精神。而特以能"摧刚为柔"先下一句断语，然既将其柔处写得奄奄欲尽，势必再将其刚处特一振刷之，方显得始之贬损大有深意。故接手便将廷折樊哙语写得毛发欲竖，此相救之法也。不然，吕太后朝平、勃辈皆无恙，岂不容参一议耶？此等处俱要于书缝中识得。○折樊哙不足为季布生色，只是形其刚，论已详于前。

　　【眉批】先辈或谓朱家脱季布，布显达后不闻有以报之，为布病。不知此数人皆大侠，可以寻常报施论哉？

　　季布者，楚人也。为气任侠，有名于楚。（八字一篇之纲，直贯至末。）项籍使将兵，（另提法，非接"有名"句也。）数窘汉王。及项羽灭，高祖购求布千金，敢有舍匿，罪及三族，季布匿濮阳周氏。（任侠者以气类相感，写周氏、朱家，皆极生动。）周氏曰："汉购将军急，迹且至臣家，将军能听臣，臣敢献计；即不能，愿先自到。"（先自到，亦不能活季布，直激之耳。）季布许之。乃髡钳季布，衣褐衣，置广柳车中，并与其家僮数十人，之鲁朱家所卖之。朱家心知是季布，（周氏自知不如朱家权力能脱季布之难，故嫁与之，正其能用朱家处。两个心知对照，眉宇烁烁。）乃买而置之田。诫其子曰："田事听此奴，必与同食。"（只九个字，处分极妙。）朱家乃乘轺车之洛阳，（轺车，贾人之车，盖微行至京师。）见汝阴侯滕公。滕公留朱家饮数日。（朱家又能滕公。）因谓滕公曰：（看其缓急中程，好作用。）"季布何大罪，而上求之急也？"（开口有致。）滕公曰："布数为项羽窘上，上怨之，故必欲得之。"朱家曰："君视季布何如人也？"（接口又别，俱有针路，盖早伏"忌壮士、资敌国"一意。）曰："贤者也。"朱家曰："臣各为其主用，季布为项籍用，职耳。（此一层正理开释。）项氏臣可尽诛耶？（即用一层劫制，言外便有许多壮士在。）

今上始得天下，独以己之私怨求一人，何示天下之不广也！（又用一层正理开释。）且以季布之贤而汉求之急如此，此不北走胡即南走越耳。（然后说出主意，纯用劫制之法。盖不如此，即老生常谈，不足为侠。）夫忌壮士以资敌国，此伍子胥所以鞭荆平王之墓也。（此语不无过火，然大侠口谈，却不得以寻常律之。）君何不从容为上言耶？"汝阴侯滕公心知朱家大侠，（应前心知。）意季布匿其所，（滕公亦侠，朱家不投他人而独投滕公，固亦气类相感耳。）乃许曰："诺。"待间，果言如朱家指。上乃赦季布。当是时，诸公皆季布能摧刚为柔，朱家亦以此名闻当世。（双收，整赡。）季布召见，谢，上拜为郎中。

【眉批】折樊哙不足为季布生色，只是形其刚，论已详于前。

孝惠时，为中郎将。单于尝为书嫚吕后，不逊，吕后大怒，召诸将议之。（书有"以所有易所无"之语，盖犬羊挑衅之端。吕后以私愤欲用兵，故季布折之为是。）上将军樊哙曰："臣愿得十万众，横行匈奴中。"诸将皆阿吕后意，（着此五字，反衬季布刚直。）曰"然"。季布曰："樊哙可斩也！（语势斩截，是负气人。）夫高帝将兵四十余万众，困于平城，今哙奈何以十万众横行匈奴中，面欺！（"面欺"、"面谀"，平分直下，文有似板而实横者，此类是也。）且秦以事于胡，陈胜等起。于今创痍未瘳，哙又面谀，欲摇动天下。"（所以便谓可斩，慧而颉工。）是时殿上皆恐，（反映布之负气。）太后罢朝，遂不复议击匈奴事。（一人折之，而举朝莫敢抗，其气如此。）

【眉批】布传凡列三段，段段皆虚，无一实事在内，只起处"摧刚为柔"是其实事。然读之生气勃勃，愈见史公点染之妙。

季布为河东守，孝文时，人有言其贤者，孝文召，欲以为御史大夫。复有言其勇，使酒难近。（毁语，亦恰当。）至，留邸一月，见罢。季布因进曰："臣无功窃宠，待罪河东。陛下无故召臣，此人必有以臣欺陛下者；今臣至，无所受事，罢去，此人必有以毁臣者。（此段又说得宛曲条畅，与樊哙语不同，岂更事久而粗豪渐化耶？）夫陛下以一人之誉而召臣,一人之毁而去臣,臣恐天下有识闻之有以窥陛下也。"(岩岩大臣之言,深达治体,非复侠气之常。)上默然惭,良久曰:"河东吾股肱郡,故特召君耳。"(饰词,亦妩媚有致。)布辞之官。

【眉批】战国时多游士,皆拱揖于君公之廷,取卿相如探怀而得也。汉兴,四海为一,此辈无着落处,遂有曹丘生一辈人出。观其求书荐引,纳贿招权,宛然近世抽丰客矣。乃知此风实始于此,亦可以观世变也。嗣此而梁园词客,陈豨后车,接迹于千古矣。

楚人曹丘生,辨士,数招权顾金钱。事贵人赵同等,与窦长君善。(历举其生平,所以深病季布之卒为所中也。)季布闻之,寄书谏窦长君曰:"吾闻曹丘生非长者,勿与通。"(始则戒人,而终不能自禁。)及曹丘生归,欲得书请季布。(早被渠看破病根。)窦长君曰:"季将军不说足下,足下无往。"固请书,遂行。使人先发书,季布果大怒,待曹丘。(季布早入其掌握中,不复以为意。)曹丘至,即揖季布曰:"楚人谚曰'得黄金百,不如得季布一诺',足下何以得此声于梁楚间哉?(只此一片谀唇,令人不复自持。然季布于此煞是可笑。)且仆楚人,足下亦楚人也。(又引而亲之。)仆游扬足下之名于天下,顾不重邪?何足下距仆之深也!"(又拓而远之。)季布乃大说,引入,(何遽大悦?)留数月,为上客,厚送之。(亦复说出一串,于前相应。)季布名所以益闻者,曹丘扬之也。(不必然也。姑以绾住篇首"有名于楚"耳。)

【眉批】传末附季心、丁公二人,以季心正陪布之勇,以丁公反映布之忠,皆是极写季布处。

【眉批】高祖名为大度,而恩仇之际实不能忘。如季布、雍齿初实欲诛之,以屈于公义而止。又如夏羹小怨,而终不忘情于丘嫂。他可知矣。丁公短兵急接之时窘迫可知,虽以谩词幸免而怒之者实深,故因其来谒而斩之,其本心未必果责其不忠于项王也。不然,何以不并诛项伯乎?○传末附季心、丁公二人,以季心正陪布之勇,以丁公反映布之忠,皆是极写季布处。

季布弟季心,气盖关中,遇人恭谨,(二语相反,而联笔写出,乃见侠处。)为任侠,方数千里,士皆争为之死。尝杀人,亡之吴,从袁丝匿。长事袁丝,弟畜灌夫、籍福之属。(以吴中豪杰联贯出之,妙有云烟之气。)尝为中司马,中尉郅都不敢不加礼。(又以酷吏见惮,为负气写照。)少年多时时窃籍其名以行。当是时,季心以勇,布以诺,著闻关中。(双收,极见笔力。)

季布母弟丁公,为楚将。(曰弟、曰母弟,得联络之巧,非漫然附件者。)丁公为项羽逐窘高祖彭城西,短兵接,(简语危情。)高祖急,顾丁公曰:"两贤岂相厄哉!"(急中妙语,妙在不甚可解,故奇耳。)于是丁公引兵而还,汉王遂解去。及项王灭,丁公谒见高祖。(可斩。在此一谒,俨然卖主求荣之意,亦特与布之逃匿相对。)高祖以丁公徇军中,曰:"丁公为项王臣不忠,使项王失天下者,乃丁公也。"遂斩丁公,曰:"使后世为人臣者无效丁公!"(语颇矫强,而意甚畅。)

【注释】为气:尚气节也。
任侠:任者,任使其气力。侠者,谓以权力辅人也。
数窘:屡困汉王也,数音朔。
购求布千金:悬赏千金觅布也。
濮阳:故卫地,即今直隶濮阳县。
且:将也。
刎:音径,以刀自诛也。
髡钳:音坤虔,剃发曰髡,以铁束颈曰钳。
衣:去声,着也。
褐衣:毛布之衣。褐音曷。
广柳:丧车也。载以丧车,欲人不知也。
轺车:轻车也。轺音迢。
职:言其职守使然。
荆:楚之本号。
待间:等待间隙进言也。

郎中：见前《刘敬叔孙通列传》。

中郎将：官名，领三署郎，即五官署、左署、右署也。

单于：匈奴称其君常曰单于。单音蝉。

嫚：音慢，辞语亵污也。

阿：音乌，谄附也。

平城：今山西大同县东。

面欺：当面欺诳也。

创痍：音昌夷，伤痛也。

瘳：音抽，愈也。

面谀：当面谄附也。

河东守：河东郡守。

御史大夫：官名，位上卿。

使酒：因酒而使气也。

邸：音抵，客舍也。

良久：好多时也。

股肱郡：犹言要地。

顾：犹贪也。

赵同：宦官赵谈也，司马迁以父名谈，故改称同。

窦长君：窦皇后兄。长，上声。

请季布：请谒季布也。

说：同悦。

使人先：使人先致书于布。

发：视也。

谚：音念，俗语也。

游扬：称美也。

距：同拒。

关中：即今陕西省。

袁丝：袁盎，字丝。

长事：犹言兄事。

中司马：官名，中尉之司马。

中尉：官名，掌徼循京师。

郅都：景帝时为济南太守，后迁中尉，治尚严酷，不避贵戚，号曰苍鹰。郅音则。

籍：借也。

母弟：同母弟。

徇：音尽。徇军中，号令于军中也。

栾布者，梁人也。始梁王彭越为家人时，尝与布游。（栾布一生大节在哭越一案，故传即托始于越。）穷困，赁佣于齐，为酒人保。（极叙辛苦，为保为奴，亦暗与季将军广柳车相映。凡合传，多有闲中衬射之妙。）数岁，彭越去之巨野中为盗，而布为人所略卖，为奴于燕。为其家主报仇，燕将臧荼举以为都尉。（以上历叙穷约，简而能详，两行中有无数事，他人无此笔力。）臧荼后为燕王，以布为将。及臧荼反，汉击燕，虏布。梁王彭越闻之，乃言上，请赎布以为梁大夫。（遥遥相赴，写得情深。）

【眉批】蒯通以韩信之党被责，但以桀犬吠尧自明其心。栾布以彭越之党就刑，独畅言越之功烈，深明越之心事；及其自言，则又不过君亡与亡，绝无梗避。盖一则辨士之雄，一则忠臣之义。通志在于免戮，故其词逊；布本不欲求生，故其语激，不可同日而论也。

使于齐，未还，汉召彭越，责以谋反，（不直云谋反，而但言汉召而责之，句中有眼。）夷三族。已而枭彭越头于洛阳下，诏曰："有敢收视者，辄捕之。"（特着此诏，明布之非不知而误冒于死。）布从齐还，奏事彭越头下，祠而哭之。（奇景烈迹。）吏捕布以闻。上召布，骂曰："若与彭越反邪？吾禁人勿收，若独祠而哭之，与越反明矣。（亦即强责以罪声口。）趣亨之。"方提趣汤，（写危急之中，跃跃欲活。）布顾曰："愿一言而死。"上曰："何言？"布曰："方上之困于彭城，败荥阳、成皋间,项王所以不能遂西,徒以彭王居梁地,与汉合从苦楚也。(此句妙。盖彭居梁地与汉合从,本属友邻,原非臣主。)当是之时,彭王一顾,与楚则汉破,与汉而楚破。(一"则"字,一"而"字,一虚一实,只易一字耳。奇笔。)且垓下之会,微彭王,项氏不亡。天下已定,彭王剖符受封,亦欲传之万世。(凄壮之词。)今陛下一征兵于梁,彭王病不行,而陛下疑以为反,反形未见,以苛小案诛灭之,臣恐功臣人人自危也。(此皆彭王所欲吐而不及吐之语,代为畅言,可谓知己矣。)今彭王已死,臣生不如死,请就烹。"(只此一笔,自明心迹。)于是上乃释布罪,拜为都尉。(私忌夺于公理。)

孝文时,为燕相,至将军。布乃称曰:"穷困不能辱身下志,非人也;富贵不能快意,非贤也。"(史公意,亦只是发舒穷厄之气耳。语似慷慨,然不可训。)于是尝有德者厚报之,有怨者必以法灭之。(益不可训。)吴军反时,以军功封俞侯,复为燕相。燕、齐之间皆为栾布立社,号曰栾公社。(有德于民可知,却写得简甚。)

景帝中五年薨。子贲嗣,(季布不详其卒,栾布并及其嗣。用世家体,亦变体。)为太常,牺牲不如令,国除。

【注释】栾:音銮。

梁:即魏地。

家人:居家之人,无官职也。

赁佣:受人之钱为人役也。赁音任。

酒人保:酒家作保佣也,可保信,故谓之保。

巨野:一作钜野,泽名,即《禹贡》大野,在今山东钜野县北。

略卖:略取他人子女出卖,以营利也。

主家:主人家也。

都尉:官名。

赎布:为布赎罪也。

夷:灭也。

枭：音鸮，悬首示众也。

祠：祭也。

趣：疾也。

亨：同烹。

提趣汤：提，举也。举而欲投之于汤也。趣，音娶，向也。

与：犹附也。

垓下：见前《项羽本纪》。

微：无也。

剖符：见前《郦生陆贾列传》。

苛小：犹言细故也。

案：案其罪也。

尝：曾也。

吴军：吴王濞军。

【眉批】季布传娓娓附以数大段，栾布只得哭故主一节，前后皆以简括语备载始末。盖前传虽纡徐而虚，后传虽简促而实，此中相生之妙，当意会而不可言传也。

太史公曰：以项羽之气，而季布以勇显于楚，（见其以勇显之难，方是真勇。）身屦典军搴旗者数矣，可谓壮士。然被刑戮，为人奴而不死，何其下也！（此赞全就幽辱处写自己一腔郁结，所谓借他人酒杯浇自己块垒，故独宛曲尽情。）彼必自负其材，故受辱而不羞，欲有所用其未足也，故终为汉名将。贤者诚重其死。（为"有所用其未足"一句在胸中，便幻出一篇充满文字。）夫婢妾贱人感慨而自杀者，非能勇也，其计画无复之耳。栾布哭彭越，趣汤如归者，彼诚知所处，不自重其死。（特特合传之意。）虽往古烈士，何以加哉！

【注释】典：犹掌也。

无复之：犹言无所用也。

加：犹胜也。

总评：季布传始末不详，特深感其为奴不死一节，深服其摧刚为柔一念，便将自己一腔蓬勃俱要发泄出来。只是赞中"欲有所用其未足也"一句，为一篇《报任安书》骨子，即有用所未足之言，不得不于其归汉之后出力渲染，（犹烘托也。渲，音选。）以见其未足之实。然细玩赦布之后，高祖朝既无可见，吕后朝只是折樊哙用兵匈奴一语，文帝朝只是恐以毁誉窥上一语；至曹丘面谀，变怒为悦，益复出丑。总之，无一实事可书，而缅缅（连绵不绝也。）数百言，读去却甚丰茂，此以虚为实之妙也。栾布传彻始彻终，无事不载，然如吴楚之军功、燕相之惠泽俱引而不发。此以实为虚之妙也。此皆古人精意所在，故摘出之。

分段详注评点史记菁华录 卷五

张释之冯唐列传

【眉批】昔人入赀为宦,宦乃益贫;今人不宦则已,宦则倍获,什伯而取偿焉。读此传及《司马长卿传》,良足以见汉世之轻薄赀郎,犹有忠厚之意也。

张廷尉释之者,堵阳人也,字季。有兄仲同居。(初叙得落落不自得,与后对看。)以赀为骑郎,事孝文帝,十岁不得调,无所知名。释之曰:"久宦减仲之产,不遂。"欲自免归。(以文帝之贤,而犹是释之也。当其未遇时会,则一无可见。人之表见,固有时数耶?)中郎将袁盎知其贤,惜其去,乃请徙释之补谒者。(始读未授,且召见之,见文帝慎重官材处。)释之既朝毕,因前言便宜事。文帝曰:"卑之,无甚高论,(二句戒抑之词。)令今可施行也。"(此句导其降格陈言。)于是释之言秦汉之间事,(则前之所言为三代以上可知。)秦所以失而汉所以兴者久之,(秦、汉事亦多,又注此句,则其言愈约。)文帝称善,(此篇数用"久之"字,有意。)乃拜释之为谒者仆射。(盖谒者令,乃是官之长。)

【眉批】利口者,变乱是非之谓。虎圈啬夫以禽兽簿为职掌,奏对详明,洵为才吏,岂得以利口斥之?周勃不能对刑名钱谷,犹谓别有主者,上林尉岂得藉口于彼辈耶?按张释之始进,即言秦所以失、汉所以兴者,以此当上意。后参乘徐行,又问秦之敝,具以质言,盖其胸中独有一腔革薄从忠、矫枉过正之旨,故于不肯拜啬夫处借事发挥,痛言秦之敝。尚文无实,恻隐消亡,诚救时之笃论,而不惜以一夫之进退系天下之盛衰也。须深观其立意,不当泥其言词。

释之从行,登虎圈。上问上林尉诸禽兽簿,(因观虎圈,遂稽各禽兽簿籍。)十余问,尉左右视,尽不能对。(实无赖。)虎圈啬夫从旁代尉对上所问禽兽簿甚悉,(长句法。)欲以观其能口对响应无穷者。(此后又着许多问,写出两下,神情俱活。)文帝曰:"吏不当若是耶?尉无赖!"(亦大见得是,断语又高甚。)乃诏释之拜啬夫为上林令。(令又在尉之上,故为超迁。有思致。)释之久之前曰:"陛下以绛侯周勃何如人也?"(发问妙。从"久之"二字算出。)上曰:"长者也。"又复问:"东阳侯张相如何人也?"上复曰:"长者。"释之曰:"夫绛侯、东阳侯称为长者,此两人言事曾不能出口,(援此二人作喻,只取易见,其本意不在此,须分别观之。)岂斅此啬夫喋喋利口捷给哉!且秦以任刀笔之吏,(以下方是移风易俗大主见,然已离却来龙矣。盖如谓上林尉不能对者,为有恻隐之实,此固三尺童子所不许也。)吏争以亟疾苛察相高,然其弊徒文具耳,无恻隐之实。以故不闻其过,陵迟而至于二世,天下土崩。今陛下以啬夫口辩而超迁之,臣恐天下随风靡靡,争为口辩而无其实。(拜一啬夫有何奇,正恐相煽成风耳。此诚至论。)且下之化上疾于景响,举错不可不审也。"(此又统言之,不止尚口一节。)文帝曰:"善。"乃止不拜啬夫。

上就车,召释之参乘,(圣主。)徐行,问释之秦之敝。具以质言。(闻陵迟土崩之语,默动于中,故又详问而令其极言之。)至宫,上拜释之为公车令。

顷之,太子与梁王共车入朝,不下司马门,于是释之追止太子、梁王无得入殿门。遂劾不下公门不敬,奏之。薄太后闻之,文帝免冠谢曰:"教儿子不谨。"(细书此节,见西京家法之严如此,而释之风力藉此益显。)薄太后乃使使承诏赦太子、梁王,然后得入。文帝由是奇释之,(文帝赏释之旧矣,至是始云奇之,见脱颖而出实在此处。)拜为中大夫。

【眉批】汉承秦后,陵寝盛极前古,文帝感释之之言,后遂成薄葬之令,其所利益于当时者多矣。文义与雍门鼓瑟相似,而此更衷之以正也。

【眉批】预忧发冢之祸,欲为石椁以锢之,痴想亦哀思。

顷之,至中郎将。从行至霸陵,(汉帝立一年为陵,霸陵即文帝山陵,以近灞水名之。)居北临厕。是时慎夫人从,(邯郸人。)上指示慎夫人新丰道,曰:"此走邯郸道也。"使慎夫人鼓瑟,上自倚瑟而歌,(因怀生离,旋念死别,因念死别,遂计无穷,绵绵延延,相引而下。)意惨凄悲怀,

（写得最入情。）顾谓群臣曰："嗟乎！以北山石为椁，用纻絮斮陈，蕠漆其间，岂可动哉！"左右皆曰："善。"释之前进曰："使其中有可欲者，虽锢南山犹有郄；使其中无可欲者，虽无石椁，又何戚焉！"（数语大得黄老之精，透极，达极。）文帝称善。其后拜释之为廷尉。（后半篇提纲。）

【眉批】先正谓廷尉争犯跸事，至云"方其时使上立诛之"。则已启人主凭怒妄杀之端，若律之以宰我战栗之言，释之自有余愧。但渠意徒欲归重廷尉故云然，盖使上以意诛杀，则非廷尉所与闻；不然，则有法在，不容挠矣。此与"将在外君命有所不受"同意，不觉言之太烈，斯轻重失宜耳。勿以辞害意可也。

顷之，上行出中渭桥，有一人从桥下走出，乘舆马惊。于是使骑捕，属之廷尉。（重顿。）释之治问。曰："县人来，闻跸，匿桥下。久之，以为行已过，即出，见乘舆车骑，即走耳。"（只是案牍供词，琐屑明净而简古，汉人文字虽小处绝异于人。）廷尉奏当，（"当"字，与律相符之谓，遂以为成案字目。）一人犯跸，当罚金。文帝怒曰：（两怒。特以"怒"字写释之执法不畏人主。）"此人亲惊吾马，吾马赖柔和，令他马，固不败伤我乎？（三"马"字如贯珠。）而廷尉乃当之罚金！"（语不完，妙。盖语不完而神情跃如。若更足一句，神情反减矣。此文章三昧也。）释之曰："法者天子所与天下公共也。今法如此而更重之，是法不信于民也。（法律名言，万世不敝。）且方其时，上使立诛之则已。（欲文势抑扬以尽其意，不免大留语病。）今既下廷尉，廷尉，天下之平也，一倾而天下用法皆为轻重，民安所错其手足？（许大关系，妙在至确。）唯陛下察之。"良久，（屡用"良久"、"久之"，其味深长。）上曰："廷尉当是也。"

【眉批】罪等以顺逆为差，谓如两人所犯之罪相等，又当揆其情。盗宗庙器物者，尚无得罪于神灵，其情顺；盗长陵抔土者，直敢震惊于体魄，其情逆。故同一盗而又当原情以差等重轻，此制律之精意也。虽然，论情于方制律之时则可，若律既画一而又参之以情，则舞文之吏可以意为轻者亦可以意为重，而苛请他比将不胜言，此条例之所以日繁也。论法者尚慎旃哉！

其后有人盗高庙坐前玉环，（两事连写，无一毫排比气。）捕得，文帝怒，下廷尉，（此先伏一"怒"字，为大怒张本。）下廷尉治，释之案律盗宗庙服御物者为奏，（即"廷尉奏当"、"释之案律"二句亦必换过，古人真不草草。）奏当弃市。上大怒曰："人之无道，乃盗先帝庙器，吾属廷尉者，欲致族之，而君以法奏之，非吾所以共承宗庙意也。"（其言与前又不同，看他怒是怒，大怒是大怒，各有身分。）释之免冠顿首谢曰：（亦加五字。）"法如是足也。（意与前同，而持论益奇。）且罪等，然以顺逆为差。（此"顺逆为差"，真得法家精意。）今盗宗庙器而族之，有如万分之一，（词气斟酌，恭顺之至。）假令愚民取长陵一抔土，（意谓发掘陵寝也，而语妙可味。）陛下何以加其法乎？"久之，文帝与太后言之，乃许廷尉。（慎重如此，得敬慎宗庙意。）当是时，中尉条侯周亚夫与梁相山都侯王恬开见释之持议平，乃结为亲友。张廷尉由此天下称之。（此数语极浓郁，中有极感慨在内。盖释之以入赀为郎，回翔十年，无所知名，至是已脱颖而出，然必得勋旧大臣延结而后天下称之也。）

后文帝崩，景帝立，释之恐，称病。欲免去，（以劾不下公门故。）惧大诛至；欲见谢，则未知何如。（二"欲"字，写意中打算如画。）用王生计，卒见谢，景帝不过也。（如此补写王生小传，匪夷所思。）

王生者，善为黄老言，处士也。（提笔。）尝召居廷中，三公九卿尽会立，王生老人，（加"老人"字，妩媚弄笔。）曰："吾袜解。"顾谓张廷尉："为我结袜！"（此处似黄石公待子房事。）释之跪而结之。既已，人或谓王生曰："独奈何廷辱张廷尉，使跪结袜？"王生曰："吾老且贱，自度终无益于张廷尉。张廷尉方今天下名臣，吾故聊辱廷尉，（此处又似侯生待信陵君事。）使跪结袜，欲以重之。"（意殊浅陋，盖黄老之皮毛耳。太史好奇，故必写之。）诸公闻之，贤王生而重张廷尉。

张廷尉事景帝岁余，为淮南王相，犹尚以前过也。（与"景帝不过也"句首尾回抱，妙。）久之，释之卒。其子曰张挚，字长公，官至大夫，免。以不能取容当世，故终身不仕。（有此子，大为张廷尉壮色。）

【注释】廷尉：官名，掌刑狱。

堵阳：县名，汉置，故城在今河南方城县东。堵音赌。

訾为骑郎：《汉仪》注，訾五百万得为常侍郎。訾音咨，同赀，财也。

调：音掉，迁官也。

徙：音细，迁官也。

谒者：官名，掌宾赞。

卑之，无甚高论：卑，下也，欲令卑下其志，无甚高谈论，但令依今时事立言也。

谒者仆射：官名，领谒者之事曰谒者仆射。射音夜。

虎圈：养兽之所。圈音卷。

上林：本秦旧苑，汉因之，在陕西长安县东。

尉：官名，守上林苑者。

啬夫：掌虎圈之乡官。啬音失。

无赖：才无可恃也。

上林：上林县令。

长者：老诚忠厚之称。

东阳侯张相如：高祖六年为中大夫，以河间守击陈豨，力战功，十一年封侯。见《高祖功臣侯年表》。

敩：同效。

谍谍：音牒，多言也。

捷给：敏捷而无所穷也。

刀笔：见前《萧相国世家》。

文具：空具其文而无其实也。

陵迟：陵，丘陵也，言其颓替如丘陵之逶迟，稍卑下也。亦作陵夷。夷，平也，言丘陵渐平也。

土崩：如土之崩坠，不可收拾也。

靡靡：相随顺之意。

景：同影。

举错：犹言进退，谓用与不用也。

参乘：坐车右者曰参乘。参，亦作骖。

公车令：官名。公车，官署名，天子公车所在，因以命名。令者，公车署之长，总领公车之事，犹秦之中车府令。

司马门：盖即公车府门。汉宫卫令，诸出入殿门公车司马门者下，不如令，罚金四两。

劾：音刻，弹劾也。

免冠：去冠也。免音问。

中大夫：官名，掌论议。

中郎将：见前《季布栾布列传》。

霸陵：在陕西长安县西按：此处原误，应为"东"。霸，亦作灞。

居北临厕：厕，岸之边厕也。霸陵北头，厕近灞水，帝登其上以远望也。厕，或音侧。

慎夫人：天子之妾曰夫人。慎夫人，邯郸人也。

新丰：在长安。太上皇思东归，于是高祖改筑城市街里，以象沛郡之丰邑，徙丰民以实之，故号新丰。

邯郸：音寒丹，赵都城。

靳：音札，同斫。

茹：同茹，草也，茅类。

锢：音固，铸也。

郄：同隙，言若使厚葬，冢中有物，虽并锢南山，犹为人所发掘也。言南山者，取其高厚之意。

戚：忧也。

中渭桥：谓桥，有东西中三所。

乘舆：天子之车曰乘舆。

属：付也。

治问：治其狱而闻之也。

曰：罪人供词。

县人：长安县人。

跸：音毕，天子车驾曰跸。

当：断罪曰当，言使罪法相当也。

倾：音轻，偏倚也。

错：置也。"民安所错其手足"，言无所置其手足，不能一日安也。

高庙：高帝宗庙。

弃市：斩首也。

族：灭其三族也。三族，父党、母党、妻党也。

共：同恭。

罪等：俱死罪也。

差：音雌，等差也。言盗玉环，不若盗长陵土之逆，当以此顺逆为等差也。

长陵：高帝冢墓所在。天子之墓曰陵。

抔：音裴。一抔，一掬也。不欲指言盗开长陵，故以取土为譬也。

中尉：官名。

王恬开：《汉书》作启，启者景帝讳，故或为开。恬，音甜。

不过：不以为罪也。

处士：隐士。

度：入声。

挚：音至。

长：上声。

【眉批】冯唐传只论将一段，卓绝千古，遂为立传。而当其白首郎署以前，无可表见，特将大父与父两次迁徙写出，一种蔼然忠孝家风便令人咀玩不已。文章之神妙，良非宋子京一流漫然删润，自谓简核者所能梦见也。

冯唐者，其大父赵人。父徙代。（叙起无一闲字，入他手则"安陵人"三字足矣。须思。）汉兴徙安陵。唐以孝著，（唐每言必称先人，故必伏此笔，最有味。）为中郎署长，事文帝。文帝辇过，问唐曰："父老（呼起，妙。以"父老"起，以年九十余举贤良收，皆有线脉。）何自为郎？家安在？"唐具以实对。文帝曰："吾居代时，吾尚食监高祛数为我言赵将李齐之贤，（闲闲漫语，而代、赵已事恰与冯公祖、父关照，无不入扣。）战于钜鹿下。今吾每饭，意未尝不在钜鹿也。父知之乎？"（语意深婉，便知胸中有忧匈奴一事。）唐对曰："尚不如廉颇、李牧之为将也。"（引入闲而紧。）上曰："何以？"唐曰："臣大父在赵时，（言必称先，忠孝之意可掬。）为官卒将，善李牧。臣父故为代相，（必字字应还，故妙。）善赵将李齐，知其为人也。"（此亦约举其词，当时必更详悉，所以文帝深悦。）上既闻廉颇、李牧为人，良说，而搏髀曰：（描写深婉。）"嗟乎！吾独不得廉颇、李牧时为吾将，吾岂忧匈奴哉！"（凡史公描写太息神情处，必有远致。）唐曰："主臣！（惶惧之意，以其言直，故以此二字先之。）陛下虽得廉颇、李牧，弗能用也。"上怒，起入禁中。良久，召唐让曰：（正是圣主。）"公奈何众辱我，独无间处乎？"（其言如家人，妙。）唐谢曰："鄙人不知忌讳。"

【眉批】古人偶然酬对之文，机局灵警，照应精严，虽使后人执管为之，推敲尽日，有不能及者。如武侯隆中之对、淮阴登坛之语及冯公此段议论，摘来便是绝妙古文。晋唐以下，嗣音寡矣。文推两汉，岂虚语哉！登坛语即淮阴本传"请言项王之为人"云云。

【眉批】汉初文法最苛，功臣列侯所以鲜得自完。冯公此论，虽为魏尚言之，实救时之良药也。至景、武之间，网益密矣。史公备引之，而再言其有味，盖所感者深矣。

【眉批】观冯公论将之言，殊有大臣识略，而不竟其用。篇末累累缀言，绝有慨想深情。

当是之时，匈奴新大入朝那，杀北地都尉卬。（凡叙事必当补者插入问答中，要有健笔。）上以胡寇为意，乃卒复问唐曰："公何以知吾不能用廉颇、李牧也？"（一步一深惋。）唐对曰："臣闻上古王者之遣将也，（此段洋洋洒洒文字，抵过一篇极妙奏疏。）跪而推毂，曰阃以内者，寡人制之；阃以外者，将军制之。军功爵赏皆决于外，（归重此句。）归而奏之。此非虚言也。（一转斡入大父言，妙，妙！如闻其声。）臣大父言，李牧为赵将居边，军市之租（凡久屯之军即有军市，百货所集，税亦随之。）皆自用飨士，赏赐决于外，不从中扰也。（此句意同前，而专言赏赐，是陪笔。）委任而责成功，故李牧乃得尽其智能，遣选车千三百乘，彀骑万三千，百金之士十万，是以北逐单于，破东胡，灭澹林，西抑强秦，南支韩、魏。当是之时，赵几霸。（详写李牧战功，所以极为歆动处，定不可少。）其后会赵王迁立，其母倡也。（憾迁之听谗，而并微其所出，与齐威王叱嗟"而母婢也"相似，折笔生姿，不可以为闲句。）王迁立，乃用郭开谗，卒诛李牧，令颜聚代之。是以兵破士北，为秦所禽灭。今臣窃闻魏尚为云中守，（是冯唐陈言根柢，却转得极便。）其军市租尽以飨士卒，私养钱，五日一椎牛，飨宾客军吏舍人，（军租为公费，又别出私钱以备宴会。极言魏尚之贤。）是以匈奴远避，不近云中之塞。虏曾一入，尚率车骑击之，所杀甚众。（以上言魏尚已事，至此略顿住不说完，别插一段议论，文情超轶绝尘至矣。）夫士卒尽家人子，起田中从军，安知尺籍伍符。终日力战，斩首捕虏，上功莫府，一言不相应，文吏以法绳之。（冒功诚不可纵，妙在说得极辛苦入情，令人愤惋。）其赏不行而吏奉法必用。（二语参差相匹，言大将之赏有不行，而文吏之法则必用，极偏枯可憾也。）臣愚，以为陛下法太明，赏太轻，罚太重。且云中守魏尚（遥接"所杀甚众"句。）坐上功首虏差六级，陛下下之吏，削其爵，罚作之。（方实语正面，回视前文，千岩万壑矣。）由此言之，陛下虽得廉颇、李牧，勿能用也。（只用一句应，文有余味。）臣诚愚，触忌讳，死罪死罪！"文帝悦。是日，（二字妙。）令冯唐持节赦魏尚，（即使冯唐，又妙，见文帝从谏之勇。）复以为云中守，而拜唐为车骑都尉，主中尉及郡国车士。（结完唐传，然特详著其官，言外有余惜。）

七年，景帝立，以唐为楚相，免。武帝立，求贤良，举冯唐。唐时年九十余，不能复为官，（有余惜，亦复有余慕。）乃以唐子冯遂为郎。遂字王孙，亦奇士，与余善。（特与张释之子相配，成章法。）

【注释】大父：祖父也。

代：地名，今为县，属山西雁门道。

安陵：西汉所置县，汉惠帝安陵所在，故名。

中郎署长：郎署之长也。长，上声。

父老何自为郎：言年已老矣，何乃自为郎也。

尚食监：官名。汉省中有五尚：尚食、尚冠、尚衣、尚帐、尚席，宦寺曰监。

高袪：人姓名。袪音去。

数：音朔，频也。

钜鹿：战国赵邑，即今直隶平乡县。

廉颇、李牧：俱赵将。

官卒将：赵之武职，盖一队之长，百人为卒。《汉书》作官帅将。

代相：代国丞相。

良说：大悦也。说，同悦。

搏髀：音博俾，拍股也。

主臣：人臣进对前称"主臣"，犹上书前云"昧死"，惶惧之甚也。

让：责也。

间处：间隙之处，言何不于空隙无人处言之。

鄙人：自谦之称。

新大入：谓新近大举入寇也。

北地：郡名。

都尉：官名。

昂：名也，姓孙。

毂：音谷，车轮也。

阃：音困，国门也。

选车：精良之车。

彀骑：音构忌，张弓之马兵也。

百金之士：百金，喻其贵重也。

单于：匈奴称君长曰单于。

东胡：在匈奴东。

澹林：胡别种。澹音淡。

会：适逢也。

迁：幽缪王名迁，悼襄王子。

倡：乐家之女。

北：败北也。

禽：同擒。

云中：郡名，今山西大同县地。

私养钱：私假钱也，犹今之私收入也。国家及公共团体自以资财经营而得之利益，谓之私收入。

椎：音垂，击杀也。

虏：音鲁，胡虏也。战时称敌人曰虏，盖詈之也。

家人子：庶人之家子也。

尺籍伍符：尺籍者，书其斩首之功于一尺之板。伍符者，命军人伍伍相保，不容奸诈也。

莫府：莫读为幕，古者出征为将，治无常处，以幕为府舍，故云幕府。

一言：一字也。

应：谓数不同也。

绳：纠其失也。

车骑都尉：官名。

中尉：官名，掌徼循京师。主中尉，言以车骑都尉兼掌中尉也。

车士：车军之士。

【眉批】赞语不十分着意，徒取立心之公合叹之，亦有自悼之微情焉。

太史公曰：张季之言长者，守法不阿意；（二语各指一事，而意重在前句。）冯公之论将率，（同帅。）有味哉！有味哉！（赞语亦妙而不尽。）语曰"不知其人，视其友"。二君之所称诵，可著廊庙。（独指周勃、东阳、魏尚一事，取其相配也。）《书》曰"不偏不党，王道荡荡；不党不偏，王道便便"。张季、冯公近之矣。

【注释】阿：音乌，谄附也。

率：同帅。

廊庙：犹朝廷也。

书：见《周书·洪范》。

便：读平声。便便，犹平平也。

总评：何以云《张冯列传》，子长（司马迁字。）有自悼（音道，痛也。）之微情也？曰：汉初文法虽严，而上下之情易达，往往有触禁抵网之余，局外数言，转圜立见。故萧何入狱，王卫尉得以陈言；（高祖疑萧何受贾人钱，械系何，王卫尉力辩其诬，乃解。见《萧相国世家》。）雍齿见仇，张留侯为之阴释。（雍齿与高祖有隙，高祖欲不封，良因于诸将坐沙中偶语时，说高祖封齿。见《留侯世家》。）下至壶关三老，得明太子之冤；（武帝因巫蛊事，怒戾太子，壶关三老茂上书讼其冤，帝乃感寤。）鲁国朱家，亦解逋臣之厄。（见前《季布列传》。）诚以当局者难为说，而纳牖者易为功也。方史迁为李陵进说之时，与冯唐称魏尚何异？乃一言未察，刑祸随之，而迁可为陵明心迹，谁复为迁颂隐情？此无他，顾忌既多，偏陂顿极，而市道之交转相惩戒而莫之非也。故于赞中特撮出释之称"长者"，冯唐之论将率，叹其称诵朋友，为王道公平，可谓极慨想之深情，尽揄扬之能事者矣。

扁鹊仓公列传

【眉批】每见俗世贱工传授一书，辄万种离奇，并珍之秘笈，勿授匪人之语，每作恶竟日。今观史公写长桑授书扁鹊及黄石授书子房之文，亦何尝不及怪奇，然其笔径之古雅，则迥觉人间世也。后世善举怪笔而能雅者，昌黎而外，明有李于鳞耳，东坡即不免于袭。

扁鹊者，勃海郡郑人也，姓秦氏，名越人。少时为人舍长。（守舍以待馆客。）舍客长桑君过，扁鹊独奇之，（神人。）常谨遇之。长桑君亦知扁鹊非常人也。出入十余年，（写两人相视莫逆处，不用幻僻语，而已入神。）乃呼扁鹊私坐，间与语曰："我有禁方，年老，（如此二句，更有情。）欲传与公，公毋泄。"扁鹊曰："敬诺。"乃出其怀中药予扁鹊："饮是以上池之水，（此等事入唐人手，便成小说；入汉人手，便成文章。）三十日当知物矣。"（语深而雅。）乃悉取其禁方书尽与扁鹊。忽然不见，殆非人也。（何等幻，又何等雅。）扁鹊以其言饮药三十日，视见垣一方人。（隔墙见物。）以此视病，尽见五脏症结，特以诊脉为名耳。（总挈灵奇，语益轻俊。）为医或在齐，或在赵。（二句总括始末。）在赵者名扁鹊。（始点明。）

当晋昭公时，诸大夫强而公族弱，（闲句亦不苟。）赵简子为大夫，专国事。（此句俱从强弱句生来。）简子疾，五日不知人，大夫皆惧，于是召扁鹊。扁鹊入视病，出，董安于问扁鹊，扁鹊曰："血脉治也，而何怪！（一句答完，铿然有韵。）昔秦穆公尝如此，七日而寤。（此段幻极，不可以常理致诘。）寤之日，告公孙支与子舆曰：'我之帝所甚乐。吾所以久者，适有所学也。（章法呼应，自成一篇小文字。《左氏》《国策》俱无此丰韵，真乃妙迹如生。）帝告我："晋国且大乱，五世不安。其后将霸，未老而死。（说得整致而不见堆垛，故佳。）霸者之子且令而国男女无别。"（语妙，若仅云败乱宣淫，则无味矣。）公孙支书而藏之，秦策于是出。夫献公之乱，文公之霸，而襄公败秦师于崤而归纵淫，此子之所闻。今主君之病与之同，不出三日必间，间必有言也。"（虚虚实实，却在个中。）

【眉批】扁鹊纵能洞见五脏症结，然安能知简子梦中事，颇涉荒怪。妙在援秦穆公往事作一榜样，而聊以"间必有言也"一语微示其端，则镜花水月，实处皆空。又妙在两番梦呓，有应有不应，离离奇奇，可赏可愕，但觉兴会淋漓，而不暇致诘其所以然之故，真千年绝调也。

居二日半，（应不出三日。）简子寤，语诸大夫曰："我之帝所甚乐，（章法。）与百神游于钧天，广乐九奏万舞，不类三代之乐，其声动心。（无端梦呓，却说得如此兴会，又在医士传中见之，真乃异样文章。）有一熊欲援我，帝命我射之，中熊，熊死。（不必有征应，而文与事皆可喜。）有罴来，我又射之，中罴，罴死。帝甚喜，赐我二笥，皆有副。吾见儿在帝侧，帝属我一翟犬，曰：'及而子之壮也以赐之。'帝告我：'晋国且世衰，（章法。）七世而亡；嬴姓将大。（此所谓晋国者，通赵而言之。嬴姓指秦。）败周人于范魁之西，而亦不能有也。'"（此则赵亡之谶，旧注皆误。指秦二世而亡，亦可。）董安于受言，书而藏之。以扁鹊言告简子，简子赐扁鹊田四万亩。（扁鹊名医，而首段顾类卜筮者，言亦奇。）

【眉批】扁鹊治虢太子一事，当是实录。故叙其问答之详，病症之源流，疗治之方略，以至前有中庶子之辨折，后有生死人之传闻，无不如掌上螺纹，细细写出。他若简子梦游之荒怪，桓侯讳疾之余文，皆借作一篇结构，所以助文章之波澜。当别具只眼，以分别观也。

【眉批】皆神医刮剖疗治手段，其言古雅，当以意会，不必求甚解也。

【眉批】越人论病，只宗主"阴阳"二字，便是超绝一世之解，详味其理，即可通于《太极图说》及《箕畴》律历之文也。勿仅以方伎待之。

其后扁鹊过虢。虢太子死，扁鹊至虢公门下，（于赵、齐之外别插虢事。按：虞、虢之灭，在晋献公之时，至赵简子世，虢亡已久矣，此必有误也。）问中庶子喜方者曰："太子何病，国中治穰（"穰"通。盖禳祷求生是新死未收时事。)过于众事？"中庶子曰："太子病血气不时，交错而不得泄，暴发于外，则为中害。(有此数语，上方倒插"喜方者"三字，此文密处。)精神不能止邪气，邪气畜积而不得泄，是以阳缓而阴急，故暴蹶而死。"(论亦明白，故扁鹊闻言即知其病之状。)扁鹊曰："其死何如时？"曰："鸡鸣至今。"曰："收乎？"曰："未也，其死未能半日也。"言："臣齐勃海秦越人也，家在于郑，未尝得望精光侍谒于前也。(从容之中自具惊人意态，写来入神。)闻太子不幸而死，臣能生之。"(凿然。妙。)中庶子曰："先生得毋诞之乎？何以言太子可生也！臣闻上古之时，(又应喜方本领。)医有俞跗，治病不以汤液醴洒，(饮散之属。)镵石挢引，案扤毒熨，(针砭之属。)一拨见病之应，(正是洞见症结处。)因五藏之输，乃割皮解肌，诀脉结筋，搦髓脑，揲荒爪幕，湔浣肠胃，漱涤五藏，练精易形。先生之方能若是，则太子可生也；(可见自知艺薄，亦非谓太子必不可生也。)不能若是而欲生之，曾不可以告咳婴之儿。"终日，(词气未毕，转有风神。)扁鹊仰天叹曰："夫子之为方也，若以管窥天，以郄视文。越人之为方也，不待切脉望色听声写形，(此六字至精。)言病之所在。闻病之阳，论得其阴；闻病之阴，论得其阳。(正应阳缓阴急之说，非空言也。)病应见于大表，不出千里，决者至众，不可曲止也。(言病应至近，非若千里之遥远难征，不可以偏曲之见泥也。)子以吾言为不诚，试入诊太子，当闻其耳鸣而鼻张，循其两股以至于阴，当尚温也。"(可谓知病之所在，先与一个左证。)

【眉批】医经陈语，每苦于数见不鲜又闷眩难解，经太史笔转成精莹奥衍之文，即岂但市券籍，点缀而成妙文哉！

中庶子闻扁鹊言，目眩然而不瞚，舌挢然而不下，(只此等数句，似褚少孙累墨耳。)乃以扁鹊言入报虢君。虢君闻之大惊，出见扁鹊于中阙，曰："窃闻高义之日久矣，然未尝得拜谒于前也。(亦与"未尝得望精光"二句相应。)先生过小国，幸而举之，偏国寡臣幸甚。有先生则活，无先生则弃捐填沟壑，长终而不得反。"(语势连绵，写得哀迫之情如画。)言未卒,因嘘唏服臆,魂精泄横,流涕长潸,忽忽承睽,悲不能自止,容貌变更。(此等笔墨,褚少孙固不能为,史迁亦不甚似,疑古史旧文,史迁所据入者。)扁鹊曰:"若太子病,所谓'尸蹶'者也。夫以阳入阴中,动胃缱缘,中经维络,(动于胃而脉纠结。)别下于三焦、膀胱,(是阳入阴之正义。)是以阳脉下遂,阴脉上争,会气闭而不通,阴上而阳内行,下内鼓而不起,上外绝而不为使,上有绝阳之络,下有破阴之纽,(分析下坠上争之状,精奥辨达,得未曾有。)破阴绝阳之色已废,脉乱,故形静如死状。太子未死也。(此即死状,先提在此,下乃点破。)夫以阳入阴支兰藏者生,(支,直节;兰,横节,胆脏也。)以阴入阳支兰藏者死。(故知其不死,只在阴阳顺逆中辨之。)凡此数事,皆五藏蹶中之时暴作也。良工取之,(“取”字有庖丁解牛之妙。)拙者疑殆。"

【眉批】虢太子之死而致生之者也,齐桓侯之生而致死者也。致生者,越人之功;致死者,非越人之咎。两事连写,警醒愦愦多矣。

【眉批】熨法古有之,今但有灸。

【眉批】尝闻疾自内而达者,在本而难治;疾自外而感者,在标而易攻。今扁鹊视桓侯之疾,由外而入于内,而当其感于腠理、血脉,不觉其患苦之形,何也?恐亦寓言十九,非如虢太子之实事成文也欤。

扁鹊乃使弟子子扬厉针砥石,以取外三阳五会。(取者,引之使出,不陷入于阴中也。)有间,太子苏。乃使子豹为五分之熨,以八减之齐(剂同。)和煮之,以更熨两胁下。太子起坐。更适阴阳,(四字冒二句之汤药在内。)但服汤二旬而复故。故天下尽以扁鹊为能生死人。(谓生已死之人。)扁鹊曰:"越人非能生死人也,此自当生者,越人能使之起耳。"(拈破真谛,医工所不肯道。)

扁鹊过齐,齐桓侯客之。(当赵简子之时,齐亦无桓侯,此皆传写之误。)入朝见,曰:"君有疾在腠理,(皮肉交会处。)不治将深。"桓侯曰:"寡人无疾。"扁鹊出,桓侯谓左右曰:"医之好利也,欲以不疾者为功。"(非桓侯慢傲,实此辈良多,故误之耳。)后五日,扁鹊复见,曰："君有疾在血脉，不治恐深。"桓侯曰："寡人无疾。"扁鹊出，桓侯不悦。（变化亦入情。）后五日，扁鹊复见，曰："君有疾在肠胃间，不治将深。"桓侯不应。扁鹊出，桓侯不悦。后五日，扁鹊复见，望见桓侯而退走。桓侯使人问其故。扁鹊曰："疾之居腠理也，汤熨之所及也；在血脉，针石之所及也；其在肠胃，酒醪之所及也；其在骨髓，虽司命无奈之何。（吾知此时桓侯犹以为危言劫之，故漠然尚不以为意。）今在骨髓，臣是以无请也。"后五日，桓侯体病，使人召扁鹊，扁鹊已逃去。桓侯遂死。

【眉批】旧注以下"所病"作疗病解，固谬；而董浔阳以为下"所病"言所短，借上句"病"字言之，亦未彻。愚谓句中既有"疾"字，则二"病"字并非正言，犹云：人之所患，患在疾病多；而医之所患，患在治病之道少耳。

使圣人豫知微，能使良医得蚤从事，则疾可已，身可活也。（此语通乎治术，寓意甚深，不仅为医药言之。）人之所病，病疾多；而医之所病，病道少。故病有六不治：（此承"人之所病，病疾多"而晰举之。）骄恣不论于理，一不治也；轻身重财，二不治也；（特以此终桓侯事，意重"骄恣不论于理"及"轻身重财"，故举以为不治之首，而下逐类言之，益讽谏之旨也。）衣食不能适，三不治也；阴阳并，藏气不定，四不治也；形羸不能服药，五不治也；信巫不信医，六不治也。有此一者，则重难治也。

扁鹊名闻天下。过邯郸，闻贵妇人，即为带下医；（市名耶？渔利耶？此中颇开后人方便之门，此其所以终不离乎方术家伎俩也。）过洛阳，闻周人爱老人，即为耳目痹医；来入咸阳，闻秦人爱小儿，即为小儿医；随俗为变。秦太医令李醯自知伎不如扁鹊也，使人刺杀之。（此一祸也，岂不从争名争利得来。）至今天下言脉者，由扁鹊也。

【注释】扁鹊：《黄帝八十一难·序》云"秦越人，与轩辕时扁鹊相类，仍号之为扁鹊，家于卢，因命之勿卢医"。扁音贬。

勃海郡：今直隶河间县以东至沧县，北至文安，东安南至山东之海丰，皆其地。

郑：当为鄚，汉勃海郡无郑县，

舍长：守客馆之长。

长桑君：隐者，盖神人也。

私坐间：无人处也。

禁方：秘密之医方。

上池水：谓水未至地，盖承取露及竹木上水，取之以和药。

三十日当见物：谓服之三十日，当见鬼物也。

方：犹边也，言能隔墙见彼边之人。

五藏：心肝脾肺肾。藏音丈。

症结：病坚结也。症音征。

诊：音枕。

董安于：简子家臣。

寤：觉也。

公孙支、子舆：二子，秦大夫。

之帝所：到上帝之府也。

适有所学：言我适来有所受教命，故云学也。

而国：而，汝也。

秦策：《赵世家》作秦谶。谶音寸。谶者，预言将来之兆。

间：音谏，病少瘥也。

语：去声，告也。

乐：音洛。

钧天：中央曰钧天。钧，平也，为四方主，故曰钧天。

广乐：盛乐也。

九奏：九韶也。

万舞：干，舞也。一说万舞为干、羽二舞之总名。

笥：音事，所以盛衣裳者。

属：附也。

翟：同狄。

而子：而，汝也。

范魁：地名，川阜曰魁。

中庶子：古官号。

喜方：好方术也。

蹶：音厥，气从下蹶起，上行外反心胁也。

收：谓棺敛。

言：扁鹊言也。

诞：音但，欺也。

俞跗：黄帝时人。跗音趺。

镵石：石针也。镵音才。

挢引：按摩之法。挢音轿。

案杌：杌音玩。亦谓按摩而玩弄身体使调也。

毒熨：谓毒病之处，以药熨贴之。熨音慰。

输：音庶，经穴也。

诀脉：分别脉象也。

结筋：接筋络也。

搦：音虐，按摩也。

揲：音舌，持而数之也。

荒：膏荒也，人体经穴之名，在脊柱第四椎、第五椎之间。荒，亦作肓。

爪幕：爪，搔也。幕读为膜，人体肌肉间所裹薄衣也。

湔浣：音煎宛，洗濯也。

漱涤：音瘦狄，亦洗濯也。

咳：同孩。

郄：同隙。

见：同现。

眩：音炫，目昏也。

瞚：同瞬，目动也。

挢：音矫。舌挢，舌举不能下也。

中阙：殿廷也。

偏国：偏远之国。

寡臣：寡小之臣。

潸：音山，垂泪也。

睐：音挟，睫毛也。承目夹，言泪恒垂以承睫也。

繵缘：繵音传。繵缘，谓脉缠绕胃也。

维络：犹经络也。

三焦：水谷之道路，气之所终始也。上焦在心下，下膈在胃上口也；中焦在胃中脘，不上不下也；下焦在脐下，当膀胱上口也。

膀胱：音旁光，津液之府也。

阴支兰：胆藏也。支者，直节。兰者，横节。

良工：犹良医也。

子阳、子豹：并扁鹊弟子。

厉、砥：皆磨也。砥音纸。

三阳五会：《素问》云"手足各有三阴三阳：太阴、少阴、厥阴；太阳、少阳、阳明也。五会者，百会、胸会、听会、气会、臑会也"。

苏：复生也。

五分之熨：谓熨之令温暖之气入五分也。

八减之齐：谓药之齐和，所减有八。齐同剂。

齐桓侯：盖齐侯田和之子，桓公午也。

腠：音奏，皮肤也。

司命：小神，主知生死。

蚤：同早。

已：愈也。

羸：音雷，弱也。

带：妇人病白带也。

痹：音俾，痿痹，肢体麻木不仁也。

醯：音禧，同醢。

太仓公者，齐太仓长，（官名。）临菑人也，（里名。）姓淳于氏，名意。少而喜医方术。高后八年，更受师同郡元里公乘阳庆。（官名，人名。）庆年七十余，无子，使意尽去其故方，更悉以禁方予之，（若不尽去其故方，亦不足传也。此有英雄作用，非苟然者。）传黄帝、扁鹊之脉书，五色诊病，知人生死，决嫌疑，定可治，及药论，甚精。受之三年，为人治病，决死生，多验。然左右行游诸侯，不以家为家，（写得落拓有趣味，方术家高手多如此。）或不为人治病，病家多怨之者。（告言刑罪之由。）

文帝四年中，人上书言意，以刑罪当传西之长安。意有五女，随而泣。（此自为缇萦附传，不复关仓公事。）意怒，骂曰："生子不生男，缓急无可使者！"于是少女缇萦伤父之言，乃随父西。上书曰："妾父为吏，齐中称其廉平，（此文可以单传，特于意传见耳。）今坐法当刑。妾切痛死者不可复生而刑者不可复续，（哀恻慷慨。）虽欲改过自新，其道莫由，终不可得。（缠绵沉痛。）妾愿入身为官婢，以赎父刑罪，使得改行自新也。"书闻，上悲其意，此岁中亦除肉刑法。（文帝真圣主，后世有以一女子上书感当宁者乎？）

意家居，诏召问所为治病生死验者几何人，主名为谁。（先挈其大旨，再叙诏书。）

【眉批】淳于意当时自有其诏问奏对之书，太史因取而删润之，以为列传，此亦古文家一体也。然此等文字全在自出手眼，删润得妙，便有点铁成金之誉。若宋子京辈徒知减字换字，则大非作手也。仓公即名医，然以天子而鳃鳃诏问，极其琐屑，殊觉无谓。意者当时史公既立天官卜筮等传，欲为医方立传而不得其详，故请诏存问，俾其更端陈奏以为立传之据。既见其奏书古雅，因即裁剪成文，而复取春秋时之扁鹊以附益其前耶？先辈未有论及者，特附鄙见于此，以俟智者折衷焉。

【眉批】奏对中能如此宛转古雅，奇绝千古。

【眉批】自此以下，详答"受学几何岁"及"尝有所验"之总旨。

诏问故太仓长臣意："方伎所长，（汉文尔雅，繁而不杀，无不可爱。）及所能治病者？有其书无有？皆安受学？受学几何岁？尝有所验，何县里人也？何病？医药已，其病之状皆何如？具悉而对。"臣意对曰：（竟用制策体，成一篇妙文。）自意少时，喜医药，（奇甚。）医药方试之多不验者。（从方伎所长说入。）至高后八年，得见师临淄元里公乘阳庆。（答"安受学"。）庆年七十馀，意得见事之。谓意曰：'尽去而方书，非是也。（补前文语，尤妙。）庆有古先道遗传黄帝、扁鹊之脉书，（答有其书。）五色诊病，知人生死，决嫌疑，定可治，及药论书，甚精。我家给富，心爱公，欲尽以我禁方书悉教公。'臣意即曰：'幸甚，非意之所敢望也。'臣意即避席再拜谒，受其《脉书》上下经、（以下七种皆当时所受之书，今或传或不传，不必强为之说也。）《五色诊》、《奇咳术》、《揆度阴阳外变》、《药论》、《石神》、《接阴阳禁书》，受读解验之，可一年所。明岁即验之，有验，（旋读旋解旋试验。）然尚未精也。要事之三年所，即尝已为人治，诊病决死生，有验，精良。（不但验之而术且精良。）今庆已死十年所，臣意年尽三年，年三十九岁也。"（时文帝后三年，言尽今年，则为三十九岁，古人论齿必终年，乃谓增一岁也。）

以后备列医案，无甚峻洁，俱不复录。

【注释】太仓长：官名，主仓廪者。

临菑：今为县，属山东胶东道。菑同淄。

元里：里名。

公乘：《百官表》"公乘第八爵也"。

五色诊病：五藏有色，皆见于面，亦当与寸口尺内相应也。

中人：贵近之人。

传：去声，乘传车送之。

缇萦：音啼婴。

除肉刑：文帝即位十二年除肉刑三，谓黥，劓二，左右趾一，凡三也。

长：善也。

安受学：犹言从何人受学也。

而方书：而，汝也。

古先道遗：言庆有古先道之遗风。

奇咳：奇秘非常术也。咳音该。

要：约举也。

魏其武安侯列传

【眉批】叙魏其事须细看其段段与武安针锋相对,豫为占地步处。

【眉批】田蚡藉太后之势以得侯,魏其诎太后之私以去位:此一大异也。田蚡贵幸镇抚,多宾客之谋;魏其赐环投身,赴国家之难:此二大异也。田蚡居丞相之位,不肯诎于其兄;魏其受大将之权,必先进乎其友:此三大异也。田蚡之狗马玩好,遍征郡国而未厌其心;魏其之赐金千斤,尽陈廊庑而不私于己:此四大异也。魏其以强谏谢病,宾客说之莫来;田蚡以恬势见疏,人主麾之不去:此五大异也。凡此之类,皆史公著意推毂魏其,以深致痛惜之情,而田蚡之不值一钱,亦俱于反照处见之矣。

魏其侯窦婴者,孝文后从兄子也。父世观津人。喜宾客。(一篇骨子陡插于此,奇甚。)孝文时,婴为吴相,病免。(豫伏薄其官。)孝景初即位,为詹事。

梁孝王者,孝景弟也,其母窦太后爱之。(即孝文后。)梁孝王朝,因昆弟燕饮。(昆弟燕饮者,盖用家人礼,故婴亦得侍宴。)是时上未立太子,酒酣,从容言曰:"千秋之后传梁王。"(原只作闲话头,然此一段已伏诸窦无如婴贤之根本。)太后驩。窦婴引卮酒进上,曰:(妙如罚之者然。)"天下者,高祖天下,父子相传,此汉之约也,上何以得擅传梁王!"(其辞正而少回护,魏其生平大略可见。)太后由此憎窦婴。窦婴亦薄其官,因病免。(写不肯依毗宫闱处,极有身分。)太后除窦婴门籍,不得入朝请。

孝景三年,吴、楚反,上察宗室诸窦毋如窦婴贤,(起自宸衷独断,有身分。)乃召婴。婴入见,固辞谢病不足任。(久屈而气不衰,有身分。)太后亦惭。于是上曰:"天下方有急,(以天下委之,并非出于私恩。)王孙宁可以让耶?"(与"薄其官"自相呼应。)乃拜婴为大将军,赐金千斤。窦婴乃言袁盎、栾布诸名将在家者进之。(甫得进位,即推贤进能,大有身分。）所赐金，陈之廊庑下，军吏过，辄令裁取为用，金无入家者。（魏其不必以军功进，特于虚处设色，所以极写魏其也。）窦婴守荥阳，监齐、赵兵。七国兵已尽破，封婴为魏其侯。（三句櫽括，明明谓婴之得侯以奋迹戎行，与武安绝殊也。）诸游士宾客争归魏其侯。（带住宾客，有针线。）孝景时每朝议大事，条侯、魏其侯，诸列侯莫敢与亢礼。（魏其之盛，至此为极。又特引一贤侯作伴，则盛处皆觉可思。）

【眉批】魏其，贤侯也。惟勘不破势利关头，因而忽为所动而不能自持，又欲矫激为高而或过于正，此正景帝所谓"多易"者。

孝景四年，立栗太子，（栗姬之子，以母姓名之。）使魏其侯为太子傅。孝景七年，栗太子废，魏其数争不能得。（亦必为占身分。）魏其谢病，（至此凡三以病免，皆极写其恬退以致惜。）屏居蓝田南山之下数月，诸宾客辩士说之，莫能来。（又带宾客。）梁人高遂乃说魏其曰："能富贵将军者，上也；能亲将军者，太后也。（主意只如此，初无异论。）今将军傅太子，太子废而不能争；争不能得，又弗能死。（此四句并非责望魏其仗节死义，只作亲贵陪客。味之自晓。）自引谢病，拥赵女，屏闲处而不朝。（此三句是其不能自亲，引过正旨。）相提而论，（双承入妙。）是自明扬主上之过。有如两宫螫将军，则妻子毋类矣。"（只如患失俗情。要之，魏其本沾沾自喜，故为所动。）魏其侯然之，乃遂起，朝请如故。（此后魏其蹉跌便多。）

桃侯免相，窦太后数言魏其侯。孝景帝曰："太后岂以为臣有爱，不相魏其？魏其者，沾沾自喜耳，（景帝言条侯"怏怏"，魏其"沾沾自喜"，皆切中二人之病。）多易。难以为相持重。"遂不用，用建陵侯卫绾为丞相。

【注释】魏其：汉县名，故城在今山东兰山县南。

从：音重，同宗也。次于至亲者曰从。伯父、叔父之子曰从兄弟。

世观津：累世在观津也。观津，战国赵地，故城在今直隶武邑县东南。观音贯。

詹事：官名，掌王后太子家。

酣：音蚶，酒过半也。

从容：缓欸也。从音聪。

千秋后：谓驾崩也。不敢斥言，故云然。

驩：同欢。

卮：音之，酒杯也。

憎：音增，恶也。

门籍：汉宫门各有禁，凡听出入之人，皆籍纪其年貌名字，悬于门，曰门籍。

朝请：诸侯春朝天子曰朝，秋朝曰请。请，去声。

毋：同无。

王孙：窦婴字王孙。

廊庑：廊下周屋也。庑，门屋也。庑音武。

魏其：汉县名，故城在今山东兰山县南。

条侯：周亚夫。

亢礼：犹言敌体。

数：音朔，频也。

屏：音丙，退也。

蓝田：汉县名，属陕西关中道。

引：引退也。

拥：抱也。

间处：私处也。

两宫：太后、景帝也。

螫：音释，怒也。

毋类：谓见诛灭，无遗类。

桃侯：刘舍也。

爱：犹惜也，可惜此相不与魏其也。

沾沾：轻薄也。

多易：多轻易之行也。易，去声。

持重：守正也。

【眉批】写魏其、武安或合或分处，经纬之妙全在宾上历然，当细辨之。

武安侯田蚡者，孝景后同母弟也，生长陵。魏其已为大将军后，（即从魏其串入。）方盛，蚡为诸郎，未贵，往来侍酒魏其，跪起如子姪。（特先写其底里，为后之骄贵伏案，令人不堪。）及孝景晚节，蚡益贵幸，为太中大夫。蚡辩有口，（此语直至东朝辨灌夫事处应出。）学《槃盂》诸书，王太后贤之。孝景崩，即日太子立，称制，所镇抚多有田蚡宾客计筴。（此非写田蚡之功，正著其揽权之渐。）蚡弟田胜，皆以太后弟，孝景后三年，封蚡为武安侯，胜为周阳侯。（徒以椒房之故得侯。与魏其监齐、赵兵破七国对看。）

【眉批】合传曲直，了然易辨，然吾不能不责备于魏其也。魏其以外戚名臣，喜士好客，当吴、楚告警之际，少著军功；及嗣君初政之年，循资爱立，一有不合，抑亦可以止矣。乃屡欲出没于炎凉之队，饱尝夫势利之情，反已难堪，责人太甚；又与使酒尚气之灌夫共事，则未有不载胥及溺者矣。盖窦、田一传，事绪虽多，约而论之，不过为势利所驱而已。史公写来纤悉具备，而前后线索亦只在势利着眼，所以明其所争者甚微，而为祸最烈。使后世沾沾多易之人失其所与！而自贻伊戚者读之，而早知所以自戢也。

武安侯新欲用事为相，卑下宾客，进名士家居者贵之，欲以倾魏其诸将相。（同一好客进贤，用两"欲"字写其心事，遂与进盎、布等大别。）建元元年，（孝武朝。）丞相绾病免，上议置丞相、太尉。籍福说武安侯曰：（籍福亦铮铮佼佼者，不惟善作调人，兼亦深明世故。）"魏其贵久矣，天下士素归之。今将军初兴，未如魏其，即上以将军为丞相，必让魏其。魏其为丞相，（其意似为魏其地，若作教武安博让贤名，未是。）将军必为太尉。太尉、丞相尊等耳，（晓人当如是。）又有让贤名。"武安侯乃微言太后风上,(不能明言于上,而惟于私昵巧发,盖写田蚡笔笔轻薄。)于是乃以魏其侯为丞相,武安侯为太尉。籍福贺魏其侯,因吊曰:(此番有大见识,其意正与景帝"多易"之语相发。)"君侯资性喜善疾恶,方今善人誉君侯,(自谓也,却不露出,益见其人品之高。)故至丞相;然君侯且疾恶,恶人众,亦且毁君侯。(此明指田蚡,或以善人指蚡,恶人他属者,不得其立言之微旨者也。)君侯能兼容,则幸久;不能,今以毁去矣。"魏其不听。

魏其、武安俱好儒术,(合叙一段。)推毂赵绾为御史大夫,王臧为郎中令。迎鲁申公,欲设明堂,令列侯就国,除关,以礼为服制,以兴太平。("兴太平"一段是陪,然必魏其之谋,武安顺之而已。)举适诸窦宗室毋节行者,除其属籍。(此句是主,应上文"疾恶,恶人众"语。)时诸外家为列侯,列侯多尚公主,皆不欲就国,以故毁日至窦太后。(明应"毁"字。)太后好黄老之言,而魏其、武安、赵绾、王臧等(总叙,笔力甚大。)务隆推儒术,贬道家言,是以窦太后滋不悦魏其等。及建元二年,御史大夫赵绾请无奏事东宫。(此东宫指太后,以武帝尚幼,时太后称制决事。)窦太后大怒,乃罢逐赵绾、王臧等,而免丞相、太尉,以柏至侯许昌为丞相,武强侯庄青翟为御史大夫。(罢太尉官,别置御史大夫。)魏其、武安由此以侯家居。(二人同退。)

武安侯虽不任职,(独接武安,笔力矫健之甚。)以王太后故,亲幸,数言事多效,天下吏士趋势利者,(只添一二字,尽出其丑。)皆去魏其归武安。武安日益横。(以上是总纲。)建元六年,窦太后崩,丞相昌、御史大夫青翟坐丧事不办,免。以武安侯蚡为丞相,以大司农韩安国为御史大夫。天下士郡国诸侯愈益附武安。(再言之,加郡国诸侯,而蚡之阴事已伏于此。)

【眉批】魏其传有三事:谏传梁王之失言也,监兵讨吴、楚也,谏废太子也。武安传亦有三事:风太后以相魏其因以自重也,荐人除吏也,请考工地益宅也。君子小人,心事天渊,此皆其自己本传,至其他两人串合处则不烦言而明矣。故当分看、合看，以尽其理。）

　　武安者，貌寝，生贵甚。（忽另提起，似闲笔而文致大佳。）又以为诸侯王多长，上初即位，富于春秋，蚡以肺腑为京师相，非痛折节以礼诎之，天下不肃。（小人怙势肺腑，写得可畏可恨。）当是时，（上虚写一段，此实征一段。）丞相入奏事，坐语移日，所言皆听。荐人或起家至二千石，权移主上。上乃曰："君除吏已尽未？吾亦欲除吏。"（妙语。武帝何如主，而可令其蓄怒此乎？蚡之幸免诛戮，实仗太后卵翼之，馀无一能可知也。）尝请考工地益宅，上怒曰："君何不遂取武库！"是后乃退。尝召客饮，坐其兄盖侯南乡，自坐东乡，以为汉相尊，不可以兄故私挠。武安由此滋骄，（接"是后乃退"句，却更举其骄蹇，乃见小人之侈肆无状，无所往而不然者也。）治宅甲诸第。田园极膏腴，而市买郡县器物相属于道。前堂罗钟鼓，立曲旃；后房妇女以百数。（历举其罪状，前后皆有照应。）诸侯奉金玉狗马玩好，不可胜数。（此句暗绾淮南王在内。）

　　魏其失窦太后，益疏不用，无势，诸客稍稍自引而怠傲，（重提魏其失势，接入灌夫，中有无数头绪，一齐绾结在内，非寻常过渡之法。）惟灌将军独不失故。魏其日默默不得志，而独厚遇灌将军。

【注释】武安：汉县名，今属河南河北道。

蚡：音文。

长陵：汉县名，高帝墓所在，因以为名，在今陕西咸阳县东。

郎：郎官也。

晚节：晚年也。

《盘盂》诸书：孔甲《盘盂》二十六篇，杂家书兼儒墨名法者也。

王太后：田蚡同母姊。

贤之：以蚡为贤也。

称制：太后临朝称制也。天子之言曰制。

䇲：同策。

周阳：汉县名，故城在今山西闻喜县东。

倾：压倒也。

太尉：官名，武职之长。

微言：不直言也。

风：同讽，不用正言，托辞以感人也。

且：将也。

推毂：犹言推荐。

除关：除关门之税也。

适：同谪，音的。举谪，举其罪而罢斥之也。

外家：外戚家也。

滋：甚也。

柏至：汉县名。

武强：汉县名。

横：骄横也，去声。

貌寝：貌不扬也。

生贵甚：谓蚡生而为太后弟，贵宠特甚。

长：上声，年长也。

肺腑：犹言腹心。

痛：甚也。

折节：欲令士折节屈下于己也。诎，犹屈也。

移日：多时也。

除吏：拜官也。言除去故官，拜新官也。

考工：少府之属官，主作器械。

武库：天子藏兵器之库。

盖侯：王后兄王信也。盖，音葛，汉县名，在今山东旧兖州府。

乡：同向。

挠：音闹，平声，屈也。

甲诸第：在诸第之上也。

曲旃：旌旗之名。通帛曰旃。曲旃，僭也。

引：去也。

不失故：不失故旧之情，依然相亲依也。

【眉批】此传三人皆有疵病。婴之病在多易而大节殊可观；夫之病在使气而任侠亦可尚；至田蚡之病，实不过怙势恣骄，纨袴小儿习气。使两人善于驯扰之，而不犯其犬牙蝎尾之毒，蚡固不必有害人之心者也。史公惟痛恶田蚡，故叙三人疵处，病婴与夫皆用好丑夹叙之法，而蚡则用加倍渲染之法，遂使蚡之恶一望无尽，彼二人之病隐跃难知。此皆笔墨褒贬之妙。然吾以为灌夫之病不能胜其贤也。

【眉批】灌夫图报父仇，冒死不顾，其中直无一毫打算；而其终身处已待人处，亦不用一毫打算：此皆取死之道也。然死于忤田蚡，诚不若死于走吴壁矣。惜哉！

灌将军夫者，颍阴人也。夫父张孟，尝为颍阴侯婴舍人，得幸，因进之至二千石，故蒙灌氏姓为灌孟。吴楚反时，颍阴侯灌何为将军，属太尉，请灌孟为校尉。夫以千人与父俱。（细密。）灌孟年老，颍阴侯强请之，郁郁不得意，故战常陷坚，遂死吴军中。（以老不欲出而郁郁不自得，则宜其缩胸选懦矣。乃反以陷坚趋死，是其负气忼慨可知。夫固绰有父风者也。）军法，父子俱从军，有死事，得与丧归。灌夫不肯随丧归，（出色矫拔。）奋曰："愿取吴王若将军头，以报父之仇。"（忠孝之气，勃窣而横起。）于是灌夫被甲持戟，（先写"披甲持戟"，则下一段俱是直前无滞之景，不及转瞩之情矣。写生妙手！）募军中壮士所善愿从者数十人。及出壁门，莫敢前。独二人及从奴十数骑（真奇绝之事。）驰入吴军，至吴将麾下，所杀伤数十人。不得前，复驰还，走入汉壁，（写得灌将军矫如游龙，便是项王钜鹿一战身份。）皆亡其奴，独与一骑归。（若尽亡其骑，转似儿戏，正妙在"独与一骑归"耳。）夫身中大创十余，适有万金良药，故得无死。夫创少瘳，又复请将军曰：（便知其非偶然愤怒之气，方是忠孝本领。）"吾益知吴壁中曲折，请复往。"将军壮义之，恐亡夫，乃言太尉，太尉乃固止之。（写将军、太尉交爱，夫之忠勇愈著。）吴已破，灌夫以此名闻天下。（全传出色在此，故不惜极扬之。）

颍阴侯言之上，上以夫为中郎将。数月，坐法去。后家居长安，长安中诸公莫弗称之。（再提"名闻天下"公案一笔。）孝景时，至代相。孝景崩，今上初即位，以为淮阳天下交，劲兵处，故徙夫为淮阳太守。（仍从"名闻天下"处得来。）建元元年，入为太仆。二年，与长乐卫尉窦甫饮，轻重不得，夫醉，搏甫。（先写一小小使酒样子于此。）甫，窦太后昆弟也。上恐太后诛夫，徙为燕相。（使酒人却能使大臣、人主交爱如此，故妙。）数岁，坐法去官，家居长安。

【眉批】夫不好面谀，似矣。而在己之右者，必欲陵之，此何理也？夫此处正与酷吏作用同符，矫枉过正，自祸厥躯，良不足法。

灌夫为人刚直使酒，不好面谀。贵戚诸有势在己之右，不欲加礼，必陵之；诸士在己之左，愈贫贱，尤益敬，与钧。稠人广众，荐宠下辈。士亦以此多之。（总写生平处，能使瑕瑜不相掩；而令人读之，毕竟多爱其瑜而恕其瑕。此则笔妙使然也。）

【眉批】极写灌夫家居之暴横，三提宾客，所以力为灌夫出脱也。

夫不喜文学，好任侠，（夫之得祸，正坐不学无术耳。）已然诺。诸所与交通，无非豪桀大猾。（一写宾客之豪。）家累数千万，食客日数十百人。（再写宾客之多。）陂池田园，宗族宾客为权利，横于颍川。（三写宾客之横。）颍川儿乃歌之曰："颍水清，灌氏宁；颍水浊，灌氏族。"（引此岂无意哉！夫之得祸有由，岂惟田蚡能杀之。）

灌夫家居虽富，然失势，卿相侍中宾客益衰。及魏其侯失势，（两"失势"相应成局。）亦欲倚灌夫引绳批根生平慕之后弃之者。（魏其假灌夫以形他人之薄，一团私意。）灌夫亦倚魏其而通列侯宗室为名高。（灌夫又假魏其以交通权贵，一发无谓，真知进而不知退，知存而不知亡者。）两人相为引重，其游如父子然。相得驩甚，无厌，恨相知晚也。（偏写得恁地浓至。）

【眉批】失势而不肯引退，喜与贵人游，则其受薄于人，必至之理也。以失势之人，又不忍受人轻薄，而乐与之争，必败之势也。既不能摧刚为柔，乐观时变，又往往色厉内荏，不脱俗情，必穷之术也。读史公此传，而悟所以处世之方。惟当责魏其、灌夫，而何暇责武安矣。

灌夫有服，过丞相。丞相从容曰："吾欲与仲孺过魏其侯，会仲孺有服。"（此盖逆料其必以服为辞，故意虚讨好，实无意行也。）灌夫曰："将军乃肯幸临贶魏其侯，夫安敢以服为解！（何说？此乃与刚直负气处大不同，真不足取。）请语魏其侯帐具，将军旦日早临。"武安许诺。（一发多事。骄蹇小人之前出此势利语，武安盖有以窥其微而薄之矣。）灌夫具语魏其侯如所谓武安侯。（健句。）魏其与其夫人益市牛酒，夜洒扫，早帐具（一团势利俗肠，然不得谓非，灌夫误之。）至旦。平明，令门下候伺。至日中，丞相不来。（琐事写得入情如许。）魏其谓灌夫曰："丞相岂忘之哉？"（大扫兴。）灌夫不怿，曰："夫以服请，宜往。"（更多事。）乃驾，自往迎丞相。丞相特前戏语灌夫，殊无意往。（小人口吻，肺腑皆见。）及夫至门，丞相尚卧。（过意形容。）于是夫入见，曰："将军昨日幸许过魏其，魏其夫妻治具，自旦至今，未敢尝食。"武安愕谢曰："吾昨日醉，忽忘与仲孺言。"乃驾往，（此自小人常态，武安于此原不足多责。）又徐行，（此徐行，从灌夫眼中看出。）灌夫愈益怒。及饮酒酣，夫起舞属丞相，丞相不起，夫从坐上语侵之。（忽慢忽恭，无一而可。）魏其乃扶灌夫去，谢丞相。丞相卒饮至夜，尽欢而去。（此句极写得奸雄性情出，虽百世可知也。）

【眉批】小人有小人之才，看武安自灌夫出"将军乃肯幸临贶魏其"云云数语，早已窥破两人底里，以后全不为意矣。许往而高卧，命驾而徐行，起舞而不答，请田而无忌，种种揶揄，视同几肉，而两人曾不悟也。可不哀乎？

丞相尝使籍福请魏其城南田。（渐逼，妙。）魏其大望曰："老仆虽弃，将军虽贵，宁可以势夺乎！"（仍从势利起见。）不许。灌夫闻，怒，骂籍福。（骂得不当。）籍福恶两人有郤，乃谩自好谢丞相曰：（盖自谓未往请也。）"魏其老且死，易忍，且待之。"已而武安闻魏其、灌夫实怒不予田，（错杂，妙。）亦怒曰："魏其子尝杀人，蚡活之。（可知前所以请，实有挟而求。）蚡事魏其无所不可，何爱数顷田？（小人声口如绘。）且灌夫何与也？（实是。）吾不敢复求田。"武安由此大怨灌夫、魏其。（凡用多少曲折写成此句。）

元光四年春，丞相言灌夫家在颍川，横甚，民苦之。请案。上曰："此丞相事，何请。"灌夫亦持丞相阴事，为奸利，受淮南王金与语言。（先伏此一段，则下文之怒，发之不嫌其暴；下文之质辨，出之各有其因。而淮南语言一事，直贯至传末，此刻意经营处。）宾客居间，遂止，俱解。

【眉批】前武安本无意过魏其，而灌夫多事，强为撮合，遂为结怨之始；今灌夫本不欲过武安，而魏其又多事，强拉之往，而竟成贾祸之媒。此两人相牵相负处正复相当，大抵皆有婞直之容，而中无坚忍之志。以此处世，无一而可。惜哉，一念之浮，决裂遂至于此也。

【眉批】发怒于杯酒之间，而宾客居间者遂莫能挽，要见田蚡积怒于灌夫，向之罢手，徒以阴事恐为所告，故姑忍以俟之耳。两人不知，自投陷阱。观其先系灌夫，又分曹捕灌氏支属而后以大罪劾之，所以绝其告密之门，则不杀之而不已者矣。蚡固奸人之雄，岂二子所能及耶！

夏，丞相取燕王女为夫人，有太后诏，（偏是太后诏，此下半篇眼目，俱以太后作主。）召列侯宗室皆往贺。魏其侯过灌夫，欲与俱。（更属多事之极。）夫谢曰："夫数以酒失得过丞相，丞相今者又与夫有郄。"（灌夫此处自知未尝不明。）魏其曰："事已解。"彊与俱。（何所见而为此，欲藉此求亲厚耶？多事之极。）饮酒酣，武安起为寿，坐皆避席伏。已魏其侯为寿，独故人避席耳，余半膝席。（此段写势利之态，令人作恶，真叙事神品。）灌夫不悦。（伏一笔，凡叙事必隐隐隆隆而起。）起行酒，至武安，武安膝席曰："不能满觞。"（实轻之也，然颇蕴藉。）夫怒，因嘻笑曰：（一怒一笑，活画欲发不得发之状。）"将军贵人也，属之！"时武安不肯。行酒次至临汝侯，临汝侯方与程不识耳语，（亦轻之，故不时见夫；及至前，则又不膝席。）又不避席。夫无所发怒，乃骂临汝侯曰：（谇甚。）"生平毁程不识不直一钱，（盖临汝侯生平尝有此毁，夫盖讦其私而剌之，故谓之"骂临汝侯"，并非骂程不识也。）今日长者为寿，乃效女儿呫嗫耳语！"武安谓灌夫曰："程李俱东西宫卫尉，今众辱程将军，仲孺独不为李将军地乎？"（放过临汝，反拈不识，又从不识扯个李广，小人风云转变，暗激出许多对头，妙。）灌夫曰："今日斩头陷胸，何知程、李乎！"（醉语哗噌，直是索解不得。）坐乃起更衣，稍稍去。（搅散一场良会，不得不恨。）魏其侯去，麾灌夫出。武安遂怒曰：（此三句一气读，其事甚疾。）"此吾骄灌夫罪。"（语坐客罪己，故巧甚。）乃令骑留灌夫。（横甚。）灌夫欲出不得。籍福起为谢，案灌夫项令谢。夫愈怒，不肯谢。（描绝。）武安乃麾骑缚夫置传舍，（横极。）召长史曰："今日召宗室，有诏。"劾灌夫骂坐不敬，系居室。（随口撰出一个弃市罪名，小人之智何捷也。）遂按其前事，（既有宾客居间一段，则此事约举之而已明矣。）遣吏分曹逐捕诸灌氏支属，皆得弃市罪。魏其侯大愧，（"大愧"写得入情。）为资使宾客请，莫能解。（加一笔，见武安焰焰之势不可向迩。）武安吏皆为耳目，诸灌氏皆亡匿，夫系，遂不得告言武安阴事。（瞻前顾后，缜密乃尔。）

　　魏其锐身为救灌夫。（此段写魏其身分极高。）夫人谏魏其曰："灌将军得罪丞相，与太后家忤，（特点太后，有眼。）宁可救耶？"魏其侯曰："侯自我得之，自我捐之，无所恨。且终不令灌仲孺独死，婴独生。"（数语慷慨，可泣鬼神。）乃匿其家，窃出上书。立召入，（特写上注意魏其之殷，俱是反映太后，无一闲笔。）具言灌夫醉饱事，不足诛。上然之，赐魏其食，曰："东朝廷辨之。"（不直武安可知。）

　　【眉批】叙烦重之事，而笔径轻清，情词两活，此非细故也，全要得避就之妙。如东朝一辨，言甚多矣，然先将魏其、武安之言虚叙一番，此是点清主脑法；然后用田蚡自己口中借表出魏其所言丞相之短，借韩安国口中代宣出田、窦二人所言灌夫长短,俱是一番话作两番叙法。惟田蚡言灌、窦二人恶处,安国口中芟去不提,即从蚡口正叙出来。此中皆有苦心经营之妙,要须识得。

【眉批】武安之言,便佞猗旎,句句作自己投首,因而以危法中人。前朝严分宜情状绝与此类,方知小人自有衣钵。

【眉批】韩安国平叙两人是非,虽似首鼠两端,然前明云"非有大恶,不足引他过以诛",后仅举"横恣"、"凌轹"数句,正所谓他过,而田蚡所诬,指天画地,暧昧大恶,早已撇开。此正是老吏断狱能手,不得少之。

【眉批】只是骂朝臣,绝不提魏其,而魏其之援手者已绝矣。

【眉批】特赞石建一言,亦有深意。是狱也,强直之汲、郑是之,谨厚之石建分别之而优于儒,以循吏称之韩安国,顾阴为之地而不敢明言。汉人之风气略见,而武安之恣横益明,盖传外传也。

魏其之东朝,盛推灌夫之善,言其醉饱得过,乃丞相以他事诬罪之。(此处明暗之妙,乃史公极用意处。)武安又盛毁灌夫所为横恣,罪逆不道。(已上先暗举一段。)魏其度不可奈何,因言丞相短。(此非自寻对头,盖势已不容更止。)武安曰:"天下幸而安乐无事,蚡得为肺腑,所好音乐狗马田宅。蚡所爱倡优巧匠之属,不如魏其、灌夫日夜招聚天下豪桀壮士与论议,腹诽而心谤,不仰视天而俯画地,辟倪两宫间,幸天下有变,而欲有大功。(俱是莫须有之事,说来隐隐跃跃,巧极,险极。)臣乃不如魏其等所为。"(仍用含糊语收之,妙。)于是上问朝臣:(上意可知。)"两人孰是?"御史大夫韩安国曰:(借韩口中,明宣出两人之言来。法奇而妙。)"魏其言灌夫父死事,身荷戟驰入不测之吴军,身被数十创,名冠三军,此天下壮士,非有大恶,争杯酒,不足引他过以诛也。魏其言是也。(先是魏其言,则意中自然左袒魏其。)丞相亦言灌夫通奸猾,侵细民,家累巨万,横恣颍川,凌轹宗室,侵犯骨肉,(此数语实无大恶在内,早已放过"幸变"、"辟倪"等语,其立说正而巧,当细思之,益人神智不浅。)此所谓'枝大于本,胫大于股,不折必披',丞相言亦是。唯明主裁之。"主爵都尉汲黯是魏其。内史郑当时是魏其,后不敢坚对。余皆莫敢对。(以汲黯之贤，而犹不敢坚对，深写武安势盛。总之，一太后主之耳。)上怒内史曰："公平生数言魏其、武安长短，今日廷论，局趣效辕下驹，吾并斩若属矣。"(上意愈益可知。)即罢起入，上食太后。(便着意写太后。)太后亦已使人候伺，具以告太后。太后怒，不食，曰："今我在也，而人皆藉吾弟，令我百岁后，皆鱼肉之矣。(妇人偏执口气，绝不论理之曲直，写得如画。)且帝宁能为石人耶！(先说己，后说帝，妙有分寸。)此特帝在，即录录，设百岁后，是属宁有可信者乎？"上谢曰："俱宗室外家，故廷辨之。(言外明明有窦太后在，正与"藉吾弟"句对针。)不然，此一狱吏所决耳。"是时郎中令石建为上分别言两人事。(上接"怒内史"一案，不明载其语云何，要亦袒魏其者。)

武安已罢朝，出止车门，召韩御史大夫载，(写得气势焰焰。)怒曰："与长孺共一老秃翁，何为首鼠两端？"(言皆垂死之人，不足顾惜，盖怒之甚也。)韩御史良久(思所以对者，写得好。)谓丞相曰："君何不自喜？(接口奇妙。)夫魏其毁君，君当免冠解印绶归，曰'臣以肺腑幸得待罪，固非其任，魏其言皆是'。如此，上必多君有让，不废君。魏其必内愧，杜门龁舌自杀。(此数语可以倾魏其，亦可以安魏其。倾之者，武安未屈，而太后已怒，况以此激之乎？安之者，魏其本为灌夫，魏其言是，则灌夫不死，彼沾沾自喜之性，未必内愧自裁也。大抵安国意终为魏其。)今人毁君，君亦毁之，譬如贾竖女子争言，何其无大体也！"(此却说得蕴藉有致，使奸雄心服。安国良，善为说词。)武安谢罪曰："争时急，不知出此。"

【眉批】从来大行皇帝遗诏，尚书藏其副，而受赐者录其真。魏其以贵戚贤侯，勋业烂焉，便宜论上之旨，理所宜有。但诏书既系家丞封识，则必受赐于孝景临幸或曲宴燕朝之时，尚书别无副本，宜也。小人巧发害人，无所不至，而魏其之计实疏，即使复得召见，然不能借助于朝，又岂能转圜于便殿？但以交情笃而奋不顾身之可耳。若谓魏其非矫诏，灌、窦可完，则未可信也。

于是(遥接"太后怒"，"不食"一段。)上使御史簿责魏其所言灌夫，颇不雠，欺谩。劾系都司空。（初未见魏其所言不雠处，明借以塞太后之怒，然欺谩之罪不过失侯。系都司空狱，则不得复见上，不得已而思及此，然魏其竟自取死，可谓非数也？）孝景时，魏其常受遗诏，曰"事有不便，以便宜论上"。及系，灌夫罪至族，事至急，诸公莫敢复明言于上。（仍为灌夫起见，不负初心，言见魏其不令灌夫独死，一片肝胆。）魏其乃使昆弟子上书言之，幸得复召见。书奏上，而案尚书大行无遗诏。诏书独藏魏其家，家丞封。乃劾魏其矫先帝诏，罪当弃市。（案者谁，劾者谁，皆田蚡使之也。不待蜚语恶言，而始知鬼蜮之技矣。）五年十月，悉论灌夫及家属。魏其良久乃闻，闻即恚，病痱，不食欲死。（此时绝粒欲死，贤于后死数日多矣。）或闻上无意杀魏其，魏其复食，治病，（总是"沾沾"、"多易"，策立不定之病。）议定不死矣。乃有蜚语为恶言闻上，（写得甚暧昧，蚡恶甚于秦缪丑。）故以十二月晦论弃市渭城。（加"故以"字，见上始终不肯杀魏其。）

其春，（特写得速于影响，语虽稍涉荒唐，而劝戒正复不少。）武安侯病，专呼服谢罪。使巫视鬼者视之，见魏其、灌夫共守，欲杀之。竟死。子恬嗣。元朔三年，武安侯坐衣襜褕入宫，不敬，国除。

淮南王安谋反觉，治。王前朝，武安侯为太尉，时迎王至霸上，（此即灌夫所欲告之阴事，夫系不得告，而史公代为书之，以告天下后世，快绝，严绝。）谓王曰："上未有太子，大王最贤，高祖孙，即宫车晏驾，非大王立当谁哉！"（武安前言魏其、灌夫指天画地，幸天下有变，而欲有大功，恰可谓自道其情矣。）淮南王大喜，厚遗金财物。上自魏其时不直武安，特为太后故耳。及闻淮南王金事，上曰："使武安侯在者，族矣。"

【注释】颍阴：汉县名，今河南许昌县治。

婴：灌婴。

舍人：左右亲近之人。

进：犹荐也。

灌何：婴子。

校尉：武官。

千人：千夫长，如侯司马。

若：犹及也。

被：平声，著也。

从奴：跟从之奴。从音重。

骑：音忌，马匹也。

麾：音挥，大将之旗。

壁：营垒也。

中：去声。

创：音昌，伤也。

瘳：音抽，病愈也。

上：景帝。

中郎将：见前《季布栾布列传》。

今上：武帝。

淮阳：汉郡名，故城在今河南淮阳县西。

天下交：天下交通之处。

太仆：官名，掌舆马。

长乐：宫名。

卫尉：官名，掌宫门卫屯兵。

轻重不得：饮酒轻重，不得其平也。

搏：音卜，击也。

使酒：犹言酗酒。

右：犹上也。

陵：侮慢也。

左：犹下也。

钧：等也。犹言平等看待，不分彼此也。

稠人：人稠密也。稠音绸。

多之：重之也。

已然诺：已，音以，必也。谓一言许人，必信之也。

数十百人：或八九十，或百人也。

横颍川：横行于颍川也。横，去声。

衰：谓以夫居家，而卿相侍中素为夫之宾客者渐以衰退，不复往也。

批根：音别痕，缓懈也。盖吴楚方言，言宾客依附婴、夫，譬如相对引绳，挽之甚急，及见其失势则渐见缓懈矣。

驩：同欢。

服：丧服也。

从：音冲。

仲孺：灌夫字。

况：来至也。

语：去声，告也。下同。

帐：设帐为酒食也。

旦日：明旦也。

蚤：同早。

具：备也，具语备告之也。

如所谓武安侯：如，犹同也。同武安所说一般无异。

怿：音亦，悦也。

服请：即前"安敢以服为解！请语魏其"事，言夫曾与武安面约，不宜忘却，故驾自往迎也。

愕：音或，惊貌。

属：付也。举酒付丞相也。

不起：坐饮不起立也。

侵：犯也。

望：怨也。

弃：失职也。
恶：去声。
郄：同隙。
谩：音慢，犹诡也。谩自好，诈为好言也。
且死：将死也。
易忍：容易忍耐也。
予：同与。
顷：田百亩曰顷。
何与：犹言何干。与，去声。
元光：武帝年号。
案：考验其事而治其罪也。
阴事：秘密之事。
解：和解也。两家宾客处于中间和解之也。
燕王女：燕王泽之子，康王嘉之女。
过：往过也。
数：音朔，频也。
得过：得罪也。
彊：上声，勉强也。
酣：音蚶，酒过半也。
寿：上酒也。
已：犹言后来。
膝席：以膝跪席上也。言自故人外，大半膝跪席上，慢之也。
觞：音伤，酒杯也。
属之：属，《汉书》作毕，毕尽也。
不肯：不可也。
临汝侯：灌婴之孙，名贤。
呫嗫：音贴失，附耳小语也。

程李东西卫尉：程不识为西宫卫尉，李广为东宫卫尉。

斩头陷胸：不避死亡也。《汉书》作穴胸。

坐：坐上之人也。

更衣：更，平声，改也。凡久坐者皆起更衣，以其寒暖或变也。

传舍：驿传所设之房舍。传，去声。

长史：官名，丞相属官。

劾：音刻，论其罪状也。

居室：署名，属少府，其后改名曰保宫。

媿：同愧。

资：为出资财，使人为夫白冤。

锐身：挺身而出也。

捐：弃也。

匿：避也。不令家人知之，恐其又谏止也。

东朝：太后朝。

度：入声。

肺腑：言如肝肺之相附。《汉书》作肺腑。

好：去声。

倡优：倡，乐人也；优，谐戏者也。

诽：音菲，毁也。

辟倪：同睥睨，邪视也。

两宫：太后与帝也。

荷：音贺，负也。

不测：言其强盛也。

冠：去声。

细民：小民也。

凌轹：音陵历，践蹋之也。

披：音丕，分析也。

数：音朔。

局趣：纤小之貌。趣音促。

辕下驹：驹，小马，驾则常在辕下。

若：汝也。

上食：献食也。

藉：践蹈也。

石人：言徒有人形，不辨好恶也。

录录：循众也。

设：假使也。

载：共乘车也。

秃翁：老人发秃也。

首鼠两端：一前一却也。

不自喜：犹言不自爱也。

多：重也。

齚：音则，啮也。

贾竖：商人也。古者贱商人，故詈商人曰贾竖。

簿责：以文簿一一责之也。

雠：当也。

欺谩：不实也。谩音慢。

都司空：宗正属官，主治狱者。

幸：冀也。

大行：天子崩曰大行。案，考验也，考验尚书之中无此大行遗诏也。天子之书曰尚书。

家丞封：以家丞印封遗诏也。

矫：诬也。

论：论罪也。

恚：音对，恨也。

痱：音费，风病也。

蜚语：无根之语。蜚，同飞。

呼服谢罪：号呼谢服罪也。

元朔：武帝年号。

襜褕：音詹俞，短衣也。

治：论罪也。

前朝：建元二年，淮南王来朝。

宫车晏驾：谓帝崩也。

遗：同馈。

【眉批】此赞字字称量过，毫发不苟。末段叹惋深长，独异诸篇，咀之无极。

太史公曰：魏其、武安皆以外戚重，灌夫用一时决策而名显。魏其之举以吴楚，武安之贵在日月之际。（轻薄之甚。）然魏其诚不知时变，灌夫无术而不逊，（断语凿然，铢两悉称。）两人相翼，乃成祸乱。（卓识具眼。）武安负贵而好权，杯酒责望，陷彼两贤。呜呼哀哉！迁怒及人，命亦不延。（指两人索命一段。）众庶不载，竟被恶言。（指淮南事觉一段。）呜呼哀哉！祸所从来矣！（以上后半恩仇。）

【注释】日月：谓帝与太后也。

无术：不学也。

翼：助也。

载：犹戴也。众庶不爱戴之也。

总评：君子读此传，而深叹夫与人之不可以不慎也。灌夫之为人，惟有挺矛驰壁，奋不顾身，图报父仇，一朝轰列，谓之壮士，绰有英风而已。洎（音既，及也。）乎失势家居，批根矫枉，已非明哲保身，况复宾客厮徒，田园恣横，其视田蚡伯仲间耳。魏其感其岁寒柯叶不改故常，遂视为左右手，而与之并驱并激于炎凉之场，即无田蚡，亦自致杀身之祸。夫鼓刀养母，聂政原无宜死之方；露版荐贤，孔融岂有当诛之罪？而睚眦（音厓济，怒视也。《范雎传》"睚眦之报必报"。）严仲，以百金贸（贸，音茂，易也。）厥头颅；轻肆祢衡，为数语覆其巢卵。盖意气之场，相靡（靡，音米，随顺也。）相拥，瓦裂而不可复收，往往而然。此因（因，犹主也。）不失其亲之语，圣门所以惓惓也。（惓，音卷。惓惓，恳至貌。）嗟乎！颍川歌起，灌族久危；而厉鬼得朋，（朋，类也。）田侯顿灭。恩怨之于人，甚矣哉！然君子于此，则以为蚡不足道矣。

李将军列传

【眉批】文帝"惜乎子不遇时"之言，非谓高帝时尚武而今偃武修文也。文帝时匈奴无岁不扰，岂得不倚重名将？帝意正以广才气跅弛，大有黥、彭、樊、灌之风。当肇造区宇之时，大者王，小者侯，取之如探策矣。今天下已定，虽勒兵陷阵，要必束之于薄书文法之中，鳃鳃纪律，良非广之所堪也，故叹惜之。此实文帝有鉴别人才处，广之一生数奇，早为所决矣。

【眉批】广之胜人处只是"才气无双"四字尽之，然才气既胜，则未有肯引绳切墨而轨于法之正者，则其一生数奇，亦才气累之也。篇中首载公孙昆邪一语，褒贬皆具。史公虽深爱李广，而卒未尝不并著其短。所以为良史之才，他人不能及也。

李将军广者，陇西成纪人也。其先曰李信，秦时为将，逐得燕太子丹者也。（世为名将。缀信于前，缀陵于后，亦一章法。）故槐里，徙成纪。广家世世受射。（提出一传眼目，以射为线道。）孝文帝十四年，匈奴大入萧关，（广以匈奴起，以匈奴终。）而广以良家子从军击胡，用善骑射，杀首虏多，为汉中郎。（善射一。）广从弟李蔡亦为郎，（缀一陪客，为篇末感慨伏脉，绝非浪笔。）皆为武骑常侍，秩八百石。尝从行，有所冲陷折关及格猛兽，（又虚写一段，檃括殊有远神。）而文帝曰："惜乎，子不遇时！如令子当高帝时，万户侯岂足道哉！"（以天子爱之，而复以"不遇时"为慨。初见之似不情，细味之，亦具远识。）

及孝景初立，广为陇西都尉，徙为骑郎将。（细详官阀，处处有感慨之意。）吴、楚军时，广为骁骑都尉，从太尉亚夫击吴楚军，取旗，显功名昌邑下。（于不甚可扬处，着力扬一笔。）以梁王授广将军印，（广不自重处。）还，赏不行。徙为上谷太守，（处之极边，实左迁之，为贤者讳，而叙来无迹。）匈奴日以合战。典属国公孙昆邪为上泣曰：（写出爱才入骨。）"李广才气，天下无双，自负其能，数与虏敌战，恐亡之。"（此数语是广一生知己,"才气无双"、"自负其能",一扬一抑。)于是乃徙为上郡太守。后广转为边郡太守,徙上郡。尝为陇西、北地、雁门、代郡、云中太守,皆以力战为名。(此处凡六迁,俱在北边,故总叙于此,以"力战"约之。)

【眉批】史公甚爱李广,而独不满于卫青。青传之"会有天幸",此语亦颇不厌人意。至如广之任情孤往,败处每多于胜处,然略其败而详其出奇制胜之勇,令人读之,满腔都是奇特意思。则文字生色不少,如射雕一段,精神更自烁烁可爱。

匈奴大入上郡,天子使中贵人从广勒习兵击匈奴。(重提在上郡时一事为写生。○此亦以名将故重之也。)中贵人将骑数十,纵,("纵"字以一字为一句,言纵解之,使驰逐远出也。)见匈奴三人,与战。三人还射,伤中贵人,杀其骑且尽。中贵人走广。广曰:"是必射雕者也。"(是习边事者之言。射雕乃匈奴至精之骑,别勒为部。)广乃遂从百骑往驰三人。(以百余骑逐三人,不足为武,此自以射雕者形容广之善射,以百余骑作下数千骑引子,看去乃见其笔法之妙。)三人亡马步行,行数十里。广令其骑张左右翼,而广身自射彼三人者,杀其二人,生得一人,(善射二。)果匈奴射雕者也。已缚之上马,望匈奴有数千骑,(此处方为百骑正写。)见广,以为诱骑,皆惊,上山陈。广之百骑皆大恐,欲驰还走。广曰:(以胆兼略,非侥幸可比。)"吾去大军数十里,今如此以百骑走,匈奴追射我立尽。今我留,匈奴必以我为大军诱之,必不敢击我。"(以上是其略。)广令诸骑曰:"前!"(以下是其胆。)前未到匈奴陈二里所,止,(细写军令,奇而法,整而暇。)令曰:"皆下马解鞍!"其骑曰:"虏多且近,即有急,奈何?"广曰:"彼虏以我为走,今皆解鞍以示不走,用坚其意。"(拿得定,做得彻。)于是胡骑遂不敢击。有白马将出护其兵,(复缀此一段,勇决愈见。)李广上马与十余骑奔射杀胡白马将,(善射三。)而复还至其骑中,解鞍,令士皆纵马卧。是时会暮,(逐时写出,如身在行间目击之者。)胡兵终怪之,不敢击。夜半时,胡兵亦以为汉有伏军于旁，（广之意固尔。）欲夜取之，胡皆引兵而去。平旦，李广乃归其大军。（暇甚。）大军不知广所之，故弗从。（注一笔，亦见李出之轻易。）

【眉批】广惟有勇略又能爱人，于兵法仁、信、智、勇、严五者实有其四，惟少一"严"耳。然其远斥候以防患，法亦未尝不密也。但说到无部伍行阵，省文书籍事，此大乱之道，恐不能一日聚处，疑亦言之过甚。先辈谓载程不识以形击之，愚谓要是文字生色耳，未必简易至此极也。

居久之，孝景崩，武帝立，左右以为广名将也，（忽插左右一语，见广无特达之知。）于是广以上郡太守为未央卫尉，而程不识亦为长乐卫尉。（又拈一陪客，此处爱广惜广意俱见，全在两两形击。）程不识故与李广俱以边太守将军屯。及出击胡，而广行无部伍行陈，就善水草屯，舍止，人人自便，不击刁斗以自卫，莫府省约文书籍事，（军行无纪律至此，鲜有不败者。广于此诚不可训，疑亦言之太过。）然亦远斥候，未尝遇害。（要亦适有天幸。）程不识正部曲行伍营陈，击刁斗，士吏治军簿至明，军不得休息，然亦未尝遇害。（程才固不如李，而语语对写，却不肯一字排仗，非史公不能。）不识曰："李广军极简易，然虏卒犯之，无以禁也；而其士卒亦佚乐，咸乐为之死。我军虽烦扰，然虏亦不得犯我。"（特载不识之语，所以明军法之正，即为程不识附小传，非与李广也。）是时汉边郡李广、程不识皆为名将，然匈奴畏李广之略，（看其归到李广，轻重不失。妙。）士卒亦多乐从李广而苦程不识。程不识孝景时以数直谏为太中大夫。为人廉，谨于文法。（并详程不识之究竟，是附传意。）

后汉以马邑城诱单于，（此王恢之失策，别有传。此特以广在行间无功而带及之。）使大军伏马邑旁谷，而广为骁骑将军，领属护军将军。是时单于觉之，去，汉军皆无功。（广之数奇，亦在其中。）

【眉批】此段云"破败广军"，后云"汉兵死者大半"，则广之麾下失亡不可胜计，而广才以善射自完，律以常法，殊难为广占地步矣。但其败后之勇决奇变，殊胜于他人之奏凯策勋者百倍。史公必不肯以成败论英雄，是其一生独得之妙，故出力敷写如此。）

其后四岁，广以卫尉为将军，（叙广官阀进退兼衔俱详悉。）出雁门击匈奴。匈奴兵多，破败广军，生得广。单于素闻广贤，令曰："得李广必生致之。"胡骑得广，广时伤病，置广两马间，络而盛卧广。（败军之余，身且为虏，有何足纪？而史公偏写得十分英娇奇特，盖文之能荣辱人也如此。）行十余里，广佯死，睨其旁有一胡儿骑善马，广暂腾而上胡儿马，因推堕儿，取其弓，（伏弓巧甚。）鞭马南驰数十里，复得其余军，因引而入塞。（壮满可想。）匈奴捕者骑数百追之，广行取胡儿弓，射杀追骑，以故得脱。（善射四。）于是至汉，汉下广吏。（数奇至此。）吏当广所失亡多，为虏所生得，当斩，赎为庶人。

顷之，家居数岁。广家与故颍阴侯孙屏野居蓝田南山中，（野蕊疏花，点缀入妙。）射猎。（亦不脱善射。）尝夜从一骑出，从人田间饮。还至霸陵亭，霸陵尉醉，呵止广。广骑曰："故李将军。"（四字惨淡。）尉曰："今将军尚不得夜行，何乃故也！"（醉詈倨侮如画。）止广宿亭下。居无何，匈奴入杀辽西太守，败韩将军，韩将军后徙右北平。于是天子乃召拜广为右北平太守。（广以偾军之将，能使天子屡思而召之，岂偶然哉！非盖世之才，何以致此？）广即请霸陵尉与俱，至军而斩之。（广琐琐处亦不为之讳。）

【眉批】"飞将军"三字，疑亦从络盛两马间腾身忽上，驰入塞内之事而得，实慑于其一身之勇，非叹服其御众之能也。

广居右北平，匈奴闻之，号曰"汉之飞将军"，避之数岁，不敢入右北平。（广之战功不足纪，每就不战处写出精神。）

广出猎，见草中石，以为虎而射之，（善射五。）中石没镞，视之石也。（非漫写奇事，实亦其才气为之。）因复更射之，终不能复入石矣。（惟"不能复入"，乃益见其射之奇。）广所居郡闻有虎，尝自射之。（善射六。）及居右北平射虎，虎腾伤广，广亦竟射杀之。（善射七。）

广廉，得赏赐辄分其麾下，饮食与士共之。终广之身，为二千石四十余年，家无余财，终不言家产事。（一段又特书其廉，而爱士之节亦并见。）广为人长，猨臂，其善射亦天性也，（又就善射出色虚写一段，精神百倍。）虽其子孙他人学者，莫能及广。（与篇首"世世受射"对。）广讷口少言，（插此五字，妙在不伦。因益见射之专。）与人居则画地为军阵，射阔狭以饮。专以射为戏，竟死。（竟死，犹终世也。言毕生以射为事。）

【眉批】云茇其繁复，以类相从，则此传之零零碎碎处当删当窜者多矣。须熟读此等段落，方悟其理。

广之将兵，乏绝之处，见水，士卒不尽饮，广不近水，士卒不尽食，广不尝食。（复写爱人。）宽缓不苛，（复写简易。）士以此爱乐为用。其射，见敌急，非在数十步之内，度不中不发，发即应弦而倒。（缕缕写善射，而其语愈出而愈精彩。）用此，其将兵数困辱，其射猛兽亦为所伤云。（因必待其近而后发，故猝不及制，亦得伤败。）

居顷之，石建卒，于是上召广代建为郎中令。（此段直接前"数岁不敢入右北平"句，看他中间琐琐嵌入四段，俱是虚景，盖实事动辄无功，故特以虚间写之。）

【眉批】此段广之勇烈乃其遇之艰危，皆大略与其孙陵相似，皆以别将失道，独与虏遇，皆以少敌众。而广之终得拔身还汉者，卒以救军之来也。史公写此极详，盖亦有所感云。○附入李敢，又奇，盖见陇西家风，世优才气。而陵卒颓其家声，故篇末亦不复少为之地也。

元朔六年，广复为后将军，从大将军军出定襄，击匈奴。诸将多中首虏率，以功为侯者，（相形一句，益难堪。）而广军无功。（数奇如此。）后三岁，广以郎中令将四千骑出右北平，博望侯张骞将万骑与广俱，异道。行可数百里，匈奴左贤王将四万骑围广，（又是一番败衄，而广益见精神，真乃奇事。）广军士皆恐，广乃使其子敢往驰之。敢独与数十骑驰，直贯胡骑，出其左右（二句两意。直贯者，入其中；出左右者，绕其外。其视四万人直如无物。）而还，告广曰："胡虏易与耳。"军士乃安。广为圜阵外向，胡急击之，矢下如雨。汉兵死者过半，汉矢且尽。广乃令士持满毋发，(即"度不中不发"之教。)而广身自以大黄射其裨将，杀数人，(大黄即连弩，一发可殪数人。善射人。)胡虏益解。会日暮，吏士皆无人色，(借他人以形广之勇。)而广意气自如，益治军。军中自是服其勇也。(军中服其勇，亦匪自今日，至是乃益著耳。)明日，复力战，而博望侯军亦至，匈奴军乃解去。汉军罢，(此张骞之军。)弗能追。是时广军几没，罢归。汉法，博望侯留迟后期，当死，赎为庶人。广军功自如，无赏。(数奇如此。)

【眉批】广之将兵，败衄既多，其所以不得侯者，似亦无难共晓，而广独鳃鳃于才能不为人后，不当困踬，自疑自惜。王朔别援阴祸以解之，予谓此可备一说，而终非定论。广才气有余而纪律不整，如虎豹虽雄豪绝世，然羁縻于文物之中，有不如立仗之马、驾辇之牛者，此岂可以焜煌霍揶之奇论哉？

初，广之从弟李蔡与广俱事孝文帝。(遥应篇首。)景帝时，蔡积功劳至二千石。(历举仕途顺适，咄咄逼人。)孝武帝时，至代相。以元朔五年为轻车将军，从大将军击右贤王，有功中率，(与律同，所获首虏合格也。)封为乐安侯。元狩二年中，代公孙弘为丞相。蔡为人在下中，名声出广下甚远，(着意轻薄李蔡，言外如闻叹息之声。)然广不得爵邑，官不过九卿，而蔡为列侯，位至三公。(重说一遍，徘徊感怆，叙事中夹有议论，绝非他传常格。)诸广之军吏及士卒或取封侯。广尝与望气王朔燕语，曰：(写出怃慨不自聊光景。)"自汉击匈奴而广未尝不在其中，(有慨乎其言之。)而诸部校尉以下，才能不及中人，(史公既为之言，而广又自言，其情良有不能自已者。)然以击胡军功取侯者数十人，而广不为后人，然无尺寸之功以得封邑者，何也？(此与项王既败，喋喋自称语情实相似。)岂吾相不当侯耶？且固命也？"(说相说命，英气索然，写无聊如画。)朔曰："将军自念，岂尝有所恨乎？"(朔固术者，却与言阴骘之理，亦有高识。)广曰："吾尝为陇西守，羌尝反，吾诱而降，降者八百余人，吾诈而同日杀之。至今大恨独此耳。"(武安杜邮之刻，亦以杀降为恨。但此处史公只是惜广之深，反覆推言，以明其才本过人耳，并不重诛降，意当从其前后神理求之。)朔曰:"祸莫大于杀已降,此乃将军所以不得侯者也。"

后二岁,大将军、骠骑将军大出击匈奴,广数自请行。天子以为老,弗许;良久乃许之,以为前将军。(始以老绌之,既复用为前部,实绐之也。)是岁,元狩四年也。(此番为广之结局,特倒点年分,郑重有法。)

【眉批】广历事三朝,文帝以为不遇时,武帝之时边功日竞,而天子复以年老数奇少之。要之二君皆不可谓不知广者。文帝以为跅弛之士多见长于草昧之初,武帝以为数蹶之才难与共功名之会也。前朝戚元戎继光为一代名将,临阵之际,裨将以下必视其体貌充畅者遣之,以为功名之事,不可与福薄者共之,恐或因以偾大事。此虽偶然之论,盖亦未可废也。

【眉批】卫青不必有害广之意,而史公写得隐隐跃跃,使人不能释然,要是恶青之深耳。

广既从大将军青击匈奴,既出塞,青捕虏知单于所居,乃自以精兵走之,(贪功之心如揭。)而令广并于右将军军,出东道。东道少回远,而大军行水草少,其势不屯行。(数语写得极明划,便足为李将军功罪铁案,真良史之笔。)广自请曰:(再自请,妙。)"臣部为前将军,今大将军乃徙令臣出东道,(不可晓,故不得不请。)且臣结发而与匈奴战,今乃一得当单于,(词厉气愤,想见愤踊。)臣愿居前,先死单于。"(其言不利,青益不肯。)大将军青亦阴受上诫,以为李广老,数奇,毋令当单于,恐不得所欲。(补写此数句,正是前自请行,良久乃许注脚,文法则明入妙。)而是时公孙敖新失侯,为中将军从大将军,大将军亦欲使敖与俱当单于,故徙前将军广。(前从上诫,足以徙广矣。必又将卫青私公孙敖之意再写一层,恶青而惜广也。)广时知之,固自辞于大将军。(而自请,又固自辞。)大将军不听,令长史封书与广之幕府,曰:"急诣部,如书。"(以军令勒之,恶甚。)广不谢大将军而起行,意甚愠怒而就部,引兵与右将军食其合军出东道。军亡导,或失道,后大将军。(既回远又亡导,谓非青有意杀之,可乎?)大将军与单于接战,单于遁走,弗能得而还。(却又仍不能得所欲,岂数奇者误之哉?)南绝幕,遇前将军、右将军。(军还始遇。)广已见大将军,还入军。(余怒犹勃勃,不出一语妙。)大将军使长史持糒醪遗广,因问广、食其失道状,(先用慰劳,后用激厉,广负气宿将,必不能堪。)青欲上书报天子军曲折。(此亦长史述青之言。)广未对,大将军使长史急责广之幕府对簿。广曰:"诸校尉无罪,乃我自失道。吾今自上簿。"(忼慨愤踊。)

【眉批】广一生蹭蹬,至白首之年自请出塞,其意实以卫青福将,欲藉之以成大功,不意反为所卖。观其"幸从大将军"、"又徙广部"等语,饮恨无穷,真乃一字一涕。

至幕府,广谓其麾下曰:"广结发与匈奴大小七十余战,今幸从大将军出接单于兵,而大将军又徙广部行回远,而又迷失道,(其言深婉,非一见可尽晓,其含意甚远也。)岂非天哉!(归之于天,总为两"又"字,一叹。)且广年六十余矣,终不能复对刀笔之吏。"遂引刀自刭。(负气到老,死乃贤于生。)广军士大夫一军皆哭。百姓闻之,知与不知,无老壮皆为垂涕。(广廉而爱人,又以名将数奇,死非其罪,此哭要有无数痛惜在内。)而右将军独下吏,(赵食其。)当死,赎为庶人。

【眉批】此下悉将广子若孙官位、事功、性情、生平纤悉零碎,一一写出。尽于二百余字之中,又妙在人人负气,往往屈厄,皆影与李将军吊动。此所谓神情见于笔墨之表者也。

【眉批】卫青隐匿击伤,毋亦心亏理屈,且慑于其气而不敢校耶?且果讳之,则彼去病者又乌敢取诸天子之旁而弯弓报怨,谁实主之乎?青本人奴,霍亦奸种,一时遭际,妄诞至此,君子是以知孝武之失刑也。

广子三人,(以下附传。)曰当户、椒、敢,为郎。天子与韩嫣戏,嫣少不逊,当户击嫣,(又一个负气人。)嫣走。于是天子以为勇。当户早死,拜椒为代郡太守,皆先广死。当户有遗腹子名陵。(各伏一笔,叙事有组织之妙。)广死军时,敢从骠骑将军。广死明年,李蔡以丞相坐侵孝景园壖地,当下吏治,蔡亦自杀,不对狱,国除。(汉丞相坐法多自裁，常事也。但此处亦影动多负气男子。）李敢以校尉从骠骑将军击胡左贤王，力战，夺左贤王鼓旗，斩首多，赐爵关内侯，食邑二百户，（于李、蔡之下，复接李敢从骠骑之功。彼失一侯，此得一侯，聊为广吐气。妙。）代广为郎中令。顷之，怨大将军青之恨其父，乃击伤大将军，大将军匿讳之。（击韩嫣于天子之前，壮士也。然击伤卫青，斯尤壮矣。）居无何，敢从上雍，至甘泉宫猎。骠骑将军去病与青有亲，射杀敢。去病时方贵幸，上讳云鹿触杀之。居岁余，去病死。（特缀此语，若敢为厉者然，冷得妙。）而敢有女为太子中人，爱幸，敢男禹有宠于太子，然好利，李氏陵迟衰微矣。（责备李氏处，正其极推李广处。）

李陵既壮，选为建章监，监诸骑。善射，爱士卒。（五字绰有祖风。）天子以为李氏世将，而使将八百骑。常深入匈奴二千余里，过居延视地形，无所见虏而还。（此时便已英略盖世。）拜为骑都尉，将丹阳楚人五千人，教射酒泉、张掖以屯卫胡。

数岁，天汉二年秋，贰师将军李广利将三万骑击匈奴右贤王于祁连天山，（匈奴谓天为祁连，祁连山即天山，合称之者，传写之误也。）而使陵将其射士步兵五千人出居延北可千余里，欲以分匈奴兵，（此"欲"字乃武帝隐衷，恐贰师之不能成奇功也。极平常语，却有针线在。）毋令专走贰师也。陵既至期还，而单于以兵八万围击陵军。陵军五千人，（特再点清五千人，妙。）兵矢既尽，士死者过半，而所杀伤匈奴亦万余人。且引且战，连斗八日，（数语写得极详匝，亦极精神。先辈谓其匆匆，非也。）还未到居延百余里，匈奴遮狭绝道，陵食乏而救兵不到，（谁实陷之？）虏急击招降陵。陵曰："无面目报陛下。"遂降匈奴。（此处却绝不下一曲笔，所以为高。）其兵尽没，余亡散得归汉者四百余人。

【眉批】子长以李陵得祸，而陵传亦橐括事迹，不复细为描摹，正以陵之所以然者，本末已具于任少卿一书也。古人动笔，早信其文之必传，若东涂西抹，彼此复沓，义之所不肯出也。后人不识此意，或谓陵传匆匆，正持大体，或谓临文不讳，良史独裁，皆非定论。

单于既得陵，素闻其家声，（句中赫然有李广在。）及战又壮，乃以其女妻陵而贵之。汉闻，族陵母妻子。自是之后，李氏名败，而陇西之士居门下者皆用为耻焉。（收得凛然有余响，责备李氏处正极推尊李氏。）

【注释】陇西：郡名，今甘肃兰州、巩昌、秦州诸府州之地。

成纪：县名，故城在今甘肃秦安县北。

槐里：县名，汉属古扶风，在今陕西兴平县东南。

世世受射：世受射法。

萧关：地名，在甘肃固原县东南，为关中四关之一。

良家子：自以材力从军立功名，非卒伍也。

从弟：从音重。

武骑常侍：谓为郎而补武骑常侍也。

秩：音直，禄也。

格：相斗而杀之也。

骑郎将：为骑郎之将。将，犹主也。

骁骑：音浇忌，良马也。

昌邑：地名，故城在今山东金乡县西北。昌邑下者，言广从太尉战于昌邑下也。

赏不行：广为汉将，私受梁印，故不得赏也。

上谷：郡名，旧保定、易州、宣化及顺天、河间之一部皆其境。

数：音朔。

典属国：官名，掌蛮夷来降者。

昆邪：音魂耶。公孙，姓；昆邪，名。中国人也。

为上泣：对景帝泣也。

上郡：郡名，今陕西榆林道及内蒙古鄂尔多斯左翼之地。

边郡：边境之郡邑，即下陇西、北地、雁门、代郡、云中等是也。

中贵人：内臣之贵幸者。

勒习：部勒练习也。

纵：驰逐也。

雕：音雕，大鸷鸟也。

驰：追逐也。

亡：失也。

诱骑：诱敌之骑。

陈：俗作阵，列队为阵也。

二里所：犹言二里许也。

虏：詈敌人曰虏。

护：监视也。将之乘白马者来监视其军也。

奔：同奔。

纵：放也。

之：到也。

未央、长乐：并宫名。

将军屯：领军屯也。屯，音豚，勒兵而守曰屯。

部伍行陈：《百官志》云："将军领军，皆有部曲。大将军营五部，部校尉一人；部有曲，曲有军候一人。"

刁斗：以铜作镌器，受一斗，昼炊饭食，夜击持行。

莫：同幕。

斥候：侦探也。远斥候，谓离去斥候。远，去声。

简易：不繁难也。易，去声。

卒：同猝，仓猝急遽也。

佚乐：佚，同逸，乐音洛。下同。

略：谋略也。

马邑：县名，故城在今山西朔县西北。

单于：匈奴称君长曰单于。单音蝉。

领属护军将军：谓系属于护军将军之下也，时韩安国为护军将军。属音蜀。

络：结丝绳为网也。

盛：音成。

详死：详，同佯。

睨：音诣，邪视也。

善马：良马也。

暂：同暂，骤也。

堕：音杜，落也。

下广吏：下广于狱也。

当：谓处分其罪也。

顷之：不久也。下"居无何"同。

尉：《百官志》云"尉，大县二人，主盗贼"。

呵：音呼，怒责之也。

何乃：犹言何况。

右北平：郡名，今直隶津海道东北部及热河地。

中：去声。

镞：音触，俗呼箭头。

猿臂：臂长如猿也。猨，同猿。

讷：音纳，词钝也。

射阔狭以饮：射时，画阔狭令人射，持酒以饮不胜者。

苛：音科，细也。

度：入声。

中：去声。

用此：犹言因此。

数：音朔。

定襄：郡名，今山西右玉县以北至绥远道及蒙古喀尔喀右翼四子部落之地。

率：音律，中首虏率，犹言合格也。

可数百里：约数百里也。

敢：广子名。

易与：犹言容易对付也。

大黄：以端牛角为弓，色黄而体大者。

裨将：小将也。

汉军罢：同疲。

罢兵：罢兵归也。

大将军：卫青也。

右贤王：匈奴贵族封号。

下中：在下辈之中。

九卿：汉以太常、光禄勋、卫尉、太仆、廷尉、大鸿胪、宗正、大司农、少府为九卿。

三公：汉以大司马、大司徒、大司空为三公。

望气：术士善观气色者。

王朔：人姓名。

燕语：间谈也。

不为后人：不在人后也。

羌：欺央切，西戎名。

降：平声。

骠骑将军：霍去病。

右将军：赵食其。

回远：迂回路远也。

不屯行：以水草少，不可群处也。

结发：始胜冠也。

当：遇也。

死单于：致死而取单于。

数奇：命不耦也。奇音鸡。

亡导：无人导引也。亡，同无。

绝幕：渡过沙幕也。绝，横渡也。

右将军：平阳侯曹襄。

糒醪：音备牢。糒，干饭也。醪，滓酒也。

遗：同馈。

食其：音异记。

曲折：军行滞迟之曲折也。

韩嫣：武帝幸臣。

埱地：神道之地，即墓道也。埱音染。

左贤王：匈奴贵族封号。

中人：宫中侍妾也。

陵迟：渐至不振也。

建章监：官名，盖卫尉之属。建章，宫名。

居延：汉县名，属张掖郡，在今甘肃酒泉边外蒙古额济纳旗之地。

丹阳楚人：此丹阳属楚，故称丹阳楚，在今河南丹水之南，与武帝元封二年所置丹阳郡不同。

酒泉、张掖：二郡并在今甘肃边境。

天汉：武帝年号。

引：退也。

专走：专攻向贰师将军李广利一边。

遮：拦截也。

狭绝：道狭且绝也。

妻：以女嫁之也。去声。

族：诛及全家也。

【眉批】本传皆摹写李将军才气，而赞又极叹其忠诚。文固有彼此互见之法，盖当于未尽处渲染，不当于精透处画添也。

太史公曰：《传》曰"其身正，不令而行；其身不正，虽令不从"。其李将军之谓也？余睹李将军悛悛如鄙人，口不能道辞。及死之日，天下知与不知，皆为尽哀。彼其忠实心诚信于士大夫也？（比本传更写得壮浪。）谚曰"桃李不言，下自成蹊"。此言虽小，可以谕大也。

　　【注释】《传》：古书也，此乃《论语》文。

　　悛悛：同恂。恂音新，信实之貌。

　　蹊：音欺，径也。桃李本不能言，但以华实动人，故人不期而往，其下自成蹊径也。

　　谕：晓也。

匈奴列传

匈奴，北狄之一族，秦汉时最盛，领有今内外蒙古之地。

【眉批】冒顿弑父作逆，犬羊之俗，不足复道，然其作用，一何妙哉！观其蓄志行弑，却绝不嗫嚅咕哔，托意腹心，惟以勒兵之中严明斩断，则大事就而举国无敢摇动者，无他，积威约之渐也。岳忠武之论兵曰"顾方略何如耳"，霍冠军亦有"运用存乎一心"之论。冒顿之方略运用，何尝从成法得来，才过孙、吴远矣。肇造朔廷，千古常劲，岂偶然哉！

单于有太子名冒顿。（音墨突。）后有所爱阏氏，生少子，而单于欲废冒顿而立少子，乃使冒顿质于月氏。（音肉低。）冒顿既质于月氏，而头曼急击月氏。（欲藉手杀之。）月氏欲杀冒顿，冒顿盗其善马，骑之亡归。（非久下人者可知。）头曼以为壮，令将万骑。（反假之为逆之具。）冒顿乃作为鸣镝，习勒其骑射，（蓄志甚远，而大有作略。）令曰："鸣镝所射而不悉射者，斩之。"行猎鸟兽，（逐层叙来如画。）有不射鸣镝所射者，辄斩之。已而冒顿以鸣镝自射其善马，（枭雄之姿，殊乃可爱。）左右或不敢射，冒顿立斩不射善马者。居顷之，复以鸣镝自射其爱妻，左右或颇恐，不敢射，（叙法俱变动。）冒顿又复斩之。居顷之，冒顿出猎，以鸣镝射单于善马，左右皆射之。于是冒顿知其左右皆可用。从其父单于头曼猎，以鸣镝射头曼，其左右亦皆随鸣镝而射杀单于头曼，遂尽诛其后母与弟及大臣不听从者。冒顿自立为单于。

【眉批】既闻杀父，何不以此为问罪之名？顾别寻他衅，非冒顿敌手可知。

【眉批】冒顿不惟志灭东胡，并欲借东胡以摧诸国，以篡国新造之时，而蓄锐养精，开创大业，先须想其坚忍之志，而终乃观其迅疾之情。

冒顿既立，是时东胡强盛，闻冒顿杀父自立，乃使使谓冒顿，欲得头曼时有千里马。冒顿问群臣，群臣皆曰："千里马，匈奴宝马也，勿与。"冒顿曰："奈何与人邻国而爱一马乎？"遂与之千里马。（妙在绝不露圭角，藏之九渊之识也。）居顷之，东胡以为冒顿畏之，（逐处停蓄。）乃使使谓冒顿，欲得单于一阏氏。（如此寻衅，底里已为人窥破。）冒顿复问左右，左右皆怒曰："东胡无道，乃求阏氏！请击之。"冒顿曰："奈何与人邻国爱一女子乎？"遂取所爱阏氏予东胡。（加"所爱"二字，见其志远大，绝不在区区色欲玩好上着眼。）东胡王愈益骄，西侵。与匈奴间，中有弃地，（伏笔。）莫居，千余里，各居其边为瓯脱。东胡使使谓冒顿曰："匈奴所与我界瓯脱外弃地，匈奴非能至也，吾欲有之。"（此处偏作逊词，文势起落入妙。）冒顿问群臣，群臣或曰："此弃地，予之亦可，勿予亦可。"于是冒顿大怒曰："地者，国之本也，（大学问，与《孟子》"诸侯之宝"章合吻，然非真语。）奈何予之！"诸言予之者，皆斩之。冒顿上马，令国中有后者斩，（具有处女脱兔之奇。）遂东袭击东胡。东胡初轻冒顿，不为备。（前两番忍辱，只为此耳。）及冒顿以兵至，击，大破灭东胡王，而虏其民人及畜产。（匈奴本行国，故只以人民畜产为重，而地则空之而已。乃知前"地者，国之本"一句实驾言也。）既归，西击走月氏，南并楼烦、白羊河南王，侵燕、代。悉复收秦所使蒙恬所夺匈奴地者，（长句亦劲。）与汉关故河南塞，（以周时河南旧塞为交关境。）至朝那、肤施，（皆长安边邑。）遂侵燕、代。是时汉兵与项羽相距，中国罢于兵革，以故冒顿得自强，（补笔，好。理方周匝，不但为中国占身分也。）控弦之士三十余万。

【眉批】按：淳维自夏后氏立国至冒顿时，已二千余年矣。而一朝振兴，南抗中国，固古今来夷夏一大关会也。观《诗》、《书》所载，仅有攘斥挞伐之词，及汉以来方有和亲款塞之说，则冒顿之为匈奴第一代开疆鼻祖可知。然其开疆始祖而即以杀父诛母鱼肉昆弟为务，是则礼教亲厚之意，总不足以系属之，亦明甚矣。奈何汉启和亲之门，唐宋以下世世有加，始如奉骄子，后且若事严父，可胜叹哉！吾读此传，而知孝武之功良亦何可少也。故摘其要者，以见大凡，而余则略之。

自淳维以至头曼千有余岁，（总束之。文笔力宏大，又有疏宕之气，故奇。）时大时小，别散分离，尚矣，其世传不可得而次云。然至冒顿而匈奴最强大，尽服从北夷，（总前文作一句。）而南与中国为敌国，其世传国官号乃可得而记云。（收上即以提下。）

置左右贤王，左右谷蠡王，左右大将，左右大都尉，左右大当户，左右骨都侯。匈奴谓贤曰"屠耆"，故常以太子为左屠耆王。（官号杂引汉、胡之语，盖即事著撰，非屑屑求合也。如屠耆王即贤王，推此可见"谷蠡"、"骨都"皆胡语。）自如左右贤王以下至当户，大者万骑，小者数千，凡二十四长，立号曰"万骑"。（以上通举官号。）诸大臣皆世官。呼衍氏，兰氏，其后有须卜氏，此三姓其贵种也。诸左方王将居东方，（官号凡称左者，皆居东；凡称右者，皆居西。）直上谷以往者，东接秽貉、朝鲜；右方王将居西方，直上郡以西，接月氏、氐、羌；（其郡之大可知。然此皆以近中国一面言，其北则不能知也。）而单于之庭直代、云中：各有分地，逐水草移徙。而左右贤王、左右谷蠡王最为大国，左右骨都侯辅政。诸二十四长亦各自置千长、百长、什长、裨小王、相、将、都尉、当户、且（且疵。）渠之属。（以上又详官制。）

【眉批】匈奴本无城郭都邑，惟逐水草，课人畜为富强，故其法简善可行。若明季闯、献二贼，驱乌合之众，横行天下，战则克，攻则破，亦不过得其人人自为趋利一法，及乌集瓦解行径耳。及据城奸位，则坐困而立摧矣。故匈奴之强，亦第可强于匈奴，非其法之果善也。

岁正月，诸长小会单于庭，祠。五月，大会龙城，祭其先、天地、鬼神。秋，马肥，大会蹛林，课校人畜计。（一国之政，除祠祭外，惟课校人畜以为富强之资而已。）其法，拔刃尺者死，坐盗者没入其家；有罪小者轧，（轧只作鞭笞解。）大者死。狱久者不过十日，一国之囚不过数人。（中国安能及此？）而单于朝出营，拜日之始生，夕拜月。（亦有古礼朝日夕月之义。）其坐，长左而北乡。日上戊己。（然则亦有历法也。）其送死，有棺椁金银衣裘，而无封树丧服；近幸臣妾从死者，多至数千（应作十。）百人。举事而候星月，月盛壮则攻战，月亏则退兵。(亦觉爽利。)其攻战,斩首虏赐一卮酒,而所得卤获因以予之,得人以为奴婢。故其战,人人自为趣利,(实良法,然中国必不可行。)善为诱兵以冒敌。(冒,欺也。)故其见敌则逐利,如鸟之集;其困败,则瓦解云散矣。(画出情状宛然。)战而扶舆死者,尽得死者家财。

后北服浑庾、屈射、丁灵、鬲昆、薪犁之国。(前以叙东、西、南三路并吞,此复补出北路一面来,文密如此。)于是匈奴贵人大臣皆服,以冒顿单于为贤。(作一大结穴。)

【注释】阏氏:音焉支,匈奴名妻曰阏氏。

质:音至,典押以取信曰质。

月氏:音肉支,西域国名,在今甘肃边境。

头曼:匈奴单于名也。曼音瞒。

镝:音的。鸣镝,即响箭,射时发声,军中用以发号令。

东胡:北狄国名,在匈奴之东,故称东胡。

莫居:莫,无也。莫居千余里,谓千余里无居民也。

瓯脱:音欧夺,土穴也,作于界上以伺敌。

楼烦:北狄国名,今山西旧保德州宁武府及岢岚县等地。

白羊河南王:即楼烦王,《卫青传》作白羊楼烦王。白羊者,楼烦王之王号,在河南,故亦称河南王。

蒙恬:秦始皇将。

朝那、肤施:皆汉所置县。朝那,那,音奴,故城在今甘肃平凉县西北。肤施,在今陕西绥德县东南。

燕、代:并国名。

罢:同疲。

控弦:善射者。控音孔,去声。

淳维:匈奴先祖名。

尚:谓荒远难考也。

左右贤王:《后汉书·南匈奴传》云:其大臣贵者左贤王,次左谷蠡王，次右贤王，次右谷蠡王，谓之四角；次左右日逐王，次左右温禺鞮王，次左右斩将王，是为六角，皆单于子弟。次第当为单于者也。异姓大臣，左右骨都侯，次左右尸逐骨都侯，其余日逐且渠当户诸官号，各以权力优劣、部众多寡为高下焉。

谷蠡：音鹿离。

屠耆：音除支。

呼衍：即呼延。

须卜氏：主狱讼。

直：同值，当也。

上谷、上郡：并见前。

秽貊：音威陌，东夷国名。

氐、羌：西南夷种。氐音低。

云中：见前。

龙城：地名。

蹛林：地名。蹛音带。

轧：音札，辗轹其骨节也。

长左北乡：其座北向，长者在左，以左为尊也。乡，同向。

上戊己：十干以戊己为首也。

趣利：向利也。

北服：于北面又征服浑庾诸国也。

浑庾：音魂鱼，《后汉·南匈奴传》，作浑禺鞮。

射：音亦。

鬲：音隔。

卫霍列传

【眉批】以卫将军、李广相提而论,则抑卫而右李;以霍骠骑与卫青相提而论,则右卫而贬霍。史公笔补造化,卓识超空,迥非班、范所得梦见也。此段为汉击匈奴末后一着。大将军深入穷追,战功最烈,又且因粮于敌,使幕南积聚一空;又且单于跳身苟免,使其众不知所在,汉威已极。此平城以后第一吐气之功也。乃孝武以亲幸骠骑之故,务欲其腾踔而驾青之上,因令其徙部代郡,独当单于,又悉配以深入敢战之士。迨单于适与青值,绝幕穷追,而骠骑反得以斩级搴旗之功,从容而收其利,因而菀枯势异,显晦顿殊。此亦绌伸之际,不得其平之极致也。史公偏于青之一战胪次极其详尽,使千古以下犹若身在行间,闻鼓鼙而搏髀者;于去病之功悉削之不书,而惟以诏书代叙事。则炙手之势,偏引重于王言,而裹革之忠,自铭劳于幕府。其轻其重,文人代握其权矣;不但写景之工,开却唐人许多沙场佳句也。

元狩四年春,上令大将军青、骠骑将军去病将各五万骑,(总提。) 步兵转者踵军数十万,(转输粮糗辎重者。) 而敢力战深入之士皆属骠骑。(务欲令去病成不世之功,当时非明有此令,乃史公特笔也。) 骠骑始为出定襄,当单于。(不令大将军当单于,而委曲徙部,务令去病成不世之功。) 捕虏言单于东,而更令骠骑出代郡,令大将军出定襄。郎中令为前将军,太仆为左将军,(李广、公孙贺不书名,亦偶然。或谓讳之,不必。) 主爵赵食其为右将军,平阳侯襄为后将军,皆属大将军。兵即度幕,(一往深入。) 人马凡五万骑,(重提明画。) 与骠骑等咸击匈奴单于。(穿笔。) 赵信 (汉降将,亡匈奴者。) 为单于谋曰:"汉兵既度幕,人马罢,匈奴可坐收虏耳。"乃悉远北其辎重,皆以精兵待幕北。而适值大将军军出塞千余里,见单于兵陈而待,(始固欲去病当单于,而大将军偏又当之。用"适值"二字妙,盖出于武帝意外也。) 于是大将军令武刚车自环为营,而纵五千骑往当单于。匈奴亦纵可万骑。会日且入,(一路逐节详写，精神百倍。）大风起，沙砾击面，两军不相见，（此时已苦战良久。）汉益纵左右翼绕单于。单于视汉兵多，而士马尚强，（应"士马罢"句。）战而匈奴不利，薄暮，单于遂乘六骡，壮骑可数百，直冒汉围西北驰去。（第二节，单于夜遁。）时已昏，汉匈奴相纷拏，杀伤大当。汉军左校捕虏言单于未昏而去，（第三节，余兵蹂躏。）汉军因发轻骑夜追之，大将军军因随其后。匈奴兵亦散走。（第四节，乘胜穷追。）迟明，行二百余里，不得单于，（第五节，深入奏凯。）颇捕斩首虏万余级，（先束一笔，写追亡逐北之雄。）遂至寘颜山赵信城，得匈奴积粟食军。军留一日而还，悉烧其城余粟以归。（直写至此，功簿明晰，铢两不遗。）

大将军之与单于会也，（另提，以补二将失道一案。盖前专写大将军战功，既不暇夹叙，而于事又不宜漏，故复出一段。）而前将军广、右将军食其军别从东道，或失道，后击单于。大将军引还过幕南，乃得前将军、右将军。大将军欲使使归报，（此语又为青出脱，与《李将军传》不同。）令长史簿责前将军广，广自杀。右将军至，下吏，赎为庶人。大将军军入塞，凡斩捕首虏万九千级。（再总束一句，合写出塞战功，明画之至。）

是时匈奴众失单于十余日，（写至此，亦写大将军一战之奇也，并非赘笔。）右谷蠡王闻之，自立为单于。单于后得其众，右王乃去单于之号。

【眉批】比车耆皆匈奴王号。

【眉批】"师率减什三"以下三句，叙去病方略最明净健举，谓简练精卒十之七，不携斗粮，但掠食匈奴积聚，而孤军深入，未尝乏绝也。旧解谓"师率减什三"指汉军失亡之数少，恐与上下文势不贯。不必从。

【眉批】叙功之状繁而不杂，正史公笔力大处。若入后人手，必有许多芟除归并之法，不古甚矣。然史公他文亦颇有可省处，惟此诏备载得体，一字不可去，须味之。

骠骑将军亦将五万骑，（又重提，更明画。）车重与大将军军等，（亦穿一笔。)而无裨将。悉以李敢等为大校,当裨将,出代、右北平千余里,直左方兵,所斩捕功已多大将军。(只用一笔叙过,前极详,此极略,而悉于诏书中叙出。虚实变化,巧妙绝人,亦开后人无限法门也。)军既还,天子曰:"骠骑将军去病率师,躬将所获荤粥之士,约轻赍,绝大幕,(谓轻骑度沙漠。)涉获章渠,(涉水得王章渠。)以诛比车耆,转击左大将,斩获旗鼓,历涉离侯。(三字山名。)济弓闾,获屯头王、韩王等三人,将军、相国、当户、都尉八十三人,封狼居胥山,禅于姑衍,登临翰海。(三句言其绝远。)执卤获丑七万有四百四十三级,(至此方注明"所斩房功已多大将军"句。)师率减什三,取食于敌,逴行殊远而粮不绝,(古雅可诵。)以五千八百户益封骠骑将军。"(骠骑至此凡五益封矣。)右北平太守路博德(以下历叙裨将封赏,愈觉炙手可热。)属骠骑将军,会与城,不失期,从至梼余山,斩首捕虏二千七百级,以千六百户封博德为符离侯。北地都尉邢山从骠骑将军(段段点"从骠骑",妙。)获王,以千二百户封山为义阳侯。故归义因淳王复陆支、楼专王伊即靬(此二人匈奴降王。)皆从骠骑将军有功,以千三百户封复陆支为壮侯,以千八百户封伊即靬为众利侯。从骠侯破奴、昌武侯安稽从骠骑有功,益封各三百户。校尉敢得旗鼓,为关内侯,食邑二百户。校尉自为爵大庶长。军吏卒为官,赏赐甚多。(又虚拢一笔。)而大将军不得益封,军吏卒皆无封侯者。(此处骠骑甚详,大将军极略,相对看,各极其妙。)

两军之出塞,(此传外只眼,史公自作特笔,更不关两人之事。)塞阅官及私马凡十四万匹,而复入塞者不满三万匹。(顿令前文战功煊赫。脑后一针,妙不可言。)乃益置大司马位,大将军、骠骑将军皆为大司马。定令,令骠骑将军秩禄与大将军等。(并为大司马,又别定功令,班其禄秩,孝武着意抬举如此。)自是之后,大将军青日退,而骠骑日益贵。举大将军故人门下多去事骠骑,(二句附见,亦传外传也。)辄得官爵,唯任安不肯。

【眉批】骠骑方略殊壮，而不恤士卒。卫青仁善退让，而节概鲜闻。二人贵极一时，功冠西汉，而品则如此，则汉之风尚可知矣。为二人传，故不得不叙述平生，然叙于菀枯分势之后则深有意焉，不仅以简笔了之。

骠骑将军为人（以下分置品题，不满骠骑之意固多，然亦终不肯过许卫青，是史公一片之心痛惜李广处。）少言不泄，有气敢任。天子尝欲教之孙吴兵法，对曰："顾方略何如耳，不至学古兵法。"天子为治第，令骠骑视之，对曰："匈奴未灭，无以家为也。"由此上益重爱之。然少而侍中，（此段痛贬，正与《李将军传》仁爱士卒处一一对看。）贵，不省士。其从军，天子为遣太官赍数十乘，既还，重车余弃梁肉，而士有饥者。其在塞外，卒乏粮，或不能自振，而骠骑尚穿域蹋鞠。事多此类。（如此为将，鲜不覆败者，而骠骑竟成大功，即前所云"适有天幸"也。史公文字彼此互相发明，非偶尔着笔。）大将军为人仁善退让，以和柔自媚于上，（青为人实然，原非过抑。）然天下未有称也。

【注释】元狩：武帝年号。

步兵转者踵：言转输之士，及步兵接后，又数十万人。

捕虏：所捕之敌人。

前将军：李广也。

左将军：公孙贺也。

襄：曹襄也。

度幕：度过沙幕也。幕，同漠。

罢：同疲。

塞：音赛，界外沙漠地也。

陈：同阵。

武刚车：《孙吴兵法》曰"有巾有盖谓之武刚车"。

纵：放也。

日且入：将暮也。

砾：音历，小石也。

薄暮：傍晚也。

裸：音卵，赤体也。

纷挐：争乱也。挐音拿。

大当：大略相当也。

左校：官名，左校尉也。校音效。

迟明：犹言黎明，天将明而犹黑也。

寘颜：山名，在今外蒙。寘音田。

赵信城：赵信所居之城。

食军：食音嗣。食军，以积粟犒军也。

幕南：沙幕之南。

车：辎重车也。

裨将：偏裨小将。裨音俾。

大校：校尉之长。

率：同帅。

荤粥：读为熏育，北狄名，尧时曰荤粥，周曰猃狁，秦曰匈奴。

轻斋：粮饷车也。

绝：渡也。

涉：涉水也。

章渠：单于近臣，涉水而破获之也。

比车耆：王号也。

离侯：山名。

弓闾：水名。

屯头王、韩王：皆匈奴王号。

封禅：见前《封禅书》注。

姑衍：狼居胥下小山。

瀚海：在沙漠北。

卤：同虏。

丑：众也。卤丑，皆战时所擒获之人也。

级：秦制，以斩敌首，加爵一首，加一级，谓之首级，后遂以捕杀一人为一级。

率：音律。率减什三，言大概什中有三取食于敌人也。

逴：同卓，远也。

与城：地名，《汉书》作兴城。

梼余：音桃徒。

邢山：《汉书》作卫山。

䦖：音干。

破奴、安稽：并匈奴降侯。

自为：徐自为也。

大庶长：爵第十八级。

阅官及私马：阅，简车马也，谓出塞时，简阅官马私马，凡十四万匹也。

益置大司马：至此始添设大司马也。

定令：定律令也。

任安：荥阳人，后为益州刺史，即遗太史公书者。

泄：狎也。不泄，自重不轻狎也。

任：果敢任气。

不至：犹言不必。

侍中：官名，去病年十八为武帝时侍中。

省：视也。不省士，不恤视士人也。

太官：官名，属少府，掌御饮食。

赍：音咨，犹送也。

重车：辎重车。

穿域蹋鞠：穿域，穿地作鞠室也。鞠以皮为之，实以毛。蹋鞠，即今之打球也。蹋音榻。

总评：卫、霍一传，叙伐胡功烈屡矣，莫奇于元狩四年之役。两军分出，彼此各叙，而虚实详略一一对针，极尽笔力之奇，无一毫零赘也。杨升庵云："自'日且入'至'行二百余里'写得如画。唐诗'胡沙猎猎吹人面，汉虏相逢不相见'，又'月黑雁飞高，单于夜遁逃，欲将轻骑逐，大雪满弓刀'，皆用此事，实千秋之绝调也。"

司马相如列传

【眉批】司马相如迎合孝、武之意，开边病民，以遂自己昼锦题桥之乐，其人殊不足取，但为词人之魁杰。而前半叙文君事绝为神品，则真未可废也。

【眉批】舍官而作游客，是击剑读书之胚胎。

司马相如者，蜀郡成都人也，字长卿。少时好读书，学击剑，故其亲名之曰犬子。（岂以读书击剑为贱伎而被以恶名耶？小处不甚了了，故妙。）相如既学，慕蔺相如之为人，更名相如。（慕之而生平无一相似，故奇。）以赀为郎，事孝景帝，为武骑常侍，非其好也。（与篇首"好"字反应。）会景帝不好辞赋，（二句亦倒装法。）是时梁孝王来朝，从游说之士齐人邹阳、淮阴枚乘、（自是词人气类。）吴庄忌夫子之徒，相如见而说之，因病免，客游梁。梁孝王令与诸生同舍，相如得与诸生游士居数岁，乃著《子虚》之赋。（可见古人作一传文，必有许多耳濡目染之助。）

【眉批】以相如之才，且又令客，车骑雍容，亦久为富人所属目，则以令为蹇修，文君不患不归相如矣。而乃必挑以琴心，奔于亡命，何哉？盖相如、文君，千古之佳俪也，使以令为媒，以势相合，以利相随，则亦贾儿贩妇之常径耳，何以见两人之自具锦心、自留青眼乎？彼挑此奔，所以明此段风流绝不缘势利作合耳。君王后之识法章，红拂之识李药师，皆是一腔雄警心事，虽不得为正，而亦胡可浪訾？史公娓娓写之，固欲传其奇耳，岂以著其丑哉！具只眼者，须别有识以处此。

会梁孝王卒，相如归，而家贫，无以自业。素与临邛令王吉相善，吉曰："长卿久宦游不遂，而来过我。"（此平日久要之言，淡而有情味，不知史公如何摹得出来。）于是相如往，舍都亭。临邛令缪为恭敬，日往朝相如。（胸中有一段事在。）相如初尚见之，后称病，使从者谢吉，吉愈益谨肃。（从此以下悉是相如之谋，直叙得妙。）临邛中多富人，（陡接，妙。）而卓王孙家僮八百人，程郑亦数百人，二人乃相谓曰：

（富人眼熟，不觉堕计。）"令有贵客，为具召之。"并召令。令既至，卓氏客以百数。至日中，谒司马长卿，长卿谢病不能往，（作态本极可厌，以有琴心一韵事，则涎脸皆佳。）临邛令不敢尝食，自往迎相如。相如不得已，强往，一坐尽倾。（富人筵中，岂有韵客？倾者，为令而倾，非为相如而倾也。）酒酣，临邛令前奏琴曰："窃闻长卿好之，愿以自娱。"相如辞谢，为鼓一再行。（极意作态，憨韵俱有。）是时卓王孙有女文君新寡，好音，相如缪与令相重，而以琴心挑之。（倒转前"缪为恭敬"句，可知此番作用本出相如主谋。）相如之临邛，从车骑，雍容闲雅甚都；（前说以琴心感文君，又补此句，不过以车骑动富人也。笔极周匝。）及饮卓氏，弄琴，文君窃从户窥之，心悦而好之，恐不得当也。（写文君心曲，妙。）既罢，相如乃使重赐文君侍者通殷勤。（至此即不复用缪态矣。）文君夜亡奔相如，（真乃雄警女子，非可妄訾。）相如乃与驰归。家居徒四壁立。卓王孙大怒曰："女至不材，我不忍杀，不分一钱也。"（以如许之事，而乃名节不足论，惟以分钱为斤斤，真富人语。笑柄不小。）人或谓王孙，王孙终不听。文君久之不乐，曰：（苦境实难捱，非自答其相从之孟浪也。玩"久之"二字，甚妙。）"长卿第俱如临邛，从昆弟假贷犹足为生，何至自苦如此！"相如与俱之临邛，尽卖其车骑，买一酒舍酤酒，而令文君当垆。相如身自著犊鼻裈，与保庸杂作，涤器于市中。（藏过一段计谋，只以实笔写出，而千古以下无不知其为诡诈。故奇。）卓王孙闻而耻之，为杜门不出。（又中计。）昆弟诸公更谓王孙曰："有一男两女，所不足者非财也。（先说破就里。此子善说富人。）今文君已失身于司马长卿，长卿故倦游，虽贫，其人材足依也，（此非富人所知，故只轻带，急归重"令客"。妙。）且又令客，独奈何相辱如此！"卓王孙不得已，（富人出手不易。）分予文君僮百人，钱百万，及其嫁时衣被财物。文君乃与相如归成都，买田宅，为富人。

【眉批】相如文赋皆可单行，附于传，恐读之不能终篇也。若史公之传相如则止此而已，故删录之。

【眉批】以上撮《子虚赋》大旨于前。

居久之，蜀人杨得意为狗监，侍上。上读《子虚赋》而善之，曰："吾独不得与此人同时哉！"（倒应"景帝不好词赋"。）得意曰："臣邑人司马相如自言为此赋。"上惊，乃召问相如。（千古第一遭逢。）相如曰："有是。然此乃诸侯之事，未足观也。请为天子游猎赋，（即后半篇无是公所云。）赋成奏之。"上许，令尚书给笔札。相如以"子虚"，虚言也，为楚称；（开千古文人滑稽之祖。）"乌有先生"者，乌有此事也，为齐难；"无是公"者，无是人也，明天子之义。故空藉此三人为辞，以推天子诸侯之苑囿。其卒章归之于节俭，因以风谏。奏之天子，天子大说。

【注释】蜀郡：在今四川省。

长卿：长，上声。

击剑：持短入长，倏忽纵横之术也。

以赀为郎：以家财多得拜为郎也。赀音咨。

武骑常侍：秩六百石，常侍纵格猛兽。

好：去声。下同。

庄忌夫子：当时尊尚忌，故号曰夫子。

说：同悦。

业：生业也。"无以自业"，无以自为生业也。

临邛：邛，音穷。县名，在四川省。

令：县令也。

不遂：不得意也。

都亭：临邛郭下之亭也。

缪：音茂，假意也。

僮：奴也。

具：备酒食也。

倾：倾慕其风采也。

引：曲引也。

琴心：寄心于琴声以挑动之也。

间：读曰闲。

都：美也。

当：对偶也。

徒：但也，但有四壁，更无贵产。

第：且也。

如：往也。

假贷：借钱物也。

之临邛：之，往也。

卢：同鑪，累土为之，所以暖酒。

犊鼻裈：形如犊鼻之短裈。裈音魂。

保庸：酒保，受钱为人役者，庸字亦作佣。

杜：塞也。

更：互也。

倦游：厌游宦也。

狗监：官名，主天子猎犬。

尚书：官名，主天子笔札。

楚称：称说楚之美也。

亡：读曰无。

齐难：诘难楚事也。难，去声。

藉：音谢，借也。

风：同讽。

淮南列传

【眉批】淮南既禽，词连伍被，上以被雅词多称引汉之美，欲宽赦之，为张汤所争，而并及于戮。则可见伍被谏淮南前后言语，并得上闻矣。此等言语，所谓秘谋间说也，谁为籍纪者？殆伍被对簿汉廷，自述其始终，条对之详，以规免脱耳。迹其征引往事，其见巅末"逆天而不知时"一语，亦卓识不磨。然其知之既明，何故又依违隐忍而卒为画侥幸之谋以自取族诛之惨？是猩猩嗜酒，其贪味冥顽，反甚于不知其势而妄图之者矣。被之人与言俱不足取，而文义斐然，理畅而气古，比于莽大夫之剧秦美新，不啻驾之倍蓰，故录之。

淮南王削地之后，其为反谋益甚。诸使道从长安来，为妄妖言，言上无男，汉不治，即喜；即言汉廷治，有男，王怒，以为妄言，非也。（描画愚骏人入骨，真妙笔。）王日夜与伍被、左吴等案舆地图，（此处明插伍被，而后文多伍被美词，可见前是考竟之辞，后乃伍被文致之语。）部署兵所从入。王曰："上无太子，宫车即晏驾，廷臣必征胶东王，不即常山王，诸侯并争，吾可以无备乎！（词亦蕴藉。）且吾高祖孙，亲行仁义，（以行仁义而必欲奸天位，小人有所为而为之，往往有此口吻。）陛下遇我厚，吾能忍之；万世之后，吾宁能北面事竖子乎！"

【眉批】汉高祖以匹夫得天下，而其子孙往往效尤。明高祖亦以匹夫得天下，而文皇靖难，喋血家门，因而逆藩作逆者亦接踵而起，原其意皆见前人得之之易也。然亦何不并观于前人覆败之酷乎？伍被引高帝之易，折入吴、楚，此实有功世道不浅。

【眉批】人臣无将，将则必诛。为人臣子，位忝亲藩，乃不思维城巩固之忠，而出于觊觎非分之计，其心之逆，固已难逭。伍被但为计算成败，而绝不与较论是非，便非纯臣之节矣。其终与之同陷于大戮也，不亦宜乎？

【眉批】楚灵王闻子革诵《祈招》之诗，馈不食，寝不寐，卒不能自克，以及于难。淮南王闻伍被之言，气怨结而涕满匡，可谓深感矣，而卒亦终不免于叛逆者。甚矣，邪心之难格也。故孟子论大人以格君心之非为主。

王坐东宫，召伍被与谋曰："将军上。"（欲与促膝深谈。）被怅然曰："上宽赦大王，（赐几杖事在前。）王复安得此亡国之语乎！臣闻子胥谏吴王，吴王不用，乃曰'臣今见麋鹿游姑苏之台也'。今臣亦见宫中生荆棘，露沾衣也。"（伍被诚见及此，何故终不能自持，故未可信。）王怒，系伍被父母，囚之三月。复召曰："将军许寡人乎？"被曰："不，直来为大王画耳。（又顺其势而隐夺之。）臣闻聪者听于无声，（被言直是一篇《王命论》，好体制。）明者见于未形，故圣人万举万全。（所谓来谋者，谋万全也，此是正答。）昔文王一动而功显于千世，列为三代，此所谓因天心以动作者也，（已上似论冒。）故海内不期而随。此千岁之可见者。夫百年之秦，近世之吴、楚，亦足以喻国家之存亡矣。（"千岁"、"百年"、"近世"，累累说下，若入后人手，不排则冗矣。）臣不敢避子胥之诛，（仍跟前说，亦密。）愿大王毋为吴王之听。（已上似提段。）昔秦绝先王之道，（以下三段，承"百年之秦"言之。）杀术士，燔《诗》、《书》，弃礼义，尚诈力，任刑罚，转负海之粟致之西河。（东南挽漕，以给西北。）当是之时，男子疾耕不足于糟糠，女子纺绩不足于盖形。（此句中已含欲为乱者十之三四矣。古文以明暗互见为变化者甚多。）遣蒙恬筑长城，东西数千里，暴兵露师常数十万，死者不可胜数，僵尸千里，流血顷亩，百姓力竭，欲为乱者十家而五。（五、六、七三段，极整齐，又极排宕。）又使徐福入海求神异物，还为伪辞曰：'臣见海中大神言曰：（凡欲动人之听者，必杂以恢宏曼衍之辞，此最得纵横遗习。）"汝西皇之使耶？"臣答曰："然。""汝何求？"曰："愿请延年益寿药。"神曰："汝秦王之礼薄，得观而不得取。"（蓬莱仙子竟似货药马医，可笑极矣。）即从臣东南至蓬莱山，见芝成宫阙，（若并不得观，则望遂绝矣。饵得妙。）有使者铜色而龙形，光上照天。（幻绝。《封禅书》所未见。）于是臣再拜问曰："宜何资以献？"海神曰："以令名男子若振女（即童男女，振与侲同。）与百工之事，即得之矣。"'（试问神仙何所资于人间百工之事？愚弄至此而不悟，盖其蔽之者深矣。）秦皇帝大悦，遣振男女三千人，资之五谷种百工而行。徐福得平原广泽，止王不来。（即今之日本国。）于是百姓悲痛相思，欲为乱者十家而六。又使尉佗逾五岭攻百越。尉佗知中国劳极，止王不来，（中国鼎沸，偏是化外之人得恣其欲。）使人上书，求女无夫家者三万人，以为士卒衣补。秦皇帝可其万五千人。于是百姓离心瓦解，欲为乱者十家而七。（先是力竭，继是悲思，终于瓦解，层次井然。）客谓高皇帝曰：'时可矣。'（陡接。）高皇帝曰：'待之，圣人当起东南间。'（但以首难者为圣人，非质言也。）不一年，陈胜吴广发矣。高皇始于丰沛，一倡天下不期而响应者不可胜数也。此所谓蹈瑕候间，（四字立论之本。）因秦之亡而动者也。百姓愿之，若旱之望雨，故起于行陈之中而立为天子，功高三王，德传无穷。今大王见高皇帝得天下之易也，（勘破隐衷，妙。）独不观近世之吴楚乎？（折落近世之吴、楚，其语犹夷恣肆而秩然整齐。）夫吴王赐号为刘氏祭酒，复不朝，王四郡之众，地方数千里，内铸销铜以为钱，东煮海水以为盐，上取江陵木以为船，（言畔者本领绝大而非时，终不能成功。）一船之载当中国数十两车，国富民众。行珠玉金帛赂诸侯宗室大臣，独窦氏不与。（以窦婴为将击吴、楚故。）计定谋成，举兵而西。破于大梁，败于狐父，奔走而东，至于丹徒，越人禽之，身死绝祀，为天下笑。（写得前如屯云之集，后如落叶之扫，令人索然意消。）夫以吴越之众不能成功者何？诚逆天道而不知时也。（"逆天"是正论，但就时势上说已失之矣。）方今大王之兵众不能十分吴、楚之一，天下安宁有万倍于吴、楚之时，愿大王从臣之计。（略用一顿即疾转，好笔力。）大王不从臣之计，今见大王事必不成而语先泄也。（此中大有铃束之妙。）臣闻微子过故国而悲，于是作《麦秀》之歌，（亦暗与"宫中生荆棘，露沾衣"语遥作关会。）是痛纣之不用王子比干也。故《孟子》曰'纣贵为天子，死曾不若匹夫'。是纣先自绝于天下久矣，非死之日而天下去之。（檃括"闻诛一夫纣矣"之意，而不袭其词。）今臣亦窃悲大王弃千乘之君，必且赐绝命之书，为群臣先，死于东宫也。"（直以独夫纣指斥王，可谓犯颜敢谏之至矣。卒为画侥幸之计何也？）于是王气怨结而不扬，涕满匡而横流，即起，历阶而去。

【注释】淮南王：名安，淮南厉王子。

道：犹言路由长安来。

治：理也。

案：考验也。

胶东、常山：皆景帝子。

不：同否。

将军上：上，来前也。

怅然：不乐也。

直：径也。

画：计算也。

吴楚：吴楚等七国谋反皆破灭。

燔：音烦，烧也。

负海：犹言环海。

暴：音卜，露也。

若：犹及也。

振女：振亦作侲，音真，童女也。令名男子，童男子也。

王不来：犹言不来王，谓化外之地，盖当时有此语也。

佗：音驼。

五岭百越：今两广地。

衣补：为士卒缝纫也。

瑕间：破绽也。间，平声。

行陈：音杭朕，卒伍也。

易：去声。

祭酒：尊者也。《礼》"饮酒必祭，示有先也，故称尊者曰祭酒"。

销铜：生铜也。一作消。

江陵：在湖北旧荆州府。

行珠玉金帛：行，犹送也。

狐父：地名，在梁砀之间。父音甫。

丹徒：地名，今为县，属江苏金陵道。

越人：东越也。吴王败走丹徒保东越，越使人铍杀吴王。

不能：不及也。

微子：纣庶兄。

王子比干：纣诸父。

千乘：诸侯之国。

且：将也。

东宫：淮南时居东宫。

眯：同眠，睡也。

历阶：下阶也。

总评：君子读伍被折淮南反谋之言而叹，见几之宜审，赴义之不可以不决也。夫被而非智者则已，被诚智者，则宫中麋鹿已成为沼之忧；（谓勾践灭吴。）故国黍禾业陨沾襟之涕。（谓微子麦秀之歌。）持之过急，势不过诛；狎之既深，气将见夺。天下岂有父母絷于王宫，密画需（需，待也。）之半载，而犹不虞泄机谋于道路，启猜衅于汉廷者哉？淮南之亡，翘（翘，举也。）足可待，乃被犹依违两可，卒为首谋者，不过刀锯当前，冀赊（赊，犹缓也。）旦夕之死。事幸可成，则依日月之末光固堪化家为国；即不成，亦欲藉此两番苦口为兔脱之缘耳。见几不审，赴义不决，卒倾庙社，并陷身家。於乎（同呜呼。）惜哉！

分段详注评点史记菁华录 卷六

汲郑列传

【眉批】汲长孺，武帝朝第一直臣而不相；李将军，武帝朝第一名将而不得侯。史公盖深惜之，故两传皆用零零碎碎写法，须眉毕著，性情皆活。然黯之为人，几于至诚动物，忌之者不能伤，骄之者不能折，爱之者不能私，短之者不能损，危言危行，如蹈康庄，真西汉第一流人物也。

【眉批】切直人能以清静无为之本领，所以为贤，若刻礉以济其直，则不惟病国，亦必祸身矣。然吾谓黯之贤，诚为体清静为用，此正仲弓所谓"居敬行简"者也。子长雄于文而乐言黄老，其见地固不无少偏者，须论世者自得之。

汲黯字长孺，濮阳人也。（卫地，为下句引。）其先有宠于古之卫君。（无意着此语，亦为戆直者反面衬映。）至黯七世，世为卿大夫。黯以父任，（门荫中有此人，故奇。）孝景时为太子洗马，以庄见惮。（武帝为太子时，知黯已久。）孝景帝崩，太子即位，黯为谒者。东越相攻，上使黯往视之。（两使黯往视，实非其任，而黯不辞，意固欲相机寻事，出其橐中之颖也。）不至，至吴而还，报曰："越人相攻，固其俗然，不足以辱天子之使。"（出使半道，废命而还，虽曰持大体，然亦见汉法宽厚，迥非后世所及。）河内失火，延烧千余家，上使黯往视之。还报曰："家人失火，屋比延烧，不足忧也。（两"不足"字，皆为朝廷占地步，然何不于奉命之时言之，故知寻事见才是其本意。）臣过河南，河南贫人伤水旱万余家，或父子相食，臣谨以便宜，持节发河南仓粟以振贫民。臣请归节，伏矫诏之罪。"（数语简尽，足抵一篇奏疏，黯非一味率直者也。）上贤而释之，（武帝大过人。）迁为荥阳令。黯耻为令，病归田里。上闻，乃召拜为中大夫。（毕竟于为太子时知之有素，故惓惓如此。）以数切谏，不得久留内，迁为东海太守。黯学黄老之言，治官理民，好清静，择丞史而任之。其治，责大指而已，不苟小。（此等自是大臣宰相局量，史公以为学黄老所致。此西汉人习气，须分别论之。）黯多病，卧闺阁内不出。

岁余，东海大治。称之。（此岂谈清静者所能为？）上闻，召以为主爵都尉，列于九卿。治务在无为而已，弘大体，不拘文法。（即以治郡者治天下，古大臣原无两副本领。）

黯为人性倨，少礼，面折，不能容人之过。合己者善待之，不合己者不能忍见，（此段总叙其性情，须相笔尖转动之处袅袅如游丝欲坠。）士亦以此不附焉。（此"亦以"是一层。）然好学，游侠，（篇中用"然"字转处，俱健绝。）任气节，内行修洁，好直谏，数犯主之颜色，常慕傅柏、袁盎之为人也。（宕笔多姿。）善灌夫、郑当时及宗正刘弃。（数人皆有一节类黯耳。）亦以数直谏，不得久居位。（此"亦以"又一层。）

【眉批】武帝"多欲"一着，乃其隐微深痼之病。其四十余年之间，开边榷货，封禅求仙，无数敝政皆此二字为之根。忽然被黯一言指破，实乃惭悚不遑，故但怒其戆而不能罪，至于徘徊顾叹，终不得以"社稷臣"目之。史公于面折犯颜之下，特写一段帝之爱，一段帝之敬，殊有深意存焉。

当是时，太后弟武安侯蚡为丞相，（此段证实"性倨少礼"。）中二千石来拜谒，蚡不为礼。然黯见蚡未尝拜，常揖之。（具画意。）天子方招文学儒者，上曰"吾欲"云云，（写生手。）黯对曰："陛下内多欲而外施仁义，奈何欲效唐、虞之治乎！"（此段证实"直谏犯颜"。）上默然，怒，变色而罢朝。公卿皆为黯惧。（点染法。）上退谓左右曰："甚矣，汲黯之戆也！"（一字定评。）群臣或数黯，黯曰："天子置公卿辅弼之臣，宁令从谀承意，陷主于不义乎？且已在其位，纵爱身，奈辱朝廷何！"（借点语特为"戆"字作注脚，盖武帝"戆"字之评褒贬双合，非直少黯也。）

黯多病，病且满三月，上常赐告者数，终不愈。（此段写上之爱黯。）最后病，庄助为请告。上曰："汲黯何如人哉？"（中有主见，问以决之，玩下"然"字，悠然神往。）助曰："使黯任职居官，无以逾人。然至其辅少主，（此一事。）守城深坚，（此又一事。）招之不来，麾之不去，（总承上二句。）虽自谓贲、育亦不能夺之矣。"（数语皆信于其未然，可谓知己矣。)上曰:"然。古有社稷之臣,至如黯,近之矣。"(武帝朝多才,独以"社稷臣"许黯,可思。)

大将军青侍中,(此段写上之敬黯。)上踞厕而视之。丞相弘燕见,上或时不冠。至如黯见,上不冠不见也。(总写一笔。)上尝坐武帐中,(又撮一事以实之,零星入妙。)黯前奏事,上不冠,望见黯,避帐中,使人可其奏。其见敬礼如此。

【眉批】黯一生与张汤牴牾,篇中凡三叙责汤之言,其意前后相足,不甚歧异,大概以刀笔吏深文周内,纷改旧章为恨。按,秦法创于商鞅,重于李斯。汉悉除去苛法,萧何定为二十二篇,曹参守之不失,盖民之去汤火而濯清凉者,历高、惠、文、景四朝而始有胜残去杀之意。自汤一出而纷纷舞乱,嗣是而苍鹰屠伯鼓牙而兴,糜烂其民,又甚于亡秦之世,则皆汤作之俑也。作俑无后,天理固宜,"无种"之言,岂为过哉?然汤子安世竟以名德见称,高官显爵,赫奕有加。所谓天道是耶非耶?史公于黯责汤之言再三写之,繁而不杂,其所感者深矣。杀运既开,虽圣人复起,未如之何。存黯之论,所以为万世计也。

张汤方以更定律令为廷尉,黯数质责汤于上前,曰:(此段证实"面折不能容人"之过。)"公为正卿,上不能褒先帝之功业,下不能抑天下之邪心,安国富民,使囹圄空虚,二者无一焉。(其言甚正,其职甚伟,足令老奸心死。)非苦就行,放析就功,何乃取高皇帝约束纷更之为?(诘得无致辩处。)公以此无种矣。"(毒骂,妙。然小人不敢仇,非至诚动物者不能。)黯时与汤论议,汤辩常在文深小苛,黯伉厉守高不能屈,忿发骂曰:(意匠经营,化工肖物,千载而下,如闻其声。)"天下谓刀笔吏不可以为公卿,果然。必汤也,令天下重足而立,侧目而视矣!"

是时,汉方征匈奴,招怀四夷。黯务少事,(此真武帝朝清凉散如果相黯,为四海造福远矣。)承上间,常言与胡和亲,无起兵。上方向儒术,尊公孙弘。及事益多,吏民巧弄。上分别文法,汤等数奏决谳以幸。(前后只归重律令一事。)而黯常毁儒,面触弘等徒怀诈饰智以阿人主取容,而刀笔吏专深文巧诋,陷人于罪,(檃括处亦极精彩。)使不得反其真，以胜为功。（妙语可入典谟）上愈益贵弘、汤，（不情得妙。不如此，不足见黯之积诚动物。）弘、汤深心疾黯，唯天子亦不说也，欲诛之以事。（写弘意中事。狠甚。）弘为丞相，乃上言曰："右内史界部中多贵人宗室，难治，非素重臣不能任，（以誉之为陷之，千古小人害君子多用此术。）请徙黯为右内史。"为右内史数岁，官事不废。（只如此妙。）

大将军青既益尊，姊为皇后，然黯与亢礼。人或说黯曰："自天子欲群臣下大将军，大将军尊重益贵，君不可以不拜。"黯曰："夫以大将军有揖客，反不重耶？"（善为大将军地。）大将军闻，愈贤黯，数请问国家朝廷所疑，遇黯过于平生。（此岂武夫所能，青于此稍有大臣之度。）

淮南王谋反，惮黯，曰："好直谏，守节死义，难惑以非。（直谏守节之臣，能令逆臣忌惮，故奇。岂必赳赳武夫而后为公侯干城哉！）至如说丞相弘，如发蒙振落耳。"

天子既数征匈奴有功，黯之言益不用。

始黯列为九卿，而公孙弘、张汤为小吏。及弘、汤稍益贵，与黯同位，（逐步写来，咄咄逼人，与《李广传》同一机局。）黯又非毁弘、汤等。已而弘至丞相，封为侯；汤至御史大夫；（此为三公，正位极人臣矣。）故黯时丞相史皆与黯同列，（又加捆一笔。）或尊用过之。（益妙。）黯褊心，不能无少望，（善写人肺腑间事。）见上，前言曰："陛下用群臣如积薪耳，后来者居上。"（巧中带戆，非黯不能道。）上默然有间。（画得尽致。）黯罢，上曰："人果不可以无学，观黯之言也日益甚。"（学为谐媚耶？评得不情而有态。）

【眉批】以上争律令，此二段争边功，黯之深心大识，一生只惓惓此二事。然汉廷群在梦熟时，虽振臂疾呼，无益也。

【眉批】"譬若奉骄子"一语，自汉以来，直至赵宋，无不如此。千秋短气之事，发端者，刘敬也，摘破者，汲长孺也。是古今一大关捩也。

居无何，匈奴浑邪王率众来降，汉发车二万乘。县官无钱，从民贳马。民或匿马,马不具。上怒,欲斩长安令。(怒得无理。)黯曰:"长安令无罪,独斩黯,民乃肯出马。(激得更无理,故妙。)且匈奴畔其主而降汉,(妙得《春秋》之旨。)汉徐以县次传之,(其持大体犹前也。)何至令天下骚动,罢敝中国而以事夷狄之人乎!"上嘿然。(数写"嘿然",俱妙。)及浑邪至,贾人与市者,坐当死者五百余人。(汉法:擅以中国货物阑出关外通互市者,弃市。)黯请间,见高门,曰:"夫匈奴攻当路塞,绝和亲,(其罪如此。)中国兴兵诛之,死伤者不可胜计,(其为中国患又如彼。)而费以巨万百数。臣愚以为陛下得胡人,皆以为奴婢以赐从军死事者家;所卤获,因予之,(处分妙绝。)以谢天下之苦,塞百姓之心。(大义正法,不复有道及者。)今纵不能,浑邪率数万之众来降,虚府库赏赐,发良民侍养,譬若奉骄子。(说得短气,又说得伤心。)愚民安知市买长安中物而文吏绳以为阑出财物于边关乎?(仍是痛诋刀笔吏口吻。)陛下纵不能得匈奴之资以谢天下,又以微文杀无知者五百余人,是所谓'庇其叶而伤其枝'者也,臣窃为陛下不取也。"(还回上意而收之,章法极不草草。)上嘿然,不许,("嘿然"者,深动心于黯之论,因自咎;"而不许",论诛互市之人也。)曰:"吾久不闻汲黯之言,今又复妄发矣。"后数月,黯坐小法,会赦免官。于是黯隐于田园。

【眉批】黯传毕矣,治淮阳不过"如故"二字尽之,史公偏于受诏之时,去国之际,极力写出其一腔忠诚恻怛之意,蓬勃慷慨,生气凛然。其意中固以黯为第一流人物,须以第一副笔墨写之。或谓实政少而文章不能生色者,岂非妄哉!

居数年,会更五铢钱,民多盗铸钱,楚地尤甚。上以为淮阳,楚地之郊,乃召拜黯为淮阳太守。(黯,名臣也。小过免之,过矣。至遇盘根错节,则终思利器。武帝之用人,不亦末乎?)黯伏谢不受印,诏数疆予,然后奉诏。诏召见黯,(写得侘傺而文清刚。)黯为上泣曰:"臣自以为填沟壑,不复见陛下,不意陛下复收用之。臣常有狗马病,力不能任郡事,臣愿为中郎,出入禁闼,补过拾遗,臣之愿也。"(姜桂之性愈辣,葵藿之心不移。老臣心地，以安社稷为悦者，如赵鼎过岭出涕，同一副本领也。不得以前耻为令意例看之。）上曰："君薄淮阳耶？吾今召君矣。（帝虽不情，然其待黯亦未尝不厚。）顾淮阳吏民不相得，吾徒得君之重，卧而治之。"黯既辞行，过大行李息，曰：（老臣去国如此，所以为社稷臣。）"黯弃居郡，不得与朝廷议也。然御史大夫张汤，（畅发张汤巧佞之隐，真如燃犀照渚，百怪惶惑。汤纵不能害黯，黯则必将诛汤，如有明严相之于椒山，其势固不两立，此帝之所以必欲出黯于外也。）智足以拒谏，诈足以饰非，务巧佞之语，辩数之辞，非肯正为天下言，专阿主意。主意所不欲，因而毁之；主意所欲，因而誉之。好兴事，舞文法，内怀诈以御主心，外挟贼吏以为威重。公列九卿，不早言之，公与之俱受其僇矣。"息畏汤，终不敢言。黯居郡如故治，淮阳政清。（写出行所无事，简而妙。）后张汤果败，上闻黯与息言，抵息罪。令黯以诸侯相秩居淮阳。七岁而卒。（帝之重黯极矣，然终不乐近之，惟其多欲故也。）

【眉批】篇首既云"濮阳人"，又云"其先有宠于古之卫君"，至篇末遂牵连卫人仕宦者，而以"皆严惮汲黯，出其下"结之。史公作文，虽闲句冷字，无一处无着落如此。

卒后，上以黯故，官其弟汲仁至九卿，子汲偃至诸侯相。黯姑姊子司马安亦少与黯为太子洗马。安文深巧善宦，（与黯相反，激射得奇。）官四至九卿，以河南太守卒。昆弟以安故，同时至二千石者十人。濮阳假宏（特点"濮阳"字，与篇首应。）始事盖侯信，信任宏，宏亦再至九卿。然卫人仕者皆严惮汲黯，出其下。（总一句，收得有味外味。）

【注释】长：上声。

濮阳：汉县名，故城在今直隶濮阳县南。濮音卜。

卫君：六国时卫弱，但称君。

父任：大臣任举其子弟为官。

太子洗马：官名，太子出则前驱导威仪。

庄：严也。

谒者：官名，掌宾赞。

东越：今浙江省地。

吴：今江苏省地。

比：音被，近也。言屋相近，故连延而烧也。

振：今字作赈。

矫制：诈称天子言。

数切谏：屡次刺谏也。数音朔。切，刺也。

东海：郡名，今山东旧兖州府东南至江苏邳县以东皆是。

黄老：黄帝、老子，道家之祖。

丞史：郡守属官。

阁：同阁。

主爵都尉：官名，掌列侯。

弘：《汉书》作引。

面折：当人之面屈辱人也。

忍见：忍气而见之也。

游侠：好交游，急人难也。

絜：同洁。

好：去声。

傅柏：梁人，为孝王将，素伉直。

中二千石：中音众，满也。谓秩满两千石者。

云云：犹言如此如此，史略其辞耳。

戆：音扛，去声，愚也。

数：责之也。

纵：虽也。

且：将也。

赐告：许其告病也。

数：音朔，频也。

为请告：代其告病也。

逾：音俞，过也。

贲、育：孟贲、夏育，古勇士。

侍中：侍立宫中。

踞厕：坐床边侧也。古者天子见大臣，则御坐为起，不起者，轻之也。

燕见：无事私见也。见音现。

武帐：置兵阑五兵于帐中也。

质：对之也。

更：平声，改也。下同。

囹圄：音零语，狱也。

非苦就行放析就功：谓不勉力即行，反以破坏为功。非，犹不也。

纷：乱也。

种：上声，无种，言诛及子孙也。

伉厉：强健严肃也。

文深：谓用法深刻也。

刀笔吏：见前《萧相国世家》。

重足：足重茧而不敢前也。重，平声。

间：间隙也，去声。

谳：音业，又音彦，平议罪狱曰谳。

阿：音乌，谄附也。

诋：音底，巧诋，巧言诬诋也。

说：同悦。

事：借他事中伤之也。

右内史：即京兆尹。

亢礼：不为屈也。

发蒙振落：言易也。

丞相史：丞相下有长史，秩千石。

褊心：私心也。褊音扁。

少望：怨望也。

黯然：心伤也。

有间：多时也。

浑邪：音魂耶。

降：平声。

贳：音世，赊也。

畔：同叛。

次传：次第以传车送之也，传，去声。

罢：同疲。

请间见高门：请乘间隙见上于高门殿也。未央宫中有高门殿。

钜万百数：即数百钜万也。

卤：同虏。

文吏：即刀笔吏。

绳：纠其罪也。

微文：细故也。

禁闼：天子所居，出入有禁，故曰禁闼。闼音榻。

得：犹安也。

徒：但也。

大行：官名，掌宾客。

辨数：犹辨给也。

舞：犹弄也。

僇：同戮，辱也。

抵：犹加也。

诸侯相秩：诸侯王相，在郡守上秩，真两千石，月得百五十斛。

"两千石",月得百二十斛,岁凡得一千四百四十石。

假宏:《汉书》作段宏。

盖侯信:景帝王皇后兄。盖音葛。

卫人:濮阳故卫地。

郑当时者,字庄,陈人也。其先郑君尝为项籍将,(黯与当时为人相似处甚少,各引其先一人,又各与本人不类,俱文章罗纹之妙。)籍死,已而属汉。高祖令诸故项籍臣名籍,郑君独不奉诏。诏尽拜名籍者为大夫,而逐郑君。(郑君古之节烈士,而史公不著其名,不为立传,所以为轻节义而重奸雄。)郑君死孝文时。

【眉批】郑当时传只极写其爱士好客,然通体皆用虚写。独以脱张羽于厄一事起,以任人宾客道负贻累一事终。其成其败,皆以客之故也。则当其廷议田、窦一事时,始是魏其,后不能坚对,则以窦婴、灌夫亦好客之甚者,故气类有以感之,不必实为骨鲠之论也。故于廷议受贬既甚略,而后复以"趋和承意,不敢引当否"言之,而惟极叹其爱士真切。盖古人虽临文爱赏极意处,终不肯妄许一字也如此!千古称良史才,断非偶然。

郑庄以任侠自喜,脱张羽于厄,(实为一士于前。)声闻梁、楚之间。孝景时,为太子舍人。每五日洗沐,常置驿马长安诸郊,存诸故人,请谢宾客,夜以继日,至其明旦,常恐不遍。(此事亦后世所难行,庄之好客,自是任侠自喜故态。)庄好黄老之言,(特插此语,为与汲黯同也。)其慕长者如恐不见。年少官薄,然其游知交皆其大父行,天下有名之士也。(极写得士之盛。)武帝立,庄稍迁为鲁中尉、济南太守、江都相,至九卿为右内史(综叙生平历任官阀,别是一格,可为权式。)以武安侯、魏其时议,贬秩为詹事,(此当时骨鲠处,却写得极略,以全传不重此也。)迁为大农令。

庄为大吏,诫门下:"客至,无贵贱无留门者。"执宾主之礼,以其贵下人。庄廉,又不治其产业,仰奉赐以给诸公。(尤难在此。)然其馈遗人,不过算器食。(以竹器贮食物,俭之至也。)每朝,候上之间，说未尝不言天下之长者。（总只一意变化出来。）其推毂士及官属丞史，（两头二"言"字虚写。）诚有味其言之也，（神往语，奇绝，有至味。）常引以为贤于己。（即有味中紬绎出来。）未尝名吏，与官属言，若恐伤之。（已上极写好客之诚。）闻人之善言，进之上，唯恐后。山东士诸公以此翕然称郑庄。

【眉批】其废亦以宾客之故累之，一意到底。

郑庄使视决河，自请治行五日。（此段只引证"翕然称"之实。）上曰："吾闻'郑庄行，千里不赍粮'，（此言其结客之多，到处有逢迎也。"庄"、"粮"叶韵，盖是时传颂之语。）请治行者何也？"然郑庄在朝，常趋和承意，不敢甚引当否。（此与黯相反处，然廷议独与黯同，是魏其侯传中偏不详写。古人作法，须看全局，不肯草草如此。）及晚节，汉征匈奴，招四夷，天下费多，财用益匮。庄任人宾客为大农僦人，多逋负。司马安为淮阳太守，发其事，庄以此陷罪，赎为庶人。顷之，守长史。上以为老，以庄为汝南太守。数岁，以官卒。（以太守而卒，与黯同。）

郑庄、汲黯始列为九卿，廉，内行修洁。此两人中废，家贫，宾客益落。（合写二人相同处，发明合传之意，大有慨感。）及居郡，卒后家无余资财。（只用一句带出赞语来。）庄兄弟子孙以庄故，（又一关锁。）至二千石六七人焉。

【注释】陈：即陈留，今县属河南开封道。

名籍：书名于版也。

张羽：梁孝王将，楚相之弟。

阨：音兀，难也。

存：问候也。

请谢：犹言迎送。

游知交：同游处之知友也。

大父行：祖父同辈也。行音杭。

鲁中尉：鲁国中尉，掌徼循，禁盗贼。

江都相：江都王相。

议：议田蚡及窦婴事。

贬职：降职也。

詹事：官名，掌皇后太子家。

大农令：即治粟内史，后又改名大司农。

长者：老成人也。长，上声。

推毂：犹引荐也。

未尝名吏：言未尝直斥吏之名也。

伤：触犯也。

翕然：众口一词也。翕音歙。

治行：治行装也。

引当否：置可否也。

晚节：晚年也。

匮：音愧，少也。

僦：音酒，去声。谓受雇赁而载运也，言当时保任其宾客于司农载运也。

逋负：欠债不能偿也。逋音铺。

守长史：为丞相长史也。

行：去声。

絜：同洁。

落：散也。

【眉批】汲传不及宾客盛衰，郑传亦惟篇末"宾客益落"一语。赞语自发生平太息之意，故横插翟公之言作案，实不专为汲、郑也。

太史公曰：夫以汲、郑之贤，（以传外意作赞，别寓感欷。）有势则宾客十倍，无势则否，况众人乎！下邽翟公有言，始翟公为廷尉，宾客阗门；及废，门外可设雀罗。翟公复为廷尉，宾客欲往，翟公乃大署其门曰："一死一生，乃知交情。一贫一富，乃知交态。一贵一贱，交情乃见。"汲、郑亦云,悲夫!

【注释】邽:音圭,县名,属京兆。

阗:音田,满也。

亦云:亦如此说也。

酷吏列传

酷吏，以严刑峻法残虐其民之官吏。酷音哭。

【眉批】西汉之初，多颂法黄老之言，其与孔孟之书醇驳固未暇辨也。起处所引《老子》"上德不德"云云，正所谓德其所德，而非吾所谓德者。今但约举大旨，不必深解，即是解人。

【眉批】武帝之用酷吏也，皆以为能而任之，而酷吏义实有公廉强干之才，当武帝开边括利之际用之，亦往往有成效。故借亡秦吏治武健严酷之风而赞其胜任愉快，此明是刺讥武帝本旨。下即以"由是观之，在彼不在此"，缴明尚德之意，又随引两酷吏之被诛以为炯戒。讽谏微情，蔼然可掬，此极用意文字也。

孔子曰："道之以政，齐之以刑，民免而无耻。道之以德，齐之以礼，有耻且格。"（引孔、老两家言起，以"德"字压倒刑法，史公卓识。）老氏称："上德不德，是以有德；下德不失德，是以无德。法令滋章，盗贼多有。"（在史公意，以不德为清净无为，以"不失德"为科条详备，而老子本旨又不尽然。）太史公曰：信哉是言也！（双承孔、老之言而叹之。）法令者治之具，而非制治清浊之源也。（卓识名言。）昔天下之网尝密矣，（此指秦时言之。）然奸伪萌起，其极也，上下相遁，（即指鹿为马之祸，亦以法严令酷致之。）至于不振。当是之时，吏治若救火扬沸，非武健严酷，恶能胜其任而愉快乎！（因网密而致奸多，因奸多而更立严法，其实无可奈何。顾若许其能靖乱者，亦反言之，以别起汉兴之效耳。）言道德者，溺其职矣。故曰"听讼，吾犹人也，必也使无讼乎"。"下士闻道大笑之"。非虚言也。（仍以孔子之言结之，意重无讼之道，为末世嗤笑，亦断章取义。）汉兴，破觚而为圜，斫雕而为朴，网漏于吞舟之鱼，（此以高帝悉去秦苛法之时言之。）而吏治烝烝，不至于奸，黎民艾安。由是观之，在彼不在此。（可见救火扬沸，亦终不在武健严酷。寓意深远，咀嚼不尽。）

高后时，酷吏独有侯封，刻轹宗室，侵辱功臣。吕氏已败，遂禽侯封之家。孝景时，晁错以刻深颇用术辅其资，而七国之乱，发怒于错，错卒以被戮。（先写两个榜样在前，重禽错被戮处。）其后有郅都、宁成之属。

【眉批】古语云"察见渊鱼者不祥"，盖天下之事每忌太尽，如郅都之为人，公廉强毅，直谏敢言，守节奉公，居边御侮，固属能臣之最。即其族灭豪宗，临江对簿，亦分所应为耳。只以一念酷烈，不近人情，遂致身膏刀锯而天下快之。君子是以有"仁可过，义不可过"之言也。郅都盖过于义者也。汲长孺及宋之包孝肃、明之海忠介，清强峻厉处固有，而宽简爱人，不务苛察，故为贤耳。

郅都者，杨人也。以郎事孝文帝。（孝文仁主，都无所见才可知。）孝景时，都为中郎将，敢直谏，面折大臣于朝。（惨酷本领，必附义理而行。）尝从入上林，贾姬如厕，野彘卒入厕。上目都，都不行。（绘出木强情状。）上欲自持兵救贾姬，都伏上前曰："亡一姬复一姬进，天下所少宁贾姬等乎？（其言固正，只是觉得不近情，便成惨礉之气耳。）陛下纵自轻，奈宗庙太后何！"（立言又奸巧。）上还，彘亦去。太后闻之，赐都金百斤，由此重郅都。

济南瞷氏宗人三百余家，豪猾，二千石莫能制，于是景帝乃拜都为济南太守。至则族灭瞷氏首恶，余皆股栗。居岁余，郡中不拾遗。旁十余郡守畏都如大府。（酷吏之效如此。）

都为人，（虚叙一段，足尽生平。）勇，有气力，公廉，不发私书，问遗无所受，请寄无所听。常自称曰："已倍亲而仕，身固当奉职死节官下，终不顾妻子矣。"（清刚奉职，自是能臣，一念惨恶，遂成酷吏，顾用之何如耳。）

郅都迁为中尉。丞相条侯至贵倨也，而都揖丞相。（都似汲黯处颇多，然在黯传写来俱可慕，此传写来俱可畏。笔妙如化工肖物也。）是时民朴，畏罪自重，而都独先严酷，致行法不避贵戚，列侯宗室见都侧目而视，号曰"苍鹰"。（数句是其杀身罪状。）

临江王征诣中尉府对簿，临江王欲得刀笔为书谢上，而都禁吏不予。（都之立意，总之，入其门者不得放一线生路而已。）魏其侯使人以间与临江王。临江王既为书谢上，因自杀。（临江王罪不致死，都杀之，适以自祸，亦天道使然。）窦太后闻之，怒，以危法中都，（已将杀之，却又少住，以尽其才，须看两"中法"句呼应。）都免归家。孝景帝乃使使持节拜都为雁门太守，而便道之官，得以便宜从事。匈奴素闻郅都节，居边，为引兵去，竟郅都死不近雁门。（酷吏负边才如此，亦岂易得哉？）匈奴至为偶人象郅都，令骑驰射莫能中，见惮如此。（极写其威摄人。）匈奴患之。窦太后乃竟中都以汉法。（所中之法不明言，盖都不必有可杀之罪，而一生实迹则无一念不足以杀其身耳。）景帝曰："都忠臣。"欲释之。窦太后曰："临江王独非忠臣耶？"于是遂斩郅都。（郅都斩。）

【眉批】宁成一生只是尚气，篇中陵上操下、豪强惴恐处虽极写豪暴，然尚无糜烂其民之事也。为吏者苟当骄侈之世而力矫其狂澜，如子产惠人而犹谓"政莫如猛"，成亦何可厚非？故虽抵罪髡钳，而犹得以素封，威重于世，有以也夫！

宁成者，穰人也。以郎谒者事景帝。好气，（宁成只是"好气"二字，做成一个酷吏。）为人小吏，必陵其长吏；为人上，操下如束湿薪。猾贼任威。（又足四字，好气之所以济其恶者也。）稍迁至济南都尉，而郅都为守。（串郅都。）始前数都尉皆步入府，因吏谒守如县令，其畏郅都如此。（借衬法。）及成往，直陵都出其上。（好气而敢陵人所不敢陵之人，乃见其酷。）都素闻其声，于是善遇，与结驩。（能使都屈，亦非漫然使气如灌夫之流。）久之，郅都死，后长安左右宗室多暴犯法，于是上召宁成为中尉。其治效郅都，其廉弗如，（以串法写，详略俱有骨力。）然宗室豪桀皆人人惴恐。

武帝即位，徙为内史。外戚多毁成之短，（从中尉内史得祸。）抵罪髡钳。（宁成髡钳。髡钳不足以蔽酷吏之辜也，故再写一笔以志快，史公之意可见。）是时九卿罪死即死，少被刑，而成极刑，自以为不复收，于是解脱，诈刻传出关归家。（是其猾贼作用。）称曰："仕不至二千石，贾不至千万，可比人乎！"（与郅都所称相去远矣。）乃贳贷买陂田千余顷，假贫民，役使数千家。（又写抵罪之后一番作用，猾贼任威之技乃尽。亦是文字逐段变化妙处。）数年，会赦。致产数千金，为任侠，持吏长短，出从数十骑。其使民威重于郡守。（为小吏而陵上官，奇矣；至为刑余而威重过郡守，不更异乎？成之才亦实有过人者，未可深訾也。）

【眉批】汲黯廷折弘、汤处亦类于忮，然疾恶耳，非争权也，奈何与周阳由并论？史公往往有文外支节不大了了处。又，旧注以"未尝敢均茵伏"句总承汲黯、司马安。非是。言与汲黯俱为忮害，虽以司马安之文恶，然且同列而不敢亢礼也。

周阳由者，其父赵兼以淮南王舅父侯周阳，（周阳，地名。）故因姓周阳氏。由以宗家任为郎，（宗家者，诸侯外戚之家。"任"与"荫"同。）事孝文及景帝。景帝时，由为郡守。武帝即位，吏治尚循谨甚，（先写此笔，便定由罪案。）然由居二千石中，最为暴酷骄恣。（"骄恣"字甚于"猾贼任威"，总写其恶，不但绝异于郅都之公廉，亦殊远于宁成之任侠。）所爱者，挠法活之；所憎者，曲法诛灭之。所居郡，必夷其豪。为守，视都尉如令。为都尉，必陵太守，夺之治。（加"夺之治"三字，便非仅好气。好气者不为势位所诎，夺权则罔上行私，何所不至？此所以终及于祸也。）与汲黯俱为忮，司马安之文恶，俱在二千石列，同车未尝敢均茵伏。

由后为河东都尉，时与其守胜屠公争权，相告言罪。胜屠公当抵罪，义不受刑，自杀，而由弃市。（周阳由弃市。）

自宁成、周阳由之后，（忽总来一笔，文势极变动。）事益多，民巧法，大抵吏之治类多成、由等矣。（至以群恶之罪归之，即作俑无后之叹也。）

【眉批】赵禹能识田仁、任安于微贱之中，亦贤大夫也。徒以文深为酷吏，须看"与张汤定律"、"用法益刻自此始"数句，可见以三寸管酿祸无穷，正与杀人以梃与刃者同科。史公垂戒之深意可见矣。

赵禹者，斄（音台。）人。以佐史补中都官，用廉为令史，（禹稍廉平，独以文深列于酷吏。）事太尉亚夫。亚夫为丞相，禹为丞相史，府中皆称其廉平。然亚夫弗任，曰："极知禹无害，然文深，不可以居大府。"（亚夫有大臣识略，正与汲黯斥张汤意同。）今上时，禹以刀笔吏（特点出"刀笔吏"三字，妙。）积劳，稍迁为御史。上以为能，（传中眼目。）至太中大夫。与张汤论定诸律令，（串法。）作见知，（见知者，律法名，即知而不举者连坐之。）吏传得相监司。用法益刻，盖自此始。（禹传未毕，即入张汤，又变。）

张汤者，杜人也。其父为长安丞，出，汤为儿守舍。还而鼠盗肉，其父怒，笞汤。汤掘窟得盗鼠及余肉，劾鼠掠治，传爰书，讯鞫论报，并取鼠与肉，具狱磔堂下。（爰书即狱词。其中备具士师讯鞫之由及论罪如律，而朝廷报可诸款式。然后并取盗鼠赃证，具狱而后磔。写得丝毫不漏，故为天生酷吏才也。）其父见之，视其文辞如老狱吏，大惊，遂使书狱。（引一小事起，见汤乃天生酷吏之才。）父死后，汤为长安吏，久之。

周阳侯始为诸卿时，（即周阳由之父赵兼。）尝系长安，（亦从治狱中出身。）汤倾身为之。及出为侯，大与汤交，遍见汤贵人。汤给事内史，为宁成掾，（看其步步从刀笔吏露颖，便知与士大夫出身迥别。）以汤为无害，言大府，调为茂陵尉，治方中。（督治山陵中圹室。）

【眉批】古之取人，必视其所与。张汤之所与者，皆非端士也。始因赵兼定交，继为宁成掾属，又为田蚡长史，终与赵禹交欢。天性既优于深刻，薰染俱极其倾邪，宜其为酷吏中之首恶也。

【眉批】"见文法辄取，亦不覆案"，极写赵禹癖好深文处。文法者，刻鞫文致之法，以为精核而取录之，亦不复检覆律令故典以求其相合否也。惟其喜好刻深，所以尝求官属阴罪而致之于法，若张汤于上所是，即受而著谳决法附于廷尉絜令，是即近世新例之法也。即此二语，洞见禹、汤二人更定律令，纷纭繁重，大改高帝旧章，使人无所措手足矣。此二传中骨子也。

武安侯为丞相，征汤为史，时荐言之天子，补御史，使案事。治陈皇后蛊狱，深竟党与。于是上以为能，（此方是汤脱颖而出处，故丞下

"上以为能"句。）稍迁至太中大夫。与赵禹共定诸律令，（文有见于彼传而此不复书者，独"共定律令"事，禹传、汤传两书之，所以深著其恶也。）务在深文，拘守职之吏。已而赵禹迁为中尉，徙为少府，而张汤为廷尉，两人交欢，而兄事禹。（先作一束。）禹为人廉倨。（忽入禹传，离奇开合，极文之变。）为吏以来，舍毋食客。公卿相造请禹，禹终不报谢，务在绝知交宾客之请，孤立行一意而已。见文法辄取，亦不覆案，求官属阴罪。（禹之为人，与汤事事相反，徒以一念刻深，遂相得无间。特以"禹为人"、"汤为人"平提二段，以不没二人之真。）汤为人多诈，（句句与禹反，妙极。整齐又极参差，故奇。）舞智以御人。始为小吏，乾没，与长安富贾田甲、鱼翁叔之属交私。及列九卿，收接天下名士大夫，己心内虽不合，然阳浮慕之。（为小吏，婪贿不立品如此，至为三公却有廉名，其诈可知。尽抉肺腑，恶之至也。）

【眉批】汤立意亦要钼豪强，振贫弱，收恤故旧、荐扬属吏及弘奖经术、敦尚廉耻，皆是美事。惟一以诈行之，遂觉无往不阴邪暧昧。史公尽力雕绘，所谓虽百世可知也。

是时上方乡文学，汤决大狱，欲附古义，（"决大狱"、"附古义"，美事也。惟其一诈，写得不值一文。）乃请博士弟子治《尚书》、《春秋》补廷尉史，亭疑法。（亭，即平，谓以经术平疑狱，如严延年以《春秋》律卫太子是也。）奏谳疑事，必豫先为上分别其原，上所是，受而著谳决法廷尉絜令，扬主之明。（絜，即絜矩之义。比较旧法而附合之，即新例也。）奏事即谴，汤应谢，（此段数用"即"字，皆妙。）乡上意所便，必引正、监、掾史贤者，曰："固为臣议，如上责臣，臣弗用，愚抵于此。"罪常释。（详写一大段，如秦宫宝镜，无隐不烛。盖汤好深文，故史公亦即以深文写之，此亦酷吏手段，非他文所有也。）间即奏事，上善之，曰："臣非知为此奏，乃正、监、掾史某为之。"其欲荐吏，扬人之善蔽人之过如此。（扬善蔽恶，亦美事也。惟其一诈，亦写得不值一文。）所治，（此段专就治狱上写其诈。）即上意所欲罪，予监史深祸者；即上意所欲释，与监史轻平者。所治即豪，必舞文巧诋；即下户羸弱，时口言，虽文致法，上财察。（"财"同"裁"。）于是往往释汤所言。（先见上口奏以开释之，故虽文致于法，而往往裁察见释。）汤至于大吏，内行修也。（亦终不没其善。）通宾客饮食。于故人子弟为吏（故人子弟为吏者饮食之，此倒句法。）及贫昆弟，调护之尤厚。其造请诸公，不避寒暑。（本欲写汤之得声誉，却先着造请不避寒暑，则其得之者，更不值一文。）是以汤虽文深意忌不专平，然得此声誉。而刻深吏多为爪牙用者，依于文学之士。丞相弘数称其美。（弘好儒术，以汤依于文学之士，故亦称美之，亦倒句法。）及治淮南、衡山、江都反狱，皆穷根本。（汤之刻深，治狱只"陈皇后蛊狱，穷竟党与"，及此处"穷根本"二实案，余悉用虚写。）严助及伍被，上欲释之。汤争曰："伍被本画反谋，而助亲幸出入禁闼爪牙臣，及交私诸侯如此，弗诛，后不可治。"于是上可论之。（前言上所欲释，即与轻平者。此又将欲释者争而诛之，然则汤之立意刻酷，盖可见矣。）其治狱所排大臣自为功，多此类。于是汤益尊任，迁为御史大夫。

【眉批】群酷吏非无暴过于汤者，然用事之专且久，得君之深且笃，则未有及汤者也。所以烦酷之气溢于四海，上自公卿，下及黎庶，无不被其毒，汤即煦煦于故人昆弟亦何益矣。宛转写来，不留余力也如此。

会浑邪等降，汉大兴兵伐匈奴，山东水旱，贫民流徙，皆仰给县官，县官空虚。于是承上指，（大书"承上指"，既不恕汤，亦深讥上也。）请造白金及五铢钱，笼天下盐铁，排富商大贾，出告缗令，锄豪强兼并之家，舞文巧诋以辅法。（聚敛实弘羊、孔仅等所为，汤惟舞文巧诋以附法，故尽写在汤案内。笔法严极。）汤每朝奏事，语国家用（即承聚敛来），日晏，天子忘食。丞相取充位，天下事皆决于汤。（所谓天下之恶皆归焉。）百姓不安其生，骚动，县官所兴，未获其利，奸吏并侵渔，（此皆桑、孔等罪案，今皆并入"皆决于汤"句。）于是痛绳以罪。则自公卿以下，至于庶人，（明明以群凶之罪，并归一人。）咸指汤。汤尝病，天子至自视病，其隆贵如此。（"天子忘食"，"天子视病"，两头以宠异结成罪案。）

【眉批】武帝朝有三大弊政：贵治狱之吏，信兴利之臣、启穷兵之祸是也，惟张汤一传兼有之。即如狄山所议，固不中肯綮，汤特以"愚儒无知"一语驳之，迨山自触汤而武帝自责之乘鄣耳。段后独缀"群臣震慑"一语，便见穷兵之祸皆汤养成，而箝结众口之威，几如指鹿为马，皆文章辣手处。

匈奴来请和亲，群臣议上前。（独作一段，写汤排陷朝士样子。）博士狄山曰："和亲便。"上问其便，山曰："兵者凶器，未易数动。高帝欲伐匈奴，大困平城，乃遂结和亲。（言既曲谨，不足以动雄略之主，而历叙累朝之事，亦绝不知忌讳。宜其言之不见听，而反以贾祸也。）孝惠、高后时，天下安乐。及孝文帝欲事匈奴，北边萧然苦兵矣。（文帝乃不得已而用兵，非欲事匈奴之谓。）孝景时，吴楚七国反，景帝往来两宫间，寒心者数月。（言以用兵而惧。）吴，楚已破，竟景帝不言兵，天下富实。今自陛下举兵击匈奴，中国以空虚，边民大困贫。由此观之，不如和亲。"（和亲伤中国之体，本非长策，帝方欲威服四夷，何惜烦费。）上问汤，汤曰："此愚儒，无知。"（亦不达时务之谓。）狄山曰："臣固愚忠，若御史大夫汤乃诈忠。"（"愚忠"、"诈忠"，其言甚确，但不应舍本议而捃拾他事耳。）若汤之治淮南、江都，以深文痛诋诸侯，别疏骨肉，使藩臣不自安。（与议和亲事何与，而自寻硬对耶？）臣固知汤之为诈忠。"于是上作色曰："吾使生居一郡，能无使虏入盗乎？"（上方任汤而山痛诋之，故欲以事诛之，亦与本议无涉。）曰："不能。"曰："居一县？"对曰："不能。"复曰："居一鄣间？"（冲边列亭鄣为屯戍。）山自度辩穷且下吏，曰："能。"于是上遣山乘鄣。至月余，匈奴斩山头而去。自是以后，群臣震慑。（此盖汤所使，非真匈奴也所以群臣震慑。）

汤之客田甲，虽贾人，有贤操。（应田甲一段，大为汤惜。）始汤为小吏时，与钱通，及汤为大吏，甲所以责汤行义过失，亦有烈士风。（汤传未毕，缀此句于田甲段下，有味。）

汤为御史大夫七岁，败。（自此以后，皆汤所以致败之事，亦极曲折。）

【眉批】汤喜排陷大臣，总是一腔忮刻之念，然独庄青翟一事，窃谓汤不必有陷人之志，直苟欲自免而已。盖大臣有罪则见谢，所以明奉职无状耳。汤以御史大夫无园陵关系，因不复谢；及后上问贾人居物之谋，亦不复谢；其意总谓非己之罪而已。况一则曰"欲文致"，再则曰"欲劾君"；不过因三长史谋陷汤，借是以激丞相，恐未必有实迹之可寻也。且丞相即是行园之职，而瘗钱被盗，亦岂遂于长陵抔土同科，断不至连及宰相而怨咎顿加也。总之，汤之苛刻，自是取死之道；汤之诈妄，早伏见疑之根。而买臣等以深怨图报，减宣、赵禹又以同类相戕，天道好还，巧于假手陷人者，人亦陷之。味赵禹之言，可以自悟，而事之有无，不足更辨矣。

【眉批】汉之诛戮大臣，多以蜚语告奸及腹诽反唇诸暧昧之法，往往不厌人心，独张汤以摩足细故，遂致杀身。而读者若犹以从容自裁未足蔽辜者，以汤之怀诈面欺，无一念不足以自贼其躯也。故汤之得幸也以诈，其致祸也亦以诈；其陷人也以诈，其终自陷也亦以诈。呜呼！山木自伐，膏火自煎，今之以智囊自负者，何不鉴于汤也？

河东人李文尝与汤有隙，已而为御史中丞，恚，数从中文书事有可以伤汤者，不能为地。（文欲伤汤，而顾为汤所杀；然汤之败，卒以此事发端也。）汤有所爱史鲁谒居，知汤不平，使人上蜚变告文奸事，事下汤，汤治论杀文，而汤心知谒居为之。（数写心知，以著其阴险不可测揣。）上问曰："言变事纵迹安起？"汤佯惊曰："此殆文故人怨之。"（诈变将穷，数数描写，皆为后"面欺"二字伏脉。）谒居病卧闾里主人，汤自往视疾，为谒居摩足。（感其为己报复，然极暧昧。文极平常，俱用零碎写法叠成死案。）赵国以冶铸为业，王数讼铁官事，汤常排赵王。赵王求汤阴事。谒居常案赵王，赵王怨之，并上书告："汤，大臣也，史谒居有病，汤至为摩足，疑与为大奸。"（告得不甚了了，而能中武帝之忌，故妙。）事下廷尉。谒居病死，（谒居不死，汤未必败，此天亡之也。）事连其弟，弟系导官。（导官，狱名。）汤亦治他囚导官，见谒居弟，欲阴为之，而佯不省。（汤一生善诈，今偏以诈败，可谓非天乎？）谒居弟弗知，怨汤，使人上书告汤与谒居谋，共告变李文。（摩足之事，固从李文起，事有原委。）事下减宣，（串入减宣。）宣尝与汤有隙，及得此事，穷竟其事，（与汤穷竟他人处应。）未奏也。（顿住另起。）会人有盗发孝文园瘗钱，丞相青翟朝，与汤约俱谢，至前，汤念独丞相以四时行园，当谢，汤无与也，不谢。（又诈，凡写汤事，俱从心曲传出。）丞相谢，上使御史案其事。汤欲致其文丞相见知，（即前所造"见知律"，欲以此诛青翟，狠甚。）丞相患之。三长史皆害汤，欲陷之。（忽起案，奇。）

始长史朱买臣，会稽人也。（朱买臣亦有奇特处，而史公不为立传，仅附见张汤传中，故其书法较两长史差详。班掾遂为补传，盖未得龙门去取之意也。）读《春秋》。庄助使人言买臣，买臣以《楚辞》与助俱幸，侍中，为太中大夫，用事；而汤乃为小吏，跪伏使买臣等前。（害汤三长史，俱只从炎凉起见，非有他故也，自然两败俱伤。）已而汤为廷尉，治淮南狱，排挤庄助，买臣固心望。（此念犹为感助荐举之恩。）及汤为御史大夫，买臣以会稽守为主爵都尉，列于九卿。数年，坐法废，守长史，（凡守丞相长史，皆后用效力起用之意。）见汤，汤坐床上，丞史遇买臣弗为礼。买臣楚士，深怨，常欲死之。（酷吏本好以气凌人，况废员乎？楚人剽悍，写得深稳。）王朝，齐人也。以术至右内史。（右内史及诸侯相，皆真二千石。）边通，学长短，（战国纵横之学。）刚暴强人也，官再至济南相。故皆居汤右，（二人总写。）已而失官，守长史，诎体于汤。（与买臣详略各妙。）汤数行丞相事，知此三长史素贵，常凌折之。（由王朝而下，自一人总二人，又总三人，文笔妥帖。）以故三长史合谋曰：（遥接三长史"害汤，欲陷之"句。）"始汤约与君谢，已而卖君；今欲劾君以宗庙事，此欲代君耳。（皆与庄青翟谋之言，直激之耳，未必果然。）吾知汤阴事。"使吏捕案汤左田信等，（左，因佐证其罪者也。）曰汤且欲奏请，信辄先知之，居物致富，与汤分之，（此亦贾人征贵征贱常态，遂以泄禁令陷汤，自是冤狱。且汤既贵之后，亦不闻黩货事也。三公之贵，何事不可致富，乃垂涎贾人羡余耶？）及他奸事。事辞颇闻。上问汤曰："吾所为，贾人辄先知之，益居其物，是类有以吾谋告之者。"（问得猜狠之甚。）汤不谢。汤又佯惊曰："固宜有。"（叠写二句，狡诈如镜。"固宜有"三字，汤固欲移罪他人耳。适会减宣、赵禹两酷吏与作勍敌，遂不可收拾，天实杀之也。）减宣亦奏谒居等事。天子果以汤怀诈面欺，使使八辈簿责汤。汤具自道无此，不服。（颇顽钝。）于是上使赵禹责汤。（即同定律令素所兄事者也。果报可畏。）禹至，让汤曰："君何不知分也。君所治夷灭者几何人矣？（妙绝。不与辨本案，只以现前果报愓之。）今人言君皆有状，天子重致君狱，欲令君自为计，何多以对簿为？"（赵禹至，汤固无生理矣。来俊臣鞫周兴，亦如此。）汤乃为书谢曰："汤无尺寸功，起刀笔吏，陛下幸致为三公，无以塞责。然谋陷汤罪者，三长史也。"遂自杀。

汤死，家产直不过五百金，皆所得奉赐，无他业。（特书此语，见与田信分利之诬。史公虽甚恶汤，然初未尝恕买臣等也。）昆弟诸子欲厚葬汤，汤母曰："汤为天子大臣，被污恶言而死，何厚葬乎！"（为天子大臣而有与贾竖分财之名，污辱极矣。此母善于为子报仇。）载以牛车，有棺无椁。天子闻之，曰："非此母不能生此子。"乃尽案诛三长史。（武帝盖终惜汤。）丞相青翟自杀。（此以三长史故，非为宗庙事也。）出田信。上惜汤。稍迁其子安世。（惟汤有后。）

【眉批】禹只是文深，而责汤处尚能以夷灭人为汤罪案，则其平缓可知也。寿终于汤死十余年之后，宜哉！

赵禹中废，（又接赵禹，其传始终以一传绕出汤传之前后，文体极奇。）已而为廷尉。始条侯以为禹贼深，弗任。及禹为少府，比九卿。禹酷急，至晚节，事益多，吏务为严峻，而禹治加缓，而名为平。（褒贬处铢两不苟，笔态千曲百折，精悍特甚。）王温舒等后起，治酷于禹。（妙句。是恕禹，即是终不恕禹。）禹以老，徙为燕相。数岁，乱悖有罪，免归。后汤十余年，以寿卒于家。（独禹稍平，遂以寿终。）

【眉批】从义纵以下残恶糜烂，无复人理，回视郅都、赵禹诸人，又如祥麟威凤矣。史公用彼此形击之法，相推相效，相忮相灭，如造蛊者聚百毒于一器，恣其吞噬，劫运至此，正何必阎、吴诸公绘焰摩变相也。

义纵者，河东人也。为少年时，尝与张次公俱攻剽为群盗。（伏张次公，传外传也，笔有余妍。）纵有姊姁，以医幸王太后。王太后问："有子兄弟为官者乎？"姊曰："有弟无行，不可。"（有识，然亦巧于荐弟。）太后乃告上，拜义姁弟纵为中郎，补上党郡中令。治敢行，少蕴藉，（写得妙绝，又是一种气色。）县无逋事，举为第一。（纵本群盗，故其一生只是盗贼器魄，一味斩杀，别无伎能。）迁为长陵及长安令，直法行治，不避贵戚。以捕案太后外孙修成君子仲，上以为能，迁为河内都尉。至则族灭其豪穰氏之属，河内道不拾遗。（酷吏治效如此。）而张次公亦为郎，以勇悍从军，敢深入，有功，为岸头侯。

【眉批】前宁成以髡钳抵罪，豪于闾里；其传未毕，又见义纵传中；方结成案，犹张汤传中：归结赵禹之法也。若他手则传各为起结，岂有此离奇出没之妙？

【眉批】按：军数出定襄，而吏民乱败，则亦由于上之扰之而不聊生耳。乃以残暴之吏，恣其贼虐，何哉？武帝之罪，上通于天矣。○"为死罪解脱"句，向以此语为私入相视罪名，谬甚。纵意盖以死囚本无生理，今尽杀之，如为解脱其淹系之苦者然，此恶人口吻也。

宁成家居，（又入宁成，极言成之暴，以托起义纵之暴倍蓰于成来。背而铺粉之法，最为文字生色。）上欲以为郡守。御史大夫弘曰："臣居山东为小吏时，宁成为济南都尉，其治如狼牧羊。（其狼如此。）成不可使治民。"上乃拜成为关都尉。岁余，关东吏隶郡国出入关者，号曰"宁见乳虎，无值宁成之怒"。（其见畏于人又如此。）义纵自河内迁为南阳太守，（陡接。）闻宁成家居南阳，及纵至关，（与他吏出入关者应。）宁成侧行送迎，（成见纵又若羊遇狼矣。奇甚。）然纵气盛，不为礼。至郡，遂案宁氏，尽破碎其家。成坐有罪，及孔、暴之属皆奔亡，南阳吏民重足一迹。（四字妙绝，即无所措手足之变化也。）而平氏朱强、杜衍、杜周为纵爪牙之吏，任用，迁为廷史。（酷吏未有不任其爪牙者。）军数出定襄，定襄吏民乱败，于是徙纵为定襄太守。纵至，掩定襄狱中（妙在一"掩"字，残酷无复人理在此。）重罪轻系二百余人，及宾客昆弟私入相视亦二百余人。（"轻系"既与"重罪"殊科，"私入"又非见囚可比，而纵一概杀之，所以为掩也。）纵一捕鞫，曰"为死罪解脱"。是日皆报杀四百余人。其后郡中不寒而栗，猾民佐吏为治。（奸猾反有生涯，从来如此。）

【眉批】惟纵传历举群酷吏相并而集其成，如破碎宁成，折复王温舒，治放郅都，远过张汤、赵禹。盖萃众人之恶为一人之恶，而超轶绝伦者也，恣肆写来，笔有余怒。

是时赵禹、张汤以深刻为九卿矣，（沉痛，可味。）然其治尚宽，辅法而行，而纵以鹰击毛挚为治。后会五铢钱白金起，民为奸，京师尤甚，乃以纵为右内史，王温舒为中尉。（两凶相聚，而纵之恶愈炽。）温舒至恶，其所为不先言纵，纵必以气凌之，（到底盗贼器魄。）败坏其功。其治，所诛杀甚多，然取为小治，奸益不胜，（积痼尽底提出。）直指始出矣。（绣衣使者始出刺举奸暴。）吏之治以斩杀缚束为务，阎奉以恶用矣。（阎奉从史之恶者，公然拔用，皆纵之罪案也。两"矣"字有太息之声。）纵廉，其治放郅都。上幸鼎湖，病久，已而卒起幸甘泉，道多不治。上怒曰："纵以我为不复行此道乎？"嗛之。（纵之恶，人不敢问，而偶以意外取死，天也。）至冬，杨可方受告缗，纵以为此乱民，部吏捕其为可使者。（杨可受告缗，上所使也，而纵捕之，岂得以修成子仲为例耶？）天子闻，使杜式治，以为废格沮事，弃纵市。后一岁，张汤亦死。（天子方以告缗为可获利，故发怒，义纵弃市，又缓张汤。似无谓而妙。）

【眉批】豪猾奸吏，持其阴罪而纵使督奸，固亦一法。然曰"快其意所欲得"，则赘其罪勿问，则彼必竟为贼害以希上之旨，而冤抑雁祸，有不可胜言者矣。法非不善，而惨酷者行之，必不可长耳。

【眉批】温舒之迁河内，久知豪猾之家，其杀气之摩厉以须者，刻不容缓矣。无奈之郡日已是深秋，则捕鞫、论奏、得报、行诛，度三月之中未能集事，则无以逞其残杀之威。故一到即私具驿马，从河内至京，飞驰奏请，数日得报，流血成渠，而犹恨亡走之未及并杀，因顿足浩叹。如此形容酷吏，真药叉、罗刹未足以比其凶残。

王温舒者，阳陵人也。少时椎埋为奸。（出身与义纵略同。）已而试补县亭长，数废。为吏，以治狱至廷史。事张汤，（串法妙。）迁为御史。督盗贼，杀伤甚多，稍迁至广平都尉。择郡中豪敢任吏十余人，以为爪牙，皆把其阴重罪，而纵使督盗贼，快其意所欲得。此人虽有百罪，弗法；即有避，因其事夷之，亦灭宗。（条络在手，此人亦有将帅之才。但用以督盗贼，亦未为不可；用以戕民，即无人理矣。）以其故齐赵之郊盗贼不敢近广平，广平声为道不拾遗。（"声为"妙，不必实然。）上闻，迁为河内太守。

素居广平时，皆知河内豪奸之家，及往，九月而至。（提九月。）令郡具私马五十匹，为驿自河内至长安，部吏如居广平时方略，捕郡中豪猾，（此一念之恶，直包至"冬月益展一月，足吾事矣"一叹，所谓惟日不足也。）郡中豪猾相连坐千余家。上书请，大者至族，小者乃死，家尽没入偿臧。奏行不过二三日，得可事。论报，（私驿之效。）至流血十余里。（此尽杀之语，惨酷什倍。）河内皆怪其奏，以为神速。尽十二月，（缴十二月，盖三月中杀千余家。）郡中毋声，毋敢夜行，野无犬吠之盗。（叠三句，酷焰犹赫。）其颇不得，（偶有遁亡。）失之旁郡国，梨求，（"梨"与"比"同，及也。）会春，温舒顿足叹曰："嗟乎，令冬月益展一月，足吾事矣！"（汉法，立春后不许决囚，此温舒置驿之意。）其好杀伐行威不爱人如此。天子闻之，以为能，（前闻闻其广平道不拾遗，此闻闻其河内无犬吠之盗也。亦遥接法。）迁为中尉。其治复放河内，徙诸名祸猾吏与从事，河内则杨皆、麻戊，关中杨赣、成信等。（河内、关中皆其旧治，故徙其爪牙以为搏击之助。）义纵为内史，惮未敢恣治。（惮者，温舒惮义纵也。其文已在前，旧解作纵惮温舒。）及纵死，张汤败后，徙为廷尉，而尹齐为中尉。

尹齐者，东郡茌平人。以刀笔稍迁至御史。事张汤，（以下皆张汤故吏，史公所以不肯恕汤而必列于酷吏中也。班史不知此义，别为立传，便非史识。）张汤数称以为廉武，使督盗贼，所斩伐不避贵戚。迁为关内都尉，声甚于宁成。上以为能，（虚写，各有详略之妙。）迁为中尉，吏民益凋敝。尹齐木强少文，豪恶吏伏匿而善吏不能为治，以故事多废，抵罪。（尹齐才具不逮温舒远甚，而廉过之，便知牵尹齐只是极写温舒之恶。）上复徙温舒为中尉，（再为中尉。）而杨仆以严酷为主爵都尉。（又过一传，离合有天巧。）

【眉批】杨仆本非酷吏，而前以"严酷"二字为提，后以"治放尹齐"四字为缴本，和融无迹。史公亦着意斡旋如此。

【眉批】温舒在十人中至为残恶，而尹齐、杨仆特附见温舒传中，以温舒之为中尉，适与彼相交卸也。旧说谓温舒之恶，本传不尽者，又见尹齐传中，是未知史公隐见出没，若断若联之妙也。

杨仆者，宜阳人也。（此段只为杨仆为主爵都尉小注。）以千夫为吏。河南守案举以为能，迁为御史，使督盗贼关东。治放尹齐，以为敢挚行。稍迁至主爵都尉，列九卿。天子以为能。南越反，拜为楼船将军，有功，封将梁侯。为荀彘所缚。居久之，病死。（征东越时败衄，失爵。史究言之，非此时事。）

【眉批】十人中第一无品者，其才亦远不逮宁成辈，只是一个任用猾吏而已。宜其咎连五族而千金之产，适为屠剑之场也。

而温舒复为中尉。（即再为中尉事，接前段。）为人少文，居廷惽惽不辩，至于中尉则心开。（写出恶人性情，奇而确。）督盗贼，素习关中俗，知豪恶吏，豪恶吏尽复为用，为方略。（应尹齐为中尉时伏匿不能为治。）吏苛察，盗贼恶少年投缿（音项）购告言奸，（令人为匿名告密。缿，铜柜，可入不可出。）置伯格长，（即百家连坐法。）以收司奸盗贼。温舒为人谄，（又虚写一段，见其品之污贱，不足比数，恶之至也。）善事有势者；即无势者，视之如奴。有势者，虽有奸如山，弗犯；无势者，贵戚必侵辱。舞文巧诋下户之猾，以焄大豪。（焄大豪，谓巧为文致名作大豪也。旧解谓熏炙之，如借此惩彼之谓，则与谄态不符。）其治中尉如此。奸猾穷治，大抵尽靡烂狱中，行论无出者。其爪牙吏虎而冠。（温舒之恶在用奸吏，而其败也亦根于此，故处处提出。）于是中尉部中中猾以下皆伏，有势者为游声誉，称治。治数岁，其吏多以权富。（又点爪牙之恶。）

温舒击东越还，议有不中意者，坐小法抵罪免。是时天子方欲作通天台而未有人，温舒请覆中尉脱卒，得数万人作。（谄上希旨故态。）上说，拜为少府。徙为右内史，治如其故，（文简而变化。）奸邪少禁。坐法失官。复为右辅，行中尉事，（三为中尉。）如故操。（文法小变。）

【眉批】温舒最酷，祸亦最惨。若尹齐虽不实写，而诛灭既多，幸得免死，可谓天道疏而漏矣。遂以"尸亡去归葬"，著其死有余辜，不得从容成礼，以正首丘之报也。而旧注或谓尸自飞去，则岂残人酷吏顿有飞升羽化之术耶？不经甚矣。

岁余，会宛军发，诏征豪吏，温舒匿其吏华成，（终以庇吏贾祸。）及人有变告温舒受员骑钱，他奸利事，罪至族，自杀。其时两弟及两婚家亦各自坐他罪而族。（王温舒五族。）光禄徐自为曰："悲夫，夫古有三族，而王温舒罪至同时而五族乎！"（假他人口出之，咨嗟涕洟，快耶？恨耶？写得妙绝。）

温舒死，家直累千金。（赃污狼藉如此。）后数岁，尹齐亦以淮阳都尉病死，家直不满五十金。（特借尹齐相形如此。）所诛灭淮阳甚多，及死，仇家欲烧其尸，尸亡去归葬。（尹齐亡尸。）

【眉批】独于温舒传后痛发酷暴之吏无益于治而贻害甚大，则向所谓"道不拾遗"、"野无犬吠"之盗云云者，岂不诬哉！亦当时人主尊尚酷吏，而文致其美，以自欺欺人而已。史公文字，彼此激射者极工。○正发明首叙"法令者，治之具，而非制治清浊之源也"一段真诠。

自温舒等以恶为治，（此该诸人在内。）而郡守、都尉、诸侯二千石欲为治者，其治大抵尽放温舒，而吏民益轻犯法，盗贼滋起。（此又独归罪温舒，妙。）南阳有梅免、白政，楚有殷中、杜少，齐有徐勃，燕赵之间有坚卢、范生之属。（枚举群盗，与群酷吏正略相当也。然则酷吏非惟不足以禁寇，而实为致寇之媒，酷何裨于国哉！）大群至数千人，擅自号，攻城邑，取库兵，释死罪，缚辱郡太守、都尉，杀二千石，为檄告县趣具食；（写出视汉吏如儿戏，妙。）小群盗以百数，掠卤乡里者，不可胜数也。（此尤其小者，故上云"百数"，此云"不可胜数"。）于是天子始使御史中丞、丞相长史督之。（酷吏之一变。○但督之，此亦酷耳。）犹弗能禁也，乃使（二变。）光禄大夫范昆、诸辅都尉及故九卿张德等衣绣衣，持节，虎符发兵以兴击，斩首大部或至万余级，（又加酷焉。）及以法诛通饮食，坐连诸郡，甚者数千人。数岁，乃颇得其渠率。（笔端有眼，杀戮无辜不可胜纪，而间一二盗魁以塞责。）散卒失亡，复聚党阻山川者，往往而群居，无可奈何。于是作"沉命法"，（三变。○沉没其命，即连坐诛死也。）曰群盗起不发觉，而捕不满品者，二千石以下至小吏主者皆死。（所谓沉命坐也。）其后小吏畏诛，虽有盗不敢发，恐不能得，坐课累府，（千古锢弊，至今为烈。）府亦使其不言。（终究无可奈何。）故盗贼寖多，上下相为匿，以文辞避法焉。

【眉批】减宣大抵纤啬苛察之人，其才亦有过人者，然无大臣之度，而又济以酷急，则其祸而不可胜言矣。明梁俭庵为楚左藩佰，凡属吏日用薪菜，各有一牌，经其判断，乃许市买，谓之食料判。然自奉至俭，性乃和易，故遂为名臣盛节，减宣则非其人也。

减宣者，杨人也。以佐史无害给事河东守府。卫将军青使买马河东，见宣无害，言上，征为大厩丞。（即从马上得来。）官事办，稍迁至御史及中丞。使治主父偃及治淮南反狱，所以微文深诋，杀者甚众，称为敢决疑。（疑狱有矜，不闻敢决也。品目殊妙。）数废数起，（别是一般叙法。）为御史及中丞者几二十岁。王温舒免中尉，（串温舒。）而宣为左内史。其治米盐，事大小皆关其手，（独以苛细刻薄为治。）自部署县名曹实物，官吏令丞不得擅摇，痛以重法绳之。居官数年，一切郡中为小治办，（语有斟酌。）然独宣以小致大，能因力行之，难以为经。

（宣起小吏，算権精敏，故能行其法。）中废。为右扶风，坐怨成信，信亡藏上林中，宣使郿令格杀信，吏卒格信时，射中上林苑门，（此天杀宣也。）宣下吏诋罪，以为大逆，当族，自杀。（减宣族杀。）而杜周任用。（忽过一句，妙。）

杜周者，南阳杜衍人。义纵为南阳守，（串义纵。）以为爪牙，（酷吏各有衣钵。）举为廷尉史。事张汤，汤数言其无害，至御史。使案边失亡，所论杀甚众。奏事中上意，任用，与减宣相编，（"相编"字法妙，犹相次相等也。）更为中丞十余岁。

【眉批】一段放减宣而外宽稍胜，一段放张汤而伺上更工，然则周之恶概可见矣。然上意欲诛者乃诛之，则黥刑酷杀，皆武帝有以启之也。下段遂将当时诏狱之繁极写一段，以终酷吏十人之局，是即篇中无数"上以为能"等句之大结穴处。故酷吏一传，凡所以刺孝、武也。此一传之大结构也。

其治与宣相放，然重迟，外宽，内深次骨。（善摹人情状。）宣为左内史，周为廷尉，（与上段排比，而长短疏密大殊。）其治大放张汤而善候伺。上所欲挤者，因而陷之；上所欲释者，久系待问（巧甚。）而微见其冤状。客有让周曰："君为天子决平，不循三尺法，专以人主意指为狱。狱者固如是乎？"（自是正论。）周曰："三尺安出哉？（强词却自足以夺理。）前主所是著为律，后主所是疏为令，当时为是，何古之法乎！"（律外有例，千古为昭，此语实发其窾。）

至周为廷尉，（此句递入诏狱，有飞梁架栋之妙。）诏狱亦益多矣。二千石系者新故相因，不减百余人。（此举天下多故而言之，殆非周等之故。）郡吏大府举之廷尉，一岁至千余章。章大者连逮证案数百，小者数十人；远者数千，近者数百里。（极意恣写，如闻叹息之声。）会狱，吏因责如章告劾，不服，以笞掠定之。（此句接上举之廷尉，此言廷尉会讯不容展辩也。）于是闻有逮皆亡匿。狱久者至更数赦十有余岁而相告言，大抵尽诋以不道（重写一遍，撮出诏狱所坐罪名。）以上。廷尉及中都官诏狱逮至六七万人，吏所增加十万余人。（又总计算一遍。）

【眉批】杜周非酷吏，直巧宦耳。张汤亦然。惟二人行径相似，故汤之后有安世，周之后有延年。班史遂将此两人别立传，盖亦不为无见。但史迁十人合传，只作一篇文字，其中结撰灵妙，固亦缺一不得。

周中废，后为执金吾，逐盗，（执金吾之属吏，有逐盗校尉。）捕治桑弘羊、卫皇后昆弟子刻深，天子以为尽力无私，（处处深刻。）迁为御史大夫。家两子，夹河为守。（又添出二子之酷。）其治暴酷皆甚于王温舒等矣。（温舒至酷，而周及其子又过之，烦惨极目。）杜周初征为廷史，有一马，且不全；及身久任事，至三公列，子孙尊官，家赀累数巨万矣。（又补出其贪婪，皆深恶之辞。）

【注释】免：苟免也。

无耻：无羞恶之心也。

格：感化而归于正也。

老氏：老子也。

滋章：繁多也。

救火扬沸：言本弊不除则其末难止也。

武健严酷：刚强残恶也。

恶：平声，何也。

溺：沉溺失职也。

觚：音孤，器之有棱者。

斫：音琢，削也。

雕：刻饰也。

朴：同樸。

烝烝：盛貌。

乂：同义。治也。

彼此：彼指道德，此指严酷。

轹：音历。刻轹，深刻欺压也。

禽：同擒。

晁错：音朝促。

资：用也。

七国：景帝时，吴、楚、赵、胶西、济南、菑川、胶东同时作乱，是谓七国之乱。

郅：音质。

杨：县名，汉属河东郡，在今山西洪洞县。

如厕：姬在便所生赵王彭祖也。

卒：同倅，急遽貌。

睍：音闲。

豪猾：豪强狡猾也。

二千石：郡守也。

股栗：言惧之甚，至于股脚战栗也。

如大府：犹如统属之也。

问遗：存问馈物也。遗同馈。

请寄：请托也。

听：从也。

倍：同背。

条侯：周亚夫。

揖丞相：不拜也。

致：尽也。

苍鹰：鸷击之鸟。

簿：狱辞之文书也。

临江王：景帝子。名荣，坐侵庙堧地得罪，召入京师对簿。

征：召也。

诣：到也。

刀笔：古用木简，故需刀笔。

中：谓中伤之也。

雁门：郡名，今山西（旧代州）宁武、朔平、大同皆其地。
节：有骨气也。
偶人：以木为人也。
中：去声。莫能中，不敢射中也。
宁：一作宁。
穰：音伤，汉县名，属南阳郡。
郎谒者：郎与谒者并官名。
好气：尚气节也，好，去声。
长史：上官也。长，上声。
束湿薪：喻束缚之甚也，湿物则易束。
猾贼：狡猾残忍也。
济南都尉：郡将也。
驩：同欢。
中尉：主爵中尉，掌列侯。武帝时更名右扶风，治内史右地。
惴：音醉，大惧也。
髡钳：音坤虔。髡，剃发也；钳，以铁束颈也。
收：以被重刑，将不复见收用也。
解脱：解脱钳釱而逃去也。
传：去声，所以出关之符也。
贾：音古，商贾也。
贳贷：借钱也。贳音世。
陂：音卑。陂田，近水泽之田也。
持吏长短：吏之贤否皆由成一言论定也。
文恶：以文法伤害人也。
茵伏：茵，车中蓐也。伏，轼也。未尝敢均茵伏，谓同车之时，自处偏侧。
侯周阳：封周阳侯也。周阳，汉县名，故城在今山西闻喜县东南二十里。

忮：音支，害也。俱为忮，皆为权贵之害也。

胜屠：即申屠。

类多成、由等：多与成、由等相类也。

斄：读曰邰，音胎。汉县名，属右扶风，在今陕西武功县境内。

左史：小史也。

中都官：京师诸官府也。

令史：官名，主文书。

弗任：弗信任也。

无害：犹言无过。

相监司：相纠察也。司，同伺。

杜：即杜陵，尔时未为陵故，但称杜，在今陕西长安县南。

传爰书：爰，换也。古者重刑，嫌有爱恶，故移换狱书使他官考实之也。

鞫：音菊，穷究其犯罪之情形也。

具：众备具也。

磔：音桀，分裂肢体也。

书狱：决狱之书，谓律令也。

为：护持也。

见汤贵人：引汤遍见贵人也。

给事：犹言供职。

掾：音砚，属官也。

茂陵尉：主作陵之尉也。茂陵，武帝陵。

方中：天子即位，豫作陵，讳之，故言方中。

陈皇后蛊狱：武帝后陈氏，无子妒宠，结女巫等往来宫中为巫蛊祠祭祝诅，事发连诛者三百余人，陈后坐废。

竟：穷究也。

廉倨：廉洁而倨傲也。
干没：据他人之物为己所有也。干音干。
田甲、鱼翁叔：并人姓名，田、鱼皆姓也。
正监：《百官志》"廷尉有正，有左右监，秩皆二千石"。
罪常释闻：常以释罪闻也。
羸：音雷，弱也。
口言：先见上口言之，欲与轻平也。
缗：音民，钱贯也。武帝伐四夷，国用不足，故税民间田宅舟车畜产奴婢等皆评作钱数，每千钱，出一算，贾人倍之。若隐不税，有告者，半与告人，余半入官，谓之告缗，出此令以锄豪强，兼并富商大贾之家也。一算，百二十文也。
钼：同锄。
舞：弄也。
诋：音抵，诬也。
取充位：备员充数而已。充位，犹尸位也。
度：入声。
侵渔：吞没也。
易：去声。
数、乐：并入声。
寒心：恐惧而心为冷也。
作色：怒也。
度：入声。
鄣：谓塞上要险之处，别筑城，置吏士守之，以扞寇盗也。
且下吏：将付狱吏也。
乘鄣：登鄣也。
贤操：贤行也。
慴：音失，惧也。

郄：同隙，衅隙也。

不能为地：犹言不能下手。

蜚变：急变也。蜚同飞。

详：同佯。下同。

赵王：名彭祖。

排：斥之也。

导官：官名，属少府，有导官令、导官丞，主择米。按：导即㝱字。即系导官者或以诸狱皆满，权寄于此，非本狱所也。

阴为：暗地设法开脱之也。

省：视也。

瘗：音意，埋也。埋钱于园陵，以送死也。

青翟：庄青翟。

约：将入朝之时，为之要约。

至前：至天子之前。

无与：不相干也。与，去声。

见知：见知故纵，以其罪罪之也。

长史：官名。汉相国、丞相、太尉、御史、大夫、前后左右将军皆有长史，秩千石。

会稽：郡名，今江苏东部、浙江西部皆其地。会音贵。

楚辞：屈原、宋玉所作。

心望：犹言心感。

买臣楚士：周末越灭吴，楚灭越吴之地，总属楚，故谓买臣为楚士。

长短：六国时，苏张长短纵横之术也。《战国策》，名短长术。

居汤右：在汤之上也。

诎：音卒，屈也。

劾：音刻，弹劾也。

居物：储物也。

闻：闻于天子也。

辈簿：以文簿次第一一责之也。

分：音问，本分也。

治：治狱也。

重：犹难也。

自为计：自引决也。

何多以对簿为：言何用多对。

河东：郡名，山西境内，在黄河以东者统称河东。

直：价直也。

奉：同俸。

业：产业也。

出田信：赦出田信也。

中废：降官也。

乱悖：年老昏乱悖谬也。

剽：音漂，去声，劫也。

姁：同煦。

王太后：武帝母。

行：去声。

上党：今山西冀宁道南部之地。

郡中令：谓补上党郡中县令，不详其县名。

蕴藉：含容也。言纵敢行暴政，少含容也。

逋事：盗贼逋逃之事。

直法行治：直，但也。但以法为治，不假借也。

仲：修成君子名也。王太后女，号修成君。

河内：郡名，大河以北，总谓之河内。今河南之河北道大部分地皆是。

弘：公孙弘。

济南：今山东旧济南府地。

南阳：今河南旧南阳府，湖北旧襄阳府之地。

孔、暴：二姓大族。

一迹：一般皆重足不敢前也。

平氏、杜衍：二县名。

廷史：郡守属官，掾佐之类。

足襄：郡名，今山西右玉县以北，至绥远道及蒙古喀尔喀右翼四子郡落之地。

掩：乘其不备也。

一捕：一切皆捕之也。

解脱：律诸囚徒，私解脱桎梏者加罪一等，为人解脱与同罪，纵鞠宾客昆弟，私入相视者为解脱死罪，尽杀之也。

猾民佐吏：百姓有素豪猾为罪恶者，今畏纵之严，反为吏耳目，助治公务以自效。

鹰击毛挚：如鹰隼之击奋毛羽罪，尽杀之也。

更：改也。

恶：去声。

直指：官名。衣绣衣，杖斧分部，逐捕群盗。亦曰绣衣直指。

放：同倣，效也。

鼎湖：宫名。

已：病愈也。

卒：同猝，遽也。

甘泉：宫名。

嗛：同衔，恨之也。

废极沮事：武帝使杨可主告缗，没入其财物，纵捕为可使者，此为废格诏书，沮已成之事也。格，读曰阁，置也。沮，音咀，败坏也。

　　杨陵：汉县名，属左冯翊。

　　椎埋：椎杀人而埋之。椎音垂。

　　试：补也。

　　广平：郡名，今直隶永年县。

　　豪敢：豪强而果敢也。

　　弗法：弗行法也。

　　夷：伤也。

　　声：传闻也。

　　素：平日也。

　　没入偿臧：臧，同赃。以赃致罪者，既没入之，又令出倍赃，或收入官，或还其主也。

　　论报：论罪报上也。

　　毋：禁止。下同。

　　梨求：梨，读为比。犹后世比卯追求也。

　　放：同仿。

　　名祸猾吏：著名害人之猾吏。

　　茌平：茌音慈。汉县名，今属山东东临道。

　　宜阳：汉县名，今属河南河洛道。

　　千夫：若五大夫，武帝时军用不足，令民出钱谷为之。

　　惛惛：音昏，不明貌。

　　缿：音侯，受投书之器，入不可出。

　　伯格长：伯读为阡陌之陌，格读为村落之落。言阡陌村落皆置长也。

　　收司奸：司同伺。收捕伺察奸人也。

　　䛟：同谣。

　　煇：音熏，虚构之也。

行论：执行论罪也。

中：去声，不中意，不合天子意也。

通天台：在甘泉宫，高五十丈。

覆中尉脱卒：覆校脱漏，未为役卒者。

说：同悦。

右辅：右冯翊。

宛军发：发兵伐大宛也。

员骑：骑之有正员者。

光禄：光禄勋也，官名，居禁中。

五族：温舒与弟同三族，而两妻家各一，故为五也。

趣：同促，催促也。

卤：同房。

诸辅：地之近于京畿者曰辅，汉有六辅，谓京兆、冯翊、扶风、河东、河南、河内。

渠率：魁首也。渠，大也。率，同帅。

沉命法：敢蔽匿盗贼者，没其命也。沉，没也。

品：率也，以人数为率也。

课：即上所谓满品。

寖：音晋，渐也。

杨：汉河东郡有杨邑。

大厩丞：掌马之官。厩，音究，养马之所。

关其手：犹言经过其手。

部署：分部而署置也。

县名曹实物：谓县及著名曹署之实物，一一皆自部署之也。

摇：动也。

经：常也。难为经，不可为常法也。

郿：音媚，汉县名，属右扶风。

格杀：击而杀之也。

杜衍：汉县名，属南阳。

边失亡：谓因虏入寇而所失人畜甲兵仓禀也。

中丞：官名，汉御史大夫有两丞，一曰御史丞，一曰中丞。居殿中，故名中丞。

迟：谓性迟钝也。

次骨：其用法深刻至骨也。

挤：音济，排挤也。

见：同现，显也。

让：责也。

决平：犹言决狱。

三尺法：以三尺竹简书法律也。

著：谓明表也。

疏：谓分条也。

当时为是：各当其时而为是也。当，去声。

诏狱：诏书所系治之狱也。

不减：不下也。

举之廷尉：举，皆也。言郡吏、大府狱事皆归廷尉也。大府，丞相、御史也。

千余章：犹言千余计。

会狱：往赴对也。

如章告劾：皆令服罪，如所告劾之表章。

定：定其辞，令服也。

逮：捕也。

更：历也。其罪或非赦。例，故不得除，而久逃之不出。至十余岁，犹相告言，由周用法深刻故也。

诋：音抵，诬也。

执金吾：官名，即中尉。掌徼循京师，武帝太初元年更名执金吾。

夹河为守：盖一为河内郡守，一为河南郡守也。

【眉批】酷吏之后引冯当、李贞等，犹《游侠传》后引群盗之意也。酷不可无才，侠不可无守，如此取人，真堪当冰鉴之目。

太史公曰：自郅都、杜周十人者，此皆以酷烈为声。（总断一笔。）然郅都伉直，（然后分别其善处。）引是非，争天下大体。张汤以知阴阳，（阴阳，即向背也。）人主与俱上下，时数辩当否，国家赖其便。赵禹时据法守正。杜周从谀，以少言为重。（独提此四人，亦有微意。）自张汤死后，网密，多诋严，官事寖以耗废。九卿碌碌奉其官，救过不赡，何暇论绳墨之外乎！（可见官事之废，实酷法有以致之。而酷法之吏，皆汤有以酿之也。史公不肯恕汤如此，而班氏独别提出之，失其旨矣。）然此十人中，其廉者足以为仪表，其污者足以为戒，方略教导，禁奸止邪，一切亦皆彬彬质有其文武焉。虽惨酷，斯称其位矣。至若蜀守冯当暴挫，广汉李贞擅磔人，东郡弥仆锯项，天水骆璧推咸，河东褚广妄杀，京兆无忌、冯翊殷周蝮鸷，水衡阎奉朴击卖请，何足数哉！何足数哉！

【注释】赡：音善，足也。

称：去声，犹当也。

推咸：咸亦作成，谓推系之以成狱也。

蝮鸷：音复至。蝮，毒虫。鸷，鹰类。以比其惨酷。

卖请：受赃也。

数：犹道也。

游侠列传

立气势，作威福，结私交，以立强于世者，谓之游侠。

【眉批】逐段承接，文法斩斩不乱。史公才大而心未尝不细，如此密寻之，方见其妙。

【眉批】先言游侠之义足多，又言缓急时有，以见世实少不得此辈人。此进一步法。

韩子曰："儒以文乱法，而侠以武犯禁。"二者皆讥，而学士多称于世云。（引韩子语，以儒、侠并讥起案，匹侠于儒，已占地步。）至如以术取宰相卿大夫，（此如公孙弘、张汤一辈人，似褒实贬。）辅翼其世主，功名俱著于春秋，固无可言者。（此正乱法之伪儒，掀开一边。）及若季次、原宪，闾巷人也，读书怀独行君子之德，义不苟合当世，当世亦笑之。（再引真儒无可讥笑者，而世复笑之，然则世俗之评论不足据可知，亦为下排摈游侠俗见起案。）故季次、原宪终身空室蓬户，褐衣疏食不厌。死而已四百余年，而弟子志之不倦。（当时虽笑，没而愈光。）今游侠，（陡接。）其行虽不轨于正义，然其言必信，其行必果，已诺必诚，不爱其躯，赴士之厄困，既已存亡死生矣，而不矜其能，羞伐其德，盖亦有足多者焉。（数语洗出游侠真面目，一篇骨子。）

且缓急，人之所时有也。（顿起，文势宕甚。）太史公曰：（述父谈之恒言，引证"缓急时有"句。）昔者虞舜窘于井廪，伊尹负于鼎俎，傅说匿于傅险，吕尚困于棘津，夷吾桎梏，百里饭牛，仲尼畏匡，菜色陈、蔡。此皆学士所谓有道仁人也，（亦应起段学士。）犹然遭此菑，况以中材而涉乱世之末流乎？其遇害何可胜道哉！（不觉说到己身，脱口沉痛。）

鄙人有言曰：（此段文极诋当世轻嘲匹夫游侠之见，不过嗜利俗肠。）"何知仁义，已飨其利者为有德。"故伯夷丑周，饿死首阳山，而文武不以其故贬王；跖、跻庌，其徒诵义无穷。由此观之，"窃钩者诛，窃国者侯，侯之门仁义存"，非虚言也。（重此二句，言其所称道不过攘利之魁耳。）

【眉批】排宕处正在粘而不粘，脱而不脱。

【眉批】通篇长峡在此一段中，有绝妙经营。

今拘学或抱咫尺之义，久孤于世，岂若卑论侪俗，与世沉浮而取荣名哉！（以上是讥儒之失，引起下段。）而布衣之徒，设取与然诺，千里诵义，为死不顾世，此亦有所长，非苟而已也。故士穷窘而得委命，此岂非人之所谓贤豪间者邪？（髫括上"亦有足多"及"缓急时有"二段，重复唱叹一遍，意味深长。）诚使乡曲之侠，（然后合锁儒侠而归到游侠一面来。）与季次、原宪比权量力，效力于当世，不同日而论矣。（此是伸儒诎侠。）要以功见言信，侠客之义又曷可少哉！（此是伸侠诎儒。）

【眉批】游侠之士，要是人生极意好为苟难之事，若以富厚豪公子挥金结客者当之，则一文不值矣。史公之意，千回百折，直送至龙门碣石之源，真极用意文字也。

古布衣之侠，靡得而闻已。（至此方独点布衣之侠来。）近世延陵、孟尝、春申、平原、信陵之徒，（大为侠客装门面。）皆因王者亲属，藉于有土卿相之富厚，招天下贤者，显名诸侯，不可谓不贤者矣。此如顺风而呼，声非加疾，其势激也。（明所以不取有位人之故。）至如闾巷之侠，修行砥名，声施于天下，莫不称贤，是为难耳。（明所以独取"布衣之侠"故。）然儒、墨皆排摈不载。自秦以前，匹夫之侠，湮灭不见，余甚恨之。（应前"古布衣之侠，靡得而闻"意。）以余所闻，汉兴有朱家、田仲、王公、剧孟、郭解之徒，虽时扞当世之文网，（应上"以武犯禁"句，笔下不肯恕人如此。）然其私义廉洁退让，有足称者。名不虚立，士不虚附。（极赞，峭洁。）至如朋党宗强比周，设财役贫，豪暴侵凌孤弱，恣欲自快，游侠亦丑之。（妙。以游侠之丑见侠亦有真伪，正与儒同。）余悲世俗不察其意，而猥以朱家、郭解等令与暴豪之徒同类而共笑之也。(隐隐与起手论伪儒相仿,好结构!)

【眉批】称朱家不容口,而不使一实笔,然朱家竟足千古。叹今之菜佣墓志,亦刺刺细事,堆垛满纸,阅之无一毫笋神,盖古文之法不讲久矣。

鲁朱家者,与高祖同时。鲁人皆以儒教,而朱家用侠闻。(犹有总叙余影,此文家事外远致。)所藏活豪士以百数,其余庸人不可胜言。然终不伐其能,歆其德,诸所尝施,唯恐见之。(史公重游侠处在此,所以娓娓不去口。)振人不赡,(奇特。)先从贫贱始。家无余财,(俱用虚叙,最高。)衣不完采,食不重味,乘不过軥牛。专趋人之急,甚己之私。既脱季布将军之厄,及布尊显,终身不见也。(实事,亦略扯作证。)自关以东,莫不延颈愿交焉。

【眉批】朱家传虚矣,而剧孟传更虚。盖朱家传尚从正面着笔,而剧孟传皆从四面八方着笔也。始言宰相得之若得敌国,则其倾动公卿,隐然操朝宁之重何如;次言母死而送者千乘,则其风靡四海,俨然驾王公之上何如;终言死无余才,则其振人之急,不遗余力何如。盖因孟之行事大类朱家,则不容更复一语,故除却死法,更寻活法也。古人文字金针,亦大可识矣。

楚田仲以侠闻,(田仲只附见朱家传中,笔极跳脱。)喜剑,父事朱家,自以为行弗及。田仲已死,而雒阳有剧孟。(捷递过,好笔!)周人以商贾为资,(起法与前传同。)而剧孟以任侠显诸侯。(正面只一句,奇绝。)吴、楚反时,条侯为太尉,乘传车将至河南,得剧孟,喜曰:"吴、楚举大事而不求孟,吾知其无能为已矣。"(条侯事见他人传者,俱可传。)天下骚动,宰相得之若得一敌国云。(断语响。)剧孟行大类朱家,而好博,多少年之戏。然剧孟母死,自远方送丧盖千乘。及剧孟死,家无余十金之财。而符离人王孟(附传一段。)亦以侠称江淮之间。

是时济南瞷氏、(即郅都所灭。)陈周庸亦以豪闻,景帝闻之,使使尽诛此属。其后代诸白、(白氏不止一豪,故曰诸白。)梁韩无辟、阳翟薛况、陕韩孺纷纷复出焉。

【眉批】前二传句句虚,此传则句句实,古人避就之法未尝不极精密也。

【眉批】朱家、剧孟一以振人之意为主，郭解则急欲著己之奇。如人杀姊子，必令其窘急自归，然后舍之；箕踞不敬，必使其知感谢罪，然后满志。由此而推，则可知其执恭谨以待人者，皆欲假此以倾动天下，而阴贼剽攻，实其根于性而不可回者矣。夫以上有猜忌之君，下有刻深之相，而一布衣之士，方且任侠行权，风靡海内，此时即无杀人罪过，犹且不免于诛，况一人为侠而为之羽翼者皆俨然群盗乎？解之族灭，非冤也。史公酷嗜奇烈之士，故次之独详，然予夺在手，瑕瑜并呈，使千古读之，宛如交臂，亦岂真进奸雄也哉！

　　郭解，轵人也，字翁伯，善相人者许负外孙也。（史公最重郭解，独书其字，又详其系，末复缀其字，俱有深致。）解父以任侠，孝文时诛死。（先了一案。）解为人短小精悍，（频上三毫。）不饮酒。少时阴贼，慨不快意，身所杀甚重。以躯借交报仇，藏命作奸剽攻不休，及铸钱掘冢，固不可胜数。（备著其少时盗贼奸宄之状，愈见后之折节为奇。）适有天幸，窘急常得脱，若遇赦。及解年长，更折节为俭，以德报怨，厚施而薄望。然其自喜为侠益甚。（此段是解立节之大凡。）既已振人之命，不矜其功，其阴贼著于心，卒发于睚眦如故云。（此又见其天性之本具。）而少年慕其行，亦辄为报仇，不使知也。（贯彻通篇。）解姊子负解之势，（可杀。）与人饮，使之嚼。非其任，强必灌之。（语质而有味。）人怒，拔刀刺杀解姊子，亡去。解姊怒曰："以翁伯之义，人杀吾子，贼不得。"（三句语气不完，而神态毕具。）弃其尸于道，弗葬，（狠甚。）欲以辱解。解使人微知贼处。（侠者作用。）贼窘自归，具以实告解。解曰："公杀之固当，吾儿不直。"遂去其贼，罪其姊子，乃收而葬之。（此固见解之能收能展，然杀人贼王法不得过而问焉，解之犯禁网，已根于此矣。）诸公闻之，皆多解之义，益附焉。

　　【眉批】考汉法，有卒更、过更、践更，皆守夜戍卒也。虽丞相子亦在调。卒更者，正调也。践更者，受人之值而代役之者也。过更者，出钱三百纳之官，官给戍者，如今之丁钱是也。后世丁役之法，大都本此。〇卒更，编户之常；践更，贫人之事；过更，富民及宦室之事。

解出入，人皆避之。有一人独箕踞视之，解遣人问其名姓。(即微知贼处之意。)客欲杀之。解曰："居邑屋至不见敬，(一布衣出入不回避，何罪可杀。)是吾德不修也，(伪自反。)彼何罪！"乃阴属尉吏曰：(欲其感而悔谢。)"是人，吾所急也，至践更时脱之。"(一箕踞之故，不见较亦已矣，何必又特加惠乎？总是伪耳。)每至践更，数过，吏弗求。怪之，问其故，乃解使脱之。(践更字，亦取更替之义，亦取更筹之义。)箕踞者乃肉袒谢罪。少年闻之，愈益慕解之行。(处处找此句妙。)

洛阳人有相仇者，邑中贤豪居间者以十数，终不听。客乃见郭解。解夜见仇家，(欲不使人知。)仇家曲听解。解乃谓仇家曰："吾闻雒阳诸公在此间，多不听者。今子幸而听解，解奈何乃从他县夺人邑中贤大夫权乎！"(此意殊详密周匝，语气亦蔼然可感。)乃夜去，不使人知，(夹语夹叙。)曰："且无用待我，待我去，令雒阳豪居其间，乃听之。"

解执恭敬，不敢乘车入其县廷。之旁郡国，为人请求事，事可出，出之；不可者，各厌其意，然后乃敢尝酒食。诸公以故严重之，争为用。(又找。)邑中少年及旁近县贤豪，夜半过门常十余车，请得解客舍养之。(少年慕解之行，知解客亡命多，人请代为给养。)

及徙豪富茂陵也，(提笔别甚。)解家贫，不中訾，(《索隐》曰"訾不满三百万为不中"。)吏恐，不敢不徙。(吏以其有豪名之故。)卫将军为言："郭解家贫不中徙。"上曰："布衣权至使将军为言，此其家不贫。"(语甚聪察，解之祸根伏矣。)解家遂徙。诸公送者出千余万。(又找一笔，余气犹劲。)轵人杨季主子为县掾，举徙解。解兄子断杨掾头。由此杨氏与郭氏为仇。(语未毕。)

【眉批】前云"吏恐，不敢不徙"，盖上之督责既严，不得不然耳。彼何罪，而骈首戮之？公孙弘之言，颇得大体，不得概以深文目之也。

解入关，关中贤豪知与不知，闻其声，争交欢解。(先安顿一处。)解为人短小，不饮酒，出未尝有骑。(忽又找此数语，缠绵有余味。)已又杀杨季主。(遥接杨、郭为仇句。)杨季主家上书,人又杀之阙下。(一时恶焰,与大逆无异矣。)上闻,乃下吏捕解。解亡,置其母家室夏阳,身至临晋。临晋籍少公素不知解,解冒,因求出关。籍少公已出解,(得人死力如此,所以深为解惜也。)解转入太原,所过辄告主人家。(谓到此处即以先所主之家告之。)吏逐之,迹至籍少公。少公自杀,口绝。(奇男子。)久之,乃得解。穷治所犯,为解所杀,皆在赦前。(先言解可无死,笔端袅娜尽致。)轵有儒生侍使者坐,(补入一案,非另叙也。文法绝奇。)客誉郭解,生曰:"郭解专以奸犯公法,何谓贤!"解客闻,杀此生,断其舌。吏以此责解,解实不知杀者。杀者亦竟绝,莫知为谁。(奇甚。)吏奏解无罪。御史大夫公孙弘议曰:"解布衣为任侠行权,以睚眦杀人,解虽弗知,此罪甚于解杀之。当大逆无道。"(天子、宰相皆首提"布衣"为言,此总叙中"侯之门仁义存"一段议论所从出也。)遂族郭解翁伯。(又缀其字,奇甚。)

【眉批】附见诸子,概以"逡巡退让"一语括之,盖得朱家等之一节者尔。

自是之后,为侠者极众,敖而无足数者。(先抑一笔,然后扬之,恐其遂与朱家等并列也。)然关中长安樊仲子,槐里赵王孙,长陵高公子,西河郭公仲,太原卤公孺,临淮兒长卿,东阳田君孺,虽为侠而逡巡有退让君子之风。至若北道姚氏,西道诸杜,南道仇景,东道赵他、羽公子,南阳赵调之徒,此盗跖居民间者耳,曷足道哉!此乃乡者朱家之羞也。(文有余响。)

【注释】韩子:韩非也。战国时韩之诸公子,喜刑名法术之学,著书五十五篇,名《韩非子》。

文乱法:文胜则失之细碎,苛法足以乱政。

春秋:谓国史,非六经之《春秋》。

季次、原宪:并孔子弟子。公晳哀,字季次。

独行:志节高尚,不随俗浮沉也。行,去声。

褐衣:毛布之衣。褐音曷。

疏食：粗粝之饭。食音嗣。

厌：同餍，饱也。

志：记也。

存亡死生：存者可使之亡，死者可使之生。

伐：夸也。

井廪：舜父瞽瞍欲杀舜，使舜浚井完廪，因而杀之，卒免于难。详见《孟子》。

鼎俎：伊尹负鼎俎，调五味以要汤。见《孟子》及《韩诗外传》。

傅说：说音悦。

傅险：即傅岩。说筑傅岩之野，殷高序，图形求之，以为相。见《尚书》。

棘津：太公望行年七十，卖食棘津。见《尉缭子》。

桎梏：管仲囚于鲁，齐桓公用之以为相。桎，音质，足械。梏，音谷，手械。夷吾，仲字。

饭牛：饲牛也，百里奚饭牛以要秦穆公，穆公用以为相。见《孟子》。饭音反。

畏匡：孔子貌似阳虎。至匡，匡人以为虎，围之七日。见《论语》。

菜色：饥饿食菜而见于颜色也。菜色陈、蔡，孔子在陈蔡绝粮也。见《论语》。

菑：害也。音灾。

已：同以。

向：受也。以受其利者，为有德也。

跖跻：音则脚。柳跖、庄跻，皆古之大盗。

"窃钩者"以下三句：出《老子》。

咫：音只，八寸曰咫。咫尺，极言其少也。

孤：负也。言当代孤负我志也。

侪：音才，同等也。

予：同与。

延陵：即吴季扎。

孟尝：齐田文。

春申：楚黄歇。

平原：赵胜。

信陵：魏无忌。

扞：音旱，连犯也。

文罔：法禁也。罔同网。

宗强比周：宗，犹依也。依赖豪强，互相回护也。

猥：音委，轻贱之意。

歆：音欣，享用也。上不字总冒下，谓不自有其德也。

赡：音善，足也。

犓：音钩，小牛也。

博：好六博之戏也。

符离：汉县名，属沛郡，在今安徽宿县。

睊：音闲，睊氏为郅都所诛。

陈周庸：陈国人，姓周名庸。

代：代郡人。

梁：梁国人。

阳翟：汉县名，属颍川郡，在今河南禹县。

陕：当为侠，音夹，汉县名，属颍川郡，今属河南河洛道。

轵：音只，汉县名，属河内郡。

许负：相周亚夫者，盖一老媪也。

藏命：犹亡命。

振：救也。

负：恃也。

嚼：音醮，同釂，尽也。

非其量：量不胜也。

微：伺探也。

急：犹重也。

践更：古者正卒无常人，皆当更迭为之。贫者欲得顾更钱者，次直者出钱顾之，月二千，是为践更。

居间：居中调解也。

县廷：所属之县也。

之旁郡国：之，往也。

厌：同餍，足也。

徙豪富茂陵：武帝太始元年，徙郡国吏民豪桀于茂陵。

不中訾：不及豪富之格也。中音众。訾，同赀。

夏阳：汉县名，属冯翊，故城在今陕西韩城县南。

临晋：汉县名，属冯翊，今陕西大荔县。

冒：假称曰冒。

敖：同傲，倨傲也。

槐里：汉县名，属扶风，故城在今陕西兴平县东南。

卤：《汉书》作鲁，姓也。

临淮：郡名，今安徽盱眙县西北。

兒：同倪。

东阳：汉县名，故城在今山东恩县西北。

逡逡：音臻，退让不前之貌。

道：据京师而言，指其东西南北也。

赵他羽公子：姓赵，名他羽，字公子。他音徒。

乡：同向。向者，前日也。

太史公曰：吾视郭解，（传重朱家，赞独言解，彼此互见之法。）状貌不及中人，言语不足采者。然天下无贤与不肖，知与不知，皆慕其声，言侠者皆引以为名。（此侠之效，而祸之根也。说之津津，其惜极矣。）谚曰："人貌荣名，岂有既乎！"於戏，惜哉！

【注释】人貌荣名：人以颜状为貌者，则貌有良落；惟用荣名为饰表，则称誉为无尽也。

于戏：同呜呼。

货殖列传

《论语》云："赐不受命，而货殖焉。"殖，生也，生资货财利也。

【眉批】此序当与《平准书》相参而论，大抵皆为武帝聚敛而发。观其从至治之世安俗乐业，而輓近涂民耳目，几于无行说起。后又言"最下者与之争"，总见民生日用安逸乐康，关乎至性，为人上者当因其势而利导之，则非有期会征发，而如水之趋下，自然竭能尽智，上下通泰，各见优裕。若榷货算缗，秋毫搜括，而与之争，则必且如《周书》所云"四民不出而匮乏，公私交困，人不聊生矣"。大意如此。旧说或谓史公自伤贫困而传货殖，所谓以盲引盲也。

《老子》曰："至治之极，邻国相望，鸡狗之声相闻，（小小一事，必从大处立脚。）民各甘其食，美其服，安其俗，乐其业，至老死不相往来。"必用此为务，（此伏下"善者因之"道理。）輓近世涂民耳目，则几无行矣。（此伏下"最下与之争"。）

【注释】老子：姓李名耳，一名聃。周守藏室之吏也，著《道德五千言》，号曰老子。

乐：音洛。

輓：同晚。

涂：饰也，言晚近时代，祇知用智术涂饰人民耳目，此老子之道，无论如何必不可行矣。

太史公曰：夫神农以前，吾不知已。至若《诗》《书》所述虞夏以来，耳目欲极声色之好，口欲穷刍豢之味，身安逸乐，而心夸矜势能之荣。使俗之渐民久矣，（货殖为养生之源，世非淡泊，则人争智巧，货殖亦安可少哉！）虽户说以眇论，（大道理，名议论。）终不能化。故善者因之，（此至治之世。）其次利道之，（开其不竭之源。）其次教诲之，（撙节法制。）其次整齐之，（霸者作用。）最下者与之争。（掊克巧取。）

夫山西饶材、竹、谷、垆、旄、玉石；山东多鱼、盐、漆、丝、声色；江南出楠、梓、姜、桂、金、锡、连、丹砂、犀、玳瑁、珠玑、齿革；龙门、碣石北多马、牛、羊、旃裘、筋角；铜、铁，（先胪列四方大凡。）则千里往往山出棋置：此其大较也。皆中国人民所喜好，谣俗被服饮食奉生送死之具也。（遥承耳目口体等意。）故待农而食之，虞而出之，工而成之，（三句宾。）商而通之。（一句主。）此宁有政教发征期会哉？（此所以贵其因而导之也。）人各任其能，竭其力，以得所欲。故物贱之征贵，贵之征贱，各劝其业，乐其事，若水之趋下，日夜无休时，不召而自来，不求而民出之。岂非道之所符，而自然之验耶？（深远精微。）

《周书》曰："农不出则乏其食，工不出则乏其事，商不出则三宝绝，虞不出则财匮少。"财匮少而山泽不辟矣。此四者，民所衣食之原也。（借用"原隰"之"原"。）原大则饶，原小则鲜。（以原隰作比。）上则富国，下则富家。贫富之道，莫之夺予，而巧者有余，拙者不足。（中有深感，令人不复贫富有命。）

【注释】神农：炎帝神农氏，古帝王之号。

刍豢：音初患，牛马曰刍，犬豕曰豢。

势能：势力才能也。

渐：音兴，染也，诱也。

眇：音妙，微妙也。

谷：木名，皮可为纸。

垆：音卢，垆属，可以织也。

旄：音毛，牛尾。

楠梓：音南子，并木名。

连：同链，铅之未练者。

玳瑁：音代妹，介类，似龟鼋，甲稍长。

齿：象牙。

龙门、碣石：并山名，在今直隶龙门、卢龙两县。

斾：同旆。

棋置：如棋之列置，言多也。

大较：犹大略也。

谣俗：犹言风俗。

虞：虞人，掌山泽者。

征：求也，征贵，谓此处贱求，彼贵贾之。

符：谓合于道也。

三宝：珠玉金也。

辟：同辟，开辟也。

鲜：上声，少也。

【眉批】范大夫一传，分见于《货殖传》及《越世家》。然《越世家》亦详居陶之事，而特以长男不能弃财为谋吴余劲，此传却只虚举与时逐而不责于人，为治生总持。文各有针路，非偶然也。

范蠡既雪会稽之耻，（必从谋国起线，是门面语。）乃喟然而叹曰："计然之策七，越用其五而得意。既已施于国，吾欲用之家。"（货殖遂与君相同道，所谓善者因之，固通上下而言也。）乃乘扁舟浮于江湖，变名易姓，适齐为鸱夷子皮，之陶为朱公。朱公以为陶天下之中，诸侯四通，货物所交易也。（揽大势，占全局。）乃治产积居。与时逐而不责于人。（是因字善术。）故善治生者，能择人而任时。（忽下断语，片言居要。）十九年之中三致千金，再分散与贫交疏昆弟。此所谓富好行其德者也。（传外别调。）后年衰老而听子孙，子孙修业而息之，遂至巨万。故言富者皆称陶朱公。

【注释】范蠡：越王句践臣。蠡音离。

雪会稽之耻：见《越世家》。

计然：范蠡之师，其先晋国亡公子也。尝南游于越，范蠡师事之。

扁舟：小舟也。扁音贬。

鸱夷子皮：见《越世家》。

逐：随时逐利也。

不责于人：谓择人而与人不负之也。

听：犹任也。

息：繁殖也。

巨万：万万也。

【眉批】二句提起，如题目，然其说乃见下文。

夫天下物所鲜所多，人民谣俗。（编纪海内物产风俗，历落零碎，仍饶疏逸之致。）山东食海盐，山西食盐卤，岭南、沙北固往往出盐，（三句言盐，而其文三变，可知利权所首重。）大体如此矣。

【眉批】总论江、淮、沂、泗之间民俗风气，即具有沃土之民不材，瘠土之民莫不向义一段大道理在内。然则货殖者，亦劳民劝相之一端也。君子临文之际必具小心恭慎之怀，而岂徒为市井贾人儿作身分哉！

总之，楚、越之地，（言大凡如此。）地广人稀，饭稻羹鱼，或火耕而水耨，果隋蠃蛤，（隋与窳同。）不待贾而足，地势饶食，无饥馑之患，以故呰窳偷生，无积聚而多贫。（此即拙者不足之故，而具有大议论在内。）是故江淮以南，无冻饿之人，亦无千金之家。沂、泗水以北，宜五谷桑麻六畜，地小人众，数被水旱之害，民好畜藏，故秦、夏、梁、鲁好农而重民。（明明是两扇文字，却极意参差，古朴翛然可爱。）三河、宛、陈亦然，加以商贾。齐、赵设智巧，仰机利。燕、代田畜而事蚕。（然则通天下计之，盖莫惰于江、淮以南之人也。）

【眉批】"廉吏久，久更富"，其年利之方，亦有日计不足而岁计有余之益。"廉贾归富"者，始若俭于取，终则厚于藏也。各举廉者言之，而贪者可无论矣。设意至深。

【眉批】利者，尖纤之义。史公所云"蹑利屣"者，其即妇人弓足之始也。然则以帛缠足，其不始于潘妃矣。

由此观之，贤人深谋于廊庙，论议朝廷，守信死节，隐居岩穴之士设为名高者安归乎？归于富厚也。（此段殊不厌人意，为其尽举一世之人心行谊，而悉归之于利也，不知文章感慨处只是确耳。今之訾病此文者，其居心果何等乎？）是以廉吏久，久更富，廉贾归富。富者，人之情性，所不学而俱欲者也。（感入心脾、痛入骨髓之言。）故壮士在军，（以下历举一世之名节事功，而一归之于货。逐段且看其辞藻缤纷、感歎深远之妙。）攻城先登，陷阵却敌，斩将搴旗，前蒙矢石，不避汤火之难者，为重赏使也。其在闾巷少年，攻剽椎埋，劫人作奸，掘冢铸币，任侠并兼，借交报仇，篡逐幽隐，不避法禁，走死地如骛者，其实皆为财用耳。（句句变。）今夫赵女郑姬，设形容，揳鸣琴，揄长袂，蹑利屣，目挑心招，出不远千里，不择老少者，奔富厚也。（说尽猥鄙。）游闲公子，饰冠剑，连车骑，亦为富贵容也。弋射渔猎，犯晨夜，冒霜雪，驰坑谷，不避猛兽之害，为得味也。博戏驰逐，斗鸡走狗，作色相矜，必争胜者，重失负也。医方诸食技术之人，焦神极能，为重糈也。吏士舞文弄法，刻章伪书，不避刀锯之诛者，没于赂遗也。（此中有挟术奸巧者，亦有自力本计者，事虽不同，而心实一致。读书应制举，何独不然？而当时未有其事，史公亦略过士人登朝一端，终是为同类讳耳。而读者犹訾之耶？）农工商贾畜长，（长，余也。即"家无长物"之长，当读去声。）固求富益货也。此有知尽能索耳，（索亦尽义，旧解谓索财，大谬。）终不余力而让财矣。（妙句。言除是死方休也，却蕴藉而雅。）

【眉批】明李沧溟《汪次公墓志》用《货殖篇》语颇多，其曰"悬疣之祥，应在再世来之以德矣"用"来之以德"句，甚精凿。因汪次公业贾，而其子道昆生时有豫兆，左乳悬疣，后为名卿，不但致富，而并致贵，是征于物者什一，而征于人者且什九也。故百年之计，必以德来之。（来，去声，即"劳之来之"之义）。

【眉批】"身有处士之义"句，是特占身份，不肯为偪侥冒誉。

【眉批】收句"言行"二字对下，最妙。无其行而空为高大之言，又不能治生自给，所以可羞。班固不察而痛诋之，殊属无谓。

谚曰:"百里不贩樵,千里不贩籴。"(言随所畜而不远取,此"殖"字精义。)居之一岁,种之以谷;十岁,树之以木;百岁,来之以德。(此句便深。)德者,人物之谓也。(人聚而物归之。)今有无秩禄之奉,爵邑之入,而乐与之比者。命曰"素封"。(素,即"素王"之素。)封者食租税,岁率户二百。千户之君则二十万,朝觐聘享出其中。(此段专解"素封"二字之义。)庶民农工商贾,率亦岁万息二千户,百万之家则二十万,而更徭租赋出其中。(践更徭役。)衣食之欲,恣所好美矣。(封君之奉不能过。)故曰陆地牧马二百蹄,牛蹄角千,千足羊,(三句三样句法,古妙绝伦。)泽中千足彘,水居千石鱼陂,(言养鱼之陂,可容千石,又变。)山居千章之材。安邑千树枣;燕、秦千树栗;蜀、汉、江陵千树橘;淮北、常山已南,河济之间千树萩;陈、夏千亩漆;齐、鲁千亩桑、麻;渭川千亩竹;及名国万家之城,带郭千亩亩钟之田,(言附郭腴田千亩,每亩收一钟,则千钟粟也。)若千亩卮茜,千畦姜韭:(此二句总承"名国万家"句来。)此其人皆与千户侯等。(再缴"素封"。)然是富给之资也,不窥市井,不行异邑,坐而待收,身有处士之义而取给焉。(又写出素封之乐,言外有余羡。虽欲不求富,得乎?)若至家贫亲老,妻子软弱,岁时无以祭祀进(即"博进"之进,聚物而输之谓。)醵,饮食被服不足以自通,如此不惭耻,则无所比矣。(叙到此处,不觉感慨。乃余意,非正意也。)是以无财作力,少有斗智,既饶争时,此其大经也。(治生大略,尽此三言。)今治生不待危身取给,则贤人勉焉。是故本富为上,末富次之,奸富最下。(分别断制,语无畸重,方足传世行远。)无岩处奇士之行,而长贫贱,好语仁义,亦足羞也。(然则岩处奇士而贫贱不在此例。)

凡编户之民,富相什则卑下之,伯则畏惮之,千则役,万则仆,物之理也。(似太势利,然史公不作欺人语。)夫用贫求富,农不如工,工不如商,刺绣文不如倚市门,此言末富,贫者之资也。(……)贪贾三之,廉贾五之,(……)此皆诚壹之所致。

由是观之，富无经业，则货无常主，能者辐凑，不肖者瓦解。（总坐人事，亦"窗下休言命"之意。）千金之家比一都之君，巨万者乃与王者同乐。岂所谓"素封"者耶？非也？

【注释】火耕：烧草也。

水耨：烧草下水种稻草，与稻并生。高七八寸，因悉芟去，以水灌之，则草死而稻无损。

陏：同蓏，音鲁，瓜也。

蠃：音罗，蚌属。通作螺。

呰窳：音紫禹，懒惰也。

归富：自然致富也。廉者知取，知与人不厌其取，故自然致富。

借交：犹言助友。

骛：音务，奔驰也。

食技术：赖技术为生者也。

秩：音胥，禄也。

遗：同馈。

籴：音狄，入米也。

素封：素空也，言不仕之人。自有园田收养之给，其利抵于封君，故曰素封。

率：音律，大概也。

二十万：户率二百，故千户二十万。

二十万：率两千，故百万之家亦二十万。

二百蹄：五十匹也。

蹄角千：百六十七头也。

千足：二百五十头。

千石：鱼以斤两为计。

千章：千枚也。

钟：量名，受六斛四斗。

厄茜：音支倩。支，燕支也。茜，名红蓝，其花染缯赤黄。

进醵：进钱会饮食也。醵音及。

通：犹给也。

既饶争时：既饶足钱财，乃遂时争利也。上言无财作力，少有斗智，谓无钱财，祗得用力作苦，而不能斗智也。

本、末、奸：本富，农也。末富，商贾方伎也。奸富，劫盗倡优也。

贪贾、廉贾：贪贾，未富卖而卖，未可买而买，故得利少，而十得三。廉贾，贵而卖贱乃买，故十得五也。

辐：音福，车轮也。辐凑，如车轮之凑集，言多也。凑音奏。

瓦解：解散如瓦自裂，一败涂地，不可收拾也。

总评：疢（音趁。）斋氏曰：孔子曰："赐不受命，而货殖焉。"又曰："如不可求，从吾所好。"然则受不受，亦即有命存乎其间。史公此传，独无一言及于命者，岂所谓"慨当以慷"耶？传中子贡开儒贾之宗，下此若巴寡妇清、刀间收取桀黠奴，柏发用博戏富，胃脯简微，浊氏连骑。富贵无种，自昔而然矣。

滑稽列传

辩给之人，言非若是，说是若非，能乱同异也。滑，乱也；稽，同也。云滑稽，流酒器也。转注吐酒，终日不已，以代人之出口成章，词不穷竭。滑，音骨。一云滑稽，犹诙谐也，滑读如字；稽，音计。

【眉批】此叙固甚有滑稽之风，然其意亦极明划。将"天道恢恢"二句总揽六艺，将"亦可以"句顶着六个"以"字，见滑稽之雄，固将摄六艺之菁英而无不可者也。若不得其旨，即被他推堕汪洋大海中矣。

孔子曰："六艺于治一也。（"治"字陪"解纷"二字。）《礼》以节人，《乐》以发和，（"节人"、"发和"等要是有以中人，陪下"微中"字。）《书》以道事，《诗》以达意，《易》以道化，《春秋》以道义。"太史公曰：天道恢恢，岂不大哉！（无所不有，故大。岂不能容一滑稽？）谈言微中，亦可以解纷（解纷乱亦治也。）

【眉批】此数语岂得谓为髡之功，而史公如此摇曳者，传体固不容不尔也。

淳于髡者，齐之赘婿也。（汉人轻赘婿，故独著。非后世人语。）长不满七尺，滑稽多辩，数使诸侯，未尝屈辱。（以赘婿之困而仪表又不足观，乃见其数使不屈全仗滑稽。）齐威王之时喜隐，好为淫乐长夜之饮，沉湎不治，委政卿大夫。百官荒乱，诸侯并侵，国且危亡，在于旦暮，左右莫敢谏。（不极写败乱，不见滑稽之功。此文章跌宕处，非实事也。）淳于髡说之以隐曰："国中有大鸟，止王之庭，三年不蜚又不鸣，王知此鸟何也？"王曰："此鸟不飞则已，一飞冲天；不鸣则已，一鸣惊人。"（威王警悟如此，若无髡言，岂竟危亡耶？故知前之过作形容也。）于是乃朝诸县令长七十二人，赏一人，诛一人，（赏即墨，烹阿。）奋兵而出。诸侯振惊，皆还齐侵地。威行三十六年。语在《田完世家》中。

【眉批】瓯窭之歌，每二字为句，自相为叶，古诗之流也。今人率尔读去，不晓此理。先秦以前用韵之法，迥殊后世，韩昌黎多摹之。○家，当叶江。瓯窭，高田；污邪，低湿也。

威王八年，楚大发兵加齐。（既云"威行三十六年"，旋接以八年被兵，则彼此矛盾矣。盖文笔恣纵之，故多此累。）齐王使淳于髡之赵请救兵，赍金百斤，车马十驷。淳于髡仰天大笑，冠缨索绝。王曰："先生少之乎？"（一语便先道破，机警可想。）髡曰："何敢！"王曰："笑岂有说乎？"（明已猜着，故作一闪，乃见滑稽。）髡曰："今者臣从东方来，见道傍有禳田者，操一豚蹄，酒一盂，祝曰：'瓯窭，满篝；污邪，满车；五谷，蕃熟；穰穰，满家。'（随口诌出，古隽不凡，先生真滑稽之首哉。）臣见其所持者狭而所欲者奢，故笑之。"（仍归到"少之"句。）于是齐威王乃益赍黄金千镒，白璧十双，车马百驷。（既以如许厚币买救，亦无藉先生神舌矣。髡传俱调笑之辞耳。）髡辞而行，至赵。赵王与之精兵十万，革车千乘。楚闻之，夜引兵而去。

【眉批】二段俱有"男女杂坐"及"男女同席"语，其所讽谏者，固知醉翁之意不在酒也。

【眉批】史公雄于文，而未尝为赋，惟此段错综妍妙，绝有赋心。其中或用韵，或用排，精能之至，几令子云、相如敛袵退舍。盖千古慧业文人，其腕下定无所不有，偶然露颖而终以文单行者，不欲分其力也。

威王大悦，置酒后宫，召髡赐之酒。问曰："先生能饮几何而醉？"（威王妙人，题目既佳，文字自隽。）对曰："臣饮一斗亦醉，一石亦醉。"威王曰："先生饮一斗而醉，恶能饮一石哉！其说可得闻乎？"髡曰："赐饮大王之前，执法在傍，御史在后，髡恐惧俯伏而饮，不过一斗径醉矣。（第一层，是尔时正面，掀开一边说。）若亲有严客，髡帣韝鞠䠆，（袒裼奉觞以致敬。）侍酒于前，时赐余沥，奉觞上寿，数起，饮不过二斗径醉矣。若朋友交游，久不相见，卒然相睹，欢然道故，私情相语，饮可五六斗径醉矣。若乃州闾之会，男女杂坐，行酒稽留，六博投壶，相引为曹，握手无罚，目眙不禁，前有堕珥，后有遗簪，髡窃乐此，饮可八斗而醉二参。（语意未毕。）日暮酒阑，合尊促坐，男女同席，履舄交错，杯盘狼藉，（即承上段，盖醉余更酗之也。"合尊促坐"，乃客已半散，并席移樽之意。）堂上烛灭，主人留髡而送客，罗襦襟解，微闻芗泽，（并非复醉，乡情事矣。）当此之时，髡心最欢，能饮一石。故曰酒极则乱，（只此一句，承上二段，是主句。）乐极则悲，万事尽然。"言不可极，极之而衰。"以讽谏焉。齐王曰："善。"乃罢长夜之饮，以髡为诸侯主客。宗室置酒，髡尝在侧。

其后百余年，楚有优孟。（优孟，楚庄王时人，在齐威王前二百余年。此句误。）

【眉批】淳于生机锋轻妙，而所载廋词二段，皆无裨于国。故史公但云"数使诸侯，未尝屈辱"。若优孟、优旃，虽居弄臣之列，而所言皆足以匡君，故一则曰"常以谈笑讽谏"，一则曰"合于大道"，各于传首揭出眼目，大有意思，非闲笔也。

【眉批】此数语真滑稽妙品，千载而下，犹若闻其笑语之声。

优孟者，故楚之乐人也。长八尺，多辩，常以谈笑讽谏。楚庄王之时，有所爱马，衣以文绣，置之华屋之下，席以露床，啖以枣脯。马病肥死，（马死得韵，而人之不韵愈见矣。）使群臣丧之，欲以棺椁大夫礼葬之。（太骇得可笑。）左右争之，以为不可。王下令曰："有敢以马谏者，罪至死。"（庄王，贤主也。恐未必有此。）优孟闻之，入殿门，仰天大哭。（淳于笑，优孟哭，此曹面孔，正复何所不可。）王惊而问其故。优孟曰："马者，王之所爱也。以楚国堂堂之大，何求不得？（以将顺为匡弼，最工。）而以大夫礼葬之，薄。（一字句，韵甚。）请以人君礼葬之。"王曰："何如？"对曰："臣请以雕玉为棺，文梓为椁，梗枫豫章为题凑，发甲卒为穿圹，老弱负土，齐赵陪位于前，韩、魏翼卫其后，（庄王时无赵、韩、魏三国，盖文章逗漏处。）庙食太牢，奉以万户之邑。诸侯闻之，皆知大王贱人而贵马也。"（说破反少味。）王曰："寡人之过一至此乎！为之奈何？"优孟曰："请为大王六畜葬之。（本曰"食之",却仍曰"葬之",奇妙。)以垄灶为椁,铜历为棺,赍以姜枣,荐以木兰,祭以粳稻,衣以火光,葬之于人腹肠。"(语似歌谣,是乐人致语长伎。)于是王乃使以马属太官,无令天下久闻也。

【眉批】优孟古之节侠士也,特隐于伶官以玩世耳。孙叔敖秉政之际,堂堂楚国,众材辐辏,而独于一伶人冷眼觑定,以为托妻寄子之友。君子读此文也,为之淋漓感激,又为之戛然而伤心也。

【眉批】优孟抵掌而谈,只是今人强颜弄霉色摹仿形容之意,庄王筵前搬撮调笑,因以感动之耳。即所谓"三日谋诸妇"者,亦不过落场重上,更端迭进之态,俱非实事。若认以一番谈笑,庄王真欲以相位授之,乃必无之理。史公妙笔迷离,堕千古学者于云雾中而不觉耳。

楚相孙叔敖知其贤人也,善待之。(点睛有意。)病且死,属其子曰:"我死,汝必贫困。若往见优孟,言我孙叔敖之子也。"(死生之际,公卿大夫无一可托者,而独托孟,又不刺刺面语,只以一冷语先之,孟之贤可知矣。)居数年,其子穷困负薪,逢优孟,与言曰:"我,孙叔敖之子也。父且死时,属我贫困往见优孟。"优孟曰:"若无远有所之。"(嘱得妙。)即为孙叔敖衣冠,抵掌谈语。岁余,像孙叔敖,(想头却奇绝。)楚王左右不能别也。(言王之左右不能别,盖如演剧者必试过数次,然后去尝试人主。)庄王置酒,优孟前为寿。庄王大惊,以为孙叔敖复生也,欲以为相。(此非实事也。史公妙笔写来,人不能认其蹊径耳。)优孟曰:"请归与妇计之,三日而为相。"庄王许之。三日后,优孟复来。王曰:"妇言谓何?"孟曰:"妇言慎无为,(先切戒之。)楚相不足为也。(再明其所以然之故。)如孙叔敖之为楚相,(前既貌似叔敖,此处不嫌竟入。)尽忠为廉以治楚,楚王得以霸。(只带说,妙。)今死,其子无立锥之地,贫困负薪以自饮食。(正旨只二句。)必如孙叔敖,(以上明是宾白。)不如自杀。"(以下继之以歌。)因歌曰:"山居耕田苦,难以得食。起而为吏。(第一解。)身贪鄙者余财,不顾耻辱。身死家室富。(第二解。〇灭顶多凶,一言道尽。)又恐受赇枉法,为奸触大罪,身死而家灭。

（第三解。）贪吏安可为也！（转笔趣。）念为廉吏，奉法守职，竟死不敢为非。（第四解。）廉吏安可为也！（先叹一口气，妙。）楚相孙叔敖持廉至死。（第五解。）方今妻子穷困负薪而食，不足为也！"（再叹，入神。）于是庄王谢优孟，乃召孙叔敖子，封之寝丘四百户，以奉其祀。后十世不绝。此知可以言时矣。（此盖用《论语》"可以言而不与之言"句意，谓叔敖知人也。）

其后二百余年，秦有优旃。（庄王至秦始皇时四百年矣，语亦小误。）

优旃者，秦倡侏儒也。善为笑言，然合于大道。秦始皇时，置酒而天雨，陛楯者皆沾寒。（语妙。）优旃见而哀之，谓之曰："汝欲休乎？"陛楯者皆曰："幸甚。"优旃曰："我即呼汝，汝疾应曰诺。"居有顷，殿上上寿呼万岁。优旃临槛大呼曰："陛楯郎！"郎曰："诺。"优旃曰："汝虽长，何益，幸雨立。我虽短也，幸休居。"（两"幸"字可解不可解，正尔趣绝。）于是始皇使陛楯者得半相代。

【眉批】嬴秦方炽之际，举朝阿谀，寇祸日深，而无敢一字齿及。虽以叔孙通之为人，犹借鼠窃狗偷之言，仅得免于虎口。而优旃独两提寇至，矢口惊心，长歌之哀深于痛哭矣，岂非奇士哉！末特结之以"二世杀死，优旃归汉"，此其故可思也，而不可言也。呜呼！史公之文，味外有味，嚋则见之。

始皇尝议欲大苑囿，东至函谷关，西至雍、陈仓。优旃曰："善。多纵禽兽于其中，寇从东方来，令麋鹿触之足矣。"（绝不词费而意极警动，有前二子之悠飓，不可无此子之简捷。）始皇以故辍止。

二世立，又欲漆其城。优旃曰："善。主上虽无言，臣固将请之。漆城虽于百姓愁费，然佳哉！漆城荡荡，寇来不能上。即欲就之，易为漆耳，顾难为荫室。"（余意不竭。）于是二世笑之，以其故止。居无何，二世杀死，优旃归汉，数年而卒。

【注释】六艺：《易》《诗》《书》《礼》《乐》《春秋》也。

恢恢：音魁，广大貌。

中：去声，微中微妙合道也。

解纷：解除纷乱也。

髡：音坤。

赘婿：丈夫赘寄于妇家为婿也。赘，音醉，如人身有疣赘也。

数：音朔，频也。

隐：隐语也。

沉湎：音陈免，溺于酒也。

说：音税，以言语晓人，使从己也。

蜚：同飞。

令长：县令也。大曰令，小曰长。

赍：音咨，送也。

索：尽也。

禳：音攘，同禳，为田求福曰禳。

瓯窭：音，欧娄，田之狭小也。

篝：音沟，笼也。

污邪：音乌斜，田之低下者。

穰穰：多貌。

奢：犹大也。

镒：音益，二十两为镒。

驷：四马为驷。

恶：音乌，何也。

严客：尊敬之客。

卷：音券，收衣袖也。

韝：音沟，臂捍也。卷韝，以韝约袖也。

鞠跽：音菊忌，鞠躬小跪也。跽同跽。

余沥：滕酒也。

卒：同猝。

州闾之会：乡饮酒也。

六博：掷色也。

投壶：以矢投壶也。

曹：辈也。

眙：音志，目不转移也。

珥：音耳，耳环。

簪：咨奄切，发簪。

二参：言十有二参醉也。参同三。

舄：音昔，鞋也。

狼藉：散乱也。

襦：音需，汗衣也。

芗：同乡。

主客：官名，汉曰鸿胪卿。

乐人：伶官也。

啖：音淡，喂之也。

题凑：以木累棺外，木头皆内向，曰题凑。

圹：音旷，墓穴也。

太牢：牛羊豕备具曰太牢。

历：同鬲，鼎也。

太官：官名，掌管饮食。

且死：将死也。

属：音烛，犹俗言分付也。

若：汝也。

之：往也。

寿：以酒为祝曰寿。

赇：音求，赃也。

竟死：至死也。

寝丘：楚地，在今河南沈丘县。

旃：音去。

倡：音昌。倡优，伶官也。后世名女伶曰倡，男伶曰优。

侏儒：短小人也。

陛楯者：即陛楯郎，秦官名。执楯立于陛侧者。楯，与盾通，兵器也。

槛：阑也。

陈仓：秦县名，在今陕西宝鸡县东。

易：去声。

荫室：暗室也。暗室漆之则愈黑矣，故云难为。

太史公曰：淳于髡仰天大笑，齐威王横行。优孟摇头而歌，负薪者以封。优旃临槛疾呼，陛楯得以半更。岂不亦伟哉！

总评：《滑稽传》所载三人，一层深一层。髡语劝百而讽一者也，舌辩之雄，而不必有裨于国。孟语笃友谊于死生，明功臣于没世，节侠之流也。旃语惜陛楯之沾寒，警寇机于未至，忠厚之发也。史公特为讽谏立传，非徒以谈锋调笑见长。褚先生不得其旨而妄续之，则夸（赘也。）而无当矣。

太史公自序

序者，叙列作书之原委。古书序在书后，今在书前。

【眉批】由前篇首起，至"建于明堂，诸神受纪"句止，是太史公自叙家传。自"先人有言曰"起，至篇终，是全部《史记》后叙。其后又有逐篇小叙，须分三项看。今已芟录什五，然其主脑须揭明之，庶易寻其脉络。

太史公既掌天官，不治民。有子曰迁。

迁生龙门，耕牧河山之阳。年十岁则诵古文。二十而南游江、淮，上会稽，探禹穴，窥九疑，浮于沅、湘；北涉汶、泗，（先将一部《史记》奇伟恢廓，大本领指出，并非漫作游记也。）讲业齐、鲁之都，（此句独重，为通篇伏脉。）观孔子之遗风，乡射邹、峄；（承上句言，于邹、峄行乡射礼，亦孔子流风所渐被也。）厄困鄱、薛、彭城，过梁、楚以归。于是迁仕为郎中，奉使西征巴、蜀以南，南略邛、笮、昆明，（观此则知通西南夷一事，史公亦身与其役，不但博望、相如也。）还报命。

【眉批】封禅改朔之事，本非三代以上所重，后世乃自谓功德隆盛，假此以侈受命之符。且其事亦何关史臣论著之职？而太史谈顾以留滞异地，不得扈从东封，至于发愤成疾，遂殒其身，不亦惑之甚乎？盖谈承前秦流弊，记事之言疑于诽谤，一切废弛；而巫史卜祝之官，遂沦于倡优待诏之亚，故习气所流，不能自振。然能于其时流连六籍，蕴蓄论著之端，且欲窃比《春秋》绝业，迁之功，实谈有以启之，又何可不谓之贤豪间者哉！

是岁天子始建汉家之封，（武帝元封元年，行封禅诸礼。）而太史公留滞周南，（自陕以东，皆曰周南。）不得与从事，故发愤且卒。（此事是天官所掌，故以不与为恨，然实是习气。）而子迁适使反，见父于河洛之间。太史公执迁手而泣曰："余先周室之太史也。（写得入情，一篇愤发情事皆化为忠孝文章矣。）自上世尝显功名于虞、夏，典天官事。后世中衰，绝于予乎？汝复为太史，则续吾祖矣。（惓惓于此，当时固以记事之史与卜祝之官合为一职。)今天子接千岁之统,封泰山,而余不得从行,(发明愤懑之旨。)是命也夫,命也夫!余死,汝必为太史;为太史,无忘吾所欲论著矣。(一篇提纲,在此一句。)且夫孝始于事亲,中于事君,终于立身。扬名于后世,(扬名借作引子,非正意。)以显父母,此孝之大者。夫天下称诵周公,言其能咏歌文、武之德,(此跟论著意,是主。)宣周、召之风,(指二《南风》诗言之。)达太王、王季之思虑,爰及公刘,以尊后稷也。(逆数周家世德,一句串出。奇妙。)幽、厉之后,王道缺,礼乐衰,(此段方指授所欲论著之大凡。)孔子修旧起废,论《诗》、《书》,作《春秋》,(隐隐隆隆,逗起六经,伏线作案。)则学者至今则之。自获麟以来四百有余岁,而诸侯相兼,史记放绝。(孔子时列国犹有史职,至战国兼并,日寻干戈,史职始废。)今汉兴,海内一统,明主贤君忠臣死义之士,(此统指四百余岁言之,非专言汉事。)余为太史而弗论载,废天下之史文,余甚惧焉,汝其念哉!"迁俯首流涕曰:"小子不敏,请悉论先人所次旧闻,弗敢阙。"(要见一部《史记》俱太史公谈收集古文系本,但迁始裁择润色,勒为成书耳。)

　　卒三岁而迁为太史令,䌷史记石室金匮之书。(一句引起撰次,却不说完。)五年而当太初元年,十一月甲子朔旦冬至,天历始改,建于明堂,诸神受纪。(特载此数语,遥应前"始建汉家之封"等语,隐隐见卒酬父志,以释其愤。)

　　【眉批】自此以下,自叙《史记》,故又以六经引起,而仍托之先人。其实即隐括前言,不必云谈复有此数语也。

　　太史公曰:(此指自己,与前称父者不同。)"先人有言:(先人,则谈也。)'自周公卒五百岁而有孔子。孔子卒后至于今五百岁,(当时未有道统之说,而史公为此言自负,良非鲜腆。)有能绍明世,正《易传》,继《春秋》,本《诗》、《书》、《礼》、《乐》之际?'意在斯乎!意在斯乎!小子何敢让焉。"(此即上文获麟以来四百余岁一段大意,檃括重提,为《史记》作自叙也。)

【眉批】假壶遂一问，发明作史之由。前一段专指孔子隐、桓以下，定、哀以上二百四十二年之作言；后一段则通论邃古以来，下极无穷之世；总之不可一日无史笔，以经持于三纲五常之际也。从迁以前，如晋狐、楚倚之属，号称良史，而其书俱不传；《春秋》幸经圣人笔削，又得三《传》发明，遂为万古史家鼻祖；至史迁创年表以续经，为记、传、书、志以继传，合经、传而出一人之手笔，以垂劝戒于后世。《春秋》三传以后，实为继往开来第一部书。即无尔许奇笔，尚可不祧，况奇伟恢廓、无所不备如此乎？其惓惓自拟《春秋》，有以也夫。

【眉批】王介甫号称经术宗师，独诋《春秋》为烂朝报，无忌惮至此。太史公处秦政劫灰之后，而能表明经世之功，岂非千古巨眼？而班氏讥其贵黄老后六经者，盖指前半其父谈"论六家之要"云云，而误以为迁之罪案也。班有整齐之力而识见不高，殆无足道。〇史谈于六家之要处，节去不录。

上大夫壶遂曰："昔孔子何为而作《春秋》哉？"（遂时为詹事，秩二千石。假人言以发明己意，专提《春秋》，是窃比正旨。）太史公曰："余闻董生（仲舒。）曰：'周道衰废，孔子为鲁司寇，诸侯害之，大夫壅之。（八字只是"道不行"之案，不必谓别有寄托。）孔子知言之不用，道之不行也，是非二百四十二年之中，以为天下仪表，贬天子，（所谓"贬天子"者，意谓贬斥时王，以明文、武之道，然自是语累。）退诸侯，讨大夫，以达王事而已矣。'子曰：'我欲载之空言，不如见之于行事之深切著明也。'（谓空言其理，不若附见当时实事，故当时贾、董之流皆有大篇，而迁独作《史记》亦其意也。）夫《春秋》，（数语赞《春秋》，实是自道其作史张本。）上明三王之道，下辨人事之纪，别嫌疑，明是非，定犹豫，善善恶恶，贤贤贱不肖，存亡国，继绝世，补敝起废，王道之大者也。（已上正答"何为作《春秋》"之问。）《易》著天地阴阳四时五行，（此承"有能绍明世"一段而推言之。）故长于变；《礼》经纪人伦，故长于行；《书》记先王之事，故长于政；《诗》记山川谿谷禽兽草木牝牡雌雄，故长于风；《乐》乐所以立，故长于和；《春秋》辨是非，故长于治人。（言六经所长，亦不过约举大意，不必深求其当否。）是故《礼》以节人，《乐》以发和，《书》以道事，《诗》以达意，《易》以道化，《春秋》以道义。（再作一总，归重《春秋》。笔力绝大。）拨乱世反之正，莫近于《春秋》。（接手自然，无斧凿痕。故妙。）《春秋》文成数万，其指数千。万物之散聚皆在《春秋》。（以上又自发明《春秋》经世之功绝大。）《春秋》之中，弑君三十六，亡国五十二，诸侯奔走不得保其社稷者不可胜数。察其所以，皆失其本已。（言由于大义不明，前故云《春秋》以道义也。）故《易》曰'失之毫厘，差以千里。'（承"失其本""失"字而精言之。）故曰'臣弑君，子弑父，非一旦一夕之故也，其渐久矣'。（其初只有毫厘之差，其卒遂成篡弑之祸。盖不过一念之肆，为之渐渍而长。）故有国者不可以不知《春秋》，前有谗而不见，后有贼而不知。为人臣者不可以不知《春秋》，守经事而不知其宜，遭变事而不知其权。（如赵盾不讨贼，许止不尝药，此种谗贼之人，非明于《春秋》之义，安能辨之？辨之不早，其祸将长矣。）为人君父而不通于《春秋》之义者，必蒙首恶之名。（承上二语，而危言以惕之。）为人臣子而不通于《春秋》之义者，必陷篡弑之诛，死罪之名。其实皆以为善，为之不知其义，被之空言而不敢辞。（其初自谓善事，故遂为之，由于义之不明也。至其后加以篡弑之名，安能解免？）夫不通礼义之旨，（以下十三句，乃复衍上文之旨，一气赶出"故《春秋》者，礼义之大宗也"一句来。）至于君不君，臣不臣，父不父，子不子。君不君则犯，臣不臣则诛，父不父则无道，子不子则不孝。此四行者，天下之大过也。以天下之大过予之，则受而弗敢辞。故《春秋》者，礼义之大宗也。（言六经之旨，皆约而归焉，如朝宗之义。）夫礼禁未然之前，法施已然之后；法之所为用者易见，而礼之所为禁者难知。"（以上统为一大段，正言有天下国家者，不可一日废史臣之职，言《春秋》者，皆言史。不复指孔子所作之书也。）

【眉批】史迁著书，固与孔子假褒贬以讨乱贼者不同，然以为力颂圣德，宣尽其意，则亦非其本旨也。想其心以《封禅》、《平准》等书刺讥当世之事者，良复不少，故特假此数言以相掩蔽，故谬其辞以自匿耳。读者当于笔墨之外寻之，勿但泥其文也。

壶遂曰："孔子之时，上无明君，下不得任用，故作《春秋》，垂空文以断礼义，当一王之法。今夫子上遇明天子，下得守职，万事既具，咸各序其宜，夫子所论，欲以何明？"（再着此问，是周旋本朝之法，不得不尔，实非正旨。）

太史公曰："唯唯，否否，不然。余闻之先人曰：（言必称先，最有深意。）'伏羲至纯厚，作《易》《八卦》。尧舜之盛，《尚书》载之，礼乐作焉。汤武之隆，诗人歌之。（引盛世为例，仍必原本六经，文字缜密如此。）《春秋》采善贬恶，推三代之德，褒周室，非独刺讥而已也。'（此自救前文"贬天子"云云之文也，看"非独刺讥"句，则知所刺讥者已过半矣。）汉兴以来，至明天子，获符瑞，建封禅，（再跟建汉家之封等意，落笔有来历。）改正朔，易服色，受命于穆清，泽流罔极，海外殊俗，重译款塞，请来献见者，不可胜道。臣下百官力诵圣德，犹不能宣尽其意。（正答"欲以何明"之问。）且士贤能而不用，有国者之耻，主上明圣而德不布闻，有司之过也。（虽作感慨，以陪跌下句，遂不觉其用意之深。）且余尝掌其官，（点入此句，明尽职之意。）废明圣盛德不载，灭功臣世家贤大夫之业不述，（此二句约言本朝之内。）堕先人所言，罪莫大焉。（紧跟先人，针路不紊。）余所谓述故事，整齐其世传，非所谓作也。（此二句言汉以前。）而君比之于《春秋》，谬矣。"（明明自比《春秋》，而转谬他人之问，一闪入妙。）

【眉批】自叙作史之志，上攀六籍，窃比《麟经》，如此其深切著明。后适有李陵之祸，惧大业废于垂成，故假古人忧患之端稍为宽譬。乃眯者独指此为发愤著书之由，真不可晓，余故力雪之。

【眉批】以武帝元狩获麟，聊据作窃比《春秋》之一证，故云麟止。

于是论次其文。七年而太史公遭李陵之祸，幽于缧绁。乃喟然而叹曰："是余之罪也夫！是余之罪也夫！（以不得卒业，顺承先泽为罪。）身毁不用矣。"退而深惟曰："夫《诗》、《书》隐约者，欲遂其志之思也。(一转转入穷愁著书,乃末后不得已自己宽譬之辞。而世俱以此为作史张本,冤极,谬极,最不足采。)昔西伯拘羑里,演《周易》;孔子厄陈、蔡,作《春秋》;屈原放逐,著《离骚》;左丘失明,厥有《国语》;孙子膑脚,而论兵法;不韦迁蜀,世传《吕览》;韩非囚秦,《说难》、《孤愤》;《诗》三百篇,大抵圣贤发愤之所为作也。此人皆意有所郁结,不得通其道也,(此直应孔子"诸侯害之,大夫壅之"数句,不为李陵之事。)故述往事,思来者。"于是卒述陶唐以来,(须看"卒述"二字,乃终成其事,非托始于今也。)至于麟止,自黄帝始。

【注释】太史公:掌天文及国史。其职尊贵,故称太史公。

古文:《尚书》也。

龙门:在冯翊夏阳,故城在今陕西韩城县。

江淮:在今安徽、江苏二者间。

会稽禹穴:在今浙江绍县,禹巡狩至会稽而崩,因葬焉。上有孔穴,民间云禹入至此穴,因谓之禹穴。

九疑:山名,在今湖南宁远县南六十里。阚,同窥,探视也。

沅湘:二水名,在湖南省。沅音元。

汶泗:二水名,在山东省。汶音问。

邹峄:邹,县名,峄,乡名,地近曲阜,乃孔子旧居,于此行乡射之礼。

鄱薛:二县名,属鲁。鄱音皮。

彭城:汉郡名,今江苏铜山县地。

邛笮:音穷则,汉西南夷二国名。其俗用竹索渡水,故名。

昆明池:在云南,即滇池。

绌:音抽,缀集也。

石室、金匮:皆国家藏书之处。

太初元年:迁为太史后五年,适当武帝太初元年,此时述《史记》,迁年四十二岁。

诸神受纪：句芒、祝融之属，皆受瑞纪也。

壅：音雍，犹害也。

犹豫：迟疑不决也。

所以：所由也。

断：音锻，犹定也。

先人：谓父司马谈也。

穆清：上帝也。

重译：四夷之人，言语不通。重，重翻译而来也。

款塞：叩边境之阀门也。塞音赛。

有司：百官也。

七年：太初元年至天汉三年。

缧绁：音雷息，所以拘禁罪人之具，谓狱中也。

喟：音毁，叹声。

毁：残毁也。迁遭李陵之祸，下蚕室，被宫刑也。

惟：思也。

隐约者：谓穷愁之人也。

羑里：殷狱名。羑音酉。

厄：同阨困也。

膑：音宾，削去膝盖骨也。

吕览：即《吕氏春秋》。

说难、孤愤：皆《韩非子》篇名。

麟止：武帝元狩元年，帝幸雍获白麟。

总评：《史记》一书，学者断不可不读，而亦至不易读者也。盖其文洸（同汪。）洋玮丽，无奇不备，汇先秦以上百家六艺之菁英，罗汉兴以来创制显庸（功用也。）之大略，莫不选言就班，青黄纂组。如游禁籞，（天子宫囿也。籞，音语。）如历钧天，（上帝之府。)如梦前生,如泛重溟。(大海也。重,平声。)以故谫(音翦,浅也。)材谀(音小,小也。)学,无有能阅之终数卷者。前喆(同哲。)虽有评林,要亦丹黄粗及,全豹不呈。不揣荒陋,特采录而详阅之,务使开卷犁然,(坚确貌。犁音离。)皆可成诵。间加论断,必出心裁,密字蝇头,经涉寒暑,幸可成编,固足为雪案之快观也。若所删节者,刊本俱存,岂妨翻读?世有三仓(字,书也。)四库,(庋藏图籍之所,以甲乙丙丁为次,列经、史、子、集四库。)烂熟胸中之士,吾又安能限之哉!辛丑后三日,阅讫题此。